Max-Jacob Ost
Aus Liebe zum Spiel

Man liebt oder man hasst Uli Hoeneß, doch wer verstehen möchte, weshalb die Bundesliga ist, wie sie ist, kommt nicht um ihn herum. Max-Jacob Ost taucht ein in die Lebensgeschichte des Mannes, der wie kein Zweiter den deutschen Fußball geprägt hat. Die Biografie von Hoeneß wirkt wie das Substrat aus den Schicksalen einer ganzen Mannschaft: Weltmeister. Europameister. Sportinvalide. Jüngster Manager. Titelsammler. Wohltäter. Steuerhinterzieher. Einziger Überlebender eines Flugzeugabsturzes. Millionär und Gefängnisinsasse. Es gibt Netflix-Serien, in denen weniger passiert. Ost hat vier Jahre lang das Leben des Uli Hoeneß und die Geschichte der Liga recherchiert, hat Interviews geführt mit Weggefährten, Freunden und Gegnern von Hoeneß.

Max-Jacob Ost lebt in München und ist Sportjournalist. Er ist Gründer und Moderator des Fußballpodcasts ›Rasenfunk‹, den er zu einem der meistgehörten deutschen Fußballpodcasts gemacht hat.

Max-Jacob Ost

AUS LIEBE ZUM SPIEL

Uli Hoeneß, das Geld und der deutsche Fußball

dtv

MIX
Papier | Fördert gute Waldnutzung
FSC® C083411

4. Auflage 2023

Umschlaggestaltung: Rothfos & Gabler, Hamburg
Umschlagmotiv: Wolf Heider-Sawall/laif
Satz: Fotosatz Amann, Memmingen
Gesetzt aus der Sabon LT Pro
Druck und Bindung: CPI books GmbH, Leck
Printed in Germany · ISBN 978-3-423-35200-0

Es ist Samstag, halb vier. Egal wo du bist, egal was du machst:
Da ist diese Unruhe in dir. Dir ist dieses Buch gewidmet.

Das Spiel gehört uns.

Inhalt

Prolog

In dieser Wembley-Nacht

Wie überladen kann ein Leben sein?

Uli Hoeneß ist: Weltmeister. Europameister. Sportinvalide. Jüngster Manager der Liga. Titelsammler. Wohltäter. Steuerhinterzieher. Idol. Hassfigur. Einziger Überlebender eines Flugzeugabsturzes. Multimillionär und ehemaliger Gefängnisinsasse. Es gibt Netflix-Serien, in denen weniger passiert. Und die weniger plakativ sind.

Im Leben von Uli Hoeneß gibt es einen Moment, in dem Triumph und tiefer Fall so nah beieinanderliegen, dass es konstruiert wirkt. Er ereignet sich am 25. Mai 2013 in London, am Rand eines besonderen Spiels für den deutschen Fußball. Erstmals treffen mit dem FC Bayern und Borussia Dortmund zwei Bundesligisten im Finale der Champions League aufeinander, dem wichtigsten europäischen Vereinspokal.

Nach keinem Titel sehnte sich Hoeneß so sehr, aber in keinem Wettbewerb ist er so dramatisch gescheitert. Nur ein Jahr liegt die letzte Finalniederlage zurück: im eigenen Stadion, unter den Augen einer zittrigen Stadt, nach einem absurd überlegenen Spiel gegen den FC Chelsea.

Verliert der FC Bayern jetzt wieder – und das gegen die deutsche Mannschaft, die ihm zuletzt mehrfach Titel weggeschnappt hat –, es wäre eine Demütigung. Kurz vor Abpfiff steht es 1:1, gleich geht's in die Verlängerung. Da schlägt Jérôme Boateng noch einmal den Ball hoch in die Londoner Nacht. Er landet bei

Franck Ribéry, der ihn auf Arjen Robben steckt. Mit schnellen Haken weicht der allen Dortmunder Beinen aus, es ist, als würde der Ball Robbens Fuß führen und nicht umgekehrt, plötzlich ist da BVB-Torhüter Weidenfeller, viel zu nah für einen der druckvollen Schüsse, mit denen Robben den ganzen Abend an ihm gescheitert ist, er kann den Ball nur noch schieben, flach, kraftlos, an Weidenfeller vorbei. Der Ball kullert ins Tor und bleibt dort liegen, während um ihn herum alles schreit.

Was ein Trauma hätte werden können, wird zum Titel. Nacheinander recken die Bayern-Spieler den silbernen Pokal in die schwarze Nacht. Uli Hoeneß steht hinter ihnen, stolz, aber zurückhaltend. Da dreht sich Bastian Schweinsteiger mit dem Pokal in der Hand zu ihm um, Hoeneß wehrt ab, die Fankurve hat es gesehen. Ein Ruf, den er schon so oft gehört hat, schwappt in Wellen zu ihm herüber: »Uli. Uli. Uli.«

Er greift nach dem glänzenden Pokal und stemmt ihn in die Höhe, schüchtern fast. Dann gibt er ihn so schnell aus der Hand, als habe er sich an ihm verbrannt. Kurz vorher hatte Bundeskanzlerin Angela Merkel an ihm vorbei Karl-Heinz Rummenigge gratuliert. Hoeneß hat ihr keinen Blick geschenkt, ihr, mit der er früher häufig gesprochen hat.

Wenige Wochen vor dem Finale war bekannt geworden, dass Uli Hoeneß sich wegen Steuerhinterziehung selbst angezeigt hatte. »Viele Menschen in Deutschland sind jetzt enttäuscht von Uli Hoeneß, die Kanzlerin zählt auch dazu«, hatte Regierungssprecher Steffen Seibert gesagt. Unten in der Kurve jubeln sie Hoeneß zu, oben kann nur er in diesem Moment wissen, welche Lawine auf ihn zurollt.

Wie sieht sie aus, die Welt von Uli Hoeneß? Diese Frage stand am Anfang meiner Recherche. Obwohl das Leben von Uli Hoeneß voll von Ereignissen ist, es unzählige Porträts, Interviews, Dokumentationen und Zitate aus seinem Mund gibt, kann eine bloße Auflistung seiner Helden- und Schurkentaten nur oberflächlich bleiben. So wie eine Tabelle am letzten Spieltag in Zahlen eine Saison festhält, kann eine solche Chronologie kaum erfassen, warum Hoeneß so viele Menschen in seinen Bann zieht, im Guten wie im Schlechten. Und was es über den deutschen Fußball aussagt, dass er von diesem Mann stärker geprägt wurde als von allen anderen. Wer die Welt eines Fußballfans nach Saisonende verstehen will, braucht mehr als den Blick auf die Tabelle und den letzten Spieltag. Will man verstehen, welche Rolle Uli Hoeneß im deutschen Fußball spielt, ist es ähnlich.

In diesem Buch will ich diese Welt von Uli Hoeneß beschreiben. Für mich ist es das Ende einer Reise, die bereits im März 2018 begonnen hat. Über vier Jahre hinweg habe ich mich mit der öffentlichen Person Uli Hoeneß und der Entwicklung des deutschen Fußballs beschäftigt. Das Ergebnis dieser Arbeit ist zunächst als Podcast erschienen, im Format ›11 Leben‹.

Monatelang habe ich für ›11 Leben‹ alles von und über Uli Hoeneß gelesen, gesehen, angehört. Biografien, Interviews, Dokumentationen, Spiele. Im Archiv des ›Kicker‹, Deutschlands bekanntester Sportzeitschrift, dürfte es keinen Artikel mit dem Begriff »Hoeneß« geben, den ich nicht wenigstens überflogen habe. In ganz Deutschland habe ich Weggefährten getroffen und Interviews geführt. Ich habe von Uli Hoeneß geträumt. Oft. Mehrmals sah es so aus, als sei all die Arbeit umsonst gewesen. Der Podcast stand zwischenzeitlich vor dem Aus und damit die Idee, über die Person Uli Hoeneß die Entwicklung des deutschen Fußballs zu erklären. Denn wer über ihn berichten will, wird Teil einer Welt, in der es auf den ersten Blick nur Extreme zu geben scheint. Erst der zweite Blick zeigt die Nuancen. Um sie soll es in diesem Buch gehen.

Kapitel 1

Zu groß für Ulm

1952–1970

Die Wurzeln von Ulrich »Uli« Hoeneß liegen in Ulm, wo er am 5. Januar 1952 auf die Welt gekommen ist. Sein Vater ist Metzger, die Mutter führt den Laden. Ein Jahr nach Uli kommt noch Bruder Dieter auf die Welt.

Ulm liegt genau an der Grenze zwischen Baden-Württemberg und Bayern an einer Windung der Donau. Heute zählt die Stadt 125 000 Einwohner, der ICE hält im Schnitt alle zwei Stunden. Als Uli Hoeneß in den 1950er-Jahren in Ulm aufwächst, leben dort gut halb so viele Menschen. Über achtzig Prozent der Innenstadt wurden im Zweiten Weltkrieg zerstört, die Lücken in den Jahren danach aber schnell geschlossen.

Nach dem Zweiten Weltkrieg ist Deutschland nicht nur ein Land der Ruinen, sondern ebenfalls der Heimatsuchenden. Zwischen zwölf und vierzehn Millionen Menschen sind bis zum Jahr 1950 entweder ausgebombt oder aus ihren Häusern vertrieben worden. Der Historiker Neil McGregor spricht von der »vermutlich größten erzwungenen Völkerwanderung in der Menschheitsgeschichte«. Auch in Ulm gibt es ein Lager für Geflüchtete und Ausgebombte, dreitausend von ihnen leben in der Wilhelmsburg, einer ehemaligen Kaserne hoch über der Stadt, darunter die Eltern von Uli Hoeneß. Nach und nach erschließt die Stadt Neubaugebiete, als Metzger darf Erwin Hoeneß als einer der

Ersten dorthin umziehen. Anschrift der Familie Hoeneß: Am Eselsberg 1, Nachbar ist ein Bäcker.

Harte Arbeit und Sparsamkeit diktieren das Leben im Elternhaus. Vater Erwin steht jeden Morgen um drei Uhr auf, Mutter Paula, von allen nur »Ulla« genannt, kümmert sich neben dem Haushalt um die Buchhaltung. Wenn in der Kasse zehn Pfennig fehlen, werden sie so lange gesucht, bis sie gefunden sind, erzählt Hoeneß später. Das wird seinen Umgang mit Geld prägen.

Der Hinterhof der Metzgerei Hoeneß sei der Treffpunkt für die Kinder der Straße gewesen, erzählt Gerhard Wojczek, der mit Hoeneß aufgewachsen ist. »Da war immer was los. Wir haben Fußball gespielt, Hockey oder Tischtennis. Wenn Glas zu Bruch gegangen ist, hat der Bäcker geschimpft. Ulis Vater war in der Wurstküche und hat immer rausgehorcht. Denn der Uli war oft hinter seinem Bruder Dieter her und der hat dann geweint, da gab es oft Stunk.«

Früh kommt Hoeneß mit Fußball in Berührung. Noch in der Kaserne hatte sein Vater 1949 gemeinsam mit anderen den VfB Schwarz-Rot Ulm gegründet, in dem sein Sohn Uli ab Geburt Mitglied ist. Dort spielt er ab seinem sechsten Lebensjahr, zum Teil gegen deutlich ältere Gegner. Schon früh ist sein unglaublicher Ehrgeiz zu erkennen, wie vor allem eine Begebenheit verdeutlicht.

Ehrgeiz, Organisation und Liebe

Der VfB Ulm spielt ein Derby um die Meisterschaft, aber Uli Hoeneß fehlt. Er ist im Ministrantenzeltlager bei Memmingen, sechzig Kilometer südlich. »Da ist er auf sein Fahrrad gestiegen und losgefahren«, erzählt sein damaliger Jugendleiter Roland Schmidle. »Er ist in der Halbzeit angekommen, da stand's null zu vier. Sein Bruder stand im Tor, den hat er erst mal an die Kandare genommen und dann noch sechs Tore gemacht. Das war seine erste Meisterschaft.« Sein damaliger Mitspieler Gerhard

Wojczek versucht zu erklären: »Früher haben die Eltern angestachelt: ›Mach! Mach! Mach!‹ Aber beim Uli ist es eher von sich aus gekommen, er hat es von sich aus gelebt. Er hat nicht gewusst, dass er der große Star wird, aber er hat auf jeden Fall den Fußball im Herzen gehabt.«

Uli Hoeneß ist übrigens acht Jahre alt, als er die sechzig Kilometer mit dem Fahrrad fährt und danach seine Mannschaft mit sechs Toren zur Meisterschaft schießt. Anderswo hat er mal erzählt, es seien vier Treffer gewesen, aber in diesem Fall spielt das vielleicht keine große Rolle.

Der junge Hoeneß ist so zäh und ehrgeizig, dass er sich von seinen Jugendfreunden abhebt. »Wir waren zehn, maximal elf Jahre alt«, erinnert sich Gerhard Wojczek, »da hat Uli uns dazu animieren wollen, drei-, viermal in der Woche morgens vor der Schule Waldläufe zu machen. Aber öfter als ein paarmal haben wir das nicht mitgemacht.« Hoeneß' Sandkastenfreund Kurt Stark bestätigt das: »Uli wollte aus dem Fußball was machen. Er hatte den Ehrgeiz, wir nicht.« Hoeneß lässt sich morgens um sechs Uhr von seinem Vater wecken und bolzt Kondition. »Ich hab ihn dann öfter im Auto mitgenommen, weil er sonst zu spät in die Schule gekommen wäre«, lacht sein Jugendleiter Roland Schmidle.

Zusätzlich zum Fußball spielt Hoeneß Basketball und entwickelt sich prächtig. Kraft-Otto Steinle, sein Sportlehrer am Schubart-Gymnasium, hat die Notenbüchlein von damals aufgehoben: »Uli Hoeneß ist die 100 Meter in 11,3 Sekunden gelaufen, die 1000 in 2:48 Minuten. Im Hochsprung war sein Bruder Dieter um einiges besser, muss man sagen.« Steinle klappt das Büchlein wieder zu. Wie schön das sein muss, wenn dein Sportlehrer noch 50 Jahre später deine Leistungen aus der Schule zitieren kann. Immerhin sind es im Fall von Uli Hoeneß beeindruckende Zahlen. Als Sportler ist er demnach ein richtiges Biest, ausdauernd und schnell.

Das Schubart-Gymnasium ist damals noch eine Schule nur

für Jungs. Hoeneß ist Klassensprecher und jenseits des Sports ebenfalls aktiv. Mit der Schülersprecherin des Mädchen-Gymnasiums St. Hildegard saniert er die gemeinsam herausgegebene Schülerzeitung. Die beiden sind so erfolgreich im Akquirieren von Anzeigenkunden, dass die ehemals knappe Kasse am Ende einen Überschuss ausweist.

Hoeneß ist ein Organisationstalent. Lehrer Steinle: »Uli hat als Schulsprecher eine einmalige Geschichte veranstaltet, ein Schulfest mit allem Drum und Dran. Über den Innenhof der Schule war ein Bundeswehrzelt gespannt, es gab Live-Musik, und wir waren alle sehr beeindruckt, was er alles hinbekommt. Auch seine spätere Gattin hat er damals mit eingespannt, die hat an der Theke bedient.« Wo er seine spätere Frau kennengelernt hat? Beim Sanieren der Schülerzeitung. Sie war die Schülersprecherin.

Damit sind sie beieinander, die wichtigsten Dinge, die man zum jungen Hoeneß wissen muss. Er war schon früh sehr ehrgeizig, er konnte Dinge auf die Beine stellen, und er lernte bereits als Jugendlicher die Frau kennen, die ihn ein Leben lang begleiten wird: Susi Hoeneß.

In den Notizbüchern der Profitrainer

Im Fußball macht Hoeneß steil Karriere. Vom VfB Schwarz-Rot Ulm wechselt er zur TSG Ulm 1846 und trainiert dort im Alter von 16 bei den Herren mit, dank einer Ausnahmeregelung darf er schon mit 17 Jahren in der ersten und zweiten Amateurliga mitspielen, das ist im Jahr 1969 ziemlich nah am professionellen Fußball.

Hoeneß wird in Auswahlmannschaften berufen, was für ihn wichtig werden wird. Mit der Schülerauswahl Württembergs spielt er im Alter von 13 Jahren vor 71 000 Zuschauern im Neckarstadion des VfB Stuttgart. Zwei Jahre später folgt ein echtes Highlight: Die deutsche Jugendauswahl mit Uli Hoeneß gewinnt im Berliner Olympiastadion mit 6:0 gegen England. Das Fachmagazin ›Kicker‹ berichtet von zwei »Prachttreffern des 15-jährigen athletischen Kapitäns Hoeneß«, die ›Berliner Zeitung‹ titelt »Ein Haller im Taschenformat«. Eine Anspielung auf die außergewöhnliche Karriere von Helmut Haller, der schon 1962 von Augsburg nach Bologna und später zu Juventus Turin gewechselt ist. Hoeneß ist jetzt national unter Experten bekannt, ab 1969 ist sein Name im ›Kicker‹ regelmäßig zu finden.

Rasender Reporter von Ulm

Noch öfter liest man jedoch an anderer Stelle von ihm und das aus einem besonderen Grund: Hoeneß ist Autor seiner eigenen Spielberichte. Peter Bizer arbeitet damals als Sportredakteur bei der ›Schwäbischen Donauzeitung‹. Dort begegnet er dem 15-Jährigen zum ersten Mal: »Nach dem Spiel gegen England hat er sich gemeldet. Er kam in die Redaktion mit einem handgeschriebenen Bericht von diesem Großereignis, denn er ging davon aus, dass das die Leute interessiert.«

Ab diesem Moment schreibt Hoeneß regelmäßig über die Spiele seiner Mannschaften. »Er hat die Artikel in einem linierten Schulheft geschrieben und in die Redaktion gebracht«, erinnert sich Peter Bizer, »auch am Sonntagmittag nach Auswärtsspielen, die 30 Kilometer von Ulm entfernt stattgefunden haben. Kam verschwitzt und abgehetzt mit dem Fahrrad in die Redaktion und hat dann den Spielbericht vorgelegt, in dem natürlich jeder Pass von ihm erwähnt worden ist.«

Warum hat er auch das noch gemacht? Ging es ihm nur darum, die eigenen Tore zu beschreiben? Bizer hat eine andere Antwort. »Er wollte Geld verdienen. Er hat mich mal hochgehandelt von sieben Pfennig pro Zeile auf neun Pfennig. Pro Artikel bekam er zehn bis 15 DM, das war viel Geld für einen Schüler.«

Furchtlos im Wirtschaftswunderdeutschland

Beim Thema Geld zeigt sich ein Unterschied zwischen Uli Hoeneß und seinen Eltern, der typisch für seine Generation ist. Stimmten die Verkäufe in der Metzgerei nicht, strahlte das bis ins Familienleben hinein. Wenn von den 20 vorbestellten Gänsen nur 17 abgeholt worden waren, war das Weihnachtsfest versaut, erzählt Hoeneß später. Doch wie begründet sind die Existenzängste seiner Eltern?

Sicher hat die Familie nicht im Überfluss gelebt, aber Ulm geht es schon recht bald nach dem Krieg wirtschaftlich wieder gut. Es sind große Industriebetriebe dort beheimatet, die 1950er- und 1960er-Jahre des Aufschwungs. Es ist kein Zufall, dass der Bäcker und der Metzger zuerst an den Eselsberg ziehen durften. Beide wurden gebraucht für die Versorgung des Viertels und hatten damit ein verlässliches Einkommen.

Wenn man es nicht zur Sicherung der eigenen Existenz benötigt, bekommt Geld einen anderen Charakter. Es ist Ausdruck von Erfolg und eine Form der Anerkennung. Der sportliche Ehrgeiz von Uli Hoeneß lässt sich leicht erklären: Er wollte Profifußballer werden, und dafür sind Disziplin und hartes Training nötig. Sein finanzieller Ehrgeiz dürfte aber mehr gewesen sein als der bloße Wunsch nach Absicherung.

Anders als die Generation seiner Eltern hat Uli Hoeneß nie Sorge haben müssen, von jetzt auf gleich alles zu verlieren. Mit Blick auf seine Jugend erzählt er, dass sein Vater die Wurst lieber grammweise verkaufte anstatt kiloweise an die Kantinen der großen Betriebe in Ulm. Für ihn unverständlich: Wenn es eine Chance auf mehr Gewinn gibt, dann muss man die doch nutzen!

Uli Hoeneß wächst in einer Zeit des wirtschaftlichen Rückenwindes auf. Im Zeitraum von 1950 bis 1970 steigt das Bruttoinlandsprodukt pro Einwohner preisbereinigt fast um das Dreifache. Deshalb kann er furchtloser agieren und das mit einem klaren Ziel: »Bei ihm war sicher keine Notsituation bestimmend, sondern es ging um Anerkennung. Dass vielleicht doch der Metzgerbub in der Klasse mit den Doktorssöhnchen denkt, er will mehr sein«, sagt sein ehemaliger Lehrer Kraft-Otto Steinle dazu.

Hoeneß entstammt einer Generation, die prägend für das deutsche Wirtschaftsleben werden wird. Dirk Roßmann (Jahrgang 1946), die Gebrüder Tönnies (1952 und 1956) und Götz Werner (1944, Gründer von »dm«) sind nur einige Beispiele für Kinder der Nachkriegszeit, die mit Mut zum Risiko Unternehmen aufgebaut haben, die heute eine Rolle spielen und noch immer in Familienhand sind. Allein ihre Firmen haben zusammengerechnet einen Umsatz von 26 Milliarden Euro und rund 115 000 Beschäftigte. Gemeinsam ist ihnen eine Jugend in Zeiten des wirtschaftlichen Aufschwungs, sowie ein Ethos der Sparsamkeit, des Ehrgeizes und harter Arbeit, das sie von ihrer Elterngeneration vorgelebt bekommen haben.

Im Fall von Hoeneß wird diese Haltung von einem Selbstbewusstsein ergänzt, das nicht untypisch für seine Umgebung ist. Ulm ist eine stolze sowie unabhängige Stadt. Ihr Münster haben sich die Bewohnerinnen und Bewohner selbst gebaut, nicht im Auftrag eines Bischofs oder Königs. Bei der Planung hatte es Platz für das Doppelte der damaligen Einwohnerzahl, bis heute ragt zudem der höchste Kirchturm der Welt über Ulm.

»Die Ulmer sind knorrig, selbstbewusst und haben ihren eigenen Kopf«, urteilt Wolfgang Dieterich, der Geschäftsführer Touristik der Stadt ist. »Weil sie eben nie eine Residenzstadt waren wie München, Karlsruhe oder Stuttgart. Typisch ist dabei das Nüchterne, Sachliche, Bescheidene und auch ein Stück weit pietistische Denken. Wenn Sie ins Rathaus kommen, dann gibt es zwar eine Brezel – aber ohne Butter.«

Als Amateur zum FC Bayern

Im Alter von 17 Jahren ist Hoeneß Kapitän der Juniorennationalmannschaft und darf zudem in der Nationalelf der Amateure mitspielen, die das Ziel der Olympischen Spiele 1972 im Auge hat. Die DFB-Mannschaften sind für ihn das Ticket raus aus Ulm und zwar im doppelten Sinn. Er reist zu Spielen nach Israel, auf die Kanarischen Inseln sowie in die DDR und darf sich dabei den Spähern der Bundesliga präsentieren. In einer Ausgabe aus dem Jahr 1969 ist im ›Kicker‹ ein Bild vom Publikum bei einem Juniorennationalspiel zu sehen. In vorderster Reihe sitzen die Trainer der Bundesligisten aus Gladbach, Köln und von 1860 München.

Am wichtigsten sind für Hoeneß aber die Kontakte, die er innerhalb der Mannschaft knüpft. Er teilt sich dort ein Zimmer mit Paul Breitner und genießt die Förderung des jungen Trainers Udo Lattek. Ein außergewöhnliches Zusammentreffen von Toptalenten, aus dem bald eine Schicksalsgemeinschaft wird. Breitner und Hoeneß stehen schon beim TSV 1860 München im Wort, fast jeden Sonntag ist deren Geschäftsführer Ludwig Maierböck bei einem von beiden zu Besuch. Da nimmt Lattek sie am Rande eines Länderspiels zur Seite und rät ihnen, vorerst keinen Vertrag bei einem Bundesligisten zu unterschreiben. Kurz darauf wird bekannt: Lattek wechselt vom DFB zum FC Bayern und wird dort Cheftrainer.

Bayerns Manager Robert Schwan holt sich einen Rat bei Peter Bizer, der inzwischen in München wohnt und über den FC Bayern berichtet. »Damals fuhren wir Journalisten zu Auswärtsspielen noch mit der Mannschaft im Bus mit«, erinnert sich Bizer. »Schwan fragte mich: ›Was hältst du denn von diesem Hoeneß?‹ Da sag ich: ›Bis 25 wird er ein Großer werden.‹«

Während im Mannschaftsbus der Bayern schon mit Hoeneß geplant wird, stellt sich für den eine ganz andere Frage: Will er seine Chance wahren, an den Olympischen Spielen 1972 in München teilzunehmen? Dafür müsste er Amateur bleiben und dürfte keinen Profivertrag unterschreiben. Er bespricht sich unter anderem mit seinem Lehrer Steinle. Der ist gerade Deutscher Meister im Rudern geworden, also ebenfalls Leistungssportler. »Wir hatten ein Gespräch auf dem Schulhof. Und da habe ich ihm gesagt: ›Uli, ich würde mir das gut überlegen. So eine Olympiade ist eine einmalige Geschichte, und da dabei zu sein, würde ich persönlich unbedingt wollen.«

Kurz vor Weihnachten 1969 ist es dann so weit: Manager Schwan besucht die Familie Hoeneß, wartet geduldig, bis die Nachhilfestunde Mathematik vorbei ist, die Uli Hoeneß gerade hat, und überzeugt ihn in einem einzigen Gespräch vom Wechsel zu Bayern. Hoeneß hatte sich fest vorgenommen, an diesem Tag nichts zu unterschreiben, er gilt als gefragtestes Talent im deutschen Fußball.

Wie also hat Schwan Hoeneß überzeugt? Er hatte neben seiner einnehmenden Art weitere Argumente im Gepäck. Mit Udo Lattek zum Beispiel den Trainer, der Uli Hoeneß zum Kapitän der Juniorennationalelf gemacht hat. Dazu einen Kader mit Stars wie Beckenbauer, Gerd Müller und Sepp Maier, in dem jedoch Platz für jüngere Talente ist, denn der FC Bayern will sich zur Saison 1970/71 verjüngen.

Und auch die Olympia-Frage wird geklärt. Hoeneß beginnt auf dem Papier als Gärtner beim FC Bayern zu arbeiten und wird dafür bezahlt, einen Vertrag als Profi unterschreibt er bis zu den Olympischen Spielen nicht. Später heißt es übrigens, er würde in der Geschäftsstelle die Frankiermaschine bedienen. Die Bayern sind sich wohl selbst nicht sicher, was der Job war, den man Hoeneß gegeben hat, um seinen Status als Amateur vorzutäuschen.

Zusätzlich soll Hoeneß laut Juan Moreno 20 000 Mark per Scheck bekommen haben. Und vor der Metzgerei parkt fortan ein BMW 2002. Nicht 1860, sondern der Lokalrivale Bayern wird also die erste Profistation für Uli Hoeneß. Mit einem Rundruf informiert er höchstselbst im Januar 1970 die Ulmer Zeitungen.

Eine neue Spielergeneration

Uli Hoeneß gehört zur ersten Generation moderner Fußballspieler. Als Hoeneß beim FC Bayern unterschreibt, gibt es die Bundesliga erst seit sieben Jahren. Der Deutsche Fußball-Bund tut sich schwer mit ihrer Gründung, Fußball als Beruf, das widerstrebt den Funktionären. Erst das Abwandern deutscher Spieler für üppige Handgelder nach Italien (z. B. Haller), eine schlechte WM in Chile 1962 sowie das Drängen von Bundestrainer Sepp Herberger sorgen dafür, dass man sich zur Gründung der Liga durchringt.

Man möchte vom hehren Ideal des Amateursports aber nicht ganz abrücken, teils aus Angst, dass die Finanzämter den Vereinen ihre Gemeinnützigkeit und damit steuerliche Vergünstigungen entziehen könnten. Das führt zu einer Mogelpackung: Spieler müssen zwar nicht mehr einen anderen Beruf vorweisen, sie können aber maximal 1200 Mark monatlich verdienen, nur in vom DFB genehmigten Ausnahmefällen mehr. Ablösesummen dürfen maximal 50 000 Mark betragen. In der Theorie können Fußballspieler mit Gründung der Bundesliga zwar erstmals offiziell vom Fußballspielen leben, jedoch mit künstlichen Obergrenzen. Deutschland führt als letzte große Nation eine Profifußballliga ein, 35 Jahre nach Spanien, 37 Jahre nach Italien und 75 Jahre nach England.

In ihren Anfangsjahren wird die Bundesliga geprägt von Spielern, die während oder nach dem Zweiten Weltkrieg mit dem Fußballspielen begonnen haben. Meist noch ohne richtige Bälle und in ärmlichen Verhältnissen. Für sie war der Fußball die Möglichkeit, einem oft entbehrungsreichen Alltag zu entkommen. Mit diesem Sport darüber hinaus Geld zu verdienen, bedeutete einen sozialen Aufstieg nicht nur der Spieler, sondern ihrer gesamten Familie. Er konnte existenzsichernd sein.

Vom Schrecken des Kriegs ist in der Jugend von Uli Hoeneß vor allem die Angst in der Elterngeneration geblieben. Vor einem neuen Krieg, vor Hunger, vor Arbeitslosigkeit. Für die Jugendlichen der 1960er sind das irrationale Ängste. Hoeneß wächst in einem Deutschland der Vollbeschäftigung auf. Und mit einer Bundesliga, in der hehrer Anspruch und geldgierige Realität zunehmend so auseinanderklaffen, dass der DFB nach und nach die Gehalts- und Transferbeschränkungen lockern muss.

Hertha BSC schickt zum Beispiel gar nicht die echten Verträge seiner Lizenzspieler an den Verband, sondern Fälschungen, die Gehälter innerhalb der Statuten ausweisen. In Wirklichkeit zahlt man deutlich mehr, auch bei Handgeldern und Ablösesummen. Als das herauskommt, muss die Hertha am Ende der Saison 1964/65 zwangsabsteigen. So kommt das sportlich unterlegene Tasmania Berlin in die Liga und stellt Negativrekorde auf, die bis heute unübertroffen sind. Gleichzeitig passt der DFB jedoch die Obergrenzen an und gesteht damit ein, dass sein System nicht funktioniert.

Die Bezahlung von Fußballspielern ist demnach ein allgegenwärtiges Thema, als Hoeneß seinen Einstieg in den Profifußball plant. Er lässt sich seinen Wechsel zu den Bayern zwar gut bezahlen, ordnet aber nicht alles dem Geld unter, entscheidet sich für die Olympischen Spiele und gegen einen Profivertrag. Einige Beobachter unterstellen ihm dabei Kalkül, ein Zitat von Hoeneß selbst deutet in diese Richtung: »Ich hoffe, dass mir mein Entschluss Popularität eingebracht hat und noch mehr einbringen wird. Ich hoffe, dass er sich nach den Spielen auch auszahlen wird.«

Trotzdem: Wäre der Weg zum schnellen Geld nicht ein anderer gewesen? Vielleicht sogar der näher liegende? Als jemand in seiner Umgebung vor der gleichen Frage steht, verzichtet er ohne zu zögern auf die Olympischen Spiele und unterschreibt einen Profivertrag: Paul Breitner.

Hoeneß plant seinen Weg in den Profifußball wie eine berufliche Karriere, was ihn von den bereits etablierten Fußballprofis unterscheidet. Als sich die Tür dann ein Stück weit öffnet, stellt er den Fuß hinein und ordnet alles andere unter. Ein Beispiel: Drei Tage vor seinem Abitur spielt er mit der Amateur-Nationalmannschaft im heutigen Tschechien. Der DFB hat ihn vom Spiel befreit, aber Hoeneß reist trotzdem mit.

Stiefkind Ulms

Ulm ist eine Sportstadt, und dennoch wird sie irgendwann zu klein für Uli Hoeneß. Daran ändert auch die Fusion ihrer beiden größten Vereine, des 1. SSV Ulm 1928 mit der TSG Ulm 1846 nichts. Es entsteht mit dem SSV Ulm 1846 der zweitgrößte Sportverein Deutschlands. Der größte ist schon damals im Jahr 1970 der FC Bayern. Obwohl sein Abschied bereits feststeht, interessiert sich Hoeneß für diese Fusion und schleicht sich bei der entscheidenden Mitgliederversammlung in den Saal, wie Archivar Fritz Glauninger berichtet, der damals mit anwesend war. Den Ulmer Vereinen hat sich Hoeneß offenbar verbunden gefühlt.

Aber wie ist es heute? Die Runde seiner Jugendfreunde in der Vereinsgaststätte erzählt von vielen Besuchen von Hoeneß. Als der SSV mal wieder in Geldnot ist, überweist er im Jahr 2009 100 000 Euro. Aber da ist ebenfalls eine Distanz zwischen der Stadt und ihm. Nach dem Gewinn der WM 1974 äußert sich Uli Hoeneß enttäuscht darüber, dass die Ulmer für ihn keinen Empfang gegeben haben. Im selben Jahr erscheint ein Buch, in dem ein Schulkamerad von Hoeneß eine beißende Satire auf den Ulmer »Uli Horniss« verfasst. In ihr wird er als geldgetriebener Ehrgeizling persifliert.

Wer heute auf der Seite der Stadt Ulm nach dem Namen Uli

Hoeneß sucht, erhält zwei Treffer. Einer gehört zu einem Kurzporträt von ihm in einer Reihe mit Toni Turek, Wolfgang Fahrian und Bruder Dieter. Der zweite führt zum Lebenslauf des Intendanten des Theaters Ulm. Neu im Programm zu seinem Einstieg im Jahr 2018: ›Aufstieg und Fall des Uli H. – eine deutsche Wurstiade.‹ Unbeleckt scheint das Verhältnis von Ulm zu Uli Hoeneß nicht zu sein, was auch mit seiner Steuerhinterziehung zusammenhängt. Oben am Eselsberg in der Vereinsgaststätte vom VfB Ulm fasst das Gerhard Wojczek zusammen: »Vor dieser Geschichte war er ein Kind Ulms. Und durch diese Geschichte ist er zum Stiefkind geworden.«

Im Jahr 1970 ist davon nichts zu spüren. Uli Hoeneß macht sein Abitur und zieht im Sommer nach München, seine Mutter steckt ihm dafür 50 Mark zu. Einen Keilriemen hätte er aber noch besser gebrauchen können. Denn kurz vor der Ausfahrt in München reißt ihm der. Es ist die perfekte Metapher für seine ersten Schritte im Profifußball.

Kapitel 2

Im Erfolgsfieber

1970–1974

Im Sommer 1970 kommt Uli Hoeneß dort an, wo er tiefe Spuren hinterlassen wird: in München. Er ist 18 Jahre alt und damit noch nicht volljährig, darf aber immerhin schon wählen. Während in Mexiko die Fußball-Weltmeisterschaft aufs Finale zuläuft, bestimmt der Bundestag fast einstimmig eine entsprechende Änderung des Grundgesetzes. Wenige Monate zuvor hat Bundeskanzler Willy Brandt in seiner Regierungserklärung angekündigt, »mehr Demokratie wagen« zu wollen, das herabgesetzte Wahlalter ist Ausdruck dessen. Ob alle Deutschen diese Änderung aber mitbekommen haben, ist fraglich: Die Abstimmung findet am Morgen nach dem »Jahrhundertspiel« zwischen Deutschland und Italien statt, jenem legendären 3:4 im WM-Halbfinale mit fünf Toren in der Verlängerung.

Für Hoeneß beginnt sein Leben in München anders als geplant. Weil sein baden-württembergisches Abitur nicht gut genug ist für ein BWL-Studium in Bayern, schreibt er sich an der Universität München für ein Lehramtsstudium der Anglistik und der Geschichte ein. Selbst wenn sich die Frage stellt, wie ernsthaft er dieses Studium wirklich angehen wollte, wird es sein Bild prägen. Hoeneß steht für eine neue Art Fußballprofi, der ›Kicker‹ nennt sie die »jungen Intellektuellen« und rechnet neben Hoeneß unter anderem Breitner dazu. Mit dem gründet Hoeneß eine Wohngemeinschaft.

Dort besuchen sie bald außergewöhnliche Besucher, denn mitten in den Saisonstart hinein wird Breitner zum Wehrdienst einberufen. Weil er ihn nicht antritt, stehen die Feldjäger vor der Tür. Hoeneß flunkert ihnen vor, wo Breitner gerade sei, während der im Kohlenkeller sitzt. Elf Tage lang geht das so, dann schreitet Bayern-Präsident Wilhelm Neudecker ein, und Breitner tritt den Wehrdienst an. Neudecker hatte Angst, dass die Bundeswehr ihn direkt beim Training abfängt. Hoeneß kommt dagegen um den Wehrdienst herum, er hat sich wegen Schmerzen im Knie und Kopfschmerzen beim Tragen eines Helms befreien lassen.

Mit dem Kopf gegen die Wand

Als die Bundesliga 1963 gegründet wird, darf nur ein Verein aus München Teil von ihr sein, und das ist der erfolgreichere TSV 1860 München. Sieben Jahre später hat der FC Bayern seinen Stadtrivalen mindestens eingeholt. Das Zusammentreffen einiger Ausnahmespieler hat nicht nur zum Aufstieg in die Bundesliga, sondern zu ersten Titeln geführt. Der FC Bayern wird einmal Deutscher Meister, zweimal DFB-Pokalsieger und 1967 sogar Europapokalsieger der Pokalsieger.

Hoeneß und Breitner sind besondere Neuzugänge: Obwohl sie die jüngsten Spieler sind, mussten sie vor ihrem Wechsel nicht mal ein Probetraining absolvieren, was unüblich ist. Offenbar war das enge Band zum neuen Trainer Lattek hilfreich. Wie kam der junge Uli Hoeneß in dieser erfolgreichen Mannschaft mit schon damals großen Namen an? »Uli und Paul mussten sich schon unterordnen«, berichtet Franz »Bulle« Roth, der Bayern zum Europapokalsieger geschossen hatte. »Damals hat das nicht der Trainer bestimmt, sondern die alten Spieler haben das in die Hand genommen. Wenn der Uli und der Paul dachten, ›Wir sind besser als ihr alle zusammen‹, dann wurde es halt ein bisschen strenger im Training.« In der Bundesliga habe er ohne Schienbeinschoner gespielt, erzählt Hoeneß später, im Training aber mit.

Das hat sich durch die Ankunft des erst 35 Jahre alten Udo Lattek modernisiert. Es gibt viele Spielformen mit Ball, aber Lattek weiß, was es zusätzlich für eine lange Saison mit zig Spielen braucht: Kondition. Was dem Ulmer Neuling gelegen kommt. »Hoeneß und Breitner hielten mit, als hätten sie schon immer unter Profibedingungen trainiert«, reibt sich der ›Kicker‹ in einem Artikel über die Saisonvorbereitung verwundert die Augen.

Uli Hoeneß fällt aber schon in seinen ersten Wochen bei Bayern nicht nur mit Ausdauer, sondern auch mit flotten Sprüchen auf. Über den besten Stürmer Deutschlands, Gerd Müller, sagt er nach einem Spiel, der habe »ganz ordentlich gespielt«, zum unumstrittenen Star Franz Beckenbauer: Der sei schon ein Garant dafür, dass es im Training nicht zu hart zur Sache gehe. Hoeneß eckt damit so sehr in der Mannschaft an, dass sich das nicht mehr mit ein paar Grätschen im Training regeln lässt. Robert Schwan und Udo Lattek berufen die Spieler zu einer Aussprache ein. Danach klingt Uli Hoeneß demütiger. Er habe es sich »damals abgewöhnt, mit dem Kopf durch die Wand zu wollen«, schreibt er später.

Es liegt an Lattek, dass seine Zeit beim FC Bayern nicht schon vorbei ist, bevor sie richtig begonnen hat. »Ohne Udo Lattek wäre ich vor die Hunde gegangen«, sagt er rückblickend. Lattek, Breitner und Hoeneß, die drei, die in den Jugendmannschaften des DFB zueinandergefunden haben, ermöglichen sich gegenseitig den Erfolg beim FC Bayern. Denn in der Rückrunde der Saison 1970/71 geht es schnell. Anfang des Jahres bewertet der ›Kicker‹ alle Transfers der Bundesligisten, sortiert jedoch Breitner und Hoeneß in der Spalte »noch kein endgültiges Urteil« ein. Fast zwei Monate später ziert ein Foto des inzwischen 19-jährigen Blondschopfs die Titelseite der Zeitschrift. Darunter: »Bayerns bester Kauf. Der Aufstieg des Uli Hoeneß.«

Hoeneß schießt einige Tore und beeindruckt vor allem mit seiner Physis. Die wird gebraucht, weil dem FC Bayern in der Schlussphase der Saison immer mehr Spieler ausfallen. Mit 7:0 besiegen die Bayern den 1. FC Köln, der erst im Halbfinale an Juventus Turin im Messestadt-Pokal, vergleichbar zum Uefa-Cup, gescheitert ist. Zwar verpassen sie die Meisterschaft denkbar knapp mit einer Niederlage am letzten Spieltag, im DFB-Pokalfinale gewinnen sie aber erneut gegen den 1. FC Köln, und so kann Hoeneß schon in seiner ersten Saison einen Titel feiern.

Rot-Weiß Oberhausen in der Karibik

In dieser Phase des deutschen Fußballs ist Ausdauer einer der entscheidenden Faktoren für den Erfolg eines Spielers, da die Spielbelastung wesentlich höher ist als heute. Freundschaftsspiele sind als wichtige Einnahmequelle für die Vereine auch im laufenden Ligabetrieb unverzichtbar. Hat der FC Bayern im Westen Deutschlands ein Auswärtsspiel, hängt er gerne am nächsten Tag ein »Privatspiel« vor Ort dran. In einer Saisonvorbereitung starten die Münchner mit sechs Freundschaftsspielen an sechs aufeinanderfolgenden Tagen, für die man 7000 Kilometer zurücklegt. Mit ihrer Bekanntheit locken Bundesligisten wie der FC Bayern für ihre Testspielgegner Zuschauer ins Stadion und werden dafür bezahlt. Ein gutes Geschäft für beide Seiten.

Sind die Plätze in Deutschland unbespielbar, bereisen die Bundesligisten die Welt. In der Winterpause der Saison 1970/71 etwa spielt Bayern in Argentinien, Mexiko und Peru, Hannover 96 in Spanien, der 1. FC Köln in Peru und Brasilien und Borussia Dortmund in Israel. Was zu so wunderschönen Sätzen wie diesem im ›Kicker‹ führt: »Im vierten Spiel ihrer Tournee durch die Karibische See gewann die Bundesligaelf von Rot-Weiß Oberhausen in Bridgetown/Barbados gegen die Nationalvertretung von Barbados klar mit 5:1 Toren.«

Über 100 Spiele absolviert mancher Profi während einer Saison. Bundesligaspieler müssen zu dieser Zeit extrem fit und ehrgeizig sein, um sich in jedem Spiel zu guten Leistungen motivieren zu können. Wie gemalt für einen Spielertypen wie Uli Hoeneß.

»Schwarzgeld-Touren um die halbe Welt«

Ligaweit fußt die Finanzierung der Vereine auf denselben drei Säulen: Geld aus Fernsehübertragungen, das damals noch für alle gleich hoch ist, Zuschauereinnahmen und eben jenen aus Privatspielen. Letztere haben dabei eine praktische Besonderheit: Niemand kann genau sagen, wie viel Geld die Vereine damit machen. Oft wird vor Ort in bar bezahlt, und nicht alles kommt auf Konten an. Das Geld wandert mindestens in einigen Fällen direkt in die Taschen der Spieler, Bayerns Manager Schwan soll manchmal noch im Flugzeug Umschläge mit Bargeld verteilt haben, wie Hans Woller schreibt. Bei Auslandsreisen sei meist ein Staatssekretär aus dem Innenministerium dabei gewesen, Angst vor dem Zoll habe der FC Bayern nicht haben müssen. Auch Zwischenstopps in der Schweiz seien auf der Rückreise von Auslandstouren nicht unüblich gewesen. Franz Beckenbauer nennt das in einer seiner Biografien »Schwarzgeld-Touren um die halbe Welt«.

Neben den finanziellen haben diese Reisen zum Teil sportliche Konsequenzen. Als Bayern am letzten Spieltag 1971 die Meisterschaft verspielt, sitzt Toptorjäger Gerd Müller auf der Tribüne. In der Winterpause soll er in Peru eine rote Karte gesehen haben, und der DFB kann damals Spieler noch nach Belieben sperren. Über vier Monate lang versucht der Verband, Augenzeugenberichte von vor Ort aufzutreiben, dann nimmt er Müller für acht Wochen aus dem Spielbetrieb. Das wichtigste Ligaspiel der Saison findet ohne ihn statt.

Auch das Pokalfinale gegen Köln hätte Müller verpasst. Als er aber damit droht, aus der Nationalmannschaft auszutreten, verkürzt der DFB die Sperre bis auf einen Tag vor dem Finale. Was damit zusammenhängen könnte, dass der Verband inzwischen komplett andere Sorgen hat. Denn Anfang Juni 1971 erschüttert ein Beben den deutschen Fußball.

Der Bundesliga-Skandal

Während sich oben in der Tabelle Gladbach und Bayern um die Meisterschaft streiten, kämpfen Arminia Bielefeld, Eintracht Frankfurt, Rot-Weiß Oberhausen und Kickers Offenbach an ihrem Ende gegen den Abstieg. Es trifft mit Offenbach den Verein, bei dem Horst-Gregorio Canellas Präsident ist. Der Südfrüchtehändler lädt am Tag nach dem Saisonfinale zu seinem 50. Geburtstag ein, anwesend ist auch Bundestrainer Helmut Schön. Canellas stellt ein Tonbandgerät auf einen der Gartentische, Schön glaubt zunächst, er wolle ein Geburtstagsgeschenk präsentieren. Wenig später aber hat der Bundestrainer die Gartenparty eilig verlassen.

Was Canellas vorspielt, sind Telefonate zwischen ihm und Spielern anderer Vereine, die gegen die Abstiegskonkurrenten von Offenbach spielen. Darin ist zu hören, wie schamlos Profis für Geld bereit waren, ihre Spiele zu manipulieren. Zum Saisonende hin fand ein skurriles Wettbieten der abstiegsbedrohten Vereine statt mit Geldübergaben auf Tribünen und Parkplätzen. Es geht um fast eine Million Mark an Schmiergeld, der DFB braucht Jahre, um den Betrug aufzuarbeiten. Selbst Nationalspieler sind involviert, die Strafen drastisch. Fast alle Spieler des FC Schalke 04 werden gesperrt, die Nationalspieler Stan Libuda, Klaus Fichtel und Klaus Fischer zunächst lebenslang. Für einige ist es das Ende der Karriere, andere wandern nach Südafrika aus und spielen dort weiter, weil das Land damals nicht zur FIFA gehört.

Bis heute ist nicht gänzlich geklärt, welche Vereine involviert waren und was in den Jahren geschehen war, in denen kein Beteiligter ein Tonband hat mitlaufen lassen. Mehr als 50 Spieler, zwei Trainer und sechs Funktionäre werden bestraft, Bielefeld und Offenbach verlieren ihre Bundesligalizenz. Die härtesten Strafen werden zwar bald verkürzt, was aber bleibt, ist ein Glaubwürdigkeitsverlust bei den Fans. Schon vor dem Bundesligaskandal sind die Zuschauerzahlen gesunken, jetzt gehen sie in den Keller. Ein Drama für die Vereine.

Es gibt noch keine zweite Liga, weshalb Absteiger bis in die Regionalliga fallen. Gleichzeitig hat der DFB mit seiner aus der Zeit gefallenen Gehaltsbeschränkung ungewollt Zusatzverdienste durch Spielbetrug attraktiv gemacht. Es ist keine Entschuldigung für das Verschieben der Spiele, erklärt aber, warum die Vereine in einem überhitzten Wettbieten immer größere Summen dafür bezahlten, in der Liga zu bleiben, und warum die Profis empfänglich für jede Form der Zusatzprämie waren.

Hoeneß auf Rekordjagd

Es gibt keinen direkten Bezug zum FC Bayern und Uli Hoeneß, es ist aber wichtig zu wissen, welch turbulente Zeit der deutsche Fußball durchmacht, als die Münchner sich anschicken, ihn erstmals zu dominieren. Und ohne dass man es ihnen zum Vorwurf machen könnte, profitieren sowohl der FC Bayern als auch Uli Hoeneß vom Bundesligaskandal.

Einerseits öffnet sich die Tür für Uli Hoeneß wegen der gesperrten Schalker in der Nationalmannschaft vielleicht noch ein bisschen schneller, als sie sonst aufgegangen wäre. Im Herbst 1971 wird er zum ersten Mal nominiert, im Frühjahr 1972 ist es dann so weit: Gegen Ungarn darf Uli Hoeneß spielen, er und Paul Breitner erzielen beim 2:0-Sieg die Tore und werden von der Presse gefeiert. Sein Debüt kommt gerade noch rechtzeitig, um in einer der spielstärksten deutschen Nationalmannschaften einen historischen Erfolg zu feiern. Erstmals besiegt eine deutsche Elf im Wembley-Stadion England, dann krönt sich Deutschland mit einem 3:0 gegen die Sowjetunion zum Europameister. Mittendrin: Uli Hoeneß.

Sechs Spieler des FC Bayern, vier von Borussia Mönchengladbach und einer vom FC Schalke 04 stehen in der Startelf des EM-Finales. Was die Kräfteverhältnisse in der Liga repräsentiert. Der FC Bayern hat höchstens in Gladbach einen Gegner, der auf Augenhöhe spielt. Oft genug ist aber selbst die Borussia machtlos. In der Saison 1971/72 schießen die Bayern 101 Tore, Gerd Müller stellt seinen Fabelrekord von 40 Ligatoren auf, Hoeneß selbst macht 13 Tore und bereitet 16 vor. Ein von den Zahlen her besseres Stürmerduo als Hoeneß und Müller wird es erst über 45 Jahre später geben, die Wolfsburger Grafite und Dzeko in der Saison 2008/09. Gerd Müllers Torrekord wird erst im Jahr 2021 von Robert Lewandowski überboten werden.

Goldgrube Olympiastadion

Wichtiger noch als diese Fabelzahlen ist jedoch die Einweihung des Olympiastadions. Als der FC Bayern mit einem 5:1 am letzten Spieltag der Saison zu Hause die Meisterschaft feiert, ist das nicht nur der erste Meistertitel für Hoeneß, sondern auch die erste Millioneneinnahme durch Zuschauer für den Verein. Wie sich die Machtverhältnisse in München verändert haben, lässt sich an diesem Spiel ablesen. Dem TSV 1860 München untersagt das Organisationskomitee der Olympischen Spiele ein wichtiges Aufstiegsspiel im noch nicht ganz fertigen Stadion. Bayern aber darf spielen, CSU-Finanzminister Ludwig Huber setzt sich dafür ein. Eines von vielen Beispielen dafür, wie schlau Bayern-Präsident Wilhelm Neudecker den Verein vernetzt hat.

Das Olympiastadion wird fortan der feste Anker des wirtschaftlichen Erfolgs der Bayern. Im alten Stadion an der Grünwalder Straße hatte es nur rund 4000 überdachte Sitzplätze gegeben, das Stadion war kleiner als die Spielstätten vieler Konkurrenten. Im neuen Stadion mit der futuristischen Dachkonstruktion sind mehr als zehnmal so viele Plätze überdacht, und es gibt VIP-Plätze, die sich der Verein teuer bezahlen lässt. Der Unterschied ist frappierend: Das ausverkaufte Saisonfinale beschert dem FC Bayern eine Bruttoeinnahme von 1,2 Millionen Mark – im alten Stadion waren maximal 350 000 möglich. Für den FC Bayern und seinen kostspieligen Kader eröffnen sich damit neue finanzielle Möglichkeiten, und das genau in der Zeit, in der anderen Vereinen die Zuschauer wegbrechen.

Reinfall Olympische Spiele

Im Jahr 1972 ist Uli Hoeneß bei Bayern Stammspieler, Deutscher Meister und Europameister, es läuft aber nicht alles glatt. Mit den Olympischen Spielen in München wird genau jenes Turnier für ihn zum Reinfall, für das er auf einen Profivertrag verzichtet hat. Zwar gewinnt die deutsche Amateur-Mannschaft ihre drei Vorrundenspiele deutlich, Hoeneß schießt aber kein einziges Tor und ist so schlecht, dass er für ein Spiel auf die Bank muss. Vom Star der Mannschaft zum Nebendarsteller, was für eine Demütigung. Die Zwischenrunde vor dem Finale verläuft dann sportlich blamabel, verblasst jedoch vor der Tragik ihrer Umstände. Im voll besetzten Olympiastadion verliert Deutschland gegen Ungarn mit 1:4. Die Stimmung ist gespenstisch: Am Tag davor war es zum Anschlag auf das israelische Olympiateam gekommen. Hoeneß hatte im Olympiadorf vom Büro eines Journalisten aus beobachtet, wie die Hubschrauber mit den Terroristen und ihren Geiseln abhoben in Richtung Fürstenfeldbruck. Dort sollten die elf Geiseln befreit werden, doch der Einsatz verlief so chaotisch und für die Sicherheitskräfte desaströs, dass alle Geiseln und ein Polizist starben. Drei der acht palästinensischen Geiselnehmer wurden festgenommen, die übrigen getötet.

Die Partie gegen Ungarn findet im Anschluss an die Trauerfeier und den inzwischen zum Sprichwort gewordenen Satz

»The Games must go on« von IOC-Präsident Avery Brundage statt. Dass wenige Tage später das erste Aufeinandertreffen zweier deutscher Mannschaften mit einem 3:2-Sieg für die DDR endet? Im Grunde egal. Auch im Verhältnis zwischen den Spielern. Als DDR-Stürmer Jürgen Sparwasser mit Hoeneß für die Dopingkontrolle ausgelost wird, schlägt der ihm vor, erst mal ein Weizen zu trinken. Noch in der Nacht packt Hoeneß im Olympischen Dorf seine Koffer und fährt nach Hause.

Sein Ruf hat spürbar gelitten. »Ich weiß, ich habe als Fußballer einiges von meinem Image eingebüßt«, sagt er nach den Spielen. In der öffentlichen Wahrnehmung ist Hoeneß inzwischen nicht nur der dynamische Fußballspieler, sondern zudem jemand, der seinen finanziellen Wert ausreizt. Was sicher in Teilen daran liegt, wie Hoeneß in den Monaten vor den Olympischen Spielen die Verhandlungen seines ersten Profivertrags angegangen ist.

Auf der Jagd nach schnellem Geld

Zunächst setzt er sich beim DFB dafür ein, dass sich für ihn und alle anderen Amateure die Frist zur Vertragsunterzeichnung verlängert, damit er nach den Spielen mehr Optionen hat als nur den FC Bayern. Als der Verein ihm vor dem Turnier keine genauen Zahlen garantieren will, droht Hoeneß dann mit einem Wechsel als Amateur zu einem anderen Verein. Fortan sprießen die Gerüchte.

Schon im Februar 1972 schildert der ›Kicker‹ unter der Überschrift »Ausverkauf bei Bayern« die Wechselabsichten von Müller, Breitner und eben Hoeneß. Fast wöchentlich gibt es Neuigkeiten. Breitner sei schon zu 99 Prozent weg, Gerd Müller sich mit Feyenoord Rotterdam einig. Und Hoeneß? Der habe angeblich schon Werder Bremen zugesagt. Auch der VfB Stuttgart, die Offenbacher Kickers und Schalke 04 werden mit ihm in Verbindung gebracht, es gibt sogar das Gerücht, dass er sich bei Borussia Mönchengladbach selbst angeboten habe. Nacheinander reißt verschiedenen Leuten in seiner Umgebung die Hutschnur. Sepp Maier und Franz Beckenbauer rüffeln ihn öffentlich, sogar sein Trainer für Olympia, Jupp Derwall, spricht von der »größten menschlichen Enttäuschung«.

Im Oktober 1972 unterschreibt Hoeneß endlich seinen Vertrag bei Bayern, Breitner und Müller bleiben ebenfalls. Aber Präsident Neudecker muss in die Vollen gehen, um das zu ermöglichen. Er hat erfolgreich dafür lobbyiert, die Begrenzung der Ablösesummen aufzuheben und ein fixes Handgeld von 20 Prozent der Transfersumme für die Spieler einzuführen. Dadurch kann er die Preise so hochtreiben, dass keiner der Bundesligisten einen seiner Stars verpflichten kann. Schon in der nächsten Saison wird ihm das allerdings auf die Füße fallen, wenn er mehr Geld als geplant für Jupp Kapellmann vom 1. FC Köln berappen muss.

Beim Thema Geld klaffen im Fußball zunehmend die Perspektiven auseinander. Was für die Spieler ein gutes Geschäft ist, führt die Vereine in immer höhere Verschuldung und sorgt bei den Fans für Ablehnung. Ein Spieler wie Hoeneß bedient mit seinem Verhalten das Bild einer raffgierigen Liga. Weil er sich zusätzlich in einer anderen Sache verzockt.

Ein Jahr später hat der FC Bayern seine Meisterschaft mit großem Vorsprung vor dem 1. FC Köln verteidigt und will in der Saison 1973/74 den Europapokal ins Visier nehmen. Vorher allerdings erreicht ein Fax manche Redaktion. Uli Hoeneß will die Exklusivrechte an seiner Hochzeit für 25 000 Mark verkaufen. Doch statt einer Überweisung erntet er nur Spott. Die ›Sport-Illustrierte‹ veröffentlicht eine Fotomontage des Brautpaares und rechnet genüsslich vor, dass dieses Bild nur 177 Mark und 30 Pfennig gekostet habe. 150 Mark für den Fotografen und 27,30 Mark für die Fotomontage. Autsch.

Die Hochzeit findet dann ohne Exklusivfotografen, aber dafür mit echter Prominenz statt. In den laufenden Gottesdienst hinein betritt jemand die Kirche durch die Sakristei: Franz-Josef Strauß ist spät dran, kann so aber als Erster gratulieren. Sein Erscheinen zeigt ein Spannungsfeld auf, in dem die öffentliche Person Hoeneß steht.

Helden der Popkultur

Das Ende der 1960er- und der Beginn der 1970er-Jahre sind geprägt von einem Wandel, der kaum ein Feld der Gesellschaft unberührt lässt. Dabei fordern die Nachkriegskinder ihre Eltern in allen Bereichen des Lebens heraus: Die Röcke werden kürzer, die Haare länger, die Musik wilder. Während sich in der Jahreshitparade 1960 auf den vorderen Plätzen Interpreten wie Lolita und Freddy Quinn tummeln, gehören zehn Jahre später zu den meistverkauften Alben die »Beatles«, »Led Zeppelin« und »Deep Purple«.

Politiker unterschiedlichster Prägung begleiten diese Transformation. Bis ins Jahr 1966 regieren mit Konrad Adenauer und Ludwig Erhard zwei Bundeskanzler, die noch im 19. Jahrhundert geboren wurden und das Kaiserreich miterlebt haben. Herausgefordert wird diese Generation nicht nur von prominenten Stimmen ihrer Zeit wie Rudolf Augstein, Jürgen Habermas und Hans Magnus Enzensberger, allesamt vor dem Zweiten Weltkrieg geboren, sondern vor allem von jenen, die während des Krieges geboren und danach sozialisiert wurden. In ihrer radikalsten Form mit Andreas Baader und Gudrun Ensslin als Köpfe der ersten Generation der Terrororganisation Rote Armee Fraktion.

Und dann sind da noch jene, die wie Hoeneß in den 1950ern und damit in einen Konsum hineingeboren wurden, der neu für die älteren Generationen ist. Nur wenige von ihnen spielen in den frühen 1970ern eine bundesweit sichtbare Rolle, in der Politik wird sich diese Generation um Menschen herum wie Claudia Roth, Wolfgang Kubicki, Peter Ramsauer oder Jürgen Trittin erst in den 1980ern und 1990ern etablieren. Es sind vor allem Musik, Film und Sport, die von ihnen schon jetzt geprägt werden. Vielleicht stehen die inzwischen häufig mit einem Abitur ausgestatteten Fußballprofis wie Hoeneß auch deshalb über ihren Sport hinaus im Fokus.

Sein Freund Paul Breitner nutzt diese Aufmerksamkeit, indem er sich zum Mao-Bibel lesenden Systemkritiker stilisiert. Das bringt ihm die Sympathien der Band »Ton Steine Scherben« ein, die ihm ihre 1972 erschienene Platte ›Keine Macht für Niemand‹ schickt. Breitner besucht daraufhin bei einem Auswärtsspiel die Band, als diese von ihm aber nicht nur Geld, sondern auch politische Aktionen fordert, distanziert er sich wieder.

Hoeneß ist da anders. Er hat das Selbstbewusstsein und die Ambitionen der Jungen, schwärmt aber für den 1915 geborenen Franz-Josef Strauß und damit für die Werte der Alten. Rio Reiser von »Ton Steine Scherben« singt auf dem Album ›Warum geht es mir so dreckig‹: »Ich will nicht werden, was mein Alter ist. Ich möchte aufhören und pfeifen auf das Scheißgeld. Ich weiß, wenn das so weitergeht, bin ich fertig mit der Welt.«

Hoeneß will ebenfalls nicht werden, was sein »Alter« ist. Aber anders als für jemanden wie Reiser ist für ihn das Problem nicht das kapitalistische System, sondern seine Stellung darin. Hoeneß eckt an, weil er fordernd und von sich selbst überzeugt auftritt. Er tut das aber ohne den Wunsch nach einem gesellschaftlichen Wandel.

Seine größten Spiele

In der Spielzeit von 1973/74 werden die Bayern zum dritten Mal in Folge Deutscher Meister, aber der Ligatitel ist ihnen inzwischen zu wenig. Sie wollen in Europa die Ersten sein und den Pokal der Landesmeister gewinnen. In diesem Wettbewerb macht Hoeneß zwei der besten Spiele seiner Karriere.

Zunächst treffen die Bayern auf Dynamo Dresden, zum ersten

Mal spielen die Meister aus Ost- und Westdeutschland gegeneinander. In einem wilden Hinspiel gewinnen die Münchner zwar, aber mit 4:3 so knapp, dass viele mit einem Ausscheiden rechnen. Vor dem Rückspiel im November 1973 kommt es zu einem Eklat, weil der FC Bayern nicht in Dresden übernachtet, sondern im westdeutschen Hof. Neudecker und Schwan geben an, der Höhenunterschied von 400 Metern sei der Grund dafür, in Wirklichkeit geht es ihnen bei der Entscheidung aber wohl darum, einer Überwachung durch die Stasi und möglichen Verunreinigungen im Essen aus dem Weg zu gehen.

Obwohl sich später herausstellt, dass ihr Besprechungsraum im Hotel tatsächlich verwanzt war und Dresdens Trainer Walter Fritzsch direkt von der Stasi Bayerns Aufstellung bekam, bezeichnet Uli Hoeneß Jahre später diese Entscheidung noch als Fehler. Denn vor dem Hotel in Dresden warten Hunderte ostdeutsche Fans vergeblich auf den FC Bayern.

Das Spiel wiederum verläuft erfolgreich. Es ist noch keine zwölf Minuten alt, da ist Hoeneß seinem Gegenspieler Eduard Geyer schon zweimal davongelaufen und hat nach wunderbaren Alleingängen getroffen. »Er war vielleicht zur damaligen Zeit einer der schnellsten Spieler, die es in Europa gab«, erklärt Geyer, angesprochen auf diese Partie. Zwar dreht Dresden den Spielstand noch, aber das 3:3 von Gerd Müller besiegelt das Weiterkommen des FC Bayern. »Hoeneß ist der Superstar«, heißt es nach dem Spiel.

Uli Hoeneß ist nicht mehr nur irgendein Bayern-Spieler, sondern er kann den Unterschied machen. Mit dem Europapokal als seiner größten Bühne. Bayern zieht ins Finale ein, in Brüssel geht es gegen Atletico Madrid. Sein Gegenspieler ist der 34 Jahre alte Adelardo, alles scheint wie gemalt für einen guten Auftritt. Das Spiel wird jedoch zu einer großen Enttäuschung. Hoeneß entkommt seinem Bewacher nicht, torlos geht das Finale in die Verlängerung. In der trifft Atletico zur Führung, erst ein Verzweiflungsschuss von Katsche Schwarzenbeck in allerletzter

Minute sorgt für das 1:1. Was im Jahr 1974 bedeutet: Es kommt zu einem Wiederholungsspiel.

»Wir wussten: Ein zweites Spiel, das spricht für uns. Denn die Madrilenen waren so deprimiert, die haben die Einrichtung im Heysel-Stadion demoliert, die haben die Haken von den Bänken gerissen in der Umkleide«, erinnert sich Bulle Roth. Am Morgen nach dem Spiel besucht Susi Hoeneß ihren Mann, aber der ist schweigsam, als sie zu einer Wiese spazieren. »Ich glaube, wir saßen drei Stunden wortlos da und guckten nur in die Gegend. Ich spürte, dass es besser war, meinen Mund zu halten. Irgendwie hat ihm das gutgetan. Als wir uns trennten, war er ganz guter Stimmung«, erinnert sie sich später.

Im Wiederholungsspiel dann agiert Hoeneß wie entfesselt, schießt beim 4:0-Sieg zwei wunderbare Tore. Atletico ist ein Schatten seiner selbst, viele Jahre später vermutet Bayern-Spieler Jupp Kapellmann, dass die Madrilenen im ersten Spiel gedopt gewesen wären und ihre Körper das noch einige Tage hätten verarbeiten müssen. Für Hoeneß ist es auch ein persönlicher Triumph. Wenn er sich schlecht fühlt, schaut er sich in den kommenden Jahren die Aufzeichnung dieser Partie an. »Uli Hoeneß, der 48 Stunden zuvor in Bleischuhe geschlüpft schien, fegte wie ein Sprinter durch die Atletico-Abwehr. Er gerät immer mehr in die Art des Johan Cruyff, ein Mann, der sich seine Tore selbst vorbereiten (und dann natürlich auch vollenden) kann«, schwärmt der ›Kicker‹ nach dem Finale.

In Gruppen gehen die Spieler nach dem Europapokalsieg in Brüssel feiern, nur einen Tag später findet das sportlich bedeutungslose letzte Spiel in der Bundesliga statt. Mit 0:5 verlieren die Bayern bei Borussia Mönchengladbach. Die Feier war wohl gut.

Fiebrig zum Weltmeistertitel

Uli Hoeneß ist jetzt also auch Europapokalsieger. Aber mit der Weltmeisterschaft im eigenen Land wartet noch ein Ereignis auf ihn, von dem jeder Fußballer träumt. In einem Belastungstest vor der WM 74 hat er einen Puls von 190, Dettmar Cramer, Co-Trainer der Nationalmannschaft, sagt voraus, Hoeneß werde der Star des Turniers. Doch schon im ersten Spiel tut sich Uli Hoeneß wie die gesamte Mannschaft schwer, was ihm einen spitzen Kommentar von Franz Beckenbauer einbringt: »So ein Lob, wie es Dettmar Cramer verteilte, kann eben nicht jeder vertragen.«

Im zweiten Spiel gegen Australien gewinnt Deutschland zwar deutlich, aber Hoeneß vergibt einige große Chancen. Seinen sportlichen Tiefpunkt erlebt er dann einige Tage später beim prestigeträchtigen Spiel gegen die DDR. Beide Mannschaften sind schon vor der Partie für die Zwischenrunde qualifiziert, im politisch aufgeladenen Duell geht es aber noch darum, wer in welcher der beiden Gruppen ums Finale spielen darf. Es sind noch keine Tore gefallen, da wirft Paul Breitner einen Einwurf zu Uli Hoeneß, der den Ball mit einem Rückzieher über seinen Kopf hinweg nach innen flankt. Den harmlosen Abschluss schnappt sich DDR-Torhüter Jürgen Croy und leitet mit einem Abwurf den Gegenstoß ein. Jürgen Sparwasser sprintet in eine weite Flanke, verzögert seinen Schuss so lange, bis Torhüter Sepp Maier auf dem Boden liegt, und trifft zum 1:0 ins Tor.

»Wenn auf meinem Grabstein später nur ›Hamburg 1974‹ stehen würde, wüsste jeder, wer darunterliegt«, sagt Sparwasser über seinen Siegtreffer. Es ist zwar nicht der wichtigste seiner Karriere, den hat er einige Wochen zuvor im Halbfinale des Europapokals der Pokalsieger für den 1. FC Magdeburg erzielt und so den Weg für den ersten und einzigen Europapokalsieger aus der DDR geebnet, jedoch einer mit direkten Folgen: Als einige Spieler am Abend eine der Wachen vom Bundesgrenzschutz an ihrem Quartier in Quickborn darum bitten, sie zur Reeperbahn zu fahren, muss Sparwasser als Einziger zurückbleiben. Er sei zu bekannt, da würde der Posten seinen Job riskieren.

Mit dem Wissen von heute blickt man entspannt auf diese Niederlage. Aber damals verzweifeln die westdeutschen Sportjournalisten. »Das Stenogramm unseres Spiels gegen die DDR ist etwa so spannend wie die Lektüre eines Telefonbuchs; Monotonie bei allen Angriffen«, schreibt etwa der ›Kicker‹ in seinem Spielbericht. Hoeneß habe man in der zweiten Hälfte auf dem Spielfeld suchen müssen: »Er war ›mausetot‹ und nicht mehr zu sehen.«

Im nächsten Spiel gegen Jugoslawien sitzt Hoeneß zunächst auf der Bank, gegen Schweden trifft er immerhin per Strafstoß. Anschließend wartet mit Polen einen Schritt vor dem Finale die eigentliche Überraschung des Turniers. Polen spielt herausragenden Offensivfußball, schießt die meisten Tore und stellt letztlich mit Grzegorz Lato den WM-Toptorschützen.

Wegen eines Wolkenbruchs kurz vor Spielbeginn verzögert sich jedoch der Anpfiff und bringt den Platz an den Rand der Unbespielbarkeit. In diesen fast irregulären Bedingungen gelingt Deutschland zwar mit einem 1:0-Sieg der Finaleinzug, das liegt aber neben dem Torschützen Gerd Müller vor allem an Sepp Maier, der eine Menge Chancen pariert. Der größte Stein dürfte beim Schlusspfiff Hoeneß vom Herzen gefallen sein. Denn der hatte beim Stand von null zu null einen Elfmeter zu lässig geschossen, Polens Torhüter Tomaszewski konnte den Ball ohne große Probleme halten. Deutschland hätte bei der Weltmeisterschaft im eigenen Land ausscheiden können, weil Hoeneß einen Strafstoß verschießt. Dagegen ist der Elfmeter im EM-Finale 1976, über den noch zu sprechen sein wird, eine Kleinigkeit.

In dieser Phase der Karriere von Uli Hoeneß gehen die meisten Dinge gut für ihn aus. So auch im Finale der WM, in dem er für seinen persönlichen Erfolg den der Mannschaft riskiert. In den Nächten vor dem Endspiel gegen die Niederlande hat er hohes Fieber, wechselt mehrfach den Schlafanzug und wendet seine Matratze, damit es keiner bemerkt. Es funktioniert: Hoeneß steht beim Anpfiff auf dem Rasen im Münchner Olympiastadion – und verursacht mit seiner ersten Aktion einen Strafstoß am Star der Niederländer, Johan Cruyff. Nach nur zwei gespielten Minuten liegt die deutsche Mannschaft gegen den klaren Favoriten zurück. Aber wieder bügelt jemand den Fehler von Hoeneß aus. Erst verwandelt Paul Breitner einen Strafstoß zum 1:1, dann trifft Gerd Müller mit einem ikonischen Drehschuss zum 2:1. Viele Paraden von Sepp Maier später ist es dann so weit: Deutschland ist Weltmeister.

Auf dem Höhepunkt

Uli Hoeneß ist 22 Jahre alt und hat jeden Titel gewonnen, den man als Fußballspieler holen möchte: DFB-Pokal, Deutsche Meisterschaft, Europapokal, Europameisterschaft, Weltmeisterschaft. Der steile Anstieg seiner Karriere ist einzigartig, höchstens mit Paul Breitner zu vergleichen. Kein Beckenbauer, kein Gerd Müller, kein Uwe Seeler und kein Fritz Walter waren in ihren ersten Jahren im Fußball so erfolgreich. Von den Weltmeistern 1974 sind Hoeneß und Breitner gemeinsam mit Rainer Bonhof von Borussia Mönchengladbach die Küken, sie sind die einzigen Spieler, die erst in den 1950ern geboren wurden.

Sicher hatte Hoeneß das Glück, von seinem Trainer gefördert zu werden und in dem Verein spielen zu dürfen, der neben Mönchengladbach die sportlich beste Zukunft vor sich hat. Dass er sich beim FC Bayern bis zur Unverzichtbarkeit durchsetzt, hat aber nicht allein mit seiner Physis und dem viel zitierten Ehrgeiz zu tun. Als Verbindungsspieler zwischen Mittelfeld und Angriff spielt er nicht nur mehrere Positionen in seinen Mannschaften – zwischendurch ist er bei Bayern sogar Außenverteidiger –, er kann sie zudem anders interpretieren.

Die Gegner spielen mit Manndeckung und Libero, wenn der

FC Bayern kommt, in der Regel tief in der eigenen Hälfte stehend. Hoeneß bietet, was es gegen diese Gegner braucht: schnelle Antritte, Sprints in die Lücken der Verteidigung und eine hohe Ausdauer, um den direkten Gegenspieler müde zu laufen. Vielleicht ist Uli Hoeneß genau das, was dem deutschen Fußball und dem FC Bayern in dieser Phase gefehlt hat. Es sieht aus, als läge eine goldene Zukunft vor ihm. Was er noch nicht weiß: Seine Zeit als Fußballer ist schon zur Hälfte vorbei. Mit dem FC Bayern wird er bald sogar gegen den Abstieg spielen.

Am 7. Juli 1974 wartet nach dem Sieg im Finale aber erst mal eine denkwürdige Feier auf ihn. Obwohl der DFB es den Spielern verboten hat, ihre Frauen und Freundinnen zum Siegerbankett mitzubringen, sitzt Susi Hoeneß mit am Tisch. Als sie von einem Kellner gebeten wird, den Saal zu verlassen, kommt es zum Eklat. Hoeneß liefert sich ein Wortgefecht mit einem DFB-Funktionär und sorgt dafür, dass angeführt von den Bayern-Spielern erst die deutschen und dann die niederländischen Fußballer den Saal verlassen. Paul Breitner und Gerd Müller treten noch am selben Abend aus der Nationalmannschaft zurück, auch wenn sich Müller wohl schon vor dem Vorfall mit diesem Gedanken beschäftigt hat. Der biedere DFB steht trotz des Titelgewinns schlecht da, denn die Frauen seiner Funktionäre durften ein paar Tische weiter an der Feier teilnehmen.

Hoeneß also doch der Revoluzzer gegenüber den Alten, ganz im Sinne Rio Reisers? Wieder nur innerhalb des Systems. Hoeneß bleibt Nationalspieler, er tritt nicht zurück. Nach dem Turnier berichtet er in einer Kolumne davon, sich noch vor der Weltmeisterschaft ein Haus mit Swimmingpool gekauft zu haben. Der Hausbesitzer ist selten ein Hausbesetzer.

Kapitel 3

Kaputt gespielt

1974–1979

Geld ist ein allgegenwärtiges Thema im Fußball der 1970er. Ablösesummen und Handgelder mussten vom DFB abgesegnet werden und wurden deshalb offen kommuniziert. Aber auch was einzelne Spieler mit Autogrammstunden oder ähnlichen Aktivitäten verdienen, ist den Zeitungsarchiven zu entnehmen. Offenbar scheint ihr wirtschaftlicher Aufschwung Teil der Faszination von Fußballprofis gewesen zu sein. Warum das wichtig ist? Weil in der Saison nach der WM 1974 etwas in der Mannschaft des FC Bayern zerbricht – was nicht allein an Geld liegt, sich aber an den Nebentätigkeiten der Spieler entzündet.

Werbung und Fußball sind inzwischen zusammengewachsen. Zwar gilt Bandenwerbung noch als »Schleichwerbung« und wird kritisiert, im Grunde hat sie sich aber schon durchgesetzt: Im Hamburger WM-Stadion wird sogar die Aschenbahn abgegraben, um die Banden optimal fürs Fernsehen zu positionieren. Erst seit 1970 ist Bandenwerbung überhaupt erlaubt. Eine Marketingagentur hatte einen Prozess gegen das ZDF gewonnen, das damals bei Übertragungen die Reklamebanden verdecken oder abbauen ließ.

Auch die Leibchen der Spieler sind nicht mehr werbefrei. Als Eintracht Braunschweig sein Logo zum Jägermeisterkopf ändert und damit das Werbeverbot umgeht, erlaubt der DFB 1973 den

Vereinen widerstrebend Werbung auf der Trikotbrust. Werbung im Fußball ist also schon präsent, als die Weltmeisterschaft angepfiffen wird. Das Turnier selbst wird dann zu einer Art Durchlauferhitzer. Allein mit den WM-Maskottchen, den beiden Figuren »Tip und Tap«, sowie dem offiziellen WM-Plakat, verdient der DFB etwa 60 Millionen Mark. Tip und Tap sind überall: auf Aschenbechern, Senfgläsern, Krawatten und sogar auf Damenunterwäsche, was den prüden DFB ärgert.

Als Maskottchen von Unternehmen gerieren sich derweil Fußballspieler. Nicht mehr nur Sportartikelhersteller werben mit ihnen, sondern Unternehmen aller Art: Banken, Versicherungen, Süßwarenhersteller, Automarken, Getränkemarken. Wer mit einem jungen und erfolgreichen Fußballprofi werben möchte, kommt dabei an Uli Hoeneß kaum vorbei. Er und Paul Breitner gehören zu den ersten deutschen Nationalspielern, die ihren Werbewert kennen und ausreizen. Nicht nur mit klassischem Sponsoring. Gemeinsam mit Udo Lattek geben Hoeneß und Breitner zudem ein Buch zur WM 1974 heraus. Für sich genommen nichts Besonderes, es erscheinen nach dem Turnier rund ein Dutzend WM-Bücher mit prominenten Namen auf dem Buchdeckel, von Fritz Walter bis Franz Beckenbauer. Der Clou des WM-Buchs von Hoeneß, Lattek und Breitner? Jedes einzelne Exemplar ist von Breitner und Hoeneß unterschrieben. Pro Autogramm bekommen sie jeweils eine Mark. Karl-Heinz Rummenigge ist in der Saison 1974/75 der neue Zimmerkollege von Hoeneß und staunt, wie der beim gemeinsamen Fernsehkrimi am Abend vor Bundesligaspielen signiert und signiert. 2000 bis 3000 Unterschriften pro Abend. Das Ergebnis: über 300 000 Autogramme. Allein mit ihrem WM-Buch verdienen Breitner und Hoeneß ein Vielfaches der Prämie für den WM-Titel.

Auch für kleinere Kaliber ist sich Hoeneß nicht zu schade: Er gibt Autogrammstunden, leitet das Training bei einem Amateurverein, ist Schiedsrichter bei Schülerfußballspielen und lädt die Gewinner eines Preisausschreibens zum »Frühstück mit Uli

Hoeneß« sogar in sein Haus ein. Sehr zum Missfallen seiner Frau, Susi Hoeneß, die selbst aus Schlafzimmer und Keller neugierige Besucher herausholen muss.

Welche Bedeutung diese Nebentätigkeiten für Hoeneß haben, zeigt sich ausgerechnet im Vergleich mit Paul Breitner. Denn der verlässt nach der WM den FC Bayern, wechselt zu Real Madrid und verbessert damit sein Gehalt deutlich. Laut eigener Aussage hat Uli Hoeneß ein fast identisches Angebot vorliegen, lehnt es aber ab. Ihn binde geschäftlich mehr in München als seinen Freund Paul, sagt er dazu. Der wiederum gibt zu Protokoll, zwischen Angebot und Zusage keine 30 Sekunden nachgedacht zu haben.

Letzte Ausfahrt Europapokal

Ohne Paul Breitner und nach einer knappen Vorbereitung startet der FC Bayern schlecht in die Saison 1974/75. Kurz nach der ersten Heimniederlage seit viereinhalb Jahren schlägt Franz Beckenbauer Alarm: Man müsse sich jetzt endlich wieder auf Fußball konzentrieren. »Dann bleibt keine Zeit für Autogrammstunden mehr«, sagt Beckenbauer. »Die verlangen 500 Mark, machen ihre ganze Freizeit kaputt und kommen dann noch zu spät zum Training.«

Oder gar nicht, wie Uli Hoeneß einige Wochen später beweist, als er für eine Autogrammstunde das Training sogar schwänzt und dafür von Präsident Neudecker fürs nächste Spiel suspendiert wird. Womit Hoeneß auch Trainer Udo Lattek keinen Gefallen getan hat. Das Spiel geht verloren und besiegelt seine Trennung von Bayern. In der Winterpause verlässt der Trainer den Verein. Hoeneß wiederum ist beim Abschied von Lattek verletzt, er muss wegen eines Leistenbruchs operiert werden. Den hat er sich schon einige Wochen vorher zugezogen, das medizinische Personal hielt ihn aber für eine Bauchmuskelzerrung.

Hoeneß, Breitner und Lattek. Gemeinsam kamen sie zum FC Bayern und feierten die größten Erfolge. Anfang des Jahres 1975 sind zwei davon weg und der Dritte verletzt.

Neuer Trainer wird Dettmar Cramer, der ehemalige Assistent von Bundestrainer Helmut Schön. Präsident Neudecker hatte den als harten Hund bekannten Max Merkel favorisiert, aber Beckenbauer spricht sich für den spielerfreundlicheren Cramer aus, der zudem sein Trauzeuge ist. Doch selbst er kann das Ruder nicht herumreißen. In der Bundesliga liegt Bayern auf dem 14. Platz, im DFB-Pokal scheidet man aus und so bleibt nur noch der Europapokal der Landesmeister als Chance, sich mit einem Titelgewinn im nächsten Jahr international präsentieren zu dürfen.

Dabei geht es um mehr als nur Prestige: Bayern hat den teuersten Kader der Liga und im Vorjahr sage und schreibe 40 Prozent seiner Einnahmen im Europapokal erwirtschaftet. Und das in einem Jahr, in dem man Deutscher Meister wurde. In dieser Saison ist der Meisterschaftszug schon lange abgefahren und entsprechend mau das Interesse der Zuschauer. Nicht einmal eine drastische Senkung der Eintrittspreise ändert das. Verpasst Bayern Europa, dann fällt der Kader auseinander.

Für Uli Hoeneß ist eine Teilnahme am Europapokal aus denselben Gründen wichtig. Nach der WM hatte er einen Vertrag mit der ungewöhnlichen Klausel unterschrieben, dass sich sein Gehalt um ein Drittel reduziert, wenn Bayern aus dem Europapokal ausscheidet. Der 22-jährige Hoeneß hat offenbar genau verstanden, wie ein Verein wie Bayern wirtschaftlich funktioniert. »Wenn alle Spieler solche Verträge abschließen würden, ginge kein Verein bankrott«, erklärt er ein Jahr später. »Ich habe einen optimalen Vertrag bei optimalen Einnahmen des Vereins.« Ein Kontrapunkt zu dem raffgierigen Image, das manchmal von Hoeneß gezeichnet wird.

Auf den Verein nimmt er bei Rückschlägen also Rücksicht, auf sich selbst allerdings nicht, wie sein ehemaliger Mitspieler Bernd

Dürnberger erzählt: »Der Uli hat schon mit seiner Gesundheit gespielt. Vor dem Training oder Spiel hat er sich punktieren lassen, hat auch mal mit einer Risswunde in der Achillessehne gespielt. Langfristig hat er sich damit keinen Gefallen getan.«

Von drei Seiten wird der Fuß von Hoeneß im Frühjahr 1975 an der Achillessehne genäht, sein Arzt will einen Einsatz verhindern. Aber da es um den Europapokal geht, lässt sich Hoeneß fit spritzen, spielt und schießt gegen den armenischen Meister Ararat Erewan eines der schönsten Tore seiner Karriere. Bayern erreicht das Halbfinale und schaltet dort St. Etienne aus. Hoeneß reißt sich im Hinspiel den Meniskus an, spielt aber durch und läuft zudem im Rückspiel auf.

So viel ist in dieser Saison schiefgegangen, im Europapokal aber klappt es: Hoeneß und Bayern erreichen das Finale. Wo mit Leeds United die Mannschaft wartet, die den FC Barcelona ausgeschaltet hat. Ihr Kapitän Billy Bremner freut sich schon auf die in dieser Saison so schwachen Münchner: »Das Finale fand bereits gegen Barcelona statt und wir haben es gewonnen. Wir werden Bayern München niederwalzen.«

Der Anfang vom Ende

Vielleicht liegt es an martialischen Formulierungen wie dieser oder an den Ausschreitungen der englischen Fans nach dem Finale, aber das ist das Bild, das von diesem Spiel geblieben ist: Leeds hat die Bayern kaputt getreten. Das Spiel ist kaum angepfiffen, da verletzt sich Bayerns Björn Andersson bei einem Foul. »Wenn man das Knie gesehen hat, das waren ja fast zwei Teile«, erinnert sich Bernd Dürnberger. »Die haben in den ersten 15 Minuten auf alles getreten, was sich bewegt hat«, ergänzt Bulle Roth. »Meiner Meinung nach waren die gedopt. Die kamen raus und hatten riesige Pupillen.«

Dann erwischt es Uli Hoeneß. Sein Gegenspieler Gray nimmt einen langen Ball etwas unsauber mit, Hoeneß und er stochern danach, Hoeneß knickt mit dem Knie um. Es ist diese Verletzung, die seine Karriere als Fußballprofi quasi beenden wird. Aber anders als in manchen Rückblicken beschrieben, war die Situation kein klares Foul. Sie bedeutet nicht einmal das Ende des Finals für ihn. Hoeneß spielt noch eine halbe Stunde weiter, gewinnt einen Sprint, spielt ansonsten aber genauso unauffällig wie der Rest der Mannschaft. Kurz vor dem Halbzeitpfiff wechselt er die Richtung, bleibt liegen und fasst sich ans Knie, das Endspiel ist für ihn vorbei.

Für ihre Mitspieler sind die Verletzungen von Andersson und Hoeneß Antrieb, erzählen Dürnberger und Roth. Letzterer ist es dann höchstpersönlich, der mit seinem Tor zum 1:0 die Weichen auf Sieg stellt. »Wir wollten alles versuchen, die Leeds-Spieler für die Fouls zu bestrafen«, erinnert sich der »Bulle«. Bestraft wird Leeds jedoch vor allem vom Schiedsrichter, dem Franzosen Michel Kitabdjian. Der verweigert den Engländern mehrfach einen berechtigten Strafstoß und erkennt beim Stand von null zu null ein Tor zu Unrecht wegen Abseits ab. Gegen die aufgerückten Engländer erzielt Gerd Müller noch das 2:0 und damit ist es geschafft: Der FC Bayern hat noch einmal den Europapokal gewonnen. Aber äußerst knapp – und zu einem hohen Preis. »Wir sind in die Kabine mit dem Pott, aber keiner war so richtig in Feierlaune«, berichtet Roth. »Dafür waren die Verletzungen zu schwer.«

Trotz des internationalen Erfolgs markiert die Saison 1974/75 eine Wende im deutschen Fußball. Vorerst ist die Dominanz des FC Bayern gebrochen, Borussia Mönchengladbach ist dagegen die Mannschaft der Stunde und wird zum dritten Mal in ihrer Geschichte Deutscher Meister. Gladbach holt nicht nur den Meistertitel, sondern zusätzlich als erste deutsche Mannschaft den Uefa-Cup. Einziger Verlust für die Gladbacher ist ihr Meistertrainer, Hennes Weisweiler. Nach elf Jahren bei der Borussia wechselt er zur neuen Saison zum FC Barcelona.

Sein Nachfolger wird ein Freund von Uli Hoeneß: Udo Lattek beginnt zur Saison 1975/76 als Trainer in Gladbach, obwohl er im Frühjahr noch einen Vertrag bei Rot-Weiss Essen unterschrieben und bereits erste Spieler für Essen verpflichtet hatte. »Was würden Sie denn machen, wenn Sie die Wahl zwischen einem Fahrrad und einem Mercedes hätten?«, rechtfertigt sich Lattek. Angeblich musste die Borussia ihn mit 25 000 Mark freikaufen.

Hoeneß dagegen verpasst den Start in die Saison. Eine Woche nach dem Finale gegen Leeds war er ohne Operation am Knie aus dem Krankenhaus entlassen worden. Eine Fehleinschätzung, wie schon beim Leistenbruch im Winter. Am ersten Trainingstag der neuen Saison verletzt sich Uli Hoeneß wieder am Knie und muss diesmal unters Messer. So kann er nur von außen verfolgen, wie Bayern ohne große Neuverpflichtungen in die Saison startet. Bald sei er wieder der Alte, verkündet Hoeneß – verletzt sich aber erneut. Zweite OP am Knie. Nur eine Woche später fällt zudem Gerd Müller aus, ein Muskelriss im Oberschenkel hat sich entzündet. Auch bei ihm war die erste Diagnose falsch. Nur weil Müllers Frau interventiert und den fiebrigen Stürmer ins Krankenhaus verfrachtet, kommt der Weltklassestürmer um eine Amputation herum. Bayern fehlen jetzt die beiden Spieler, die in den letzten Jahren für mehr als die Hälfte aller Bundesligatore des Vereins verantwortlich waren.

Erst Anfang Dezember 1975 kann Hoeneß wieder auflaufen. Für 19 Minuten steht er in Berlin auf dem Feld. Wenige Stunden später sitzt er im Jaguar von Sepp Maier auf dem Weg zu einer Nikolausfeier. Bei Tempo 150 platzt der linke Hinterreifen, der Wagen verpasst knapp zwei Bäume und kommt mit einem Totalschaden zum Stehen. Sepp Maier, seine Frau und Uli Hoeneß kommen mit dem Schrecken davon, aber was ist das bitte für ein Jahr?

Es passieren auch positive Dinge, so wird Uli Hoeneß 1975 zum ersten Mal Vater. Aber sportlich gesehen fasst er die Lage in einem Interview kurz vor Jahresende treffend zusammen: »Es kann nur aufwärtsgehen.«

Fehlschuss für die Geschichtsbücher

Im Jahr 1976 kehrt Uli Hoeneß endlich auf den Platz zurück, doch wie sein Verein kann auch er nur selten richtig glänzen. Den Bayern zuzuschauen macht selten Freude. Im Februar kommen zum Heimspiel gegen Uerdingen nur 7000 Zuschauer. Lediglich in einzelnen Spielen ist der FC Bayern immer noch eine Macht und manchmal auch Uli Hoeneß, selbst wenn er angeschlagen ist. Mit dickem Knöchel läuft er beim 5:1 gegen Benfica im Landesmeister-Cup auf, ist Mann des Tages beim 4:0 gegen den amtierenden Meister Gladbach und hilft mit, den 1. FC Köln im Viertelfinale mit 5:2 aus dem DFB-Pokal zu werfen. Beim Halbfinalsieg gegen Real Madrid mit Paul Breitner verletzt er sich zwar erneut, aber immerhin kann er im Europapokalfinale in Glasgow gegen St. Etienne auflaufen. Die Franzosen spielen stark, aber mal wieder erzielt Bulle Roth das 1:0. Nach dem Schlusspfiff erstickt der Jubel der zahlenmäßig unterlegenen Fans aus München im gellenden Pfeifkonzert der übrigen Zuschauer – St. Etienne hatte die deutlich besseren Torchancen gehabt.

Mitreißend war dieses Finale nicht und das zeigt die Resonanz auf den dritten Europapokalgewinn in Folge. Zum ersten Bundesligaspiel nach dem Finale kommen nur 28 000 Zuschauer ins Olympiastadion. Bayern liegt vor der Partie gegen Bochum nur auf Rang vier der Tabelle, die wieder von den überlegenen Gladbachern angeführt wird. Die Borussia verteidigt den Titel aus dem Vorjahr mit ihrem neuen Trainer Lattek. Für eine Überraschung sorgt der HSV, der seine bis dahin erfolgreichste Saison spielt, im Uefa-Cup bis ins Halbfinale kommt und in der Liga noch vor den Bayern Zweiter wird. Im Nachholspiel des DFB-Pokals besiegen die Hamburger außerdem die

Münchner und schnappen sich im Finale den Pokal. Bitter endet dagegen die Saison von Rot-Weiß Essen: Während eine Autostunde entfernt ihr Wunschtrainer die Meisterschale in den Himmel reckt, hat RWE die Qualifikation für den Uefa-Cup nur aufgrund der schlechteren Tordifferenz mit den punktgleichen Mannschaften aus Kaiserslautern und Gelsenkirchen verpasst.

Durch den internationalen Titel endet die Saison 1975/76 für Uli Hoeneß versöhnlich, gerade angesichts seiner vielen Verletzungen. Zudem schafft er die Rückkehr in die Nationalmannschaft und ist bei der Europameisterschaft in Jugoslawien mit dabei. Weil dort nur noch die Endrunde ausgespielt wird, fehlen ihm lediglich zwei Siege zum nächsten großen Titel.

Allerdings tut sich die deutsche Mannschaft schwer. Im Halbfinale gegen Jugoslawien erzwingt der gerade erst eingewechselte Dieter Müller mit seiner ersten Ballberührung im Trikot der Nationalmannschaft die Verlängerung, er schießt das 2:2 nach einem 0:2-Rückstand. Erst in der Verlängerung macht er mit zwei weiteren Toren den Finaleinzug klar. Im Finale gegen die Tschechoslowakei wiederholt sich dieser Spielverlauf: Wieder liegt Deutschland mit 0:2 zurück, wieder gelingt der Ausgleich, diesmal in der allerletzten Minute. Bernd Hölzenbein ermöglicht Deutschland die Verlängerung.

Jedes einzelne Spiel dieser Endrunde wurde in der Verlängerung entschieden, jetzt im Finale fällt zum ersten Mal kein Tor. Kurz herrscht Verwirrung: Gibt es jetzt ein Wiederholungsspiel? Selbst Kommentator Heribert Faßbender am Mikrofon der ARD kann das dem Publikum an den Fernsehschirmen zunächst nicht beantworten. Erst als Spieler und Schiedsrichter auf dem Feld bleiben, ist sicher: Es gibt erstmals bei einer EM ein Elfmeterschießen. Später stellt sich heraus, dass das auf Wunsch des DFB geschehen ist, weil zum Halbfinale so wenig Zuschauer gekommen waren und die Spieler in den Urlaub wollten.

Als Jupp Derwall, der Assistent von Bundestrainer Schön, die Schützen zusammensucht, winken sowohl Franz Beckenbauer als auch Uli Hoeneß ab. Sepp Maier bietet sich daraufhin an, was Beckenbauer dazu bringt, sich doch zu melden. Und als Derwall in Richtung von Hoeneß sagt: »Dann muss eben der junge Dieter Müller schießen«, hebt der total erschöpfte Hoeneß die Hand. Alle Spieler vor ihm treffen, als vierter Schütze schreitet Hoeneß zum Elfmeterpunkt. So hat er diesen Moment später selbst festgehalten: »Einsam spazierte ich auf den weißen Punkt, rings um mich Sahara. ›Ins rechte Eck kannst du nicht schießen‹, dachte ich, denn dann müsste ich mit der Innenseite schieben. Das erfordert Konzentration, die nicht mehr da ist. ›Also donnerst du den Ball mit dem Innenspann ins linke Eck. So hart, dass notfalls der Torwart mit dem Ball ins Tor fliegt.‹ Ich legte den Ball irgendwo auf den Punkt – wie in Trance. Ich lief an, ich schoss, ohne auf den Torwart zu blicken. Ich schaute dem Ball nach, sah ihn immer höher steigen. Wie eine Weltraumrakete von Cape Kennedy sauste er in Richtung Wolken. Unerreichbar.«

Weil der letzte Tschechoslowake Antonín Panenka trifft – und das mit einem so frechen Lupfer in die Tormitte, dass diese Schussvariante bis heute seinen Namen trägt –, verliert Deutschland das Finale. Von Uli Hoeneß bleibt ein ikonisches Bild: Nachdem der Ball in die Belgrader Nacht verschwunden ist, verschränkt er die Arme vor der Brust und schließt die Augen. Diesen Elfmeter wird er nie zurückbekommen. Diesmal hat sie ihn verlassen, seine Kraft. Und damit die Konzentration. Kurz vor Schluss einer langen Saison. Wie passend: Auf seinen Körper kann er sich nicht mehr bedingungslos verlassen.

Abgang von Beckenbauer und Schwan

Zwar endet das Jahr 1976 für Uli Hoeneß und den FC Bayern mit einem Höhepunkt, in ihm deutet sich aber der schleichende sportliche Abstieg schon an. Wer den Europapokal der Landesmeister gewinnt, darf im Finale gegen den Meister Südamerikas um den Weltpokal antreten. Im Dezember 1976 spielt der FC Bayern zum ersten Mal um diesen Titel, denn in den Jahren zuvor waren die Gegner jeweils aus Argentinien gekommen, deren Härte in Europa gefürchtet war, weshalb die Bayern auf das Finale verzichteten. Als es diesmal aber mit Cruzeiro Belo Horizonte gegen eine brasilianische Mannschaft geht, wagen sich die Bayern ins Hin- und Rückspiel. Nach einem 2:0 zu Hause in München sichern sich die Bayern mit einem 0:0 vor 117 000 Zuschauern in Brasilien den Titel.

Über dem Erfolg hängt allerdings ein Schleier: Bernd Dürnberger reißt sich vor dem Spiel das Kreuzband und fällt aus. Als dann zudem Gerd Müller zu Beginn der Rückrunde wegen einer Operation an der Bandscheibe fehlt, zeigt sich, wie wackelig der Erfolg des FC Bayern ist. Innerhalb von sechs Partien verspielen sie im Januar und Februar 1977 die Chance auf die Meisterschaft und fliegen aus dem DFB-Pokal. Letzte Hoffnung also mal wieder: der Europapokal der Landesmeister.

Uli Hoeneß müsste eigentlich pausieren, weil in seiner Leiste ein markstückgroßes Loch gefunden wird, weil aber Gerd Müller fehlt und es um einen internationalen Titel geht, spielt er dennoch weiter. Im Viertelfinale trifft er mit Bayern auf das hoch talentierte Dynamo Kiew unter Trainer Lobanowski. Nach einem 0:0 im Hinspiel kassieren die Bayern wenige Minuten vor Schluss auswärts zwei Gegentreffer. Sie sind aus dem Europapokal ausgeschieden, zum ersten Mal seit vier Jahren. Diesmal ist der Fallschirm Europapokal nicht aufgegangen, als sie an der Reißleine gezogen haben. Direkt nach dem Rückspiel lässt sich Hoeneß operieren.

Inzwischen gibt es vor allem ein Thema, das den FC Bayern und Fußballdeutschland bewegt: Franz Beckenbauer. Der gibt im Mai 1977 bekannt, dass er München verlässt und sich Cosmos New York anschließt. Wichtiger für Hoeneß ist aber vermutlich, wer ihn begleitet: Denn Robert Schwan, Manager des FC Bayern und von Franz Beckenbauer, geht mit nach New York.

Schwan hat den Beruf des Fußballmanagers in Deutschland quasi erfunden. Als er 1964 beim FC Bayern beginnt, kümmert er sich nicht nur um Kaderplanung, sondern zudem um neue Einnahmequellen. Unter seiner Ägide tingeln die Bayern über Dörfer und später in ferne Länder für Privatspiele, Schwan erkennt den Wert des Vereins und seiner Spieler. Als er Manager von Franz Beckenbauer wird, besteht seine erste Amtshandlung darin, einen bereits unterschriebenen Werbevertrag aufzukündigen – weil die Gage für Beckenbauer genauso hoch war wie für alle anderen Nationalspieler: 1000 Mark. Wenig später vermittelt er Beckenbauer einen anderen Werbedeal im Wert von 12 000 Mark.

Nicht zuletzt wegen seiner Verletzung aus dem Finale gegen Leeds United muss sich Hoeneß schon früher als seine Mitspieler Gedanken über seine Zukunft nach der Zeit als Spieler machen. Über engen Kontakt zu Robert Schwan lernt er die wirtschaftliche Seite des Fußballs kennen. Wenn Flüge umgebucht oder Hotelrechnungen beglichen werden müssen, nimmt Schwan Hoeneß einfach mit.

Spielermanager Hoeneß

Als Schwan und Beckenbauer den FC Bayern verlassen, wirkt es wie das Verlassen eines sinkenden Schiffs. Bayern spielt schlecht und erreicht nur deshalb einen Uefa-Cup-Platz, weil der 1. FC Köln am Ende der Saison den DFB-Pokal gewinnt. Auch Hoeneß kann das Ruder nicht herumreißen, am ehesten überzeugt noch der junge Karl-Heinz Rummenigge.

Es sieht nach einer Zeitenwende im deutschen Fußball aus. Während Bayern nur mit Glück den Uefa-Cup erreicht und seinen bekanntesten Spieler verliert, dominieren andere Vereine. Gladbach erreicht mit Udo Lattek das Finale im Europapokal der Landesmeister, der HSV gewinnt gegen Anderlecht den Europapokal der Pokalsieger. Die Hamburger holen zudem im

Sommer 1977 mit Kevin Keegan einen echten Star nach Deutschland, der die ganze Liga in Aufruhr bringt.

Bayern wackelt bedenklich. Im DFB-Pokal scheitern die Münchner am FC Homburg, in der Liga rutschen sie bis kurz vor Ende der Hinrunde 1977/78 auf einen Abstiegsplatz. Als sie gegen Eintracht Frankfurt im Hinspiel des Uefa-Cups und wenige Tage später in der Liga jeweils mit 0:4 verlieren, kommt es zu verrückten Tagen. Präsident Neudecker entlässt Trainer Dettmar Cramer und verpflichtet stattdessen den Übungsleiter von Eintracht Frankfurt: Gyula Lorant. Und die Eintracht? Die wird sich mit Cramer einig, letztlich tauschen beide die Trainer. Beim Rückspiel im Uefa-Cup sind deshalb die Trainerbänke leer. Lorant hatte versprochen, sich gegen seinen alten Verein noch nicht auf die Bayern-Bank zu setzen und die Eintracht war noch in Verhandlungen mit Cramer. Eintracht-Legende Jürgen Grabowski verkündet als Spielertrainer die Aufstellung.

Für Hoeneß bedeutet der Trainerwechsel, dass er sich neu beweisen muss. Lorant versucht eine grundsätzlich neue Taktik einzuführen: Die Spieler sollen nicht mehr jeweils ihren Gegenspieler, sondern einen bestimmten Raum decken. Stürmer wie Hoeneß müssen da mitmachen, das ist damals noch nicht weitverbreitet. Zudem ist Lorant ein Gegenpol zum spielerfreundlichen Cramer. Hoeneß spürt das am eigenen Leib, als er direkt nach der Amtsübernahme zu spät beim Training erscheint und dafür heftig zusammengestaucht wird.

Dieser Anpfiff ist ein kleines Zeichen für eine große Veränderung: Andere Spieler sind an Uli Hoeneß vorbeigezogen. Im Januar 1978 verlängert Karl-Heinz Rummenigge seinen Vertrag und steigt zum Spitzenverdiener bei Bayern auf, an dritter Stelle hinter Sepp Maier und Gerd Müller. Hoeneß unterschreibt nur wenige Wochen später einen komplett anderen Vertrag: Er verzichtet auf ein Grundgehalt und wird ausschließlich nach tatsächlichen Einsätzen bezahlt. Laut der Münchner Zeitung

›tz‹ senkt sich damit sein Gehalt von 450 000 im Jahr auf 10 000 Mark je Spiel plus Prämien.

Aber dass Hoeneß spielt, ist alles andere als sicher. Er steht in der Rückrunde zwar noch oft auf dem Feld, überzeugt aber selten. Weshalb er seinen Platz in der Nationalmannschaft verliert. Trotz einiger Anrufe beim Bundestrainer und angeblich bei Journalisten, die ihm schlechte Spielnoten gegeben haben: Zur WM 1978 in Argentinien darf Hoeneß nicht mit.

Für den FC Bayern endet die Saison auf Rang zwölf, das ist die schlechteste Platzierung seit dem Aufstieg, näher am Abstieg als am Meister. Der heißt zum ersten Mal seit drei Jahren nicht Borussia Mönchengladbach. Vor dem letzten Spieltag sind die Gladbacher punktgleich mit dem 1. FC Köln unter ihrem Trainer Hennes Weisweiler. Nur die Tordifferenz entscheidet über Platz eins und zwei. Es kommt zu einem denkwürdigen letzten Spieltag, an dem Gladbach mit einem 12:0 gegen das von Otto Rehhagel trainierte Borussia Dortmund einen Bundesligarekord aufstellt. Weil Köln aber gleichzeitig mit 5:0 beim Absteiger St. Pauli gewinnt, darf Weisweiler wie früher in Gladbach nun in Köln die Meisterschaft feiern.

Die Bayern aber verlieren in dieser Saison 1977/78 mehr Spiele, als sie gewinnen. Das Ende der Dominanz? Nicht, wenn es nach Hoeneß geht. Obwohl er noch Spieler ist, arbeitet er wie ein Manager am Neuanfang. Das geht unter anderem deshalb, weil Präsident Neudecker den Posten des abgewanderten Schwan nicht neu besetzt hat. Bayern-Geschäftsführer Walter Fembeck soll jetzt nebenher ebenfalls Manager sein. Gemacht wird im Verein sowieso das, was Neudecker sagt. Und der ist mit dem Plan von Hoeneß einverstanden.

Hoeneß holt mit Paul Breitner einen Altvertrauten zurück nach München. Der ist vor der Saison von Madrid zu Eintracht Braunschweig gewechselt, dort aber nicht glücklich. Aber wie sollen die klammen Bayern ohne Europapokal im nächsten Jahr einen solchen Transfer finanzieren? Hoeneß besorgt dem FC Bayern mit dem Ulmer Baufahrzeughersteller Magirus Deutz den ersten sportfremden Trikotsponsor und finanziert damit einen wesentlichen Teil von Breitners Ablösesumme. Er handelt den Vertrag eigenhändig aus, verfasst und unterschrieben wird er nach einem Essen im Münchner Wirtshaus Franziskaner auf einer Speisekarte und einem Bierdeckel. Hoeneß erhält eine satte Provision und Präsident Neudecker ist froh, bei der Jahreshauptversammlung 1978 wenigstens eine gute Nachricht zu haben.

Abschied von Bayern

Zu Beginn der Saison 1978/79 merkt Hoeneß aber schnell, dass er den FC Bayern nicht gemeinsam auf dem Spielfeld mit Breitner neu erfinden wird können. Obwohl er seinem Trainer Gyula Lorant angeblich Kühlschrank und Auto organisiert haben soll, lässt der anstelle von Hoeneß Karl-Heinz Rummenigge spielen. Nicht einmal Paul Breitner kann das ändern. Als der FC Bayern in Stuttgart mit 0:2 zurückliegt, ruft Breitner Lorant zu: »Jetzt wechsel doch den Uli ein, du Wahnsinniger!« Aber der denkt gar nicht dran. Statt Hoeneß kommt der junge Klaus Augenthaler aufs Feld, obwohl der vor der Partie angeschlagen war.

Will er spielen, muss Uli Hoeneß den FC Bayern verlassen. Kurz sieht es so aus, als würde er zum HSV mit Kevin Keegan und dem Zweitligatorschützenkönig von Rot-Weiß Essen, Horst Hrubesch, wechseln, sein Engagement dort platzt allerdings. Die Hamburger mit Manager Günter Netzer wollen das Knie von Hoeneß untersuchen lassen, der weigert sich gegen diesen Eingriff öffentlichkeitswirksam im ›Aktuellen Sportstudio‹ des ZDF. Statt zum derzeit Tabellenzweiten aus dem hohen Norden wechselt Uli Hoeneß zu einem Abstiegskandidaten aus dem Süden: Er beginnt im November 1978 als Spieler beim 1. FC Nürnberg. Die Vorfreude auf beiden Seiten ist groß, mehr Zuschauer als zu seinem ersten Spiel für den »Club« kommen in der ganzen Saison nicht.

Wenige Wochen später findet das einzige Spiel von Uli Hoeneß gegen den FC Bayern statt. Präsident Wilhelm Neudecker bietet dem 19-jährigen Klaus Augenthaler 100 Mark Sonderprämie an, wenn er Hoeneß aus dem Spiel nimmt. Es endet mit 0:4 aus Sicht von Hoeneß. Die wenig beeindruckende Höhe der Prämie zeigt aber schon, dass es nicht rundläuft für Hoeneß in Nürnberg. Zwar tritt er zum Erstaunen des eigentlichen Spielführers, Torhüter Manfred Müller, gegenüber dem Vorstand als Vertreter der Mannschaft auf, das deckt sich aber nicht mit seinen fußballerischen Leistungen. In zwölf Spielen schießt Hoeneß kein einziges Tor. Die erhoffte Wende bleibt sowohl für ihn als auch für den 1. FC Nürnberg aus.

Revolution beim FC Bayern

Obwohl die Ausleihe nach Nürnberg sportlich einem Offenbarungseid nahekommt, ist sie ein großes Glück für Uli Hoeneß. Zum einen lernt er in Nürnberg mit Werner Weiß jenen Metzgermeister kennen, mit dem er einige Jahre später erfolgreich ein Wurstunternehmen gründen wird. Zum anderen hat er den großen Vorteil, nicht bei dem involviert zu sein, was jetzt beim FC Bayern geschieht.

Nachdem sich die Münchner bei einem 1:7 in Düsseldorf blamieren, eskaliert der Machtkampf zwischen Teilen der Mannschaft um Paul Breitner und Trainer Gyula Lorant. Lorant meldet sich krank, aber allen ist klar: Das war's mit ihm beim FC Bayern. Neuer Trainer ist vorerst sein Assistent Pal Csernai. Einzig Gerd Müller hatte sich öffentlich als Lorant-Fan gezeigt. Vielleicht ein Grund dafür, dass dessen Nachfolger Csernai etwas Unerhörtes tut: Er wechselt Gerd Müller aus, in der 82. Minute beim Spiel in Frankfurt. Hört sich unspektakulär an, aber das ist der Stürmerlegende in seinen 15 Jahren beim FC Bayern und den bisherigen 574 Spielen für Bayern nie passiert, wenn nicht eine Verletzung der Grund war. Müller tobt. Es ist das Ende seiner

Zeit bei Bayern. Unter unwürdigen Umständen wird Müller von Neudecker verabschiedet, er wechselt in die USA zu den Fort Lauderdale Strikers. Der erfolgreichste deutsche Stürmer, in kurzer Zeit abgeschoben.

Weil die Mannschaft aber auch unter Csernai verliert, reißt Präsident Neudecker der Geduldsfaden. Er will jetzt endlich Max Merkel nach München holen, der mit einer harten Hand wieder für Ruhe und Ordnung sorgen soll. Wenig überraschend stößt er damit auf keine Gegenliebe bei den Spielern. Sie verhandeln zwei Spiele Frist, um Neudecker von Csernai als Trainer zu überzeugen. Das erste endet 0:0 in Braunschweig und Neudecker pfeift auf die Absprache. Von Journalisten erfährt die Mannschaft, dass Max Merkel schon am nächsten Tag das Training leiten soll. Was zu einer Sensation führt: Die Spieler streiken.

Kapitän Sepp Maier muss sich live im ›heute journal‹ für den Streik rechtfertigen, die ›Tagesschau‹ nimmt ihn als Aufmacher für ihre Sendung. Und während sich die Nation neues Popcorn holt, endet nach dem bestreikten Sonntag am folgenden Montag in München gleich die nächste Ära. Bernd Dürnberger: »Am Montag sind wir zum Training gekommen, da ist Neudecker vor die Mannschaft getreten und hat über den Sepp hergezogen. Zum Schluss hat er gesagt, dass er so mit der Mannschaft nicht mehr zusammenarbeiten kann, auch nicht mit dem Sepp. Jeder hat sich gedacht: ›Hat er jetzt den Sepp rausgeworfen?‹ Neudecker hat sich zurückgezogen und ein paar Minuten später kommt Präsident Willi O. Hoffmann und sagt: ›Der Neudecker ist als Präsident zurückgetreten.‹«

Neudecker weg. Müller weg. Schwan und Beckenbauer weg. Innerhalb eines Jahres fällt der FC Bayern, wie man ihn bisher kannte, auseinander. In den Trümmern stehen Paul Breitner und Uli Hoeneß. Letzterer ist schon zurück bei den Bayern, zumindest theoretisch. Im Winter fallen wie selten zuvor Spiele in der Bundesliga aus, was Hoeneß die Zeit gibt, nach Paul Breitner den nächsten Transfer für die Bayern einzutüten. Es geht um keinen Geringeren als den Nachfolger für Gerd Müller. Aber Uli Hoeneß hat zwei Vorteile: Er hat den Vertrag des Nachfolgers bei seinem aktuellen Klub mit aus- und eine festgelegte Ablösesumme reinverhandelt. Und er ist dessen Bruder.

Für einen Schnäppchenpreis von 175 000 Mark lotst Uli Hoeneß mit seinem Bruder Dieter einen der besten deutschen Mittelstürmer vom VfB Stuttgart nach München. Kaum ist der Wechsel bekannt, verkündet der FC Bayern außerdem, dass Uli Hoeneß ab Sommer als Manager übernimmt. War das eine die Bedingung fürs andere? Und kann man das machen, bei der einen Mannschaft im Abstiegskampf zu stecken und für die andere Mannschaft einen Transfer zu vermitteln? Im ›Kicker‹ erscheint ein Artikel, der eher eine Anklageschrift ist. Darin mokieren sich VfB-Präsident Mayer-Vorfelder und der DFB über die Rolle von Uli Hoeneß beim Wechsel von Dieter. Am Ende kehrt Uli Hoeneß schon im März 1979 zum FC Bayern zurück und startet am 1. Mai offiziell in sein Amt. Mit 27 Jahren als jüngster Manager der Geschichte und mit einem ordentlichen Malus.

Doppelt brennende Kerze

Damit ist sie vorbei, die Karriere des Fußballprofis Uli Hoeneß. Achteinhalb Jahre hat sie gedauert, in denen er etwas mehr als 380 Spiele gemacht hat. Offizielle Spiele, wohlgemerkt. Dreimal ist er Meister geworden, dreimal hat er den Europapokal der Landesmeister gewonnen. Einmal den DFB-Pokal, einmal den Weltpokal. Mit der Nationalmannschaft hat er beide Titel erreicht: Er ist Welt- und Europameister. Eine kurze Karriere zwar, aber reich an Titeln.

Uli Hoeneß brachte eine neue Dynamik in den deutschen Fußball, verbunden mit einer hohen Flexibilität und Geschwindigkeit auf dem Platz. Sein Spiel war physisch, aber nicht nur: Wer schnell die Richtung wechselt, muss dabei den Ball verarbeiten können. Klar, im Vergleich zu Beckenbauer war seine

Ballbehandlung hölzern, aber in einer Mannschaft mit Beckenbauer sah jeder schlechter aus.

Der Einschnitt in seiner Karriere beginnt schon vor der Verletzung im Europapokalfinale, selbst wenn es letztlich sein dort beschädigtes Knie ist, das seine Laufbahn als Profi beendet. Es passt jedoch gut in die Zeit, dass seine erste größere Verletzung, der Leistenbruch, wochenlang als Bauchmuskelzerrung fehldiagnostiziert wurde.

Die medizinischen Abteilungen in den Vereinen waren damals weit von heutigen Standards entfernt. Zwar hat der FC Bayern mit Dr. Erich Spannbauer schon seit 1965, und damit vor vielen anderen Mannschaften, einen offiziellen Vereinsarzt, der war allerdings mit vielen Fußballerverletzungen gar nicht vertraut. Bei Gerd Müller diagnostizierte er zweimal eine Prellung, einmal übersah er dabei einen Zehenbruch, das andere Mal sogar einen Wadenbeinbruch – Müller machte mit der gebrochenen Wade noch zwei Spiele. Hoeneß' Krankenakte beinhaltet ebenfalls Fehleinschätzungen, die notwendige Operationen hinauszögerten.

Die Fehldiagnosen mussten gar nicht immer von Spannbauer kommen, denn beim Training und vielen Auswärtsspielen war er gar nicht dabei. Das medizinische Personal des FC Bayern bestand dann aus einem Krankenpfleger mit Heilpraktikerzusatzausbildung sowie einem Masseur. Dies erklärt möglicherweise, warum die Behandlung von Verletzungen in den 1970er-Jahren ziemlich einfallslos war: Es gab Kortison und Schmerzmittel. Manchmal Schmerzmittel und Kortison. Oder, wie Sepp Maier in seiner Autobiografie schreibt: »Zu meiner Zeit war Kortison das Allheilmittel. Man hat es uns schon fast zum Frühstück aufs Brot geschmiert.«

Eine Überdosierung von Kortison über einen längeren Zeitraum kann schlimme Nebenwirkungen haben. Von Muskelschwund über Osteoporose bis hin zur Depression – heute weiß man das. Und auch in einem anderen Feld war man damals noch nicht so weit: bei Reha-Maßnahmen von verletzten Spielern.

»Es gab keine Medizinabteilungen so wie heute. Es gab einen Masseur an der Säbener Straße bei der Mannschaft, der hatte ja gar keine Zeit für verletzte Spieler. Dadurch war man entfernt von der Mannschaft, weil man erst wieder dazugehören konnte, wenn man fit war und trainiert hat«, sagt Dürnberger, dem 1976 das Kreuzband gerissen ist. Ähnliches erzählt Bulle Roth. »Mir ist zweimal die Achillessehne gerissen. Meine Reha bestand daraus, zu Hause mit dem Rad zu fahren. Nach Füssen, Neuschwanstein, das ganze Allgäu hab ich abgeradelt. Da war ich für sechs, zehn Wochen einfach weg und erst danach wieder an der Säbener Straße.«

Auch deshalb war ein Fußballerleben zur Zeit von Uli Hoeneß oft kürzer als heute. In den 1970er-Jahren gab es insgesamt 28 Spieler in der ersten Liga, die noch vor dem 30. Lebensjahr ihre Karriere beenden mussten. Der Unterschied zu heute ist deutlich: Von 2010 bis 2020 waren es nur acht Spieler.

Es wäre aber falsch, die kurze Karriere von Uli Hoeneß nur auf den medizinischen Standard seiner Zeit zu reduzieren. Seine Spielweise und sicher sein Ehrgeiz sind mindestens genauso wichtig. Wenn es neben den vielen Trophäen ein Muster in seiner Spielerlaufbahn gibt, dann das: Uli Hoeneß ist angeschlagen, beißt sich aber so lange durch die Saison, bis alle wichtigen Titel entweder gewonnen oder verloren sind. Bestimmt kam hier mitunter Druck von außen dazu, aber oft genug spielte Uli Hoeneß auf eigene Entscheidung und gegen den Rat seiner Ärzte. Der Preis, den er dafür am Ende seiner kurzen Karriere bezahlen musste, war hoch.

Die ›Frankfurter Allgemeine Zeitung‹ hat dafür noch während seiner Zeit als Aktiver einen wunderbaren Vergleich gefunden: Hoeneß sei wie eine Kerze, die von beiden Seiten angezündet wird. Viel ruhiger wird Hoeneß als Manager nicht agieren. Aber im Jahr 1979 ahnt noch niemand, dass seine Karriere in dieser Funktion noch erfolgreicher und wichtiger für den deutschen Fußball sein wird.

Kapitel 4

Buhmann der Liga

1979–1981

Im Mai 1979 betritt Uli Hoeneß zum ersten Mal als Manager das Trainingsgelände an der Säbener Straße. Zur Feier des Tages kommt er im Sakko, mit einem Notizblock unter dem Arm nimmt er im fast leeren Büro von Robert Schwan Platz. Dann telefoniert er drei, vier Stunden und fährt nach Hause. Das war's. Seine Sekretärin bittet nach den ersten drei ereignislosen Wochen, kündigen zu dürfen. Aber Uli Hoeneß sagt: »Warten Sie mal ab, es geht bald los.« Gerade weil diese Geschichte so unspektakulär ist, erzählt Hoeneß sie gerne. Sie zeigt: Auch ich habe klein angefangen. Und ihr unausgesprochener Teil ist: Schaut nur, was daraus geworden ist.

Losgelegt hat er aber streng genommen schon vorher. Nicht nur mit dem Transfer von seinem Bruder Dieter zum FC Bayern, von Beginn an widmet sich Uli Hoeneß zudem den wichtigsten Einnahmequellen des Vereins. 85 Prozent des Etats machen damals Zuschauereinnahmen aus. Also verspricht Uli Hoeneß jedem Käufer einer Dauerkarte für die nächste Saison einen von der Mannschaft original signierten Ball. Aber ohne dass die Spieler daran mitverdienen. Das ist deshalb wichtig, weil es für Uli Hoeneß anders ist. Sein mit Neudecker ausgehandelter Vertrag sieht eine Beteiligung an den Dauerkartenverkäufen vor. Er widmet sich also nicht nur den Einnahmequellen des Vereins, sondern auch seinen eigenen. Hoeneß verdient, die Spieler machen die Arbeit.

Das führt zu einigem Unmut, vor allem bei Jupp Kapellmann. Der schimpft öffentlich, woraufhin der Vertrag von Hoeneß modifiziert wird. Kapellmanns Zeit bei Bayern endet kurz darauf, als Hoeneß ihm eine Klausel aus dem Vertrag streicht, die es Kapellmann erlaubt, für sein Medizinstudium Trainingseinheiten zu verpassen. Vor die Entscheidung Studium oder Fußball gestellt, sieht der keine andere Wahl, als zum Lokalrivalen 1860 zu wechseln. Kapellmann ist ein meinungsstarker Spieler – es gibt viele Beobachter, die damals schreiben: Hoeneß ist er zu meinungsstark.

Neben den Zuschauereinnahmen versucht Hoeneß noch an weiteren Schrauben zu drehen. Die bisher verlangten Gagen für Freundschaftsspiele sind ihm zu niedrig. Noch vor seinem offiziellen Amtsantritt fliegt er nach Kuwait und kommt mit Plänen zurück, die laut ›Kicker‹ »wie ein Märchen aus 1001 Nacht« klingen. Den Winter sollen die Bayern im warmen Scheichtum verbringen, sich dort vorbereiten und zu lukrativen Freundschaftsspielen antreten. Letztlich wird es zu so etwas erst einige Jahre später kommen, aber die Reise zeigt, wie kreativ Hoeneß das Unterfangen der Einnahmensteigerung angeht. Heute sind wir daran gewöhnt, aber damals wäre der FC Bayern der erste Bundesligist gewesen, der für Geld seine Vorbereitung in die Wüste verlegt.

Beim wichtigen Thema der Testspiele versucht Hoeneß, das Beste für alle Beteiligten herauszuhandeln. Er reduziert ihre Zahl und kommt damit den Spielern entgegen, und er nimmt nur lukrative Angebote an, damit die Einnahmenseite stimmt. Ab jetzt gilt ein ökonomisches Leistungsprinzip: Stimmen die Zahlen in Tabelle und Konto, genießen die Spieler Freiheiten. Gerät eines von beidem in Schieflage, nimmt Hoeneß sie in die Pflicht. Als es gut läuft in der Liga, verspricht Hoeneß, weniger Freundschaftsspiele anzusetzen. Kurz darauf verlieren die Bayern überraschend und haben schlechte Zuschauerzahlen, weshalb es doch wieder zu einem Privatspiel geht. Wenn auch auf ungewöhnliche Art und Weise.

»Das waren Tagesausflüge, das kann man sich heute nicht mehr vorstellen«, berichtet Bernd Dürnberger. »Wir sind morgens nach Tunesien geflogen, haben nachmittags Fußball gespielt und sind abends wieder zurückgeflogen mit dem Learjet.« Für die Spieler sei das schon eine Belastung gewesen, sagt er. 100 000 Mark nimmt der FC Bayern durch solche Trips innerhalb eines Tages ein.

Hoeneß sind die Zahlen wichtig, er ist jedoch noch Spieler genug, um zu wissen, dass für sportlichen Erfolg investiert werden muss. So erklärt er zum Beispiel, angesprochen auf den Aufenthalt in einem Luxushotel während einer USA-Reise: »Bei den Strapazen ist das Plaza gerade gut genug.« Zudem fördert er die Erholung der Mannschaft mit dem Physiotherapeuten Stanislaw Brablec, den er von seinem Ausflug zum 1. FC Nürnberg mitgebracht hat. Bayern zahlt für ihn sogar eine Ablösesumme. »Ich war praktisch der erste Masseurtransfer der Bundesliga«, sagt Brablec.

Bei den Bayern stößt der nicht nur auf ein aufgestocktes medizinisches Personal – der junge Dr. Müller-Wohlfarth hilft jetzt mit –, sondern zusätzlich auf die Bereitschaft, ihm die beste Technik zur Verfügung zu stellen. Die ›SZ‹ staunt in einem Artikel über den Massageraum der Bayern, der »eher einem Forschungskomplex im Max-Planck-Institut« ähnelt. Zudem fließt in die Nachwuchsarbeit jetzt mehr Geld. Der Etat der Nachwuchsmannschaft erhöht sich um 100 000 auf 450 000 Mark.

Der Mann, der als Nachwuchsstar Weltmeister wurde und dessen Karriere nach Fehldiagnosen und einem strapaziösen Spielbetrieb viel zu früh endete, steckt das Geld des Vereins zuerst in diese Sachen: Regeneration, medizinisches Personal und Nachwuchs.

Zwei Schicksalsschläge

Nach dem Weggang von Schwan, Beckenbauer und Neudecker herrscht 1979 eine neue Rollenverteilung beim FC Bayern. Willi O. Hoffmann ist als Präsident eher für die Außendarstellung wichtig, die Entscheidungen treffen zwei andere: Auf dem Platz ist Paul Breitner der Chef, neben dem Platz ist es Uli Hoeneß. Wobei er sich nicht weit daneben aufhält. Hoeneß sitzt auch als Manager am Spielfeldrand, trägt Gepäck und Ausrüstung zum Bus, schraubt Stollen an, füllt den Spielberichtsbogen aus und trainiert manchmal sogar noch mit.

Breitner und Hoeneß geben im Mai öffentlich als Ziel für die Saison 1979/80 die erste Meisterschaft seit fünf Jahren aus. Da wissen sie allerdings noch nicht, dass ihnen zwei feste Säulen aus der Mannschaft binnen kurzer Zeit wegbrechen werden.

Sepp Maier verunglückt nach einem Testspiel auf der Fahrt nach Hause schwer. Er kollidiert mit zwei anderen Fahrzeugen, die Beifahrerseite seines Wagens drückt es bis in die Fahrzeugmitte. Wieder ein Autounfall, wie schon im Winter 1975. Doch diesmal sitzt Maier alleine im Auto und Uli Hoeneß sieht ihn erst am nächsten Morgen im Krankenhaus. Maier war Samstagnacht in eine Klinik vor den Toren Münchens gebracht worden. Die Diagnose dort: ein gebrochener Arm und mehrere Rippenbrüche. Vermeintlich harmlos.

Doch Sepp Maier fällt das Atmen und Sprechen schwer. Das bemerken seine Frau und Uli Hoeneß am nächsten Tag. Hoeneß veranlasst eine Untersuchung durch den Vereinsarzt der Bayern. Es stellt sich heraus: Die Verletzungen sind weitaus schwerwiegender als gedacht. Maiers Zwerchfell ist beidseitig gerissen, die Leber drückt sich in die Lunge, im Magen hatte sich literweise Blut gesammelt. Mit dem Hubschrauber wird Maier ins Klinikum Großhadern nach München geflogen und dort notoperiert. Ohne die Intervention durch seine Frau und Uli Hoeneß hätte Maier die nächste Nacht wohl nicht überlebt.

Maier ist das letzte verbliebene Urgestein bei den Bayern. Schon 1958 spielte er in der A-Jugend des Vereins, 1962 machte er seine ersten Spiele in der Profimannschaft. In 14 Bundesligajahren beim FC Bayern fehlte er nur an drei Spieltagen. Er absolvierte allein 442 Erstligaspiele am Stück, bis heute ein Rekord. Obwohl er hart an seiner Rückkehr arbeitet, wird es dazu nicht mehr kommen. Im Herbst 1979 endet die Karriere von Sepp Maier.

Stattdessen steht der erst 19-jährige Walter Junghans im Tor. Auf der Bank sitzt zudem Manfred Müller, den hat Hoeneß kurzfristig aus Nürnberg nach München geholt, ihn kennt er ebenfalls von seinem Gastspiel dort. Neben Maier fehlt aber noch jemand in der Mannschaft, der seit den 1960ern dabei ist. Nach dem zweiten Spieltag fällt Libero Katsche Schwarzenbeck mit einer Achillessehnenreizung aus. Er verzichtet gegen die Empfehlung von Müller-Wohlfarth auf eine Operation, kehrt ins Training zurück, doch bei einem Sprint reißt ihm die Achillessehne. Mit dem Geräusch einer knallenden Peitsche endet seine Karriere, auch wenn er das erst im nächsten Sommer erkennen wird. »Katsche« wird nicht mehr zurückkehren. Das Spiel auf Schalke war sein letztes nach über 400 für den FC Bayern.

Erst ging Uli Hoeneß sein Torwart flöten, jetzt der Libero. Der FC Bayern ist 1979 wie ein Auto mit einer defensiven und einer offensiven Achse. Offensiv sorgen Breitner und Rummenigge für die Tore, defensiv kümmern sich Sepp Maier und Katsche Schwarzenbeck ums Tore-Verhindern. Eine der beiden Achsen ist weggebrochen, noch bevor die erste Saison von Hoeneß als Manager richtig begonnen hat.

Hausdurchsuchung an der Säbener Straße

Aber das ist nicht mal sein größtes Problem. Denn am 30. Juli 1979 geschieht etwas, das den Verein in seiner Existenz bedroht: Die Steuerfahndung steht beim FC Bayern vor der Tür. Gleichzeitig werden die Geschäftsräume an der Säbener Straße und Räumlichkeiten von Ex-Präsident Neudecker, Geschäftsführer Fembeck und Präsident Willi O. Hoffmann durchsucht.

Was ist passiert? Generell sind Steuern und Bundesligavereine ein heikles Thema. Wie schon an anderer Stelle geschrieben, mussten die Bundesligisten von Beginn an darauf achten, als gemeinnützige Vereine und nicht als Unternehmen vor den Finanzbehörden aufzutreten. Die meisten versuchten gar nicht, Gewinne zu erwirtschaften, sondern gaben aus, was sie einnahmen.

Im Jahr 1970 dann entbrennt eine ligaweite Debatte über die Besteuerung der Vereine. Zum einen wollen diese Investitionen in ihre Amateurabteilungen mit ihren Steuerzahlungen verrechnen – das Geld komme ja schließlich dem Breitensport zugute. Und an Mehrwertsteuer will man lieber die niedrigen 5,5 Prozent bezahlen statt wie aktuell elf Prozent. In einer Bundestagsdebatte zum Thema wählt der Vorsitzende der FDP-Bundestagsfraktion, Wolfgang Mischnick, einen interessanten Vergleich: Dass Striptease-Veranstaltungen mit 5,5 Prozent, Bundesligaspiele aber mit elf Prozent versteuert würden, könne ja wohl nur daran liegen, dass die Bundesligaspieler mehr Klamotten anhätten. Man kann förmlich hören, wie sich die Männer der Bundesligavereine da auf die Schenkel geklopft haben.

Während eine Senkung der Mehrwertsteuer für alle Vereine gleich gut gewesen wäre, gibt es aber mit der Vergnügungssteuer noch eine Abgabe, die jeden Verein anders betrifft. Viele Städte erlassen ihren Bundesligavereinen die zehn Prozent Vergnügungssteuer, manche halbieren sie auf fünf Prozent, aber einige Vereine müssen sie komplett abführen. Das Ungleichgewicht in der Liga ist groß: Städte wie Berlin oder Stuttgart erlassen Hertha und dem VfB ausstehende Steuerzahlungen in beträchtlicher Höhe nachträglich, dafür sehen sich aber zum Beispiel Schalke 04 und Rot-Weiß Oberhausen großen Forderungen gegenüber, die sie an den Rand der Insolvenz bringen.

Ohne noch mehr ins Detail zu gehen, kann man das Geschäftsverhalten der meisten Bundesligavereine in den 1970ern so zusammenfassen: Sie haben lieber erst mal zu wenig Steuern bezahlt und darauf gesetzt, im Fall einer drohenden Insolvenz rückwirkend dann doch einiges erlassen zu bekommen.

Auch bei den Bayern ist die Vergnügungssteuer ein Thema. Weil man sich aber auf die Rückendeckung der CSU unter Franz Josef Strauß verlassen kann, kein großes. Im Jahr 1973 beschließt der Haushaltsausschuss des Bayerischen Landtags, den FC Bayern von der Vergnügungssteuer zu befreien. Eine Tennisakademie aus Augsburg klagt jedoch vor dem Bayerischen Verfassungsgericht, warum nur der FC Bayern diese Ausnahme bekommen hätte, und gewinnt den Prozess. Deshalb muss der Verein 1976 2,4 Millionen Mark an Steuern nachzahlen, was die gerade laufende Suche nach Verstärkungen für die Mannschaft abrupt stoppt.

Wie es dann 1979 zu den Hausdurchsuchungen kommt, hat der Historiker Hans Woller rekonstruiert. Nachdem die Finanzbeamten 1978 schon bei Franz Beckenbauer Unregelmäßigkeiten entdeckt hatten, widmen sie sich später wohl Gerd Müller, der in München zwei Sportgeschäfte betreibt. Bei einer Prüfung seiner Bücher fällt den Fahndern ein brisanter Beleg auf: Es geht um eine Bareinzahlung von 100 000 Mark aus dem Jahr 1974, die Müllers Ehefrau vorgenommen hatte. Woher kam das Geld?

Offenbar ist es das, was die Finanzbeamten jetzt wissen wollen. Der Verdacht liegt nahe, dass es vom FC Bayern stammen könnte. Fehlen bei dem die entsprechenden Belege und Abgaben, dann wäre es Schwarzgeld und es ginge damit um zu wenig gezahlte Lohnsteuer. Danach wird gesucht.

Vor der Nachzahlung 1976 hatte der Steuerberater der Bayern noch einen Brief an die Stadt geschrieben: Wenn man dem Verein nicht entgegenkomme, müsse der sich auflösen. Was den FC Bayern jetzt im Jahr 1979 erwischt, ist sogar noch schlimmer: Sieben Millionen Mark muss man zahlen – bei zwölf Millionen Umsatz. Diese Zahlen werden zum Gründungsmythos der Ära von Uli Hoeneß als Manager, er zitiert sie gern und häufig.

Bauernopfer Hoeneß?

Hatte der geschiedene Präsident Neudecker all das kommen sehen? »Neudecker hatte vor, mich zu verheizen. Er hat gemerkt, hier geht alles den Bach runter«, sagt Uli Hoeneß dazu. Neudecker selbst hat das bestritten, im Jahr 1993 ist er gestorben. Selbst wenn er das Ausmaß der Steuerschuld aber geahnt hat, es ging ihm wohl nicht um die Person Uli Hoeneß. Denn Neudecker hatte auch jemand anderem das Angebot unterbreitet, Manager bei Bayern zu werden: Rudi Assauer. Der ist ebenfalls ehemaliger Profi und hat im Gegensatz zu Hoeneß schon in Bremen Erfahrungen als Manager gesammelt.

Zwar ist die Dimension der Steuerschuld extrem, wie sie entstanden ist, scheint aber nicht untypisch gewesen zu sein. Von einer sauberen Buchführung sind die Bundesligisten damals um einiges entfernt. Als Hoeneß Manager wird, liegen die Tageseinnahmen aus der Stadionkasse noch in Schuhkartons auf der Geschäftsstelle, bei ausverkauftem Haus war das über eine Million Mark. Genauso ist es zum Beispiel bei Werder Bremen, als 1981 dort Willi Lemke das Amt des Managers übernimmt. »Ich hab gesagt: ›Ihr seid ja wohl nicht ganz dicht, wie sieht das denn aus, ihr kauft schön 'ne Registrierkasse und dann wird Buchhaltung gemacht‹«, erzählt er. »Da war man nicht ganz so begeistert, weil das mit Mehraufwand verbunden war.« Ähnliche Geschichten gibt es noch zu anderen Vereinen.

Wohlwollend formuliert: Es gab bis in die 1980er und vielleicht sogar die 1990er hinein noch viele Bereiche, in denen die Vereine unprofessionell arbeiteten. Wo die Finanzbehörden genauer hingesehen haben, konnten sie meist etwas finden. Auch beim FC Bayern.

Spektakel für die Wachteleier im Olympiastadion

Die Steuernachzahlung ist ein großes Problem für den FC Bayern, aber wirtschaftlich gesehen nicht das einzige. Mindestens genauso schwer wiegt die Abhängigkeit von Zuschauereinnahmen. Als Bayern mit einer Niederlage die Chance auf die Tabellenführung verspielt, schimpft Hoeneß über die halbe Million Mark, die durch deshalb zu erwartende niedrigere Zuschauerzahlen verloren ginge. In der ersten Runde des DFB-Pokals bekommt Bayern mit dem FC Östringen einen wenig attraktiven Gegner zugelost, verkauft an ihn sein Heimrecht und tritt freiwillig auswärts an. Mit dem Verkauf konnte mehr verdient werden als mit den wenigen Zuschauern, die zu einem Heimspiel gekommen wären. In der Liga sehen das Spiel gegen Aufsteiger Uerdingen nur deshalb 15 000 Zuschauer, weil jeder Dritte von ihnen eine Freikarte vom FC Bayern bekommen hat und selbst gegen den Dauerrivalen Köln ist das Stadion nur halb voll.

Besonders schlimm trifft es den FCB im Uefa-Cup. Das 2:2 gegen Bohemians Prag in der ersten Runde verfolgen 15 000 Zuschauer, zum 3:1 gegen Aarhus verlieren sich in Runde zwei nur 3000 Zuschauer im riesigen Olympiastadion. Man kann sich das heute kaum noch vorstellen, da die Heimspiele der Bayern seit Jahren mit über 70 000 Zuschauern ausverkauft sind. Aber damals war die Auslastung im Olympiastadion wie ein Zehner-Eierkarton, den man sich in der Hoffnung auf ein schönes Omelett aus dem Kühlschrank holt – aber wenn man ihn öffnet, sind neun Fächer leer, und im letzten liegt nur ein Wachtelei.

Was aber kann man tun, wenn Witterung, Attraktivität der Gegner und manchmal das eigene Spiel nicht gerade ins Stadion locken? Man veranstaltet Spektakel. Für das Heimspiel gegen Hamburg verpflichtet Hoeneß drei Texter und Vorsänger von den sangesfreudigen Fans der Düsseldorfer EG, einem Eishockeyverein. Die sollen ihre auf den FC Bayern umgedichteten Lieder vor Spielbeginn mit der Südkurve einüben. Dafür werden

Liedblätter in der Kurve verteilt und die Vorsänger mit Megafonen ausgestattet. Noch mal kurz zum Mitschreiben: Hoeneß holt Eishockey-Fans aus Nordrhein-Westfalen nach München, um den Fans Lieder beizubringen. Würde man heute wohlwollend als »Outside the box«-Denken bezeichnen. Weniger wohlwollend als Tabubruch.

Zu einer guten Show gehören Lieder und natürlich Bilder. Und die produziert der FC Bayern jetzt schon vor dem Anpfiff. Als Reaktion auf den damals beliebten Fangesang »Zieht den Bayern die Lederhosen aus« machen die Bayern was? Sie ziehen die Lederhosen an. Zum ersten Mal beim Auswärtsspiel in Düsseldorf, eine Idee von Hoeneß und Breitner.

Fußball ist eine Unterhaltungsindustrie. 22 Spieler jagen einem Ball hinterher, und am Ende kassieren die Vereine, um das berühmte Zitat von Gary Lineker abzuwandeln. Uli Hoeneß erkennt das schon in einer Zeit, in der die 90 Minuten auf dem Feld noch mit einem Ernst behandelt werden, als ginge es nicht um Geld, sondern um das Wohl und Wehe ganzer Regionen. Als Spieler konnte er noch versuchen, auf dem Feld für Spektakel zu sorgen, in seiner neuen Rolle klappt das nur indirekt, durch die Verpflichtung entsprechend talentierter Profis. Sein persönliches Spielfeld ist aber größer geworden, das Drumherum im Stadion und in den Medien gehört jetzt mit dazu. Und da prescht er nun genauso nach vorne wie früher auf dem Platz.

Er nutzt dafür mitunter seine eigene Prominenz. Im Dezember 1979 lässt sich Uli Hoeneß als Stürmer auf die DFB-Transferliste setzen. Er wolle in der Nachwuchsmannschaft der Bayern aushelfen und könne so außerdem einspringen, sollte sich Karl-Heinz Rummenigge schwerer verletzen, sagt er. Will er wirklich noch mal in der Bundesliga auflaufen? Nachdem er noch vor der Saison aufs Zehntel genau seine Zeit über 100 Meter wusste und damals versicherte: Das reicht nicht mehr fürs höchste Niveau, kann man sagen: Auch diese Aktion war wohl eher ein Marketing-Gag.

Scherer am Zahlenzepter

Vielleicht hatte Uli Hoeneß deshalb den Nerv für solche Gags, weil trotz aller Turbulenzen das Jahr 1979 versöhnlich für ihn und den FC Bayern endet. Die Bayern sichern sich die Herbstmeisterschaft, und was noch wichtiger ist: Die Steuernachzahlung wird geregelt. Alle Beteiligten kommen mit Bußgeldern davon, die der FC Bayern für sie übernimmt. Das kommt zwar heraus und sorgt für einigen Aufruhr, da die Bayern diese Zahlung sogar von der Steuer absetzen wollen, aber viel wichtiger ist etwas anderes: Auf ein Steuerstrafverfahren wegen Lohnsteuerhinterziehung verzichtet das Finanzamt. Zudem lassen sich die Behörden laut Hans Woller auf eine Ratenzahlung ein. Seinen riesigen Schuldenberg kann der FC Bayern monatlich abstottern, es droht kein Ausverkauf, und auch der wirtschaftliche Kollaps ist abgewendet.

In Sachen Zahlen schwingt inzwischen Fritz Scherer als neuer Schatzmeister des FC Bayern den Rechenschieber. Er ist studierter Ökonom und war vor seinem Wechsel zu Bayern unter anderem als Wirtschaftsprüfer tätig, weshalb davon auszugehen ist, dass ab jetzt in den Schuhkartons auf der Geschäftsstelle wieder nur Schuhe gelegen haben. Zudem kommt er nicht zufällig zum Verein. Scherer arbeitete vorher für den Fleischwaren-Unternehmer Rudolf Houdek, den er selbst als »väterlichen Chef« bezeichnet. Der sitzt im Vereinsbeirat der Bayern und hatte seinen Angestellten als Schatzmeister vorgeschlagen.

Rummenigges gefragte Beine

Sportlich sind Breitner und Rummenigge in dieser Phase die entscheidenden Spieler. Vom Boulevard als »Breitnigge« gefeiert, dominieren sie jeweils auf ihrer Position die Liga. Entsprechend groß ist das Getöse um die anstehende Vertragsverlängerung von Rummenigge. Dem liegen reizvolle Angebote aus Italien vor.

Dort hätte er das Dreifache verdienen können, verrät er später. Wie schafft es Uli Hoeneß, ihn dennoch zu halten? Er organisiert Rummenigge rund ein Dutzend Werbeverträge, die das Einkommen des Stürmers mehr als verdoppeln. Außerdem kümmert er sich für ihn um eine berufliche Perspektive über den Fußball hinaus. Auf Vermittlung des FC Bayern übernimmt Rummenigge die Generalvertretung einer Versicherung in München.

Enttäuscht müssen die mit ihren Geldscheinen wedelnden italienischen Vereine mit ansehen, wie Rummenigge seinen Vertrag bis 1985 verlängert und Hoeneß einen ersten Meilenstein seiner Managerkarriere erreicht. Als Rummenigge übrigens seine Beine gegen Sportinvalidität versichern will, ist das seiner eigenen Versicherungsgesellschaft zu riskant. Für zwei Millionen Mark versichert er sie bei der Konkurrenz.

Dass mit Rummenigge einer der begehrtesten Spieler Europas bei einem deutschen Verein spielt, steht sinnbildlich für eine sportlich hervorragende Phase des deutschen Fußballs. Nachdem die Bayern im Viertelfinale den 1. FC Kaiserslautern ausschalten, stehen mit ihnen, Eintracht Frankfurt, Borussia Mönchengladbach und dem VfB Stuttgart ausschließlich deutsche Vereine im Halbfinale des Uefa-Cups. Der Hamburger SV kommt im anderen Wettbewerb, dem Landesmeister-Cup, sogar bis ins Finale. Was übrigens sehr wahrscheinlich einer der Gründe dafür ist, dass Bayern tatsächlich Meister wird. Denn während die Münchner von ihren letzten 15 Ligaspielen zwölf gewinnen, lässt Hamburg rund um das Finale gegen Nottingham Forest Punkte liegen. Am Ende der Saison 79/80 haben Breitner und Hoeneß mit ihrer Meisterprognose also recht behalten.

Rigorose Methoden

Doch selbst dieser Titel kann nicht darüber hinwegtäuschen, dass sich etwas verschoben hat im deutschen Fußball. Sportlich gesehen ist der Einfluss des FC Bayern geschrumpft. Als sich im Sommer 1980 die deutsche Nationalmannschaft in einem seltsamen Modus allein über Gruppenspiele für das EM-Finale qualifiziert, steht in der Startelf am Finalabend mit Rummenigge nur ein Spieler des FC Bayern. Ein krasser Kontrast zu den siegreichen Mannschaften des vorigen Jahrzehnts, bei denen oft das halbe Team aus Bayern-Profis bestand. Gegner der Deutschen ist mit Belgien eine Mannschaft, die mit einer taktischen Innovation ihre Konkurrenz in der Gruppenphase entnervt hat: Eine perfekt abgestimmte Abseitsfalle verhilft ihnen zu einem Sieg und zwei Unentschieden. Einen größeren Kontrast könnte es zur deutschen Mannschaft kaum geben. Denn innovativ ist das Team von Bundestrainer Jupp Derwall nun wirklich nicht. Das Tor zum deutschen EM-Sieg fällt in der 89. Minute nach einer Ecke. Passt ganz gut zum deutschen Fußball in dieser Zeit.

Wie Hoeneß Bayern zur alten Bedeutung zurückführen will, zeigt sich fast wöchentlich beim Blick in den Sportteil der Zeitungen. Bernd Schuster, Uli Stielike, Rüdiger Abramczik, Thomas Kempe und Jimmy Hartwig – sie alle sind Spieler, zu denen er sich öffentlich äußert und die er zum Teil mit sprichwörtlichen Nacht- und Nebelaktionen zum FC Bayern holen will. Bei Rüdiger Abramczik ruft er zum Beispiel noch um zwölf Uhr nachts an, als er hört, der wolle am nächsten Tag beim BVB unterschreiben. Aber wie alle anderen genannten Spieler geht Abramczik Hoeneß durch die Lappen. Das Einzige, was bleibt, ist Empörung über seine Methoden.

Ende April 1980 ziert ein Bild von Hoeneß den Titel des ›Kicker‹. Die Überschrift daneben: »Buhmann der Bundesliga? Auch nach den letzten Pannen. Noch steht Bayern zu Uli Hoeneß.« Der Artikel handelt von seinen verpatzten Transferbemühungen und zitiert Paul Breitner mit hilfreichen Worten wie: »Das schaut nur kopflos aus. Unser Problem ist, dass wir einen ganz bestimmten Mann für eine ganz bestimmte Aufgabe suchen. Es soll ein Spieler für das rechte Mittelfeld sein, der auch Rechtsaußen spielen kann.«

Zur Saison 1980/81 kommt mit Stürmer Calle Del'Haye dann ein Spieler zu den Bayern, der bis heute für eine verfehlte Transferpolitik des Vereins steht. Mit 1,1 Millionen Mark ist er unheimlich teuer, schwächt den Konkurrenten Gladbach enorm und hilft den Bayern wenig. Del'Haye spielt so selten, dass spekuliert wird, ob er nur als Ausfallversicherung von Rummenigge geholt worden sei. Einer der teuersten Neuzugänge der Liga – beim FC Bayern nur Bankdrücker.

Auch jenseits von Transfers macht sich Hoeneß mit seinem forschen Vorgehen in der Branche wenig Freunde. Als der HSV versucht, Franz Beckenbauer aus New York in die Bundesliga zurückzuholen, verspottet Hoeneß das als »Reklamegag«. Er gehe jede Wette ein, dass Franz Beckenbauer nicht zum HSV komme, sagt er Anfang Mai. Im Oktober ist es dann so weit: Beckenbauer spielt in Hamburg.

Selbst auf kleinerer Bühne handelt Hoeneß rigoros. Für die Nachwuchsmannschaft der Bayern bedient er sich mit beiden Händen beim FC Augsburg, will neben Torhüter Raimond Aumann noch weitere Jugendnationalspieler verpflichten. Raubrittermethoden seien das, zetern die Augsburger, woraufhin Hoeneß sich mit einem Satz zitieren lässt, der aus ›The Wolf of Wall Street‹ stammen könnte: »Das ist eben der Lauf der Dinge. Der Supermarkt frisst auch den Tante-Emma-Laden auf.«

Die neue Managergeneration

Zu keinem anderen Manager gibt es Kritik aus so vielen Ecken der Liga. Was zum Teil daran liegt, dass sich an Uli Hoeneß ein Generationenwechsel im deutschen Fußball ablesen lässt. Mit ihm bei Bayern, Rudi Assauer in Bremen und Günter Netzer beim HSV übernehmen in der Bundesliga vermehrt ehemalige Spieler Aufgaben in der Führung von Vereinen. Und die machen die Dinge etwas anders als ihre Vorgänger.

Vorreiter dieser Generation ist Karl-Heinz Thielen vom 1. FC Köln, der nach seinem Karriereende 1973 Manager wurde und den hoch verschuldeten FC sanieren musste. Vor allem der Fußballsachverstand habe vorher bei vielen Entscheidungen gefehlt, erzählt er im Rückblick. Unter Thielen realisierte der FC 1976 mit dem Belgier Roger van Gool den ersten Millionentransfer der Liga, wird 1977 DFB-Pokalsieger und holt 1978 das Double aus Meisterschaft und DFB-Pokalsieg. Es gibt große Erfolge und auch bei den Sponsoringeinnahmen ist Köln führend, wie der ›Kicker‹ Ende 1981 recherchiert. Trotzdem musste Thielen in Köln kleinere Brötchen backen als weiter südlich der FC Bayern. Warum eigentlich?

»Bayern konnte mehr ins Risiko gehen«, erklärt Thielen. Weil man mit dem Olympiastadion einen für Vereine wie Köln unerreichbaren Trumpf im Ärmel gehabt hatte. Wenn es mal ausverkauft ist, dann bedeutet das mehr als eine Million Mark Einnahmen. Bei einem Gesamtumsatz von zwölf Millionen versteht man, warum Hoeneß bei der Auslosung im Europapokal die Bekanntheit des Gegners fast wichtiger war als die Chance, ihn sportlich zu besiegen. Und auch so manch andere Aktion wird dadurch verständlicher.

So erhöht Hoeneß die Eintrittspreise für die Topspiele in der Saison 1980/81 um bis zu 100 Prozent, obwohl der FC Bayern allen Widerständen zum Trotz im Vorjahr einen neuen Besucherrekord aufgestellt hat. Hoeneß wird dafür scharf kritisiert und auch die Abstimmung mit den Füßen fällt gegen ihn aus: Erstmals seit Ewigkeiten ist das Derby gegen 1860 nicht ausverkauft. Aber er rechtfertigt sich: Man habe immer noch mehr Geld eingenommen, und schuld an den Lücken sei einzig die mangelnde Attraktivität der Sechzger.

Weil im Winter so wenige Zuschauer kommen, möchte Hoeneß gemeinsam mit anderen Managern eine dreimonatige Winterpause einführen, dazu kann sich der DFB allerdings nicht durchringen. Für die Winterspiele reduziert Bayern die Preise deutlich, Jugendliche und Kinder sowie Senioren können sogar kostenlos ins Stadion. Überhaupt Zuschauer zu haben, ist Uli Hoeneß bei unattraktiven Begegnungen also wichtiger als die Einnahmen.

Er opfert zudem nicht alles dem Streben nach Profit. Als im Dezember ein Erdbeben Italien erschüttert und fast 3000 Menschen ums Leben kommen, tritt der FC Bayern zu einem kurzfristig anberaumten Freundschaftsspiel gegen eine Mannschaft aus Spielern von AC und Inter Mailand an. Auf eine Gage verzichtet Hoeneß.

Das Jahr 1981 verläuft für ihn wesentlich ruhiger als das letzte. Zwar drücken die Schulden immer noch, aber die Bayern haben einen Umgang damit gefunden. Sie verkaufen mit Röber und Aas zwei Spieler, verlängern laufende Verträge nur zu gleichbleibenden Konditionen und überlegen sich ein besonderes Prämienmodell: Sollte die Mannschaft Deutscher Meister werden, bekommt sie die Hälfte der Meisterprämie erst nach Erreichen der zweiten Europapokalrunde im nächsten Jahr. Und sollte sie den Europapokal und die Meisterschaft gleichzeitig holen, reduziert sich die Gesamtprämie, weil sich die Einnahmen für den Verein dadurch nicht wesentlich erhöhen.

So weit kommt es dann trotz aller Erfolge doch nicht. Zwar schnappt sich Bayern mit acht Siegen aus den letzten acht Spielen souverän die Meisterschaft, im Halbfinale des Europapokals der Landesmeister scheiden sie aber nach einem 1:1 im Rückspiel gegen den FC Liverpool aus. Doch allein mit diesem einen Spiel verdient der FC Bayern bei zwei Millionen Mark Bruttoeinnahmen noch eine Million netto. Davon können andere Vereine in dieser Zeit nur träumen.

Instagram in den 1980ern

Es ist unmöglich, über die Anfangszeit von Uli Hoeneß als Manager zu sprechen, ohne permanent das Thema Geld zu beleuchten. Als Spieler hat er die Lücken in der Abwehr gesucht, jetzt forscht er nach Möglichkeiten, neue Geldquellen zu erschließen. Mit einem Transferüberschuss geht Bayern in die Vorbereitung auf die Saison 1981/82 und erlöst allein durch Testspiele 750 000 Mark. Im Schnitt verlangen die Bayern jetzt 50 000 Mark pro Spiel, als Hoeneß angefangen hatte, lagen die Gagen zwischen 10 000 und 20 000 Mark.

Bisher haben die Vermarktungsideen von Uli Hoeneß den anderen Bundesligisten nichts weggenommen, aber das ändert sich im Sommer 1981. Denn da steigt der FC Bayern aus der zentralen Fanartikelvermarktung des DFB aus. Seit den 1960ern wickelte eine Münchner Firma den Verkauf von Fanartikeln für alle Bundesligisten ab. Die Gewinne wurden gleichmäßig ausgezahlt, jeder Verein erhielt dieselbe Summe.

Als Hoeneß erfährt, dass allein der FC Bayern und der HSV für rund die Hälfte aller Umsätze verantwortlich sind, kündigt er die gemeinsame Vermarktung auf. Ab jetzt ist der FC Bayern für sich selbst verantwortlich und kann den anderen Klubs davonziehen. Es ist, als hätte der Verein von einem Dreirad auf ein Motorrad gewechselt. Aus der gemeinsamen Vermarktung hatten die Bayern 40 000 Mark erhalten. Im Sommer 1981 widmet sich Hoeneß persönlich mit der Hälfte seiner Arbeitszeit dem Vertrieb von Lizenzen. Bis in den November hat er 43 davon verkauft und prognostiziert Einnahmen in Höhe von einer Million Mark.

In die neue Saison starten die Bayern dann mit einem eigenen

Bayern-Magazin, das von Markus Hörwick erstellt wird. Eigene Vereinsheftchen haben schon andere Bundesligisten vorgemacht, Günter Netzer war über das Angebot, die HSV-Stadionzeitung zu erstellen, sogar dort Manager geworden. Ob in Hamburg aber die eigenen Spieler auch versucht haben, ihre Autos zu verkaufen? »Wussten Sie schon, dass Bayern-Spieler Wolfgang Kraus eine ›Rakete‹ verkauft? Seinen metallic-blauen Renault Alpin A 310 (150 PS, Spitze 240 km/h). Warum? Weil ›Scheppe‹ für seine Fahrten nach Hause (Frankfurt) der Kofferraum nicht mehr reicht. Wer sich für den Renner (erst 4000 km) interessiert – Telefon: 0 89 / …« Damals waren die Bayern wie Instagram: Werbung an jeder Ecke.

Hoeneß treibt die Liga vor sich her

Hoeneß' Anfangszeit als Manager fällt in eine merkwürdige Phase im deutschen Fußball. Anfang der 1980er knirscht und kriselt es an allen Ecken und Enden. Mit Schalke, Düsseldorf, Eintracht Frankfurt und 1860 München steckt eine ganze Reihe von Vereinen tief in den roten Zahlen. Sogar Borussia Mönchengladbach muss ein Loch von dreieinhalb Millionen Mark stopfen. Zusätzlich drängt mit den Werksvereinen Bayer Leverkusen und Bayer Uerdingen eine neue Art von Verein in den Fußball, bei der ein Unternehmen die Finanzierung absichert. Während gleichzeitig mit Einführung der eingleisigen zweiten Bundesliga ein paar Plätze im Profifußball wegfallen.

In der Saison 1981/82 fällt der Zuschauerschnitt in der Liga zum ersten Mal wieder auf das Niveau von vor der WM 1974. Die deutsche Liga hat dieses Problem zwar nicht exklusiv – so führt der englische Verband als Reaktion auf den Zuschauerschwund die Drei-Punkte-Regel ein –, aber sie kann nur mit Erhöhung der Eintrittspreise ihre Einnahmen retten. Vor der WM '74 hatte ein Ticket im Schnitt 7,66 Mark gekostet. Jetzt liegt der Preis bei 13,80 Mark, also fast doppelt so hoch.

Die Luft wird dünner für viele Vereine und dieses Klima spiegelt sich kurioserweise auf dem Spielfeld. Brutale Fouls an Ewald Lienen und Hasse Borg führen zu aufgeregten Debatten über vorsätzliche Brutalität im Fußball. Und auf den Zuschauerrängen bricht die Gewalt ebenfalls immer wieder durch. Was auch den FC Bayern und Uli Hoeneß betrifft. Bei einem DFB-Pokalspiel in Bayreuth stirbt bei Ausschreitungen der Bayern-Fans ein Polizist an einem Herzinfarkt. Uli Hoeneß hatte noch versucht, in der Halbzeit via Lautsprecherdurchsage die Lage zu beruhigen.

Atmosphärisch gesprochen zieht eine Kältefront über die Liga und Hoeneß steht als Teil einer neuen Managergeneration mittendrin. Mit Vollgas geht er seine neue Aufgabe an und erhöht damit den Druck für alle anderen. Am sichtbarsten mit dem Ausstieg aus der Zentralvermarktung der Liga, einem Schritt, der einer Revolution gleichkommt. Hoeneß stellt die Interessen des FC Bayern damit über die der anderen Vereine und setzt sie unter Zugzwang. Das Rennen um die größten Geldtöpfe findet jetzt nicht mehr nur bei Testspieleinnahmen, Sponsorenverträgen und an der Stadionkasse statt, plötzlich ist es zusätzlich entscheidend, die Lizenzen für Fanartikel möglichst teuer zu verkaufen.

Der FC Bayern kann dabei auf seine Erfolge in den 1970ern aufbauen und sich auf die Kreativität seines Jungmanagers verlassen. Größter Konkurrent auch auf dem Feld der Fanartikel ist der HSV mit Manager Günter Netzer. Der hatte einzig und allein für den Verkauf von Lizenzen zwei Personen angestellt – beim FC Bayern kümmert sich lediglich Uli Hoeneß darum. Bei der finanziellen Attacke des FC Bayern auf die Liga führt er den Ball am Fuß.

Vermutlich kommt daher der Gegenwind, der Hoeneß ins Gesicht bläst. Sein öffentliches Interesse an Spielern der Gegner ist im Nachhinein betrachtet für die anderen Vereine wahrscheinlich weniger wichtig gewesen als das, was Hoeneß im Bereich der Vermarktung in seiner Anfangszeit erreicht hat. Vor allem weil die Mehreinnahmen nicht nur in Gehälter und Transfers, sondern ebenfalls in Infrastruktur, medizinisches Personal und Nachwuchsförderung geflossen sind. Hoeneß weiß, was es im Leistungssport braucht, um Erfolg zu haben, und dass er an dieser Stelle nicht sparen darf. Auch hier entwickelt er den FC Bayern weiter in einer Liga, in der nicht mal jeder Verein schon einen Manager hat.

Der Schuldenberg des Vereins ist zwar immer noch riesig. Aber zwei besonders große Schaufeln helfen Uli Hoeneß dabei, ihn kleiner zu machen. Zum einen das Olympiastadion, das an guten Tagen eine Goldgrube sein kann, und zum anderen das Duo Breitnigge. Sein sportlicher Wert ist immens, bei der Wahl zum Fußballer Europas landet Rummenigge im Jahr 1981 auf dem ersten, Paul Breitner auf dem zweiten Platz. Sie sichern letztlich das Risiko ab, das Hoeneß eingeht. Und dem ist das bewusst. Barca bietet im Winter 1981 für Rummenigge die unglaubliche Summe von zehn Millionen Mark – und Hoeneß lehnt ab. Nur Bayern kann sich das erlauben, Hoeneß weiß aber auch, warum er das für den sportlichen Erfolg tun muss.

Kapitel 5

Leben und Tod

1982

Im Leben von Uli Hoeneß ragt ein Erlebnis heraus, das mal nicht mit Sieg oder Niederlage, Geld oder Titeln zu tun hat. Es addiert seiner Biografie Bedeutung dazu, weil es den größtmöglichen Kontrast aufzeigt: den zwischen Leben und Tod. Im Februar 1982 stürzt ein Flugzeug mit vier Insassen ab. Uli Hoeneß überlebt, drei andere sterben. Obwohl es ein höchst privates Erlebnis ist, kann die öffentliche Person Hoeneß nicht beschrieben werden, ohne dieses Unglück zu thematisieren. Denn was am 17. Februar 1982 geschieht, hält nicht nur die Fußballwelt in Atem.

Hoeneß gönnt sich in dieser Phase keine Pause. Tagsüber verhandelt er Spielerverträge, abends will er das Länderspiel der deutschen Männer-Nationalmannschaft gegen Portugal in Hannover besuchen. Er verbindet den Trip in der für ihn typischen Art mit geschäftlichen Terminen rund um das Länderspiel, deshalb überredet er seinen Freund Helmut Simmler, mit ihm dorthin zu fliegen. Simmler ist 35 Jahre alt und Chef des Copress-Verlags, er will ein Buch zur WM 1982 herausbringen. Simmler hat Flugangst, erst auf Drängen von Hoeneß sagt er zu.

Auch Bayern-Präsident Willi O. Hoffmann will ursprünglich mitfliegen. Als er aber hört, dass es mit einer kleinen Propellermaschine nach Hannover geht, winkt er ab. Und noch jemand hat das Glück, den Flug nicht mitzumachen. Ernst Naumann, Vize-Präsident des Hamburger HSV. Kurz bevor Hoeneß zum Flughafen aufbricht, fragt der HSV an, ob Naumann mitfliegen könne. Der schafft es dann aber nicht mehr rechtzeitig zum Abflug.

Helmut Simmler und Uli Hoeneß sind also die einzigen Passagiere. Am Flughafen stellt Hoeneß fest, dass er zudem den Piloten kennt. Eigentlich fliegt er meistens mit einem Piloten der Bundeswehr, der nebenbei für eine Chartergesellschaft im Einsatz ist. Weil der aber am Tag des Abflugs nicht verfügbar ist, springt Wolfgang Junginger für ihn ein. Der 30-jährige Junginger ist ein ehemaliger Skirennläufer, der sein Geld jetzt unter anderem als Stuntdouble verdient. In seinem bekanntesten Einsatz fährt er anstelle von Roger Moore für den James-Bond-Film ›In tödlicher Mission‹ in einer wilden Verfolgungsjagd einen Eiskanal hinunter. Nebenbei arbeitet er als Freelance-Pilot für die Chartergesellschaft, mit der Hoeneß fliegt.

Sein Co-Pilot ist Thomas Kupfer, ein 25 Jahre alter Student. Er ist der Sohn eines Münchner Architekturprofessors, seine eigentliche Leidenschaft soll aber nicht sein Studium, sondern die Luftfahrt gewesen sein. Um 18:19 Uhr startet die Maschine in München. Es ist eine Piper Seneca mit zwei Propellermotoren und fast zwölf Metern Spannweite. Simmler nimmt hinten links Platz, Uli Hoeneß hinten rechts. Irgendwo über Nürnberg fallen Hoeneß die Augen zu, er ist nicht angeschnallt.

Was jetzt passiert, daran kann sich Uli Hoeneß nicht mehr erinnern. Weil die Maschine zudem über keinen Flugschreiber verfügt, kann der Unfallhergang nur vage rekonstruiert werden. Nach einer guten Stunde Flugzeit erreicht die Maschine den Luftraum über Hannover und bittet um Landeerlaubnis. Womöglich hat Pilot Junginger aber vor dem Anflug vergessen, das Mischverhältnis des Sprits wieder auf die schwerere Mischung zurückzustellen, die für Start und Landung nötig ist. Er hat Probleme beim Anflug, startet die Maschine durch und streift ein paar Bäume, ein Fluglotse gibt ihm die Anweisung, eine Kurve zu fliegen und noch mal zu steigen. Junginger setzt einen Notruf wegen »engine trouble«, also Problemen mit dem Motor ab, dann verschwindet seine Maschine vom Radar.

Polizei, Feuerwehr und Technisches Hilfswerk rücken aus, aber es ist der Förster Karl-Heinz Deppe, der die Maschine als Erster im Moor nördlich von Hannover findet. Ein Mann kriecht durch den Wald und spricht unzusammenhängend vor sich hin. Deppe versteht nur, dass er friere, es ist Uli Hoeneß. Förster Deppe setzt ihn auf den Beifahrersitz seines Autos und will losfahren, aber der Wagen springt nicht mehr an, er muss zu Fuß Hilfe holen. Deppe wirft einen erlegten Fuchs aus dem Kofferraum, um an eine Decke zu kommen und Hoeneß damit zuzudecken. Dann läuft er los, schon nach kurzer Zeit trifft er auf Rettungskräfte.

Um 20:11 Uhr war die von Junginger gesteuerte Maschine vom Radar verschwunden. Erst um kurz vor 22 Uhr finden die Rettungskräfte das Flugzeug. Im Sinkflug hatte es die Wipfel einiger Bäume gekappt, war dann auf einer Wiese eingeschlagen und erst an einem Weidezaun zum Stehen gekommen. Junginger, Kupfer und Simmler sind tot. Später wird es heißen, dass es nur einen Platz gab, auf dem man dieses Unglück überleben konnte. Hinten rechts, unangeschnallt. Dort, wo Uli Hoeneß saß.

Gnädiges Vergessen

Als der von Deppe herbeigerufene Krankenwagen das Krankenhaus erreicht, sind Paul Breitner und Karl-Heinz Rummenigge schon vom Stadion dorthin geeilt. Breitner wurde noch während des laufenden Länderspiels über den Absturz informiert, zunächst hieß es, es gäbe keine Überlebenden. Während Rummenigge nach dem Abpfiff, um den Schein zu wahren und einen Reporterauflauf am Krankenhaus zu verhindern, Interviews gibt, stürmt Breitner vom Feld und zieht sich im Laufen um.

Erst nach Mitternacht ist klar, dass Hoeneß überleben wird. Er hat Querfortsatzbrüche an der Lendenwirbelsäule, eine Gehirnerschütterung und eine partielle Lungenquetschung, außerdem Brüche an Oberarm und Knöchel. Es ist keine weitere Operation nötig. Bei Rummenigge entlädt sich die Erleichterung in Tränen, Breitner informiert Susi Hoeneß. Er wacht die ganze Nacht über am Bett des noch künstlich beatmeten Hoeneß. Am nächsten Morgen erreicht auch Susi Hoeneß das Krankenhaus, mit dem Bild von ihr und Breitner an seinem Krankenbett setzen bei Hoeneß die Erinnerungen wieder ein.

Was macht ein solcher Unfall mit einem Menschen? Bei der Suche nach einer Antwort darauf ist Zurückhaltung wichtig, da sie einen höchst privaten Bereich tangiert. Was im Allgemeinen in Überlebenden solcher Katastrophen vorgehen kann, weiß Andreas Müller-Cyran. Er ist Rettungsassistent, Psychologe und Seelsorger und hat vor rund 30 Jahren das bundesweit erste Kriseninterventionsteam zur Betreuung von Menschen gegründet, die ein Trauma wie das hier beschriebene erlebt haben.

Im Fall von Katastrophen greife der Mensch auf Reflexe zurück, die bis in die Urzeit zurückreichen, erklärt er. In der Psychotraumatologie spreche man vom »Säbelzahntiger«. Denn das ist eine der lebensgefährlichen Situationen, für die sich der Mensch evolutionär wappnen konnte. Wer unverhofft Auge in Auge mit einem Säbelzahntiger steht, hat zwei Optionen, sagt Müller-Cyran. »Kampf oder Flucht, das sind die beiden klassischen Verhaltensmuster, die dazu geführt haben, dass wir Menschen die letzten 100 000 Jahre recht gut überlebt haben.« Beides hilft den Überlebenden moderner Katastrophen aber oft nicht weiter.

Hoeneß hat keine Erinnerungen an den Absturz, in der Psychotraumatologie spricht man in einem solchen Fall von »dissoziativer Amnesie«. Hat das Auswirkungen darauf, wie man ein solches Ereignis verarbeitet? »Ja, ganz sicher«, antwortet Müller-Cyran, »Das Vergessen ist ein gnädiges Vergessen. Gerade die sensorischen Erinnerungen sind etwas, was in der Psychotraumatologie eine ganz zentrale Rolle spielt. Wenn die heute nicht mehr zur Verfügung stehen, dann ermöglicht das ein besseres Leben, als wenn man sie ständig präsent hat.«

Uli Hoeneß hat an diesem Tag also gleich mehrfach Glück. Er sitzt auf dem einzigen Platz im Flugzeug, an dem er überleben konnte, er ist nicht angeschnallt, was in diesem Fall gut für ihn war, und er hat, nach allem, was man weiß, den Vorteil, sich an den Absturz und das Danach nicht mehr erinnern zu können.

Trotzdem geht das Unglück nicht spurlos an ihm vorbei. Drei Menschen sind gestorben, zwei davon kannte er. Und einen davon hatte er sogar überredet, mitzufliegen. Der Schock könne noch kommen, sagt er nach seiner Rückkehr nach München. Aber im Moment fühle er eigentlich nur »unwahrscheinlichen Schmerz wegen des Todes von Helmut Simmler, der ein echter Freund war«.

Im Flugzeug zurück nach München

Am Mittwoch war Hoeneß abgestürzt, nur drei Tage später landet er am Samstagmittag schon wieder in München und wird ins Klinikum Großhadern gebracht. Richtig: Er landet. Der Rücktransport nach München ist eine typische Paul-Breitner-Aktion. Die Fahrt im Auto zu machen, geht wegen der Verletzungen nicht. Es muss geflogen werden. Also begleitet Breitner Hoeneß und dessen Frau zum Rollfeld, auf dem zwei Flugzeuge stehen. Hoeneß steuert instinktiv auf eines von beiden zu, es ist ein düsengetriebenes Modell – aber Breitner zieht ihn kurz am Arm zum anderen. Da steht eine zweimotorige Propellermaschine, ähnlich der Absturzmaschine, das hatte Breitner bewusst organisiert. Ein Manager darf keine Angst vorm Fliegen haben, sollte sie sich bei Uli Hoeneß gebildet haben, muss er sich ihr jetzt stellen. Er besteht die Prüfung und besteigt die Maschine.

Dem Profi Andreas Müller-Cyran entgleiten die Gesichtszüge

bei der Schilderung des Rückflugs. Sie passt aber nicht nur zu Breitner und Hoeneß, sondern auch ins Jahr 1982. Auf die Frage nach dem Umgang mit potenziell traumatisierten Menschen Anfang der Achtziger lacht er nur. Der Begriff »Psychotraumatologie« sei noch in den 1990ern kaum bekannt gewesen.

Für Breitner und Hoeneß geht es in dieser Phase ihrer Leben immer nach vorne. Vom Flughafen in Hannover reist Paul Breitner direkt nach Bremen. Noch am selben Abend spielt der FC Bayern im DFB-Pokalviertelfinale. Beim 2:1-Sieg nach Verlängerung macht Breitner ein herausragendes Spiel. Er schießt beide Tore und sichert das Halbfinale. Seit Mittwoch hatte er kaum geschlafen.

Direkt nach dem Absturz heißt es, Hoeneß würde vier bis sechs Wochen ausfallen. »Der Uli macht Urlaub – freiwillig oder gezwungen«, lässt sich Präsident Willi O. Hoffmann zitieren. Drei Tage nach dieser Aussage sitzt Hoeneß schon wieder neben ihm auf der Tribüne. An den Spielfeldrand auf seinen Stammplatz neben dem Trainer habe er nur deshalb nicht gewollt, erklärt Hoeneß, weil der Rummel mit den Fotografen zu groß gewesen wäre.

Nur eine Anekdote?

Welche Bedeutung kann der Flugzeugabsturz für seine Biografie haben? »Das ist eine sehr gute Frage«, antwortet Andreas Müller-Cyran. »Der Kern jeder traumatischen Erfahrung ist die ›Annihilation‹, also die Erfahrung: Ich kann zu nichts werden, mein Leben hängt an einem seidenen Faden. Es gibt Menschen, die diese Erfahrung so erschüttert, dass sie ihr Leben danach neu ausrichten. Es gibt andere Menschen, die quasi achselzuckend aus so einer Situation rausgehen und sie als interessante Anekdote ihrer Biografie verstehen. Da gibt es keine Vorhersagbarkeit. Das unterscheidet sich je nach Persönlichkeitsstruktur des Betroffenen.«

Ohne aus der Ferne zu urteilen, können wir diese Frage also nur beantworten, indem wir uns sein Verhalten nach dem Absturz anschauen und das zurate ziehen, was er selbst dazu gesagt hat. In dieser Nacht sei der »Sunnyboy« in ihm gestorben, ist zum Beispiel eine seiner Aussagen dazu. Der Absturz sei außerdem Auslöser dafür gewesen, sich sozial zu engagieren. »Es war eben der Punkt in meinem Leben, an dem ich zu mir gesagt habe: Irgendwann zählt nicht mehr das Nehmen, sondern das Zurückgeben an die Gesellschaft«, erklärt Hoeneß über 20 Jahre nach dem Absturz der ›Mainpost‹.

Tatsächlich finden sich ab diesem Zeitpunkt mitunter Artikel über private Spenden von Hoeneß. Das Unglück habe generell sein Verhältnis zu Geld verändert, sagt Hoeneß außerdem. In einem ›Stern‹-Porträt, fünf Jahre nach dem Absturz, erzählt er von üppigen Trinkgeldern, die er seitdem gebe, und angeblich hätte er 1987 beim Wechsel von Jürgen Wegmann von Schalke zu Bayern 100 000 Mark draufgelegt, um dem Verein zu helfen.

Seit er Anfang 20 Jahre alt ist, besitzt Uli Hoeneß Aktien. Nach dem Absturz im Jahr 1982 beginnt er laut eigener Aussage zum ersten Mal, mit ihnen zu zocken: »Ich habe damals wie wild an der Börse zu spekulieren angefangen, in der Überzeugung, dass mir nun gar nichts mehr passieren könnte.«

Mit Ausnahme seines Verhaltens an der Börse hat sich Hoeneß allerdings zu all den genannten Punkten irgendwann mal genau gegenteilig geäußert. Der Absturz sei bestimmt nicht der Grund für sein soziales Engagement, sagt er zum Beispiel in einem anderen Interview. Vielleicht ist deshalb eine andere Aussage von ihm die ehrlichste, selbst wenn sie auf den ersten Blick etwas ernüchternd wirkt. Im Jahr 2009, 27 Jahre nach dem Unglück, sagt er der ›Zeit‹: »Am Anfang, kurz nach dem Absturz, hatte ich mir auch viel vorgenommen: nicht mehr fliegen, Zeit besser einteilen, intensiver leben, mehr Zeit für die Familie und für gute Freunde. Aber dieses Gefühl ist nicht die Realität, es war nach ein paar Wochen wieder verschwunden. Es mag Sie verwundern, aber ich glaube auch nicht, dass der Absturz einen besonderen Einfluss auf meine Persönlichkeit oder meinen beruflichen Werdegang hatte.«

So wie Hoeneß sein Leben gestaltet, ist da kein Platz für ein Zurücklehnen. Sein Präsident wollte ihm eine Pause aufzwingen, aber Hoeneß so schnell weiterarbeiten wie möglich. Er ist die Zeit nach dem Absturz im Grunde so angegangen wie Breitner die Frage seines Rücktransports nach München: offensiv, schonungslos gegenüber sich selbst und auf der Jagd nach weiteren Erfolgen. Kein unbekanntes Verhalten: Wenn man so will, verhält sich Hoeneß nach dem Absturz genau so wie nach Rückschlägen als Spieler.

Erinnern und Vergessen

In den ersten Jahren nach dem Absturz feiert Uli Hoeneß den 17. Februar als zweiten Geburtstag, bis ihm der bittere Beigeschmack zu groß wird, einen Tag zu feiern, an dem drei Menschen gestorben sind. Laut Müller-Cyran ist beides typisch für Überlebende einer Katastrophe: sowohl das Feiern des Jahrestages als auch das langsame Vergessen. Hoeneß hat das Unglück aber nicht beiseitegeschoben. Die Zeitungsausschnitte dazu hat er aufgehoben und sieht sie sich nach eigener Aussage noch heute immer wieder an.

Und obwohl die Berichte zum Flugzeugabsturz ganze Zeitungsseiten füllten, steht in ihnen nicht die ganze Geschichte. So hat die Öffentlichkeit zum Beispiel erst 27 Jahre nach dem Unglück erfahren, dass Hoeneß kurz davor schon einmal in einem Flugzeug um sein Leben fürchtete. Bei einem Flug von Bologna nach München geriet das kleine Privatflugzeug, in dem Hoeneß saß, in einen Hagelsturm. Mit ihm an Bord war unter anderem der zeitweilige Hertha-Präsident Werner Gegenbauer. »Gegenbauer und ich haben uns an der Hand gehalten und wussten: Das war's! Am Ende ist das sogar ein positives Gefühl: Wenn du merkst, du hast keine Chance mehr, dann geht's dir plötzlich gut.«

So wird Hoeneß im ›SZ-Magazin‹ 2009 zu diesem Vorfall zitiert. Es ist typisch für ihn, dass das so lange nicht bekannt war. Ihm ist es erstaunlich gut gelungen, den privaten Hoeneß aus der Öffentlichkeit herauszuhalten. Bei allem, was über den Absturzhergang hinausgeht, hat er selbst irgendwann entschieden, es mitzuteilen. So wissen wir zum Beispiel, dass er nur noch mit Berufspilotinnen und -piloten fliegt und seinen Kindern verboten hat, Billigflieger zu nutzen. Die Mehrkosten zahlt ihnen Hoeneß.

Ebenfalls bekannt: Auch seine Retter hat er nicht vergessen. Zum Förster Karl-Heinz Deppe hält er losen Kontakt, im Jahr nach dem Unglück lädt er ihn zusammen mit seiner Familie und Helfern von Feuerwehr, Krankenhaus und Polizei nach München zu einem Spiel mit Übernachtung in einem Hotel ein. Bis sechs Uhr am Morgen habe die Runde aus 50 bis 60 Personen gefeiert, erzählt Deppe später. Aus dem erlegten Fuchs, den er aus dem Auto geworfen hatte, um an die Decke für Hoeneß zu kommen, lässt Deppe eine Stola fertigen. Beim Wiedersehen nach einem Jahr schenkt er die Stola Susi Hoeneß. Wer weiß, ob er zum richtigen Zeitpunkt an der Absturzstelle vorbeigekommen wäre, wenn er den Fuchs nicht erlegt hätte, sagt er.

Deppe hat aus seinem Erlebnis mit Hoeneß nie Profit geschlagen. Angebote von Boulevardzeitungen, für viel Geld seine Geschichte ausführlich zu erzählen, hat er zeit seines Lebens abgelehnt, im Juni 2019 ist Karl-Heinz Deppe gestorben. Er ist ein gutes Beispiel für die blinden Flecke, die Journalisten beim Erzählen von solchen Unglücken wie dem von den vier Insassen der abgestürzten Piper Seneca manchmal haben. Im Fokus auf die Überlebenden, in diesem Fall Hoeneß, geraten sowohl die Verstorbenen als auch die Perspektive derjenigen aus dem Blick, die beruflich oder zufällig am Unfallort Teil des Geschehens sind. Die aber ebenfalls mit einer solchen Tragödie umgehen müssen.

Uli Hoeneß ist schon wenige Tage nach dem Absturz zum ersten Mal wieder geflogen. Karl-Heinz Deppe hat nach dem Unglück sein Leben lang versucht, das Fliegen zu vermeiden.

Kapitel 6

Unbeschadet durch Moria

1982–1986

Nach dem Flugzeugabsturz im Februar verläuft das Frühjahr 1982 für Uli Hoeneß sportlich turbulent. In der Liga wird Bayern Dritter, erreicht aber in beiden Pokalen das Finale. Den DFB-Pokal gewinnen die Münchner trotz eines 0:2-Rückstands gegen den 1. FC Nürnberg. Sinnbild für den Sieg wird Dieter Hoeneß, der sich in der ersten Hälfte eine klaffende Kopfwunde zuzieht und kurz vor Schluss mit einem blutdurchtränkten Turban den Siegtreffer köpft. Diese Sache ist vom Fußball aus den 1980ern bis heute geblieben: der laxe Umgang mit Kopfverletzungen.

Noch wichtiger als dieser Titel ist aber das Finale im Europapokal der Landesmeister gegen Aston Villa. Die Engländer haben noch nie ein internationales Endspiel absolviert und müssen das ab der zehnten Minute zudem noch mit ihrem Ersatztorhüter Nigel Spink tun, weil sich ihr Stammtorhüter verletzt. Spink hat in dieser Saison noch keine Minute für Villa gespielt, im Finale glänzt er aber und vereitelt Chance um Chance. Weil auf der anderen Seite des Feldes Peter Withe einen schönen Angriff zum 1:0 vollendet, endet der Abend für Bayern enttäuschend. Sie schießen zwar noch ein Tor, aber aus Abseitsposition.

So verlieren die Bayern zum ersten Mal in ihrer Geschichte ein Europapokalfinale. Es ist im Kleinen der Ausdruck einer größeren Entwicklung, denn der Pokal ist inzwischen fest in englischer Hand. Sechsmal in Folge holt ihn ein Verein aus der englischen Liga, vor Aston Villa hatten ihn schon dreimal der FC Liverpool und zweimal Nottingham Forest gewonnen.

Hoeneß geht nach dem verlorenen Finale ins Risiko. Er verpflichtet Norbert Nachtweih von Eintracht Frankfurt, der erst zwei Wochen zuvor seinen Vertrag verlängert hatte. Aber das Angebot von Hoeneß ist so gut, dass Nachtweih es nicht abschlagen kann, »dann wäre ich ein Idiot gewesen!«, wie er sagt. Auch sein Verein kann die Offerte der Bayern nicht ablehnen. Eintracht Frankfurt ist 1982 hoch verschuldet, angeblich kann man sich zu diesem Zeitpunkt nicht einmal Briefmarken leisten.

Hat Hoeneß die finanzielle Misere ausgenutzt? Er wehrt sich gegen diesen Vorwurf. Doch es ist erstaunlich: Auch die Bayern sind verschuldet, aber sie ziehen diesen Transfer durch. Mit 1,7 Millionen Mark ist es der zweitteuerste Spielerwechsel innerhalb der Liga, hinzu kommt noch ein Ablösespiel vor dem Saisonstart. Schatzmeister Scherer betont zwar, der FC Bayern habe seinen Kreditrahmen bei den Banken nicht ausgeschöpft, aber wie unberechenbar die Einnahmenseite in dieser Zeit ist, war schon beim Europapokalfinale gegen Aston Villa zu sehen: Zahlreiche Blöcke blieben leer, das Stadion war bei Weitem nicht ausverkauft. Und damit die Einnahmen geringer als angenommen.

Der Deutschen ungeliebtes Kind

Die schlechten Zuschauerzahlen bereiten ligaweit Probleme. Unter anderem weil die Gründe dafür vielfältig und nicht so leicht zu beheben sind: Schlechtes Wetter, Gewalt in den Stadien und nicht zuletzt die wirtschaftliche Lage in Deutschland tragen dazu bei. Im Herbst 1982 steigt die Arbeitslosenzahl erstmals auf über zwei Millionen Menschen, die zunehmende Technologisierung von Arbeitsplätzen führt zu massenweisen Entlassungen. Diese Entwicklung steht im krassen Kontrast zum Verhalten der Vereine, die auf den Zuschauerrückgang bisher mit

Erhöhung ihrer Ticketpreise reagiert hatten, um ihre Einnahmen gleichbleibend zu halten.

Während auf der einen Seite viele Deutsche immer weniger Geld in der Tasche haben, zeigt sich der deutsche Fußball weder bescheiden noch attraktiv. Mit seinem Höhepunkt bei der Weltmeisterschaft, die 1982 in Spanien stattfindet. Von Beginn an steht die WM unter keinem guten Stern. Als Deutschland bei einer Pannenauslosung die leichte Gruppe mit Algerien, Chile und Österreich bekommt, verleitet das Uli Hoeneß zum Kommentar, Chile und Algerien hätten ja selbst gegen Unterhaching aus der Bayernliga keine Chance. DFB-Präsident Neuberger muss daraufhin einen Entschuldigungsbrief formulieren.

Man würde gerne wissen, was sich Uli Hoeneß gedacht hat, als Deutschland dann sein Auftaktspiel gegen Algerien mit 1:2 verliert und die Gruppenphase nur übersteht, weil man sich in der »Schande von Gijon« mit Österreich den Ball hin und her schiebt, womit beiden Mannschaften ein Weiterkommen sicher ist. Obwohl alle sehen können, was auf dem Platz passiert, stellen sich die Spieler nach dem Abpfiff dumm: Von Absprache könne keine Rede gewesen sein. Eine spanische Zeitung packt daraufhin den Spielbericht der Partie in ihre Rubrik der Polizeiberichte, die FIFA sorgt dafür, dass bei künftigen Turnieren die entscheidenden Spiele parallel stattfinden.

Aber das ist nicht der letzte Aufreger rund um die deutsche Mannschaft. In einem legendären Halbfinale gewinnt Deutschland gegen Frankreich zwar im Elfmeterschießen, weil Toni Schumacher zwei Strafstöße hält. Da der deutsche Torhüter aber den Franzosen Patrick Battiston im Spiel so übel gefoult hatte, dass der einige Zähne verliert und mit einem angebrochenen Halswirbel bewusstlos zu Boden geht, spricht nach dem Spiel niemand über Schumachers sportliche Leistung. Anstatt Battiston zu helfen, hatte sich der Nationaltorhüter minutenlang gedehnt und seine Stollen abgeklopft, nicht einmal nach dem Spiel entschuldigt er sich.

Das Finale verliert Deutschland gegen Italien mit 1:3, aber die größere Niederlage hat die Nationalmannschaft durch ihre Unsportlichkeiten erlitten. Zur Fußballverweigerung gegen Österreich und dem Foul an Battiston gesellen sich zudem Geschichten über die Vorbereitung auf die WM am Schluchsee, die so unprofessionell gewesen sein muss, dass das Wort vom »Schlucksee« die Runde macht. Alkohol und nächtliche Pokerrunden mit Einsätzen im fünfstelligen Bereich waren so regelmäßig auf dem Programm wie das Training. »Wie nasse Lappen« seien manche Spieler zum Training gekrochen, wird Toni Schumacher später in seinem Skandal-Buch ›Anpfiff‹ über die WM-Vorbereitung 1982 schreiben.

»Der Kampf ums Überleben«

Für die Manager der Bundesliga ist dieser WM-Verlauf eine Tragödie. HSV-Manager Günter Netzer befürchtet schon während der Weltmeisterschaft Schlimmes: »Das Negativ-Image der Nationalelf bei dieser WM werden jetzt wir ausbaden müssen. Wir, die Bundesliga-Klubs!« Wie recht er damit hat, zeigt eine Zwischenbilanz wenige Wochen später im ›Kicker‹ mit der Überschrift: »Der Kampf ums Überleben«.

Wie sichert Hoeneß dem FC Bayern das »Überleben«? Neben dem Lizenzverkauf und Organisieren von lukrativen Testspielen bleibt eine seiner Hauptaufgaben, Fans ins Stadion zu bekommen. Im Sommer 1982 startet er die »Aktion 4000«. 3500 Dauerkarten hat Bayern in der Saison davor verkauft, steigt diese Zahl auf 4000, bekommen einige der Käufer Tickets für den Europapokal, und einer darf sogar mit der Mannschaft kostenlos zum Erstrundenspiel bei Torpedo Moskau mitfliegen.

Für die schwierigen Wintermonate lässt sich Hoeneß außerdem etwas Besonderes einfallen. Weil eine von ihm initiierte Fanbefragung ergibt, dass viele Fans aus dem Münchner Umland ins Stadion kommen, schließt er mit Busunternehmen Verträge und will zu jedem Heimspiel 3000 bis 5000 Fans nach München befördern lassen. Im Vergleich mit dem Rest der Liga ist er sehr erfolgreich: Bayern ist die einzige Mannschaft mit einem Schnitt von über 30 000 Zuschauern pro Spiel, der HSV auf Platz zwei hat fast 3000 Zuschauer weniger im Stadion, der Ligaschnitt ist sogar um 10 000 Zuschauer niedriger.

Der FC Bayern ist in dieser Phase aber noch weit davon entfernt, wirtschaftlich unabhängig von sportlichem Erfolg zu sein. In der Liga landet Bayern nur auf Rang vier, Meister der Saison 82/83 wird der HSV, der zudem als erste deutsche Mannschaft nach den Bayern den Europapokal der Landesmeister gewinnt. Bayern qualifiziert sich nur für den Uefa-Cup, was zu zwei wesentlichen Veränderungen im Verein führt. Zum einen trennt man sich von Trainer Pal Csernai und zum anderen muss jetzt gespart werden.

Schatzmeister Scherer kalkuliert mit einem niedrigeren Zuschauerschnitt für die nächste Saison und für die Profis gibt es ein neues Prämienmodell: Hoeneß koppelt die Höhe der Auszahlungen in der Liga an den Tabellenplatz, auf dem der FC Bayern zum Zeitpunkt des Sieges liegt, und im Europapokal an die Zahl der Zuschauer, die zum Spiel gekommen sind. Im Grunde denkt er damit den Vertrag weiter, den er einst als Spieler bei den Bayern abgeschlossen hat: Geht's dem Verein finanziell gut, kann es den Spielern gut gehen. Aber fehlt der finanzielle Erfolg, gibt's selbst bei Siegen weniger Geld.

Für den Moment ist Bayern sportlich abgehängt. Anlass zur Hoffnung liefert immerhin die Rückkehr von Udo Lattek zur Saison 1983/84. Im März war er beim FC Barcelona entlassen worden, unter anderem, weil er mit Diego Maradona nicht zurechtkam. »We're putting the band back together«, proklamiert John Belushi im Film ›Blues Brothers‹. Klappt das jetzt auch beim FC Bayern mit dem Dreigestirn Hoeneß, Lattek, Breitner?

Das Gegenteil ist der Fall, denn im Sommer 1983 zerbricht es.

16 Jahre Freundschaft, in Sekunden vorbei

Im Winter hatte Paul Breitner bekannt gegeben, nach der Saison seine Karriere zu beenden. Für sein Abschiedsspiel im Olympiastadion fliegt Hoeneß noch nach Barcelona, um mit Bernd Schuster und Diego Maradona zwei Stars zu diesem Spiel abzuholen. Nach einem Veto des spanischen Vereins muss er aber ohne die beiden nach München zurückkehren. Wenige Tage nach dieser Partie fliegt der FC Bayern zu einer Südostasienreise, mit der 300 000 Mark verdient werden können. Trotz Karriereende und einer leichten Verletzung kommt Breitner mit.

Als die vom Flug und der langen Saison müde Mannschaft im ersten Spiel gegen eine Auswahl Singapurs schlecht spielt und es zur Halbzeit nur 1:1 steht, platzt Hoeneß in der Kabine der Kragen. Er pickt sich Norbert Nachtweih heraus: Man sei hier nicht auf einer Ferienreise und er solle mehr laufen. Als sich Paul Breitner einmischt, putzt Hoeneß seinen Freund herunter, »wie es ihm in den Jahren beim FC Bayern noch nie widerfahren ist«, wie Hoeneß später erzählt.

Breitner läuft zur zweiten Hälfte nicht mehr auf. Obwohl die verbleibenden zwei Spiele in Thailand und Hongkong gewonnen werden, ist etwas kaputtgegangen zwischen den beiden. Als sich Hoeneß im letzten Spiel selbst einwechselt, verlässt Breitner den Platz. Auf dem Weg in die Kabine holt er sich noch eine rote Karte, weil er den Schiedsrichterassistenten beleidigt. Ein bewusst gewähltes Ende für seine Karriere, sagt Breitner: »So ist es richtig, die rote Karte war ein Symbol. Jetzt ist endgültig Schluss.« Auch mit der Freundschaft zu Hoeneß. »Innerhalb von 30 Sekunden waren 16 Jahre erledigt«, sagt er. Zehn Jahre werden die beiden kein Wort miteinander wechseln.

Einer der Männer im Hintergrund: Rudolf Houdek

In den 1980ern geht es dem deutschen Fußball nicht gut und das bekommt auch der FC Bayern zu spüren. Vor allem im Jahr 1983, als Hoeneß einen Nachfolger für Paul Breitner verpflichten will. Sein Wunschkandidat ist Sören Lerby von Ajax Amsterdam. Aber wie soll Bayern den Wechsel finanzieren? Kann man es sich erlauben, für Lerby noch mehr Schulden zu machen? Diese Entscheidung muss im Verwaltungsbeirat der Bayern getroffen werden, einem Gremium, das Präsident Wilhelm Neudecker schon in den 1960ern ins Leben gerufen hat, um wichtige Entscheidungsträger aus Wirtschaft und Politik mit dem Verein in Verbindung zu bringen. Eigentlich hat es nur beratende Funktion, aber in der Frage, ob man trotz sieben Millionen Mark Schulden Lerby verpflichten kann, fühlen sich offenbar alle Verantwortlichen damit wohler, diese Entscheidung gemeinsam getroffen zu haben. Ein Mann wird dabei wichtig, dessen Name in diesem Buch schon einmal gefallen ist: Rudolf Houdek.

»Ach, auf die zwei Millionen Mark kommt es auch nicht mehr an«, soll der gesagt haben. Hoeneß, Präsident Hoffmann und Trainer Csernai fliegen am selben Tag nach Amsterdam, um Lerby ein letztes Mal zu beobachten und danach in einem Restaurant zu treffen. Weil der Däne jedoch unauffällig spielt, wankt Csernai plötzlich. »So wie der heute gespielt hat, können wir das nicht machen!« Konsternierte Blicke. Hoeneß ist sauer: »Wenn Sie den nicht nehmen, dann kriegen Sie gar keinen neuen Spieler, das sage ich Ihnen!« Es kommt zu einem Streit, der erst aufhört, als Sören Lerby auf den Tisch zuläuft. Präsident Hoffmann begrüßt ihn mit den Worten: »Wie schön, dass Sie da sind, setzen Sie sich doch. Darf ich Sie als Spieler von Bayern München begrüßen?« Pal Csernai sei vom Hocker gefallen, erzählt Hoeneß später.

Die Finanzierung von Sören Lerby steht symbolisch für den wirtschaftlichen Graben, aus dem Hoeneß den FC Bayern herausholen muss. Rund um seine Verpflichtung steht Bayern am Tiefpunkt, danach geht es wirtschaftlich laut Hoeneß »nur noch bergauf«. Im Jahr 2020 fragt ihn die ›tz‹ nach seinem spektakulärsten Transfer und Hoeneß antwortet nicht mit Ribery, Ballack, Effenberg oder Matthäus, sondern erzählt die Anekdote aus dem Amsterdamer Fischrestaurant. Ist eben eine überraschende Antwort und damit eine super Geschichte. Schaut mal, wo der FC Bayern herkommt.

Bemerkenswert ist die Bedeutung von Rudolf Houdek in dieser Geschichte. Vor allem, weil er ein gutes Beispiel für die Art von Männern ist, die den deutschen Fußball in den ersten Jahrzehnten der Bundesliga mitgestaltet haben. Und das in einer so engen Symbiose, dass man nicht klar sagen kann, wer da am Ende eigentlich von wem mehr profitiert hat. Rudolf Houdek kommt 1945 aus Böhmen in die Region Starnberg südwestlich von München. Er beginnt als Hilfskraft im Schlachthof, macht sich dann als Metzger selbstständig und arbeitet sich bis zum Fleischwarenunternehmer mit mehreren Fabriken hoch. Großer Verkaufsschlager ist dabei eine Wurstsorte aus seiner eigentlichen Heimat: Die Kabanos-Wurst wird der Renner in den Filialen von Houdek.

Houdek ist fußballbegeistert, nennt Sepp Herberger seinen Freund und verbindet seine Leidenschaft mit dem Geschäftlichen: Über Jahre hinweg beliefert er die deutsche Männer-Nationalmannschaft mit seinen Waren, ist bei fast jedem Turnier vor Ort. 1968 wird Rudolf Houdek Mitglied im Verwaltungsbeirat der Bayern und pflegt eine sehr enge Beziehung zum Verein. Über Franz Beckenbauer sagt Houdek, der sei für ihn »fast wie ein Sohn«.

Auch zu Uli Hoeneß gibt es zum Teil erstaunliche Parallelen. Im Grunde hat Houdek das umgesetzt, was sich Hoeneß von seinem eigenen Vater einst gewünscht hat: nicht aufhören bei der eigenen Metzgerei, sondern größer denken, ein kleines Imperium aufbauen. Mit dem dazugehörenden Mut zum Risiko. Anfang der 1980er-Jahre beschäftigt Houdek in seinen Betrieben mehrere Hundert Menschen. Sein Führungsstil wird in einem ›SZ‹-Artikel von damals als patriarchalisch, aber herzlich beschrieben. Ähnliches wird später über den Unternehmer Uli Hoeneß zu lesen sein. Und wie bei Hoeneß scheint der Erfolg seines Unternehmens ohne Houdek undenkbar: Alle 140 Wurstrezepte habe er im Kopf, sagt er. Und sogar die Auswahl der zur Schlachtung bestimmten Tiere übernehme er selbst.

Houdek hat sich seinen Erfolg erarbeitet und pflegt ihn mit einem guten Netzwerk. Dabei hilft ihm der Fußball: Allein durch seinen Sitz im Beirat des FC Bayern und die Nähe zur Männer-Nationalmannschaft kennt Houdek wichtige Personen. Im Jahr 1983 wird ihm das Bundesverdienstkreuz 1. Klasse verliehen. Als »Anerkennung seines unternehmerischen Wirkens und seiner Verdienste um das Allgemeinwohl«. Die Laudatio hält der bayerische Wirtschaftsminister.

Houdek ist es, der in einer für den FC Bayern kritischen Situation den Weg absegnet, den Hoeneß gehen will. Wenige Monate später tritt der im Auftrag von Houdek selbst noch einmal gegen den Ball. Als Teil des Teams »Kabanos«, in dem Houdek Spieler wie Uwe Seeler, Bulle Roth und Wolfgang Overath beim Verein seiner Heimat, dem SV Söcking, antreten lässt. Übrigens spielt auch Breitner bei der Showpartie mit, ob es wenige Monate nach dem Streit Pässe von ihm zu Hoeneß gegeben hat, ist leider nicht überliefert.

Im Nachhinein ist die Verpflichtung von Lerby zur Saison 1983/84 eine der wichtigsten Entscheidungen dieses Jahrzehnts für den FC Bayern. Mit einer versteckten Pointe, denn Lerby wird nach seinem Karriereende als Fußballprofi in einer ganz besonderen Branche sein Geld verdienen: im Fleischgroßhandel. Warum es eine solche Nähe zwischen Fleisch und deutschem Fußball gibt (Hoeneß, Houdek, Tönnies etc.), wäre ein eigenes Buch wert.

Solche Geschichten schreibt nur der FC Bayern

Uli Hoeneß ist so um seinen Wunschspieler Lerby bemüht, dass er ihn für einige Zeit zu Hause bei seiner Familie aufnimmt. Am Frühstückstisch dürfte dort über so manche kuriose Geschichte geredet worden sein. Beim Spiel gegen den 1. FC Nürnberg muss sich Hoeneß im Kabinengang zwischen die Spieler beider Teams werfen, um eine Schlägerei zu vermeiden. Wenige Tage später kommt der FC Bayern im Uefa-Cup gegen das von Ex-Trainer Csernai trainierte PAOK Saloniki nur deshalb weiter, weil Torhüter Jean-Marie Pfaff im Elfmeterschießen als zehnter Schütze trifft. Im November gewinnen die Bayern zum ersten Mal seit acht Jahren auf dem Betzenberg, sehen dabei aber aus wie die brasilianische Nationalmannschaft. Uli Hoeneß hatte die Idee, in deren Trikotfarben aufzulaufen, um den Gegner zu irritieren.

Selbst wenn nicht alle Spiele gewonnen werden, produziert der FC Bayern gute Geschichten. Hoeneß findet es sogar gut, dass es nicht ausnahmslos Erfolgsgeschichten sind. Als eine Studie im Winter 1983 ermittelt, dass die Bayern aktuell noch populärer seien als in den 1970ern, begründet er das in der ›Süddeutschen Zeitung‹ so: »Damals waren wir unantastbar. Jetzt haben wir auch mal eine Negativserie.« Durch Schwächeperioden werden die Bayern also menschlicher und es ist leichter, mit ihnen mitzufiebern. Das erhöht die Zahl derer, die ihnen den Sieg wünschen. Was aber ist mit denen, die sie verlieren sehen wollen? Diese Frage legt den emotionalen Kern des Unterhaltungsprodukts FC Bayern offen. Denn genau das brauche es, sagt Hoeneß. Dass sich Menschen an den arroganten Bayern reiben. »Wie in der Politik an Franz Josef Strauß. Ob uns einer liebt oder hasst, ins Stadion gehen beide.«

Das ist die Markenstrategie, die Uli Hoeneß dem FC Bayern gegeben hat. Mit der er sich an der Gefühlswelt der Fußballfans orientiert, vermutlich weil er selbst den Fußball emotional lebt.

Daraus das zu kreieren, was wir heute als Image bezeichnen, ist im Jahr 1983 seiner Zeit weit voraus.

Denn die Welt der Werbung ist lange Zeit eher trist und grau. Erst Ende der 1970er, Anfang der 1980er kommen aus den USA innovative Konzepte in deutsche Unternehmen. Neu ist dabei nicht nur, dass man ab jetzt den Begriff »Marketing« kennt, sondern vor allem ein neues Verständnis seiner Rolle. Marketing soll nicht mehr eine Abteilung von vielen im Unternehmen sein, sondern alles muss sich ihm unterordnen. Unternehmen definieren sich nicht mehr nur über die Raffinesse ihrer Produkte, sondern orientieren sich an ihren Wettbewerbern und ihrer Zielgruppe.

Das kommt in der deutschen Werbebranche und daraufhin langsam in den Unternehmen an, im Fußball aber ist ein Bewusstsein für Markenbildung noch nicht weitverbreitet. Unter »Marke« verstehen die meisten Manager 1983 vermutlich noch am ehesten jemanden wie Klaus Schlappner vom Aufsteiger Waldhof Mannheim mit seinem markanten Pepita-Hütchen.

Als Fußballverein schon Anfang der 1980er eine Markenstrategie zu haben, ist ein großer Vorteil. Darüber hinaus eine zu entwickeln, die nicht allein auf sportlichen Ergebnissen basiert, ist genial. So ist nicht der Erfolg das Alleinstellungsmerkmal des FC Bayern, sondern seine Polarisierung. Möglichst jeder soll eine Haltung zur Marke FC Bayern haben.

»Für Uli Hoeneß war das Schlimmstmögliche, dass 50 Prozent der Fußballfans Bayern mögen, vielleicht 30 Prozent den Verein nicht mögen, aber es 20 Prozent gibt, die sagen: ›Ist mir völlig wurscht.‹ Diese 20 Prozent waren für Uli Hoeneß ein rotes Tuch.« Das sagt mit Markus Hörwick jemand, der über 33 Jahre Kommunikationschef beim FC Bayern war. »Ich weiß noch, wir sind mal irgendwo im Westen, in Bochum oder so, mit dem Bus nach dem Spiel losgefahren zum Flughafen und die Leute haben applaudiert. Das hat Hoeneß geärgert. ›Das kann ja wohl nicht sein. Da müssen wir was ändern! Ich bin erst richtig zufrieden, wenn die uns wieder beschimpfen nach dem Spiel. Dann haben wir alles richtig gemacht!«

In der Sänfte zur Schuldenfreiheit

Vor dem Kauf Lerbys war der Verein am wirtschaftlichen Tiefpunkt, jetzt geht es schnell bergauf. Gerade im Kontrast zu seinen hohen Schulden zeigt sich, wie gut der FC Bayern im Generieren von Einnahmen geworden ist. Der Zuschauerschnitt liegt zur Winterpause deutlich über der sehr vorsichtigen Kalkulation, zusätzlich hat der Verein allein durch Privatspiele in der Hinrunde eine Million Mark eingespielt und damit in der Hälfte der Zeit das erreicht, was für die gesamte Saison geplant war. Im Dezember 1983 stellen die Bayern darüber hinaus mit der Computerfirma Commodore einen neuen Sponsor vor, der über 200 000 Mark mehr in die Kasse bringt als sein Vorgänger Magirus Deutz. Und mit Freundschaftsspielen und der Teilnahme an einem Hallenturnier soll Bayern allein in der Winterpause 400 000 Mark verdient haben.

Es läuft also schon gut, als im Frühjahr 1984 etwas passiert, das den FC Bayern auf einen Schlag finanziell saniert. Mal wieder erreichen Offerten italienischer Vereine für Karl-Heinz Rummenigge die Säbener Straße. Diesmal aber mit einer noch größeren Dringlichkeit als bisher, denn der italienische Verband hat beschlossen, dass ab Juli 1984 zwei Jahre lang keine Spieler aus dem Ausland mehr verpflichtet werden dürfen. Grund ist eine von der italienischen Männer-Nationalmannschaft völlig verpatzte Qualifikation für die EM 1984. Ein solches Transferverbot hatte es in Italien schon mal gegeben: nach dem blamablen 0:1 gegen Nordkorea bei der WM 1966 und dem damit verbundenen Ausscheiden in der Gruppenphase. Nur deshalb wechselte Franz Beckenbauer damals nicht nach Mailand. Stattdessen blieb er in München und leitete dort die großen Erfolge des FC Bayern ein. Fast 20 Jahre später führt dieselbe Regelung dann doch zu einem Wechsel von Bayern nach Italien – aber erst nach einem wilden Wettbieten um Rummenigge, einen der besten Stürmer Europas.

An dessen Ende wechselt Rummenigge für über zehn Millionen Mark und drei Ablösespiele zum Mailänder Klub Inter. Leicht hat sich der Bayern-Kapitän die Entscheidung nicht gemacht. Sie fällt schließlich auf der Reise zu einem Freundschaftsspiel in Marokko, wenig später verkündet er sie der Mannschaft, auf der Rückfahrt von einem 0:0 bei Waldhof Mannheim. Uli Hoeneß hatte als Verpflegung im Bus noch Stadionwürste gekauft.

Sie werden dem damals 32-jährigen Manager trotz der Nachricht vom Abgang geschmeckt haben. Denn wirtschaftlich lösen sich mit dem Wechsel alle Probleme. »Für das Geld hätte man ihn mit der Sänfte rübertragen müssen«, sagt Hoeneß später. Hoeneß plant für seinen alten Zimmerkameraden ein Abschiedsfest mit 300 Gästen. Zum Feiern ist aber nur den Bayern zumute. Für die anderen Bundesligavereine ist der Wechsel eine Katastrophe.

Die Liga kann sich vor Bayern nicht schützen

Denn von innen betrachtet ist diese Zeit beim FC Bayern zwar geprägt von Schulden und einem teuren Kader, von außen sehen die Konkurrenten allerdings einen Verein, der einen Tag vor dem Ligaspiel gegen Offenbach für ein Privatspiel an den Persischen Golf fliegt, dafür 100 000 Mark kassiert und die Partie in der Bundesliga trotz der Reisestrapazen mit 9:0 gewinnt. Dementsprechend sind die Reaktionen auf Bayerns unverhofften Reichtum.

»Bayern-Millionen machen die Bundesliga verrückt«, titelt der ›Kicker‹ im März 1984 und widmet sich im Heft ausführlich der »Gefahr aus dem Süden«. Schon vor dem Rummenigge-Wechsel war berichtet worden, dass unter anderem Bernd Schuster und Lothar Matthäus auf der Wunschliste von Bayern stehen würden. Mit ihrer neuen Kaufkraft können die Bayern den Wechsel von Matthäus umsetzen. Was vor allem deshalb relevant ist, weil sie dabei alle Regeln aushebeln, mit denen sich die Vereine vor der Übermacht von Klubs wie Bayern schützen wollen. Und das, obwohl die Mittel drastisch sind.

»Diktatorische Maßnahmen« nennt sie sogar einer, der ganz nah dran war: Christoph Daum, damals noch Trainer der Amateure des 1. FC Köln, sehr bald einer der größten Rivalen von Uli Hoeneß. »Diese ganzen Szenarien hätten sich in einer freien Marktwirtschaft nicht behaupten können.« Er meint damit zum Beispiel die sogenannte »schwarze Liste«. Im Jahr 1983 ist die eigentlich geheime Liste erstmals an die Öffentlichkeit gelangt, sehr zum Ärger von Hoeneß. Die Manager der Bundesligisten hatten sich darauf geeinigt, dass jeder für seine Mannschaft zwei Spieler auf diese Liste setzen darf. Interne Abmachung: Mit Spielern auf der schwarzen Liste darf zuerst der Verein verhandeln, zu dem der Spieler gehört. Andere Klubs unterbreiten keine Angebote.

Was jedoch nur funktioniert, wenn alle mitmachen. Als im Frühjahr 1984 Borussia Mönchengladbach Lothar Matthäus auf die schwarze Liste setzen will, weigert sich Hoeneß, ihr zuzustimmen. Rummenigge habe der FC Bayern auch nicht durch eine Liste schützen können, argumentiert er. Wie Lothar Matthäus erzählt, hat Hoeneß ihn allerdings schon einige Monate vorher kontaktiert, noch weit vor dem Transfer von Rummenigge.

Der Manager von Borussia Mönchengladbach, Helmut Grashoff, ist empört. Zwischen ihm und Hoeneß geht es hoch her. »Erpressung ersten Ranges« wirft Hoeneß ihm vor, denn das neueste Angebot von Gladbach an Matthäus sei um 50 Prozent höher als das der Bayern. Selbst wenn sich Matthäus trotzdem für die Bayern entscheiden würde, wäre damit die Ablösesumme höher. Denn das ist die zweite der »diktatorischen Maßnahmen«, von denen Christoph Daum spricht. Es gibt in den 1980ern einen Transferfaktor, der sich an der Wirtschaftlichkeit der Vereine orientiert und Spieler für reiche Klubs teurer macht als für arme. Die Ablösesumme für Spieler berechnet sich wie folgt: Der Durchschnitt aus altem und neuem Gehalt wird mit dem Transferfaktor multipliziert. Bayern hat mit 5,5 dabei den höchsten der Liga.

Daher ist es relevant, wie hoch das letzte Angebot von Gladbach an Matthäus ist. Wird das größer, steigt die Summe, die mit dem Transferfaktor multipliziert wird, und damit die Ablösesumme. Hoeneß wirft Grashoff vor, das letzte Angebot sei nur ein Scheinangebot gewesen, und droht damit, das ganze Transfersystem auszuhebeln: »Wenn wir Grashoff austricksen wollten, würde Matthäus am 1. Juli zum Beispiel zu Wattenscheid 09 gehen. Die haben den Multiplikator 3, die Ablöse wäre also 1,2 Millionen. Am 15. Juli würde er dann zu uns wechseln, da könnten wir Wattenscheid noch 200 000 Mark schenken. Aber das würde unser Präsidium nicht mitmachen«, wird Hoeneß in der ›SZ‹ zitiert.

Am Ende muss das DFB-Schiedsgericht über die Ablösesumme entscheiden, aber dennoch ist klar: All die Schutzregelungen helfen den anderen Vereinen nichts, wenn Bayern einen Transfer durchziehen will. Denn ein Aspekt kommt noch hinzu: »Das wirtschaftliche Angebot war im Endeffekt nicht wesentlich höher als das, das ich von Gladbach bekommen habe«, beteuert Matthäus, »also ums Geld ging es nicht. Der FC Bayern hat mich gereizt, weil ich wusste, dass man dort eher Titel holen kann als mit Borussia Mönchengladbach.«

Wie recht er damit hat, zeigt sich schon wenige Wochen nach Bekanntgabe des Wechsels. In der Liga besiegt Mönchengladbach zwar in einer aufgeheizten Atmosphäre die Bayern und sorgt dafür, dass sich am Ende der Saison der VfB Stuttgart punktgleich mit dem HSV und Gladbach die Meisterschale schnappt. Im Finale des DFB-Pokals unterliegt die Borussia aber den Bayern. In seinem letzten Spiel für Mönchengladbach verschießt Lothar Matthäus im Elfmeterschießen gegen seinen zukünftigen Klub. Auf der Gegenseite trifft im letzten Spiel von Karl-Heinz Rummenigge für die Bayern sein jüngerer Bruder Michael zum Pokalsieg. Der eine verabschiedet sich mit einem Titel, der andere mit einem Fehlschuss.

1. FC Phantasialand Köln

Dem Wechsel Rummenigges zum Trotz wird die Saison 1984/85 für Bayern ein voller Erfolg. Sie spielen so dominant, dass die Zeitung ›taz‹ ab dem 4. Spieltag die Bundesligatabelle erst ab Platz 2 druckt. Auf der Eins stehen sowieso immer die Bayern. Dem Team mit Trainer Udo Lattek gelingt etwas, das zuletzt vor zwölf Jahren erreicht werden konnte: eine Meisterschaft, bei der man an jedem Spieltag an der Tabellenspitze liegt.

Zwar verliert Bayern überraschend das DFB-Pokalfinale gegen Uerdingen und scheidet zusätzlich im Halbfinale des Europapokals der Pokalsieger gegen Everton aus, aber das sind schon die größten sportlichen Rückschläge in dieser Zeit. Hoeneß darf feststellen: Selbst ohne seinen Superstar verdient der FC Bayern viel Geld, allein mit dem Viertelfinale gegen den AS Rom zwei Millionen Mark. Das sind absolute Fabelzahlen im Vergleich zum Rest der Liga. Borussia Dortmund zum Beispiel macht innerhalb von zwei Jahren zehn Millionen Mark Schulden, Hoeneß bietet daraufhin dem BVB im Herbst 1984 ein Benefizspiel an.

Jenseits vom FC Bayern geht es dem deutschen Fußball nicht gut. Wäre die Entwicklung der Bundesliga ein Heldenepos wie ›Herr der Ringe‹, die Zeit von 1983 bis in die frühen 1990er wäre der Teil der Geschichte, in dem die Gefährten durch die Minenstadt Moria ziehen: Es geht ganz tief nach unten über einen Abgrund, und nicht jeder von ihnen kommt heil auf der anderen Seite an.

Die Geldnot vieler Vereine ist nicht nur am Beispiel Borussia

Dortmunds klar erkennbar. Vor allem die Rolle privater Investoren verdeutlicht die Notlage. Vom DFB geduldet haben sich schon in den 1970ern private und institutionelle Geldgeber am Geschäft mit dem Fußball beteiligt. Weshalb der ›Kicker‹ schon im Jahr 1981 Alarm schlägt. Von den Mäzenen gehe die »größte Gefahr« für die Bundesliga aus, heißt es dort. »Sie kaufen Spieler und stellen sie den Vereinen zur Verfügung, erwirken damit aber zugleich auch eine große Einflussnahme auf die sportlichen und finanziellen Belange der Vereine. Unserem Lizenzfußball droht damit die Fremdbestimmung und totale Abhängigkeit von mehr oder weniger seriösen Geldgebern. Denn nur die wenigsten von ihnen sind uneigennützige Mäzene.«

Die Beispiele für solche Investoren sind zahlreich. Beim TSV 1860 München gehören Spieler wie Rudi Völler und Wolfgang Sidka dem Immobilienunternehmer Roland Holly, in Bremen mischt 1979 eine von lokalen Unternehmern gegründete »Torjäger GmbH« mit und kauft den österreichischen Stürmer Gerhard Steinkogler für 800 000 Mark. Steinkogler macht für Werder sieben Spiele und schießt ein Tor. Beim 1. FC Nürnberg kauft der Teppichhändler Michael A. Roth so manchen Spieler, lässt sich die Ablösesumme in monatlichen Raten vom Verein zurückzahlen, ist allerdings an Gewinnen beim Verkauf nicht beteiligt.

Ein extremer Fall ist der von Tankstellenkettenbesitzer Erhard Goldbach, der Westfalia Herne mit seinen Millionen bis in die Bundesliga führen will. Er benennt den Verein nach seiner Tankstellenkette in SC Westfalia Goldin 04 um und führt ihn immerhin bis in die zweite Bundesliga Nord (bis 1981 gab es eine zweigleisige zweite Liga). Dann aber bricht alles zusammen: Wegen des Verdachts auf Steuerhinterziehung findet eine Großrazzia bei Goldbach statt, der »Ölkönig von Wanne« flieht mit seiner Geliebten zunächst ins Ausland. Bis zu 360 Millionen Mark soll er an Steuern hinterzogen und zudem altes Öl mit Sprit gestreckt über seine »Gesellschaft für Umweltschutz« illegal entsorgt haben. ›Aktenzeichen XY‹ berichtet, Interpol fahndet, nach einigen Monaten wird Goldbach verkleidet im rheinland-pfälzischen Boppard festgenommen und zu insgesamt 18 Jahren Haft wegen Betrugs und Steuerhinterziehung verurteilt. Westfalia Herne verliert seine Lizenz und fällt bis in die Oberliga. Die vermeintlichen Schenkungen von Goldbach hatten sich im Nachhinein als Darlehen herausgestellt.

Die Umbenennung von Vereinsnamen als Werbung für ein Unternehmen stellt den DFB währenddessen vor Probleme. Neben Herne hatte sich schon Waldhof Mannheim für einige Jahre nach einem Chiphersteller »SV Chio Waldhof 07« genannt. Im Dezember 1983 ist es dann Günter Mast, der den DFB mal wieder unter Druck setzt.

Günter Mast ist fester Bestandteil der deutschen Fußballgeschichte. Nachdem Wormatia Worms schon im Jahr 1967 mit Werbung auf den Trikots ein Regionalligaspiel bestritten hatte, verbot der DFB jede Reklame auf der Spielkleidung. Aber Mast trickste den Verband aus. Im Jahr 1973 überzeugte der Großsponsor die Mitglieder Eintracht Braunschweigs davon, das Logo des Vereins durch das von Masts Unternehmen Jägermeister zu ersetzen. Über diesen Kniff wurde Trikotwerbung salonfähig und vom DFB zähneknirschend erlaubt.

Zehn Jahre später ist Mast Präsident von Eintracht Braunschweig und ändert nicht das Logo, sondern den Vereinsnamen in »Jägermeister Braunschweig«. Das geht dem DFB zu weit, er passt seine Statuten an und verbietet die Umbenennung. Was der Liga damit entgangen ist, zeigt sich im Februar 1984, als Richard Schmidt dem 1. FC Köln ein Angebot unterbreitet: drei Millionen Mark für den Kauf von Bernd Schuster sowie weitere Zahlungen für das Recht, auf den Trikots des FC zu werben. Ach so, ja, und er hätte dann gern, dass sich der 1. FC Köln umbenennt. Richard Schmidt ist Chef eines Freizeitparks und wünscht sich für die Zukunft folgenden Namen: 1. FC Phantasialand Köln.

Millionenumsatz in der Poststelle

Wild und nicht immer seriös geht es in den 1980ern bei der Finanzierung von Bundesligavereinen zu. Möglicherweise weil die Zuschauerzahlen weiter sinken. In der Saison 1985/86 fällt der Schnitt in den deutschen Stadien unter die 18 000er-Marke und wird sich erst Anfang des neuen Jahrzehnts wieder erholen. Wie schon bei der letzten großen Zuschauerkrise nach dem Bundesligaskandal 1971 kommt der FC Bayern am besten durch diese Zeit. Damals spielte die Eröffnung des Olympiastadions eine Rolle, in den 1980ern lassen sich gleich mehrere Einnahmequellen nennen, die Hoeneß und den Münchnern dabei helfen, den Abstand zum Rest der Liga zu vergrößern.

Zunächst der sportliche Erfolg. Zwischen 1985 und 1990 gewinnen die Bayern vier von fünf Meisterschaften und werden bei der einzigen Ausnahme Vizemeister. Was bedeutet: Im attraktivsten Europapokalwettbewerb, dem Pokal der Landesmeister, ist Bayern fast immer dabei. Dort warten Gegner mit der Garantie auf ausverkaufte Stadien, Sondereinnahmen durch Fernsehübertragungen und, seitdem die Uefa 1982 das Verbot von Trikotsponsoren im Europapokal aufgehoben hat, indirekt auch dadurch mehr Geld.

Zudem gibt es ein neues Feld zum Geldverdienen, das Hoeneß als erster Manager mit voller Konsequenz beackert. Markus Hörwick berichtet: »Er hat sich einmal für eine Woche lang verabschiedet, ist nach Amerika geflogen, kam zurück und hat gesagt: ›Ich hab was Neues, was wir unbedingt machen müssen. Merchandising!‹ Merchandising? Wir hatten alle keine Ahnung. Und wie es bei Hoeneß üblich war: Er war am Montag in der Früh um 9 Uhr im Büro und schon um 10 Uhr hatten wir eine Merchandising-Abteilung. Er hat die Poststelle im Erdgeschoss ausräumen lassen, einen Tisch und Stuhl reingestellt mit ein paar Trikots, Schals und Mützen und hat einer seiner beiden Sekretärinnen gesagt: ›Sie sind ab sofort da unten und verkaufen die

Sachen.‹ Ich werde nie vergessen, wie sie am ersten Abend um halb fünf Uhr nachmittags hoch in den ersten Stock gekommen ist und gesagt hat: ›Herr Hoeneß, Herr Hoeneß, wir haben verkauft! Wir haben 27,50 Mark eingenommen.‹ Das war der erste Tag des Merchandising beim FC Bayern München. Heute nimmt diese Abteilung 100 Millionen Euro ein.«

Die Geschichte von seiner Reise nach San Francisco ist so was wie die Lieblingsanekdote von Uli Hoeneß. Im Fanshop des Footballteams San Francisco 49ers wollte er seinem Sohn eine Jacke des Quarterbacks Joe Montana kaufen und war nicht nur begeistert über die Zahl der Kunden im Laden, sondern vor allem über ihre Unterschiedlichkeit. Er habe zu seiner Frau gesagt: Wenn das auch beim FC Bayern so wäre, dass an einem Montagmorgen nicht nur klassische Fans, sondern auch Banker und Geschäftsleute im Fanshop einkaufen gehen würden, dann habe man es geschafft.

Geschichten wie diese sind wichtig, um die Vorgehensweise des Managers Uli Hoeneß zu verstehen. Er war nicht nur in San Francisco, sondern ebenfalls in England bei Manchester United, das damals führend im Bereich Merchandising ist. Hoeneß hat das, was er dort gesehen hat, nach Deutschland mitgebracht. Er hat das Merchandising also nicht erfunden, sondern nachgemacht.

Diese Feststellung soll seine Leistung nicht schmälern. Was sie dennoch zu einer besonderen macht, ist die Konsequenz, mit der er das getan hat. Auch der HSV oder zum Beispiel Borussia Dortmund haben schon Anfang der 1980er Ideen zum Verkauf von Fanartikeln. Aber sie denken in anderen Dimensionen. Der BVB schickt zwei Fahrzeuge mit Fanartikeln ins Dortmunder Umland als »mobile Verkaufsstellen«, und auch beim HSV haben vier Spediteure die Idee, einen »HSV-Bus« zum Verkauf von Fanartikeln in Hamburg und Umgebung einzusetzen. An Tagen ohne HSV-Einsatz wird er aber im normalen Speditionsverkehr verwendet.

Uli Hoeneß dagegen funktioniert die Poststelle um und kümmert sich eigenhändig um das Verkaufen von Lizenzen an Hersteller von Artikeln mit dem Bayern-Logo drauf. Zusammen mit den Einnahmen aus Privatspielen gelingt ihm mit dem Merchandising das, wonach sich alle Bundesligavereine sehnen: Er verringert die Abhängigkeit von Zuschauereinnahmen. Als die Liga in der Saison 85/86 mit den niedrigsten Zuschauerzahlen seit 13 Jahren zu kämpfen hat, plant der FC Bayern mit einem Etat, in dem die Ticketingeinnahmen nur noch 50 Prozent ausmachen. Bei seinem Amtsantritt als Manager 1979 waren es noch 85 Prozent gewesen.

Schulden beglichen, Abhängigkeit von Zuschauern verringert. Man sollte meinen, Uli Hoeneß hätte sich Mitte der 1980er beruhigt zurücklehnen können. Aber hier kommt ein weiterer Aspekt ins Spiel, der manchmal bei der Bewertung seiner Biografie aus dem Fokus gerät: seine Angst um die Vormachtstellung des FC Bayern. In der Liga gibt es inzwischen zwei Vereine, die den Bayern wirtschaftlich die Nase voraushaben, weil hinter ihnen der Pharmakonzern Bayer steckt: Uerdingen und Leverkusen.

»Gegen ein 30 Milliarden-Unternehmen bin ich ohne Chance«, sagt Hoeneß zum Beispiel im Frühjahr 1984 dem ›Kicker‹. Zwei Jahre später behauptet er, Bayer Leverkusen würde mit Geld um sich schmeißen »wie keiner in diesem Fußballgeschäft. Dagegen sind wir absolute Waisenknaben.« Selbst wenn wir etwas Dramatisierung von dieser Aussage abziehen: Seine Angst, das zu verlieren, was er beim FC Bayern aufgebaut hat, ist sowohl echt als auch wichtiger Antrieb. Womit sich eine Perspektive auf den Fußball ergibt, die für andere nicht immer nachvollziehbar ist. Genau zu der Zeit, in der Hoeneß sich als chancenlos gegenüber dem Bayer-Konzern bezeichnet, findet das Wechseltheater rund um Lothar Matthäus statt.

Gründung der HoWe

Vielleicht spielt eine solche Verlustangst zudem bei einem anderen wichtigen Ereignis im Leben von Uli Hoeneß eine Rolle. Denn im Jahr 1985 macht er sich unabhängig vom Fußball, indem er in wenigen Wochen gemeinsam mit seinem Freund Werner Weiß eine Wurstfabrik eröffnet. Weiß hatte Hoeneß in seiner kurzen Zeit beim 1. FC Nürnberg kennengelernt, er war Wirt in einem Restaurant, in dem die Spieler des Klubs gerne essen gingen. Entscheidend für den Einstieg war aber seine Bekanntschaft mit Rudolf Houdek. Hoeneß hatte Houdek einst einen Kontakt zu einem großen Discounter vermittelt, dem Houdek ab dann Leberkäse verkaufte. Als Houdek auch Nürnberger Rostbratwürstchen liefern soll, muss er aber passen: Dafür ist eine Fabrik in der Region Nürnberg notwendig und die hat er nicht. Hoeneß hat die zu diesem Zeitpunkt ebenfalls nicht, aber er kennt Werner Weiß und der ist gelernter Metzger.

Im Frühjahr 1985 lässt er sich von ihm Kostproben schicken und geht in die Verhandlung mit dem Discounter. Am Tag des Europapokalspiels gegen AS Rom bekommt Hoeneß einen Anruf: Für sechs Monate dürfe er 120 Supermärkte beliefern. Wann er denn liefern könne? Hoeneß überlegt und antwortet mit dem 15. April 1985.

40 Tage liegen zwischen diesem Anruf und dem ersten Auslieferungstermin. In der Zwischenzeit organisiert Hoeneß gemeinsam mit Werner Weiß die Produktion der Würste, am Abend vor dem 15. April habe er noch gemeinsam mit seiner Frau die letzten Paletten fertig gemacht, erzählt er.

Es ist eine von diesen typischen Uli-Hoeneß-Geschichten: Er hat Mut bewiesen, ist ins Risiko gegangen, und aus etwas Kleinem wurde etwas Großes. 1985 startet die Produktion mit 20 Mitarbeitern, heute produziert die nach ihren Gründern Hoeneß und Weiß benannte »HoWe« in der Spitze vier Millionen Bratwürste am Tag mit 300 Mitarbeitern. Und die Geschichte ist zudem deshalb typisch, weil Uli Hoeneß sie selbst so erzählt hat. Ob wirklich alles genau so gelaufen oder Legendenbildung dabei ist? Schwer zu sagen.

Fest steht: Mit dem Erfolg der HoWe schafft sich Hoeneß ein zweites Standbein. »Dank der Würste musste ich auch in schwierigen Zeiten beim FC Bayern nie meinen Charakter an der Garderobe abgeben«, sagt er.

Beginn der Fehde mit Lemke

In die Saison 1985/86 geht Bayern mit dem Ziel, in Europa den Durchbruch zu schaffen. Dafür sind die Chancen mitunter deshalb besser, weil die englischen Vereine von den europäischen Wettbewerben ausgeschlossen wurden. Beim Finale im Landesmeistercup zwischen Liverpool und Juventus Turin im belgischen Heysel-Stadion hatten englische Hooligans einen Block gestürmt. Bei der davon ausgelösten Massenpanik starben 39 Menschen, es gab Hunderte Verletzte. Bis heute ist der Fußball von diesem Ereignis geprägt, dass es bei internationalen Spielen bis 2022 nur Sitzplätze in Stadien gab, ist eine Folge der Heysel-Katastrophe.

Auch die deutschen Stadien werden danach mit anderen Augen gesehen. Bei einer Untersuchung kommt die »Stiftung Warentest« zu einem vernichtenden Urteil: Die Stadien seien eher Raubtierkäfige als Orte für Freude am Sport. Damals gibt es zum Teil noch Stacheldraht zwischen Spielfeld und Zuschauerrängen, mit den familienfreundlichen »Arenen« von heute haben diese Bundesligastadien wenig zu tun.

Vielleicht nimmt deshalb eine Entwicklung so langsam Fahrt auf, die den Fußball auf Jahrzehnte hinaus prägen wird: Fernsehübertragungen von Fußballspielen. Schon im Dezember 1984 hatte Gladbachs Manager Grashoff dafür gesorgt, dass mit dem Spiel von Gladbach gegen Bayern zum ersten Mal ein Ligaspiel von der ARD übertragen wurde. Nicht einmal zwei Jahre später finden erste Public Viewings in Deutschland statt. Grund dafür ist die Geburtsstunde einer auf Jahre hinaus bestehenden Nord-Süd-Rivalität. Schon die ganze Saison über hat Werder Bremen mit seinem Trainer Otto Rehhagel an der Vormachtstellung des FC Bayern gekratzt. Bis zum elften Spieltag bleibt Werder ungeschlagen, als die beiden Mannschaften am 16. Spieltag in München aufeinandertreffen, geht es für Bayern schon darum, den Anschluss an Spitzenreiter Bremen nicht zu verpassen.

Deren Topspieler ist mit Rudi Völler nicht nur einer der deutschen Hoffnungsträger für die im Sommer anstehende WM in Mexiko, sondern zudem Beispiel für eine verpasste Chance. Seinen Durchbruch schaffte er nur einige Hundert Meter von der Säbener Straße entfernt beim TSV 1860 München. Mit 37 Toren in 37 Spielen schoss Völler 1982 die Löwen fast zurück in die erste Bundesliga, weil den Sechzgern wegen hoher Schulden aber die Lizenz entzogen wurde, musste er wechseln. »Aus dem wird nie was, der hat zu dünne Beine«, urteilt Hoeneß über Völler, der anschließend zu Werder Bremen wechselt.

Als Rudi Völler im Spiel bei Bayern begleitet von Beleidigungen des Bayern-Publikums mit hohem Tempo an Bayerns Klaus Augenthaler vorbeisprintet, drischt der statt dem Ball den Fuß von Völler weg und verletzt ihn dabei schwer. Bayern gewinnt das Spiel. Für eine ligaweite Empörung sorgt aber vor allem das Verhalten der Münchner Verantwortlichen danach.

Noch über 35 Jahre später bringt das den damaligen Bremer Manager Willi Lemke auf die Palme. »Die haben nicht gesagt: Entschuldigung bitte, wir schicken dir einen Fresskorb ins Krankenhaus und bitten vielmals um Entschuldigung. Die haben gesagt: Du bist ja selber schuld!« Klaus Augenthaler und die Bayern werden bei Auswärtsspielen gnadenlos ausgepfiffen. »Ganz Deutschland steht hinter uns!«, fasst Otto Rehhagel die Stimmung treffend zusammen.

Zu der aber mehr gehört als nur dieser einzelne Vorfall. Sicher spielt zusätzlich die Geschichte von Werder Bremen eine Rolle.

Das Gründungsmitglied der Bundesliga steigt 1980 zum ersten Mal in die zweite Liga ab, schafft unter Trainer Rehhagel aber nicht nur den Wiederaufstieg, sondern spielt plötzlich um die Tabellenspitze mit. Bis 1985 aber ohne dabei den ganz großen Erfolg gehabt zu haben. 1983 entscheidet nur das Torverhältnis darüber, dass Werder hinter dem HSV Zweiter wird. Als Werder dann in der Saison 1985/86 die Tabelle anführt, sagen viele: Die hätten es jetzt verdient, mal Meister zu werden.

Das liegt zudem daran, dass Manager Willi Lemke und Trainer Otto Rehhagel es gut verstehen, Werder das Image des sympathischen Underdogs in Abgrenzung zu den reichen Bayern aus dem Süden zu verpassen. Zwischen Willi Lemke und Uli Hoeneß entspinnt sich eine Fehde, die sich über Jahrzehnte ziehen wird, bei genauer Betrachtung aber ein seltsames Bild ergibt: Einerseits stehen sich zwei Menschen gegenüber, die unterschiedlicher kaum sein könnten. Der eine ist SPD-Politiker, der andere freut sich über Franz Josef Strauß auf seiner Hochzeit. Der eine hat in seinem Büro ein Plakat hängen mit einem Slogan aus den 1920ern, »Kampf dem bürgerlichen Fußball«. Beim anderen läuft an selber Stelle der Fernseher mit den aktuellen Börsenkursen. Und selbst in ihren Erscheinungen unterscheiden sich der zierliche Lemke und der kräftige Hoeneß.

Andererseits sind sie sich sehr ähnlich. Beide haben einen ausgeprägten Geschäftssinn und schon früh ungewöhnliche Wege gewählt, um das Stadion zu füllen. So verkauft Lemke zum Beispiel die Tageskarten eines Heimspiels an einen Sponsor, der sie günstig weitergibt und dafür exklusiv rund um das Spiel werben darf. Oder er veranstaltet nach der Wende das »Lila-Pause«-Spiel gegen Hansa Rostock, bei dem sogar der Schiedsrichter in Lila aufläuft. Für ein Auswärtsspiel in Moskau lässt Lemke der Legende nach so viele Werbebanden in den Flieger laden, dass der fast nicht starten kann. Sogar die inzwischen etablierte Tradition der Einlaufkinder kommt von ihm in die Bundesliga, die hat er von einer Reise nach Brasilien mitgebracht.

Die Rivalität zwischen Lemke und Hoeneß prägt die Saison 1985/86, die als eine der spannendsten der Geschichte gilt, vor allem, weil sich der Zweikampf zwischen Werder und Bayern bis zuletzt nicht entscheidet. Am vorletzten Spieltag kommt es zu einem Showdown. Werder liegt auf dem ersten Platz, Bayern dahinter. Verlieren die Münchner ihr Auswärtsspiel in Bremen, ist Werder Deutscher Meister. Im Privatsender Sat 1 wird das Spiel live übertragen, weil viele Haushalte den Sender aber noch nicht empfangen können, kommt es zu Public Viewings in vielen Städten. Allein auf dem Domshof in Bremen verfolgen 18 000 Fans das Spiel in Hoffnung auf eine Meisterfeier danach. Gegen Klaus Augenthaler gibt es im Vorfeld Morddrohungen, weshalb er von Personenschützern begleitet wird.

Beim Stand von 0:0 wechselt Rehhagel Rudi Völler ein, der seit dem Foul im Hinspiel keine Minute gespielt hat. Wenig später gibt es einen unberechtigten Strafstoß für Werder. Schießen wird Michael Kutzop, der bei allen sieben Versuchen in dieser Saison vom Punkt getroffen hat. Tut er das auch jetzt, ist Werder zum ersten Mal seit 1965 wieder Deutscher Meister. Es ist der berühmteste Strafstoß der Bundesligageschichte. Kutzop läuft an, verzögert für wenige Schritte, in denen sich Bayern-Torhüter Jean-Marie Pfaff in die linke Ecke bewegt, Kutzop sieht das, schießt ins verwaiste rechte Eck, trifft aber nur den Außenpfosten.

Die Entscheidung ist vertagt, Werder liegt zwar weiter an der Tabellenspitze, aber Bayern ist psychologisch im Vorteil. Nur ein Punkt fehlt Bremen am letzten Spieltag in Stuttgart zur Meisterschaft und einer kostenlosen Champagnerdusche. Der VfB kündigt vor der Partie an, sich für die Champagnerspende von Willi Lemke bei deren Meisterschaft in Bremen 1984 revanchieren zu wollen. Nach dem Spiel knallen aber höchstens aus Frust die Korken. Werder verliert mit 1:2 und Bayern überrollt in seinem Heimspiel Borussia Mönchengladbach. Schon nach 13 Sekunden trifft der Ex-Gladbacher Matthäus zum 1:0. Nach fünf weiteren Toren und dem Schlusspfiff in Stuttgart dürfen die Bayern feiern. An allen bis auf drei Spieltagen war Werder Erster in der Tabelle. Bayern nur an einem einzigen, dem letzten. Uli Hoeneß schickt noch einen Gruß an seinen neuen Lieblingsgegner: »Das ist kein Manager, das ist ein Pressesprecher. Der hat den FC Bayern geradezu ideologisch zum Feind erkoren. Wenn ich einen nicht bedaure, dann ist es Herr Lemke.«

Bei den Stuttgartern bedanken sich die Bayern eine Woche später übrigens mit einem 5:2-Sieg im DFB-Pokalfinale, Bayern gewinnt zum zweiten Mal in seiner Vereinsgeschichte das Double aus Meisterschaft und Pokalsieg. Und Klaus Augenthaler und Rudi Völler? Die spielen im Sommer gemeinsam bei der WM in Mexiko. Franz Beckenbauer ist inzwischen Teamchef, eine Boulevardzeitung hatte ihn quasi ins Amt geschrieben. Er nominiert den bis dahin ältesten Kader der DFB-Geschichte und zieht mit biederem Fußball ins Finale ein. Deutschland liegt gegen Argentinien mit 0:2 zurück, innerhalb von wenigen Minuten können Karl-Heinz Rummenigge und Rudi Völler aber ausgleichen. Erst der erneute Rückstand durch Jorge Burruchaga nach einem Pass von Maradona besiegelt die Niederlage.

In all der Aufregung um das Foul von Augenthaler an Völler ist aus dem Blick geraten, dass die beiden im Zentrum des Konflikts am besten damit umgehen konnten. Augenthaler erzählt, sie seien in der Winterpause nach dem Foul zusammen Skifahren gewesen. Gestritten hätten sich nur Hoeneß und Lemke. »Drei oder vier Jahre später bin ich wieder Ski fahren, aber ganz alleine, weil schlechtes Wetter war. Ich steige in die Gondel, sitzt da einer, nimmt Brille und Helm runter, und wer ist es? Willi Lemke. Und er sagt: ›Herr Augenthaler, jetzt würden Sie mich bestimmt am liebsten aus der Gondel schmeißen.‹ Und ich sag: ›Ja, aber jetzt ist's ja auch schon zu spät.‹«

Diego Maradona im Bayerischen Rundfunk

So erfolgreich die Saison 1985/86 für den FC Bayern ist, europäisch hat es nicht weiter als bis ins Viertelfinale des Europapokals der Landesmeister gereicht. Bayern verliert dort gegen den RSC Anderlecht und damit das finanzielle »Schlüsselspiel für die nächsten zwei Jahre«, wie Hoeneß es nennt. Kurz darauf erklärt Sören Lerby, dass er den Verein verlassen möchte. Möglicherweise warnt Uli Hoeneß deshalb vor Nachlässigkeit. Nach dem DFB-Pokalsieg gibt er an, so zufrieden zu sein wie in den sieben Jahren seiner Amtszeit noch nie. Aber selbstzufrieden dürfe man nicht werden. Zwei Tage nach dem Finale startet die Mannschaft zu einer Tour mit acht Privatspielen in zehn Tagen.

Auch im Erfolgsfall bleibt der Druck hoch beim FC Bayern. Für Neuverpflichtungen ist das oft ein Schock, wie Lars Lunde berichtet, der zur Saison 1986/87 aus der Schweiz nach München kommt. »Ich habe zu spüren bekommen, dass ich nicht glauben muss, dass ich jemand bin. Das war nicht einfach für mich. Fußball war für mich immer ein Spiel, bei Bayern war es Leben oder Tod.«

Bevor die neue Saison startet, gewährt Hoeneß Einblicke in seine strategische Ausrichtung des Vereins. Spieler im mittleren Preissegment – damals rund 500 000 Mark – will er im neuen Fußballinternat selbst ausbilden lassen und das gesparte Geld in teure Stars investieren. In welcher Kategorie Hoeneß dabei denkt? Nun, wenige Wochen später erzählt er, wie er den größten Star des Weltfußballs zu Bayern hätte holen wollen: Diego Maradona. »Bei Maradona hätte uns die Industrie geholfen, und da hätte ich auch die Fans zur Kasse gebeten«, zitiert ihn die ›Süddeutsche Zeitung‹. »Die hätten halt mal 20 Mark zahlen müssen, wenn der Maradona bei einem Freundschaftsspiel vor 70 000 vorgestellt worden wäre. Auch sonst wäre mir einiges eingefallen. Dem Maradona hätte man zum Beispiel eine eigene Show in Bayern III einrichten können.« Vermutlich hätten wir alle diese Sendung im Bayerischen Fernsehen gerne gesehen, aber leider sagt Maradona ab. Das deutsche Angebot sei zwar »ernsthaft und interessant«, aber erst komme sein aktueller Verein, der SSC Neapel.

Selbst wenn es nicht zu Diego Maradona im Trikot der Bayern kommt, zeigt sich daran, wie weit sich Bayern Mitte der 1980er schon von der Bundesliga entfernt hat. Weshalb Hoeneß im selben Sommer laut über eine Europaliga nachdenkt. So ganz neu sind viele aktuelle Diskussionen im Fußball nicht.

Will man die sieben Jahre seit seinem offiziellen Beginn als Manager bei Bayern aber zusammenfassen, kann man festhalten: Uli Hoeneß hat mit dem FC Bayern die Minenstadt Moria bereits durchquert und die andere Seite erreicht, als die meisten Vereine noch tief unter der Erde darum kämpfen, wieder ans Licht zu kommen. Geholfen hat ihm dabei der Luxus, einen der besten Stürmer Europas im Kader zu haben und verkaufen zu können. Das ist aber nicht alles, was seine Arbeit in dieser Zeit ausmacht.

Hoeneß ist die Sanierung des FC Bayern systematisch angegangen. Er hat an vielen Stellschrauben gedreht, ohne das Sportliche aus den Augen zu verlieren. Inspiriert von anderen Sportarten und Vereinen, mutig genug für eine konsequente Umsetzung. Gleichzeitig hat er früh begriffen, wie er den Verein zu einer Marke machen kann, die ihm eine von einzelnen Spielergebnissen unabhängige Identität gibt. Die deutschen Fußballfans wollen den FC Bayern gewinnen oder verlieren sehen. Einig sind sie sich aber in einem: Sie wollen ihn sehen. In den 1970ern kamen sie noch, um Beckenbauer, Müller und Sepp Maier zu bestaunen. Jetzt eventuell manchmal eher aus der Hoffnung, die arroganten Bayern endlich mal verlieren zu sehen. In den 1980ern verschwindet in den deutschen Stadien die Fröhlichkeit aus dem »Zieht den Bayern die Lederhosen aus«, bis es wie ein verbitterter Schlachtruf klingt.

Die Dominanz der Bayern verfestigt dabei zudem ihre Rolle als integraler Bestandteil der Liga. Über die Jahre hinweg gibt es unterschiedliche Vereine, die sportlich in Konkurrenz zu Bayern treten. Aber eines haben sie gemeinsam: Sie müssen sich an ihm abarbeiten, können ihr Image nur in Abgrenzung zum FC Bayern etablieren. Während es in den 1970ern noch Phasen der sportlichen Bedeutungslosigkeit für Bayern gab, ist der deutsche Fußball in den 1980ern ohne sie undenkbar.

Hoeneß hat daran entscheidenden Anteil, weil er sich als Manager zum Gesicht des FC Bayern macht. Etwas, das ihm als Spieler in einer Mannschaft mit Beckenbauer & Co. nicht vergönnt war. Die Polarisierung des Vereins beginnt damit oft genug mit seiner Person. Vielleicht liegt in dieser Zeit deshalb nicht nur die Wurzel für das Image des Vereins, sondern auch von Hoeneß selbst. Es ist schon damals nicht eindeutig schwarz oder weiß. Mit seiner Rücksichtslosigkeit und fehlenden Demut macht er sich zwar angreifbar, in seinem Handeln steckt allerdings ein Kern, den selbst seine Kritiker anerkennen müssen: Wenn Hoeneß attackiert, dann tut er es nicht für sich, sondern für den FC Bayern. Zudem hat er Erfolg, und der wird im Westdeutschland der 1980er honoriert. Sollte es jemand anders sehen, kann er ja Bayern-Hasser werden, die braucht es nämlich ebenfalls.

Kapitel 7

Der Regenmacher

1986–1988

Die Saison 1986/87 markiert eine Zeitenwende. Mit einer Rückrunde ohne Niederlage sichert sich der FC Bayern die zehnte Meisterschaft seiner Geschichte und löst damit den 1. FC Nürnberg ab, der sich mit seinen neun Meistertiteln bisher »Rekordmeister« nennen durfte. Ab 1987 und bis heute ist das der Spitzname für den FC Bayern. Dieser Titel ist zudem der letzte, den Udo Lattek mit den Bayern gewinnt. Im Lauf der Saison werden Risse in seinem Verhältnis zu Uli Hoeneß deutlich, von einem Alkoholproblem Latteks und Streit um seine Vertragslaufzeit ist die Rede. Nach langem Hin und Her entscheidet sich Lattek, Bayern zu verlassen, er geht als Sportdirektor zum 1. FC Köln. Ruckzuck zieht Hoeneß seinen Plan B aus der Tasche: Zur neuen Saison wird Jupp Heynckes von Borussia Mönchengladbach Trainer bei Bayern. Eine Entscheidung, die für so großen Ärger sorgt, dass Uli Hoeneß wegen Morddrohungen beim Auswärtsspiel in Gladbach von Zivilbeamten geschützt werden muss.

Bevor Heynckes übernimmt, steht allerdings noch ein Endspiel im Europapokal der Landesmeister an. Das erreicht der FC Bayern nach einem Halbfinale gegen Real Madrid, wie es nur in den 1980ern stattfinden konnte. Im Hinspiel fliegen zwei Madrilenen vom Feld, Juanito tritt den am Boden liegenden Lothar Matthäus so hart, dass er für fünf Jahre in internationalen Wettbewerben gesperrt wird. Im Rückspiel dann sieht Klaus Augenthaler die rote Karte und Madrids Vicente del Bosque, damals Jugendtrainer bei Real und später Weltmeistertrainer von Spanien, will Uli Hoeneß am Spielfeldrand einen Kinnhaken verpassen. Die Schilderungen gehen auseinander, ob er Hoeneß getroffen hat. Es fliegen mehr Wurfgeschosse als Flanken durchs Stadion, aber die Bayern schaffen den Einzug ins Finale.

Voller Vorfreude reisen sie nach Wien zum Spiel gegen den FC Porto, Fritz Scherer, inzwischen zum Präsident gewählt, soll eine Siegerrede im Gepäck haben. Obwohl Abwehrchef Klaus Augenthaler und Stürmer Roland Wohlfarth fehlen, läuft die erste Hälfte ganz nach Plan. Wiggerl Kögl köpft die Bayern mit 1:0 in Führung, mit diesem Ergebnis gehen beide Mannschaften in der Halbzeit in die Kabinen. Doch was dort passiert, könnte unterschiedlicher kaum sein.

Die Münchner streiten sich. »Lattek wollte, dass wir weiter Druck machen. Doch die Abwehrstrategen plädierten dafür, die Portugiesen kommen zu lassen und auszukontern. Leider haben sie sich durchgesetzt. Da hat er einmal im Leben auf die falschen Leute gehört«, erzählt später Dieter Hoeneß. Bei den Portugiesen passiert das Gegenteil. Trainer Artur Jorge entledigt sich dort Sakko sowie Krawatte und hält eine flammende Ansprache, die bis heute als legendär gilt.

Beides führt dazu, dass sich die Rollen in der zweiten Hälfte vertauschen. Bayern spielt wie ein Außenseiter, Porto brilliert und erzielt, angetrieben von einem überragenden Rabah Madjer, zwei wunderbare Tore. Vor allem an den Ausgleich erinnern sich heute noch viele Fußballfans: Der Hackentreffer ist so schön, dass ihn die Zuschauerinnen und Zuschauer der ›Sportschau‹ zum Tor des Monats wählen. Noch Jahre später bezeichnet Hoeneß die Finalniederlage als seine »größte sportliche Enttäuschung«.

Transferposse um Madjer

Mehr denn je sucht Hoeneß nach internationalen Stars als Trost. Trainer Jupp Heynckes liebäugelt mit Toni Polster von Austria Wien, aber der Manager denkt an andere Spieler. Er fädelt ein Leihgeschäft mit dem walisischen Nationalspieler Mark Hughes vom FC Barcelona ein. Der trifft gleich in seinem Debüt für Bayern und ist Tage später Teil eines psychologischen Kniffs beim Nachholspiel im DFB-Pokal gegen Borussia Mönchengladbach. Hughes spielt am selben Tag in Prag mit Wales ein Länderspiel gegen die Tschechoslowakei, Schlusspfiff ist um 19:15 Uhr. Nicht einmal zwei Stunden später trifft er am Stadion in München ein, versteckt sich bis zum Anpfiff, lässt sich dann massieren und wird vor den Augen der verblüfften Gladbacher eingewechselt. Bayern gewinnt mit 3:2 in der Verlängerung. Hoeneß hatte die Aktion organisiert, etwas Ähnliches hatte er schon einmal mit Sören Lerby umgesetzt. Bezahlt wird der Flug nach München übrigens von einem Sponsor.

Abgesehen von dieser Anekdote gelingt Hughes allerdings wenig Denkwürdiges. Er ist aber nicht der einzige Star, den sich Hoeneß geangelt hat. Im November 1987 wird bekannt, dass der Mann, der die Bayern im Europapokalfinale gedemütigt hat, zur neuen Saison kommen soll, und das für einen Spottpreis: Rabah Madjer. Inzwischen sind Hallenturniere in der Winterpause zu einer wichtigen Einnahmequelle für die Vereine geworden, auch Bayern veranstaltet eines. Dort präsentiert man stolz seinen Neuzugang, natürlich in Lederhosen.

Doch Madjer wird keine Minute für Bayern spielen. Der scheinbar fixe Transfer entwickelt sich zu einer Posse, die am Image von Uli Hoeneß kratzt. Als Madjer dem FC Porto seinen Wechsel verkündet, behauptet sein Verein, schon einen gültigen Vertrag fürs nächste Jahr zu besitzen. Während sich die Bayern mit Porto darüber streiten, schaltet sich plötzlich ein Dritter ein und schafft vermeintlich Fakten: Inter Mailand einigt sich mit

Porto auf einen Wechsel Madjers nach Italien. Weil allerdings Madjer beim Medizincheck durchfällt, platzt auch dieser Transfer. Später berichtet Madjer, daran sei sein Wechsel zu Bayern ebenfalls gescheitert, aber es verwundert, dass Uli Hoeneß davon nie etwas erzählt hat. Denn als der Wechsel endgültig scheitert, bekommen Bayern und Hoeneß neben einer kleinen finanziellen Entschädigung vor allem eines: Häme.

»Halb tot hätte sich Hoeneß gelacht, wäre so was dem Bremer Werder-Manager Lemke widerfahren oder dem Mönchengladbacher Branchen-Veteranen Grashoff«, urteilt etwa die ›Süddeutsche Zeitung‹. Weil Bayern zudem aus den Pokalwettbewerben ausscheidet und in der Liga nur Zweiter hinter Werder Bremen wird, das sich damit für das dramatische Saisonfinale zwei Jahre zuvor revanchiert, geht Uli Hoeneß geschwächt aus dieser Saison hervor.

Das große Aussortieren

Im Nachhinein sagt Hoeneß, er habe die Qualität der Mannschaft falsch eingeschätzt. Weshalb gleich acht Spieler den FC Bayern zur neuen Saison 1988/89 verlassen müssen, nur für Lothar Matthäus und Andreas Brehme, die zu Inter nach Mailand gehen, bekommt der Verein eine nennenswerte Ablöse. Wie ein solcher Wechsel ablaufen kann, hat Michael Rummenigge in einem Talkformat der ›Ruhr Nachrichten‹ 30 Jahre später berichtet. Er sei wenige Wochen vor Saisonende ins Büro von Hoeneß gerufen worden und der habe ihm mitgeteilt: »Du wirst verkauft wie sieben andere Spieler auch.« Als der überrumpelte Rummenigge auf seinen laufenden Vertrag verwiesen habe, sei Hoeneß darüber einfach hinweggegangen. »Ich habe schon zwei Vereine für dich: HSV oder Borussia Dortmund. Ich glaube, wir rufen mal Felix Magath an, der HSV ist der bessere Verein für dich.« Am Ende wechselt Michael Rummenigge zum BVB, aber so wie er es darstellt, nicht ganz freiwillig. Wenige Tage vor dem

Gespräch hatte seine Frau ein Kind bekommen. An seinem Beispiel zeigt sich die rigorose Seite des Managers.

Es gibt aber noch eine andere, und die ist zur selben Zeit erkennbar. Am 12. April 1988 wird der von Bayern an den FC Aarau mit Trainer Ottmar Hitzfeld ausgeliehene Lars Lunde an einem Bahnübergang von einem Zug erfasst. Er liegt zwölf Tage im Koma, an Leistungssport ist nach dem Unfall nicht mehr zu denken. »Ich konnte nicht normal gehen«, erzählt Lunde. »Innerhalb von zwei Monaten musste ich alles wieder lernen, was ich in 24 Jahren gelernt hatte. Es war heftig.«

Lundes Vertrag beim FC Bayern läuft zum Saisonende aus. Hoeneß besucht ihn mehrmals und kümmert sich auch in München um ihn, wie sich Lunde erinnert: »Er hat gesagt: ›Du kommst zu uns nach Hause!‹ Und dann bin ich bei ihm eingezogen. Ich habe das Zimmer von Sabine bekommen und sie hat dann zusammen mit ihrem Bruder Flo in einem Zimmer gewohnt.« Ist das nicht merkwürdig, bei seinem Manager ins Kinderzimmer der Tochter einzuziehen? Lunde lacht. »Was soll ich sagen, es war mehr eine Order von ihm, da konnte ich nicht Nein sagen.«

Derselbe fordernde Ton von Hoeneß, aber ein ganz anderer Hintergrund. Sowohl Michael Rummenigge als auch Lars Lunde werden den Verein letztlich verlassen. Aber einer von ihnen liegt am Boden, ist in einer schwachen Position. Dem reicht Hoeneß die Hand. »So gut, wie er zu mir nach dem Unfall war, hätte ich ihn eigentlich vor dem Unfall gebraucht, als ich bei Bayern war. Aber der Uli hat sich wahrscheinlich gedacht: ›Na ja, das muss er alleine packen.‹ Ich habe Uli so kennengelernt, dass er für alle Spieler bei Bayern immer da war. Immer. Außer wenn du ein schlechtes Wort über Bayern gesagt hast, das hat er nie akzeptiert. Weil er der Meinung war, dass Bayern München alles für seine Spieler gemacht hat, und da erwartet er dann auch Wertschätzung gegenüber seinem Verein«, sagt Lunde.

Hoeneß selbst führt ein solches Verhalten auf ein Ereignis in seiner eigenen Karriere zurück. Oft erzählt er, wie er gegen Ende seiner Karriere vom Masseur der Bayern gewarnt worden sei: Der habe mitbekommen, wie Manager Schwan und Präsident Neudecker über den zu dieser Zeit verletzten Hoeneß gesprochen hätten. Sobald er wieder fit sei, solle er verkauft werden, habe ihm der Masseur gesteckt. So habe Hoeneß nie werden wollen.

Hoeneß kann gnadenlos sein, wenn er zu wenig Leistung für das zurückbekommt, was er den Spielern bietet. Er ist nah genug an der Mannschaft, um in solchen Situationen selbst harte Entscheidungen treffen zu können. Wie im Frühjahr 1988, in dem nicht der neue Trainer gehen muss, sondern gleich acht Spieler. Aber wenn einer dieser acht seine Hilfe gebraucht hätte, Hoeneß wäre vermutlich für ihn da gewesen.

Fußball in Konkurrenz zu anderen Sportarten

Dem deutschen Fußball geht es in der zweiten Hälfte der 1980er weiter nicht gut. Hooliganismus, brutale Fouls, unansehnlicher Fußball und Raubtierkäfige als Stadien sorgen für die größte Zuschauerkrise in seiner Geschichte, zwischen 1984 und 1990 liegt der Schnitt jeder einzelnen Bundesligasaison unter 20 000 Zuschauern. Einen so lange anhaltenden Zuschauerschwund hatte es nicht mal nach dem Bundesligaskandal 1971 gegeben.

Anders als in den 1970ern bekommt der Fußball in den 1980ern zusätzlich Konkurrenz von anderen Sportarten. Vor allem Tennis boomt in Deutschland, seitdem 1985 die 16-jährige Steffi Graf in Wimbledon bis ins Achtelfinale kommt und ein gewisser Boris Becker das Turnier im Alter von 17 Jahren sogar gewinnt. Dieses Jahr 1985 ist generell ein besonderes im Sport. Bernhard Langer gewinnt als erster Deutscher das sagenumwobene Masters in den USA, eines der wichtigsten Golfturniere der Welt. Zudem wird Detlef Schrempf von den Dallas Mavericks an Platz acht im NBA-Draft ausgewählt. Auch das hatte es in der deutschen Sportgeschichte noch nicht gegeben.

Der Fußball lockt zu wenige Menschen in die Stadien und das, obwohl sich Deutschland wirtschaftlich ab 1983 wieder erholt und die Deutschen sogar mehr Freizeit haben. Für das Jahr 1984 hat die Hans-Böckler-Stiftung eine tarifliche Wochenarbeitszeit von 39,6 Stunden ausgerechnet. Bis 1990 fällt dieser Wert im Durchschnitt um mehr als eine Stunde. Sollte da nicht mehr Zeit für den Stadionbesuch bleiben?

Fieberhaft suchen die Bundesligisten nach Gründen für ihre geringe Attraktivität, während sich vor allem Tennis zum Volkssport entwickelt. Im Jahr 1960 hatte der Deutsche Tennisbund noch rund 200 000 Mitglieder, im Jahr 1989 sind es mehr als zwei Millionen. Zwar ist die Lücke zum DFB mit inzwischen 4,8 Millionen Mitgliedern groß, aber unangefochten auf Platz eins im nationalen Sportinteresse steht der Fußball nicht mehr. 1984 begründet zum Beispiel der Senat Hamburg die Förderung des Tennisgeländes am Rothenbaum unter anderem damit, dass die Hansestadt sich »Sportarten mit hohem Ansehen in einkommensstärkeren Bevölkerungsschichten« widmen wolle. Wozu der Fußball offenbar nicht gehört. Als der HSV wenige Jahre zuvor versucht hatte, auf einem Teil dieses Geländes ein Sportzentrum zu bauen, war er bei der Stadt abgeblitzt.

Besonders offen wird der Konflikt zwischen Fußball und anderen Sportarten in Stuttgart ausgetragen. Schon 1983 soll parallel zu einem Fußballspiel in der Sporthalle neben dem Stadion eine Partie des Davis-Cups stattfinden. Gerhard Mayer-Vorfelder, Präsident des VfB Stuttgart, hofft auf eine Verlegung der Tennis-Veranstaltung, muss am Ende aber das Spiel des VfB Stuttgart neu terminieren. Zwei Jahre später bittet die Stadt den VfB sogar, ein DFB-Pokalspiel wegen eines Reitturniers in der benachbarten Halle zu verlegen. Als die Stadt 1989 dann ein Profi-Radsportteam unterstützen möchte, lässt Mayer-Vorfelder aus Protest die Spieler des VfB für einige Partien ohne den Namenszug »Stuttgart« auf dem Trikot auflaufen.

Wie ernst das Ringen um Anerkennung und Aufmerksamkeit in den 1980ern für den Fußball ist, verdeutlicht eine radikale Ligareform, die im Mai 1989 von 37 der 38 Profivereine beschlossen wird. Hin- und Rückspiele zwischen zwei Teams der Bundesliga sollen nicht mehr mit einem Abstand von mehreren Monaten, sondern innerhalb einer Woche ausgetragen werden. Wenn also Bremen und Gladbach früher einmal im Herbst und einmal im Frühling gegeneinander gespielt haben, soll das jetzt direkt nacheinander geschehen. Aus den Ergebnissen beider Spiele wird ein Gesamtsieger ermittelt, bei Unentschieden per Elfmeterschießen, der noch mal einen Extrapunkt in der Tabelle bekommt. Mit zwei Siegen in beiden Spielen bekäme man also nicht vier, sondern fünf Punkte.

Gerhard Mayer-Vorfelder hat die Ligareform vorgeschlagen und freut sich auf ihre Umsetzung. Erst als es nach der Entscheidung Kritik hagelt, versandet die Euphorie. Uli Hoeneß steht der Umgestaltung »nicht euphorisch, aber wohlwollend positiv gegenüber«, Teamchef Franz Beckenbauer ist da, wie man es von ihm kennt, deutlicher: »Das ist ein Beschluss, den nur Ahnungslose gefasst haben können, das ist Aktionismus, der überhaupt nicht durchdacht ist. Das begreift der Zuschauer doch frühestens im Jahre 3000.« Er könne sich nicht vorstellen, dass der DFB-Beirat einem »solchen Schwachsinn« zustimme, grantelt er. Womit er recht hat. Als die Kritik an der Reform nicht leiser wird, lehnt der DFB die Neuregelung im Juni 1989 ab.

Diese kurze Episode verdeutlicht aber die Verzweiflung vieler Fußballvereine. Über Jahre hinweg schwanken ihre Zuschauereinnahmen zusammengerechnet für die ganze Liga zwischen 80 und 95 Millionen Mark. Heruntergerechnet auf die einzelnen Vereine stagnieren fast alle. Auch den FC Bayern betrifft dieses Problem. Vor der Saison 1984/85 kündigt Hoeneß an, mehr denn je um die Fans kämpfen zu wollen. Er führt einen »Tag der offenen Tür« am Trainingsgelände an der Säbener Straße ein, der so großen Erfolg hat, dass er ihn in der nächsten Saison auf eine

Woche erweitern will. Über 4000 Zuschauer verfolgen das erste Training und drängen sich anschließend im aufgestellten Bierzelt, in das alle Spieler kommen und sich einer Fragerunde stellen.

Hoeneß will den Fans Nähe zur Mannschaft bieten und versucht mit allerhand Rahmenprogramm den Stadionbesuch attraktiver zu gestalten. Bei der Meisterfeier 1989 tritt Chris de Burgh auf, vor dem Halbfinalrückspiel im Pokal der Landesmeister 1990 singt Andrew White. Zwar sagt Phil Collins für die Meisterfeier einige Wochen später ab, für kommende Festivitäten schweben Hoeneß aber schon Namen wie Tina Turner, die »Bee Gees« und Rod Stewart vor. Mit dem Blick von heute wirkt das abstrus – 2017 wurde Helene Fischer in der Halbzeit des DFB-Pokalfinals von den Fans im Stadion ausgepfiffen.

Zur Einordnung gehört allerdings, dass es in den 1980ern wirklich öde sein kann im Olympiastadion. »Es war total trostlos. Du bist in der Südkurve gestanden, und dann fangen ein paar Leute an zu klatschen, und das Dach oder der Fanblock werfen den Hall vom Klatschen zurück. Das hatte was von Regionalliga«, erinnert sich Journalist Christoph Leischwitz.

Wie das Privatfernsehen nach Deutschland kommt

Was den Fußball aus seiner Krise rettet, ist Teil einer kulturellen Revolution. Im Jahr 1986 startet ›Anpfiff‹ auf dem Privatsender RTL. Eine Sendung, die mit ihrer viel weniger biederen Art vor allem der ›Sportschau‹ in der ARD die Schau zu stehlen versucht und damit zu einer echten Konkurrenz wird. Willi Lemke: »Wir hatten einen Fernsehvertrag, der wurde faktisch gar nicht verhandelt, sondern die öffentlich-rechtlichen Fernsehanstalten sagten, was sie bereit sind zu zahlen. Wir hauten die Hacken zusammen und dachten: Vielen Dank, toll!« Dabei sind in der ›Sportschau‹ gar nicht alle Spiele zu sehen und selbst die Vereine, die gezeigt werden, sind darüber im Nachhinein nicht immer glücklich, weil die Berichterstattung oft kritisch ist.

Nicht allen Managern ist sofort klar, was das für den deutschen Fußball bedeutet. »Der Uli hat mir das damals alles vorausgesagt, dass der Einfluss des öffentlichen Fernsehens schwinden wird und das private Fernsehen dann die Regie übernehmen wird. Ich habe das nicht geglaubt«, sagt der frühere Fußballspieler und Manager Karl-Heinz Thielen. Woher kommt diese Vorahnung von Hoeneß?

Schon Willy Brandt macht sich 1973 in seiner Regierungserklärung Gedanken zum veränderten Kommunikationsverhalten der Menschen, was auch das Fernsehen betrifft. Eine von ihm eingesetzte Kommission kommt aber zu einer Empfehlung, die eine schlechte Nachricht für all diejenigen ist, die auf eine Öffnung des Fernsehmarktes gehofft haben. 1976 rät die Kommission, den Ausbau des Fernsprechnetzes wichtiger zu nehmen als den Kabelnetzausbau, der einen Empfang von mehr Fernsehsendern und damit unter anderem Privatsendern ermöglichen würde. Für den Ausbau der Kabelnetze sind lediglich vier Pilotprojekte in Deutschland geplant.

Im Jahr 1981 setzt das Kabinett unter Brandts Nachfolger Helmut Schmidt diese Empfehlung um, man beschließt, bis 2015 ganz Westdeutschland mit einem Glasfasernetz zu versorgen. Ja, richtig. Wir hätten theoretisch heute überall schnelles Internet, das war schon beschlossen. Aber dann kommt es 1982 zu einem Regierungswechsel und mit ihm Politiker an die Macht, die andere Pläne haben.

Die FDP wechselt das Regierungsteam, nach einem erfolgreichen Misstrauensvotum gegen Schmidt wird Helmut Kohl neuer Bundeskanzler. Der stoppt die Glasfaserpläne, denn Kohl und sein Postminister Christian Schwarz-Schilling wollen stattdessen das herkömmliche Kabelnetz ausbauen und damit dem Privatfernsehen den Weg ebnen, für das auf diesem Weg mehr Senderplätze zur Verfügung stehen. Ihnen geht es darum, eine Konkurrenz zu den öffentlich-rechtlichen Sendern zu schaffen, die ihnen zu links sind. »Wir wussten, dass wir das Monopol der öffentlich-rechtlichen Nachrichtengebung nur durch Wettbewerb brechen konnten«, zitiert der ›Spiegel‹ 2003 Schwarz-Schilling.

Da zudem das Bundesverfassungsgericht den Start kommerzieller Sender unter gewissen Bedingungen inzwischen erlaubt hat, ist der Weg frei für das Privatfernsehen. Im Jahr 1983 schließen sich insgesamt zwölf Verlage und andere Gesellschafter zur »Programmgesellschaft für Kabel- und Satellitenfunk«, kurz PKS, zusammen. Später wird aus der PKS der Sender Sat 1 werden. In der PKS vereinen sich Schwergewichte wie Axel Springer, Holtzbrinck, Bauer, Burda, die WAZ-Mediengruppe, die ›Frankfurter Allgemeine Zeitung‹ sowie ursprünglich der Bertelsmann-Verlag. Nur acht Tage nach Gründung der PKS verkündet der jedoch, einen eigenen Sender starten zu wollen. Was war passiert?

Nach heutigem Kenntnisstand kommt hier ein Name ins Spiel, der sowohl für das deutsche Fernsehen als auch den Fußball noch eine große Rolle spielen wird: Leo Kirch. Er ist nicht nur als wichtigster Händler von Filmen in engen geschäftlichen Beziehungen mit den Öffentlich-Rechtlichen, sondern auch an der PKS beteiligt. Dort will er seine Inhalte platzieren und laut Jürgen Doetz, Geschäftsführer der PKS und später von Sat 1, ist das der Grund für den Ausstieg von Bertelsmann. So erinnert er sich 2013 in einem Interview: »Wir standen vorm Sendestart am Flipchart, um zu planen, wer wie viel Programm beisteuern wollte. Ich hatte von Kirch den Auftrag, alles, was ging, zu besetzen. Das Ergebnis war, dass die PKS bei 40 Prozent der Anteile landete – zum Entsetzen der Verlage. Bertelsmann fühlte sich unter Wert geschlagen und von Kirch rausgedrängt. Es gab dann eine Geheimkonferenz der Verlage in Hamburg und Bertelsmann erklärte seinen Austritt.«

Wegen dieser Entwicklung haben wir heute im Fernsehen ein doppelt duales System: einmal zwischen den Öffentlich-Rechtlichen und den Privatsendern. Zudem innerhalb der Privatsender mit RTL und ProSieben Sat 1 als den wichtigsten Sendergruppen. Das bedeutet für den Fußball, dass beim Wettbieten um die Übertragungsrechte nicht nur das Privatfernsehen mit den Öffentlich-Rechtlichen in den Ring steigt, sondern sich die privaten Sender zusätzlich gegenseitig Konkurrenz machen.

Leo Kirch ist dabei eine Schlüsselfigur, die nicht nur im Bereich der Medien vernetzt ist, sondern zudem eine Nähe zu konservativen Politikern wie Franz Josef Strauß und Helmut Kohl pflegt. Wichtig ist dabei zu wissen, dass vor allem Mitte der 1980er-Jahre seine wahre Macht nicht leicht zu erkennen ist. »Leo Kirch hat gerne im Verborgenen agiert«, erklärt Klaus Ott, der sich für die ›Süddeutsche Zeitung‹ mit Kirch beschäftigt hat. Dadurch habe Kirch laut Ott »mehr Medienmacht aufbauen und anhäufen können, als für eine Demokratie möglicherweise gesund ist«.

Wie Ott das meint, zeigt sich auch am Kabelnetzausbau durch Kohl und seinen Postminister Schwarz-Schilling. Im Jahr 2003 veröffentlicht die ARD-Sendung ›Panorama‹ Teile eines Beratervertrags zwischen Kohl und Kirch, der dem Alt-Bundeskanzler zwischen 1999 und 2002 600 000 Mark jährlich eingebracht haben soll. Auch Schwarz-Schilling bekommt von Kirch über mehrere Jahre hinweg Geld, wie der ›Spiegel‹ im selben Jahr aufdeckt. Die beiden Männer, die mit ihrer Politik den Siegeszug des Privatfernsehens ermöglicht haben, stehen nach der politischen Karriere auf der Lohnliste von Kirch. Laut ›Spiegel‹ soll es zudem zu noch mindestens fünf weiteren ehemaligen Ministern aus verschiedenen Kohl-Kabinetten ähnliche Verbindungen gegeben haben. Es gibt sogar Stimmen in der CDU, die einen Bezug zwischen Kirch und der Parteispendenaffäre herstellen, bei der Kohl 2,1 Millionen Mark an den Büchern der Partei vorbei von Spendern angenommen, deren Identität er bis zu seinem Tod nicht preisgegeben hat.

Bittere Pointe dieses ganzen Komplexes ist derweil die Tatsache, dass der rasante Aufschwung der Satellitentechnik wenige Jahre später den Kabelnetzausbau weit weniger wichtig für die

Privatsender gemacht hat. Es hätte also leicht beides in Deutschland geben können: flächendeckend schnelles Internet und den Empfang von Privatsendern.

Standortvorteil München

Der Bogen von Kirch zu Hoeneß schließt sich nicht nur über einen anderen Geheimvertrag, der später noch behandelt werden soll. Da Kirch mit seinen Firmen in München sitzt, gibt es eine regionale Nähe sowie über den gemeinsamen Freund Edmund Stoiber eine indirekte Verbindung. Obwohl der Startschuss des deutschen Privatfernsehens nicht in München fällt, sondern in Helmut Kohls Geburtstort Ludwigshafen (PKS) und in Luxemburg (RTL), ist er in München lauter zu hören als anderswo. Was vor allem deshalb wichtig ist, weil die privaten Sender in ihrer Anfangszeit nicht mal im Ansatz alle westdeutschen Haushalte erreichen. In Ludwigshafen sind es zum Start von PKS zum Beispiel nur 1200.

Das Privatfernsehen entwickelt sich ab 1984 also nicht für jeden gleich gut sichtbar. Uli Hoeneß hat den Vorteil, mit den richtigen Leuten am Tisch zu sitzen, und das zudem noch am richtigen Ort. München ist einer der Standorte der vier Kabelpilotprojekte in Deutschland, bis 1985 können fast 9000 Haushalte private Sender empfangen. Zusätzlich nehmen dort bereits früh private Radiosender den Betrieb auf, was Hoeneß und der FC Bayern nicht nur zur Kenntnis nehmen, sondern für sich nutzen. »In München gab es das erste Privatradio Deutschlands. Die hatten irgendeinen Schwarzmast am Brenner stehen und plötzlich sind sie auf Sendung gegangen. Nach zwei Tagen haben wir gesagt, da müssen wir mitmachen, wir müssen ja das Stadion vollkriegen. Also sind wir zu denen hingegangen und haben gesagt: Kommt zu uns raus, ihr kriegt jeden Donnerstag oder Freitag Spieler für Interviews«, erinnert sich der damalige Pressesprecher Hörwick.

Eine Strategie, die der FC Bayern auch auf das Privatfernsehen anwendet. »Wir haben relativ schnell erkannt: Die müssen für den Fußball bezahlen, und wer für etwas bezahlt, hat kein Interesse daran, das schlechtzumachen, sondern im Gegenteil, der will für sein Produkt trommeln. Das haben wir, ich sage mal, ganz geschickt ausgenutzt.« Hoeneß ergreift diese Chance sofort. In den 1980er-Jahren ist er damit vermutlich der innovativste Manager der Liga. Und Kollegen wie Karl-Heinz Thielen einen Schritt voraus.

TV-Übertragungen im Europapokal

Das Privatfernsehen und der Fußball wachsen ab Mitte der 1980er enger zusammen. Niemand spielt den Vorteil dieser Allianz aggressiver aus als Uli Hoeneß. Denn so unattraktiv der Fußball im Stadion für viele Deutsche aussieht, im Fernsehen stimmen die Quoten. Hoeneß hofft, dass sich durch die neue Konkurrenzsituation die wirtschaftliche Lücke zu den spanischen und italienischen Vereinen schließen lässt. »In fünf Jahren können wir mit denen mithalten, weil die Medien mitspielen. Das erleben wir doch schon jetzt: Gestern war Leverkusen gegen Prag live im Fernsehen, heute ist Stuttgart gegen Moskau in RTL, morgen ... In diese Richtung wird sich's entwickeln, da sind die großen Gelder drin«, sagt er im November 1986 der ›SZ‹.

Wie groß diese Gelder seiner Meinung nach sind? Einige Monate später spielt Bayern im Viertelfinale des Europapokals der Landesmeister gegen Anderlecht und gewinnt mit 5:0. Mindestens so sehr wie über das Ergebnis freut sich Hoeneß über die Einnahmen der Partie. Weil das Wetter schlecht ist, erlaubt er eine TV-Übertragung und nimmt damit über 600 000 Mark ein. In fünf Jahren, sagt Hoeneß, würde man bei einem solchen Spiel 25 Millionen erlösen und jedem Zuschauer im Stadion noch zehn Mark fürs Kommen zahlen. Vermutlich hat zu dieser Zeit nicht mal die NASA in größeren Zahlen gedacht als Hoeneß.

Wobei in den Fernsehmarkt durch die Privatsender so viel Bewegung gekommen ist, dass selbst früher Undenkbares möglich wird. So verkauft Hoeneß das anschließende Halbfinale gegen Real Madrid an einen Sponsor, der Präsentator des Spiels und wichtigster Werbepartner im Stadion wird. Eigentlich will der Bayerische Rundfunk das Spiel übertragen, aber widerspricht das nicht dem Werbeverbot nach 20 Uhr für alle öffentlich-rechtlichen Sender?

Hoeneß setzt dem BR gelassen die Pistole auf die Brust: »Der Bayerische Rundfunk ist am Zug. Wir haben einen Preis X ausgemacht dafür, dass unsere Sponsor-Aktionen akzeptiert werden. Preis Y gilt, wenn sie nicht akzeptiert werden.« Sollte die ARD beide Preise nicht akzeptieren, so fährt er fort, »dann verkaufen wir eben an Sat 1«. Am Ende greift der Bayerische Rundfunk zu, zwar zu den üblichen Konditionen und ohne den Sponsor vor und nach dem Spiel nennen zu müssen, aber die Werbeaktionen im Stadion bleiben bestehen. Nur mit dieser einen Partie nimmt der FC Bayern etwa 3,5 Millionen DM ein, allein 1,5 davon kommen durch Sponsoring und TV-Geld zustande. Dieses Konzept findet Nachahmer: Nur zehn Tage später spielt die deutsche Männer-Nationalmannschaft in Köln gegen Italien. Präsentiert von einem Sponsor, den die übertragende ARD an Beginn und Ende der Sendung nennt.

Nach Spielen wie dem gegen Real schwimmt Bayern im Geld und für den Rest der Liga fallen nur Krümel ab. Zwar hat man sich darauf verständigt, dass 20 Prozent aller Einnahmen aus TV-Übertragungen an die übrigen Vereine der ersten beiden Ligen fließen, während der Vorsitzende des Liga-Ausschusses Mayer-Vorfelder das als »bahnbrechendes Zeichen der Solidarität« wertet, rechnet Fritz Scherer vor, dass der FC Bayern nach diesem Modell in der Vorsaison nur 200 000 Mark hätte abführen müssen. Krümel eben.

Fußball wird zur Fernsehsportart

Anders sieht das im Jahr 1988 aus, als die Vision von Uli Hoeneß wahr wird. Wie ein Regenmacher hat er schon für den Geldregen getanzt, als es überall noch staubtrocken war. Jetzt prasselt er auf die finanziell geplagten Bundesligavereine nieder. Im Juni erwirbt die Bertelsmann-Tochter UFA die Übertragungsrechte an der Bundesliga auf drei Jahre hin für insgesamt 135 Millionen Mark. In der Vorsaison hatten sich die Vereine noch 18 Millionen geteilt, jetzt sind es für die Saison 1988/89 plötzlich mit 40 Millionen mehr als doppelt so viel. Erstmals werden die TV-Rechte mehrfach verwertet, zunächst bei RTL und dann in Ausschnitten bei ARD und ZDF. Während die Bundesligavereine ihr Glück kaum fassen können, denkt Uli Hoeneß schon an den nächsten Fernsehvertrag. Der werde über 100 Millionen pro Jahr einbringen, sagt er. Und selbst das sei noch zu wenig, eigentlich müsste es 500 Millionen geben.

Für Hoeneß ändert sich durch die neue Situation auf dem Fernsehmarkt der Blick auf den Fußball. Wie in den USA werde es bald Fernsehsportarten geben, sagt er und sieht die Zukunft im Pay-TV. Auch damit wird er recht behalten. Nichts hat den Fußball mehr verändert als dieser Wechsel von einer Stadionsportart zu einer Fernsehsportart.

Zunächst wegen der höheren Reichweite. Die Zuschauerzahl endet nicht mit dem letzten Sitz auf der Tribüne, sondern ist um ein Vielfaches höher. Vor allem für Sponsoren ist das attraktiv, die nicht mehr nur halb volle Stadien erreichen, sondern ein viel breiteres Publikum. Frauen zum Beispiel sieht man in den 1980ern viel seltener in den Stadien als heute. Vor dem Fernseher waren sie aber mit dabei.

Zudem kommen im TV die Menschen mitunter zufällig mit dem Fußball in Berührung. In ein Stadion verläuft man sich selten, aber beim Zappen durch die damals nicht so zahlreichen Kanäle stolpert man auch mal aus Versehen in ein Fußballspiel.

Vor allem für den FC Bayern ein Vorteil. Auf die wichtigste Frage: Wer spielt denn da gerade? bieten die Bayern die beste Antwort. Nicht nur weil sie am bekanntesten sind, sondern auch weil sie Emotionen wecken.

Mit dem Wachsen der Privatsender steigt die Zahl von Sportübertragungen rapide an, nicht nur im Fußball. Schon wenige Monate nach dem Start von RTL wird dort zum Beispiel das erste Formel-1-Rennen übertragen. Zudem führt der Tennis-Boom in Deutschland zu vielen Stunden, in denen auf der Mattscheibe ein gelber Filzball durchs Bild schießt. Am Beispiel Tennis zeigt sich eine weitere Stärke des Fußballs: Ohne Steffi Graf und Boris Becker wäre der Aufschwung des deutschen Tennis weniger steil verlaufen. Im Fußball ist das anders: Er profitiert zwar von Stars, ist aber nicht von ihnen abhängig. Spielen zwei Mannschaften ohne herausragende Einzelkönner gegeneinander, werden eben die Geschichten erzählt, die beide Vereine gerade so schreiben. Und schießt ein Spieler das Siegtor, dann ist er der Star für dieses eine Spiel. Die Wahl der Interviewpartner nach Abpfiff zeigt das ziemlich eindeutig.

Im Gegensatz zu vielen anderen Sportarten kann der Fußball außerdem davon profitieren, schon weitverbreitet zu sein, als das Privatfernsehen den TV-Markt revolutioniert. Die Regeln sind bekannt, die Übertragungen ausgefeilt, der Ball immer gut zu erkennen.

Hinzu kommt ein Vorteil, der ihn von fast allen anderen Sportarten abhebt. Die Faszination des Fußballs als Sport entspringt einer Unzulänglichkeit: Wir Menschen können einen runden Gegenstand viel schlechter kontrollieren, wenn wir ihn mit den Füßen treten, als wenn wir ihn mit den Händen greifen. Jeder, der schon einmal einen Kiesel vor sich herkicken wollte, weiß das. Genau dieser Kiesel zeigt aber zudem, wie zugänglich der Fußball ist. Wenn der Stürmer nach einem tollen Dribbling mit sattem Schuss in den Winkel trifft, spürt jeder, der mal selbst einen Ball am Fuß hatte, welch tolle Leistung dahintersteckt.

Fußball ist damit für das TV-Publikum leicht erfassbar. Wer noch nie Tennis gespielt hat und nichts vom schwer erkennbaren Spin von Bällen weiß, der mag sich über manchen Fehlschlag beim Schauen eines Tennisspiels wundern.

Die sportlichen Leistungen im Fußball sind vor dem Fernsehgerät leichter zu erfühlen, an der Freude der Spieler, der Zuschauer und des Kommentators. Denn, das kommt noch dazu: Tore sind selten im Fußball und die Zählweise simpel. Wer mehr Tore hat, gewinnt. Das ist ein nicht zu unterschätzender Vorteil im Vergleich zum Tennis mit seiner 15, 30, 40-Zählweise oder Sportarten wie Handball oder Basketball, bei denen der einzelne Korb und das einzelne Tor viel weniger wichtig ist.

»Jaja, alles schön und gut. Hast wohl noch nie ein 0:0 zwischen Leverkusen und Bröndby an einem kalten Dezemberabend gesehen.« Wer sich etwas in dieser Art gerade gedacht hat, ist natürlich im Recht: Ganz so toll ist Fußball nicht immer. Doch selbst das ist eine der Sachen, die sich mit dem Einzug des Privatfernsehens in Deutschland radikal verändern: die Präsentation des Fußballs. Für dieses Buch habe ich mir viele Spiele der 1980er und 1990er angesehen und sosehr ich die formvollendeten Formulierungen vieler Reporter aus dieser Zeit liebe, muss ich zugeben: Da schlafen einem manchmal die Füße ein. Fußballübertragungen in den Öffentlich-Rechtlichen hatten den Esprit einer Livesendung von der Beerdigung von Queen Elizabeth.

Die privaten Sender sind dagegen jünger und frischer. Gleichzeitig müssen sie um jeden Quotenpunkt kämpfen, und es passiert genau das, was sich Uli Hoeneß erhofft hat: Das Kritische in den Übertragungen geht zurück zugunsten von Unterhaltung. Würde man dasselbe 0:0 von Leverkusen gegen Bröndby aus dem Jahr 1990 einmal von den Öffentlich-Rechtlichen und einmal von den Privatsendern übertragen lassen, ich ahne, welche Übertragung vom schlechten Spiel besser ablenken würde.

Durch Nebengeschichten, illustre Co-Kommentatoren, kleine Witzchen, Gewinnspiele, etc.

Es geht also nicht nur um Geld, wenn man von einer Revolution für den Fußball durch die Einführung des Privatfernsehens spricht. Die neuen Sender bilden den Nährboden für eine Dominanz des Fußballs ab den Neunzigerjahren und damit auch für den FC Bayern als bekanntestem Klub.

Kapitel 8

Härtere Bandagen

1988–1991

Die Saison 1988/89 wird für das bundesweite Bild von Hoeneß ähnlich prägend wie die Auseinandersetzung mit Willi Lemke rund um Augenthalers Foul an Völler. Hoeneß macht sich weiter wenig Freunde mit seinem Verhalten. Als am neunten Spieltag die bis dahin ungeschlagenen Bayern zu Hause auf Borussia Dortmund treffen, prophezeit er vor dem Spiel einen 5:0-Sieg. Den Zeitungsausschnitt seiner Prognose nutzen die Dortmunder als Motivation: Vor dem Spiel klebt er innen an der Kabinentür, nachdem es 1:1 ausgegangen ist, außen.

Für Hoeneß kein Grund, zurückhaltender zu werden. Weil gegen Mannschaften aus dem Tabellenkeller das Stadion oft gähnend leer ist, überlegt er öffentlich, den Besucherinnen und Besuchern des Heimspiels gegen die Stuttgarter Kickers ihr Eintrittsgeld zurückzuzahlen, sollte Bayern nicht mit mindestens drei Toren Unterschied gewinnen. Zwar wird sein Vorschlag im Verein abgelehnt, aber bei den Kickers ist der Unmut groß. Noch Monate später verteidigt Hoeneß aber seine Idee mit Verve: »Was Kickers geboten hat, war eine Katastrophe. Die andere Möglichkeit ist, solche Vereine dürfen nicht mehr in der Bundesliga spielen. Ich kann jeden verstehen, der zu so einem Spiel nicht hingeht.« Bayern hatte übrigens gegen die »katastrophalen Kickers« nicht etwa mit 7:0 oder 8:0 gewonnen, sondern exakt mit 3:0.

Sportlich ist dem FC Bayern kaum beizukommen, er bleibt die gesamte Hinrunde über ungeschlagen. Auch in der Rückrunde deutet nichts darauf hin, dass es noch einmal eng werden könnte mit der Meisterschaft. Aber einer der Verfolger will sich nicht seinem Schicksal ergeben: der 1. FC Köln mit seinem neuen, 35 Jahre jungen Trainer Christoph Daum. »Die Situation war damals so, dass eigentlich alle in der Bundesliga die Meisterschale zehn Spieltage vor Schluss der Saison schon Bayern München überreichen wollten. Ich sagte: ›Das kann ja wohl nicht wahr sein! Wir haben noch zehn Spieltage, da kann noch so viel passieren.‹«

Als Daum öffentlich den Druck erhöht, verlieren die Bayern Spiele und scheiden zudem aus beiden Pokalen aus. Ihr Vorsprung wird kleiner, was nicht für weniger Sprüche aus Köln in Richtung München sorgt. Begleitet von eifrig berichtenden Medien, schaukelt sich im Frühjahr 1989 etwas hoch. Uli Hoeneß schießt verbal gegen die Kommentare von Christoph Daum und Udo Lattek zurück. Lattek ist inzwischen nicht mehr Sportdirektor beim FC, sondern Kolumnenschreiber. Doch als die Bayern am 29. Spieltag ausgerechnet bei den in der Hinrunde gedemütigten Stuttgarter Kickers verlieren, trennt Bayern und Köln nur noch ein Punkt. Alles läuft auf einen Showdown am 31. Spieltag hinaus, zu dem Bayern in Köln antreten muss. Der eigentliche Höhepunkt findet aber wenige Tage davor statt.

Streit mit Daum im ›Sportstudio‹

Es kommt zu einem Streitgespräch im ›Aktuellen Sportstudio‹ des ZDF, das bis heute als legendär gilt. Rund um Moderator Bernd Heller sitzen sich alle Beteiligten gegenüber: Udo Lattek und Christoph Daum auf der einen Seite, Jupp Heynckes und Uli Hoeneß auf der anderen. Gemeinsam mit Pressesprecher Hörwick hat sich Hoeneß für den Auftritt vorbereitet, er hat Unterlagen dabei und wendet sich direkt an Daum: »Jetzt lese ich dir mal was vor. Du hast über Jupp Heynckes gesagt, der könnte auch Werbung für Schlaftabletten machen.« – Daum nickt: »Richtig.« – »Du hast gesagt, wenn einer so dünnhäutig ist, dann hat er hier nichts zu suchen. Die Wetterkarte ist interessanter als ein Gespräch mit Jupp Heynckes ...« – Daum nickt: »Richtig.« – »Jetzt kommt aber der entscheidende Punkt: ›Nach dem Sieg gegen Inter Mailand ging es ihm mal für ein paar Stunden besser. Da war eine Hirnwindung mehr durchblutet, im Grunde genommen ist er völlig kaputt ...‹« Ab hier fällt Daum Hoeneß ins Wort, er bestreitet diese Aussage. Hoeneß hat sich aber eine eidesstattliche Versicherung des Journalisten besorgt, der Daum so zitiert hat.

»Das ist die größte Beleidigung, die je ein Trainer über den anderen in Deutschland gemacht hat«, echauffiert sich Hoeneß, begleitet von wilden Zurufen aus dem Publikum. Zu einer sinnvollen Diskussion kommt es nicht, Daum und Hoeneß werfen sich gegenseitig Arroganz vor, prophezeien dem jeweils anderen das Ende seiner Erfolgssträhne. Innerhalb weniger Minuten ist die Stimmung bei den Zusehenden im Studio auf Bierzeltniveau, ein paar Übermutige stimmen »Zieht den Bayern die Lederhosen aus« an, was selbst Hoeneß trotz des Ärgers ein breites Lächeln entlockt.

Anstatt den Streit beizulegen, entfacht ihn dieser Auftritt neu. Befeuert von Moderator Bernd Heller, der den Brandstiftern Hoeneß und Daum mit unschuldiger Miene die Zündhölzer reicht. In der Montagskonferenz beim ZDF gibt es harsche Kritik an der Sendung und auch die Kölner Polizei meldet sich empört zu Wort: »Dieses Aufpeitschen ist eine Schweinerei. Das müssen wir ausbaden«, wird der für das Spitzenspiel zuständige Einsatzleiter am Dienstag nach der Sendung zitiert. Mit einem Großaufgebot will man möglichen Ausschreitungen begegnen.

Wer will, kann das gesamte Streitgespräch nachsehen, der Sender hat es bei YouTube hochgeladen. Zu empfehlen sind auch die Kommentare darunter, die überwiegend alle Beteiligten dafür feiern, sich ohne Rücksicht auf so etwas wie Niveau gegenseitig ihre Abneigung gezeigt zu haben. In der Rückschau wird die Sendung selbst unter Journalistinnen und Journalisten gern zu Kult verklärt, viel eher ist sie aber ein Hinweis darauf, wie sich der Fußball in den kommenden Jahren verändern wird. Der Kern dieser Sendung steckt im kurzen Lächeln von Hoeneß, als das Publikum einen Schmähgesang anstimmt. Seine Erregung ist zwar sichtbar, aber nicht echt. Alles ist Teil einer Inszenierung.

Denn nur eine Woche vorher haben Daum und Hoeneß schon einmal diskutiert, im Bayerischen Rundfunk. Für Christoph Daum sei die Sache damit abgeschlossen gewesen, sagt er. »Wir sind nach der Sendung in die Kneipe von Waldemar Hartmann gegangen, haben von elf Uhr bis vier Uhr morgens dort gesessen und wirklich viele Dinge ausdiskutiert. Das war ein sehr gutes Gespräch und ich ging mit dem guten Gefühl, dass ich viele Missverständnisse, die sich aufgrund der medialen Berichterstattung ergeben hatten, aufklären und mich auch für einige Dinge entschuldigen konnte.« Als Bernd Heller bei Daum anruft und ihn ins ›Sportstudio‹ einlädt, sagt er deshalb erst mal ab. Heller wendet sich also an Udo Lattek, und erst der kann Christoph Daum überzeugen, mitzumachen. »Unsere Absprache war: Wir tragen alles dazu bei, dass die Situation deeskaliert. Aber es ging genau in die andere Richtung, was ich als unverschämt empfand«, erinnert sich Daum. All die Dinge, die er wenige Tage zuvor mit Hoeneß vermeintlich beigelegt hat, kommen noch einmal auf den Tisch. Ergänzt um die eidesstattliche Versicherung, die Hoeneß sich besorgt hat.

Nach der Sendung sei die Atmosphäre explosiv gewesen, berichtet Daum. »Eine Art Eiszeit« sei zwischen ihm und Uli Hoeneß entstanden. Markus Hörwick wiederum erzählt, er habe durch Zufall einen Blick auf das Flipchart werfen können, das Daum zum Spiel wenige Tage später mitgebracht hat. »Und ich sehe hinter jedem Bayern-Spieler einen Totenkopf aufgemalt.

Das war das Heißmachen von Christoph Daum.« Bayern gewinnt das Spiel, die Tore fallen, als Daum seinen Abwehrchef Jürgen Kohler vom Feld nehmen muss. Nach dieser Saison wechselt Kohler zum FC Bayern, das ist zu diesem Zeitpunkt schon bekannt.

Sportlich beantwortet der Bayern-Sieg alle Fragen, Bayern wird Meister. Der Sturm, den der 35-jährige Christoph Daum gegen den 37-jährigen Uli Hoeneß heraufbeschworen hat, war ein Sturm im Wasserglas. Unabhängig von der Frage, ob er im ›Sportstudio‹ wirklich Schärfe aus der Auseinandersetzung herausnehmen wollte, stellt sich aber die Frage: Warum ist er so persönlich geworden? Seine Antwort kommt ohne Zögern: »Voranstellen muss ich, dass ich mich mehrfach bei Jupp Heynckes entschuldigt habe für diese Attacken. Ich finde sie heute auch nicht mehr gut. Eigentlich gibt es keine Begründung dafür, weil das absolut überzogen, weil das persönlich war.« Er habe unterschätzt, welche Reichweite solche Zitate bekommen hätten und dass ihm zum Teil sogar Dinge in den Mund gelegt worden seien, weil die Mehrzahl der Medien ein großes Interesse an einer neuen Rivalität hatte. »Heute würde ich sagen, ich habe ganz andere Möglichkeiten, um für Stimmung und Aufmerksamkeit zu sorgen. Ich hatte meine Aussagen eingeordnet in den Kontext von anderen Sprüchen zwischen Udo Lattek und Otto Rehhagel oder von Uli Hoeneß gegen Willi Lemke, hatte sie als nicht so schlimm empfunden. Im Nachhinein sehe ich das anders.«

Man kann die Fehde zwischen Daum und Hoeneß als vorläufigen Tiefpunkt in einer Reihe von verbalen Auseinandersetzungen sehen, die in den 1980ern zur Bundesliga gehören. Wer versuchen will, auf Augenhöhe mit den Bayern zu agieren, muss auch in der Öffentlichkeit für Wirbel sorgen. Unbestreitbar ist zudem die Bedeutung solcher Konflikte für die Aufmerksamkeit rund um die Bundesliga. Spätestens nach dem Streit im ›Sportstudio‹ war klar, wohin die Augen der Republik am Donnerstag schauen: aufs Stadion in Köln. Sogar Bundespräsident Richard von Weizsäcker kündigt sich für das Spiel an.

Inszenierte Feindschaft ist Teil des deutschen Fußballs in der zweiten Hälfte der 1980er. Nicht immer ist klar, wie groß die Animositäten wirklich sind. Spannend ist aber: Nur der FC Bayern profitiert von diesem Trubel, selbst wenn so wie im ›Sportstudio‹ das Publikum mehrheitlich gegen ihn ist. Sowohl Werder Bremen als auch der 1. FC Köln haben sportlich gesehen gute Jahre und sind zeitweise die Hauptkonkurrenten der Münchner. Bei beiden stagnieren die Mitgliederzahlen aber, Anfang und Ende der 1980er haben sie jeweils etwas mehr als 2000. Die Bayern dagegen verdoppeln ihre Mitgliederzahl fast, von 6800 auf 13 000. Was nicht nur ein Indikator für ihre Beliebtheit ist, sondern damals zudem eine nicht zu vernachlässigende Einnahmequelle.

Hoeneß kündigt beim FC Bayern

Nicht nur mit anderen hat der FC Bayern im Jahr 1989 Konflikte, sondern auch mit sich selbst. Das Tischtuch zwischen Präsident Fritz Scherer und Uli Hoeneß wirft schon länger Falten. Vordergründig geht es um Transferfragen, zum Beispiel eine Verpflichtung von Bernd Schuster, dahinter steht aber eine grundsätzliche Frage: Wer hat beim FC Bayern das Sagen? Nach außen ist Hoeneß der starke Mann, wichtige Entscheidungen müssen aber in größerer Runde getroffen werden. Und hier sind sich Scherer und Hoeneß wohl nicht immer einig.

Im Frühjahr 1989 eskaliert diese Uneinigkeit bei der Frage, wer neuer Trikotsponsor bei Bayern werden soll. Hoeneß favorisiert den Automobilhersteller Opel, hinter dem mit General Motors ein internationales Unternehmen steht, was gut zu seinen Plänen für den FC Bayern passt – unter anderem mit Blick auf die WM, die 1994 in den USA stattfinden wird und die Hoffnung auf einen Fußballboom dort nährt. Fritz Scherer und

Schatzmeister Kurt Hegerich haben aber einen anderen Favoriten und mit dem leiten sie hinter dem Rücken von Hoeneß Verhandlungen ein. Gesprächspartner ist die Münchner Brauerei Paulaner, also eine ganz andere Art von Unternehmen.

All das kommt heraus, weil Hoeneß bei einer Telefonaktion seinen Aktenkoffer in der Redaktion des ›Kölner Express‹ vergisst. Ein Journalist öffnet ihn und findet darin: seine Kündigung, adressiert an Fritz Scherer. Außerdem ein Schreiben, in dem Hoeneß mitteilt, in Zukunft als Berater für die Hälfte aller Bayern-Spieler und viele andere Bundesligaspieler tätig sein zu wollen. Die Kunde von diesem Fund sickert durch, schon bald titelt eine Zeitung: »Hoeneß hat gekündigt«.

Im Sturm der Aufregung darüber kann Hoeneß Einblicke in das Machtgefüge beim FC Bayern geben, er ist es, der die Uneinigkeit über Transfers und den neuen Sponsor thematisiert. Zwar versuchen alle Beteiligten, die Kündigung zu relativieren, und behaupten zum Beispiel, es sei nur eine Änderungskündigung gewesen. Dennoch sorgt der vergessene Koffer für eine öffentliche Machtprobe, die der bekanntere Hoeneß gewinnen muss.

Wenige Wochen später stellt Bayern seinen neuen Sponsor vor und es ist, wenig überraschend, Opel. Hoeneß nennt den Abschluss ein »elementares Stück in der Geschichte des Vereins«. Mit weitem Abstand vom Rest der Liga bekommen die Bayern von Opel das meiste Geld. Und die Kündigung? Einer Weiterarbeit als Manager stünde jetzt nichts mehr im Wege, sagt er.

Kann man das glauben, dass Hoeneß seine Kündigung mit sich herumträgt und dann in einer Zeitungsredaktion vergisst? Hoeneß beharrt selbst über 30 Jahre danach noch darauf. Unabhängig davon ist aber vor allem die Erkenntnis relevant: Hoeneß bekommt zwar wieder seinen Willen, aber unter Einsatz von allem, was er in die Waagschale werfen kann. Nicht nur im Streit mit Christoph Daum, sondern auch in diesem vereinsinternen Fall kämpft er mit härteren Bandagen.

Fehleinkäufe und fehlende Einkäufe

Weil Hoeneß polarisiert, wird umso genüsslicher auf alles geblickt, was ihm misslingt. Zum Beispiel auf das Sturmduo aus Alan McInally und Radmilo Mihajlovic, »Mic und Mac« genannt. Sie sollen den FC Bayern in der Saison 1989/90 in neue Sphären schießen, stehen am Ende der Saison aber bei 14 Ligatoren – zusammengerechnet. Laut wird darüber diskutiert, ob Hoeneß mit den sportlichen Entscheidungen in seinem Job nicht überfordert sei. »Wie Meeressand fast sind die Stürmer an den Trainingsplatz des FC Bayern an der Säbener Straße gespült worden in den vergangenen Jahren. Aber welcher ist nicht postwendend wieder weggedriftet, ohne Spuren zu hinterlassen?«, schreibt die ›SZ‹ im März 1990.

Umso erstaunlicher ist das zurückhaltende Verhalten von Hoeneß, als sich nach dem 9. November 1989 mit dem Fall der Berliner Mauer eine historisch einmalige Chance ergibt. Es ist nicht er, der das für seinen Verein nutzt, Reiner Calmund vom Konkurrenten Leverkusen ist schneller. Als sechs Tage nach dem Mauerfall die ostdeutsche Nationalmannschaft in Wien gegen Österreich ein Qualifikationsspiel für die WM 1990 spielt, schleust Calmund den A-Jugend-Trainer von Bayer als Fotografen in den Innenraum ein. Rund 100 Scouts sitzen auf der Tribüne des Stadions, um sich die besten ostdeutschen Spieler anzusehen. Calmunds Mann nimmt am Ende sogar auf der Auswechselbank Platz und führt dort die ersten Gespräche. Er fliegt mit der Mannschaft im Flieger zurück, am Ende seiner Dienstreise kann er Calmund eine Reihe von Namen, Adressen und Telefonnummern nennen. Innerhalb weniger Tage schließt der Verträge mit Andreas Thom, Ulf Kirsten und Matthias Sammer.

Erst als Bundeskanzler Helmut Kohl bei der Bayer AG interveniert, wird Calmund vom Geldgeber hinter Leverkusen zurückgepfiffen. Es sähe nicht gut aus, wenn ein westdeutscher

Verein die besten DDR-Spieler bei sich versammle. Sammer wechselt deshalb letztlich nicht zu Leverkusen, sondern nach Stuttgart und wird dort 1992 Teil der Meistermannschaft sein. Aber Uli Hoeneß und der FC Bayern verzichten auf schnelle Transfers von DDR–Spielern.

»Wir wären vermutlich zweiter Sieger geworden im Zweikampf mit den Bayern, Sammer hätte auch den Bayern gut zu Gesicht gestanden. Aber ich glaube, da hat der Uli nicht rechtzeitig reagiert, die Situation nicht richtig eingeschätzt«, beurteilt Reiner Calmund im Rückblick die Lage in diesem turbulenten Herbst 1989. Hoeneß wiederum antwortet im Jahr 2021 kryptisch auf die Frage, warum er damals nicht mitgemischt habe auf dem Transfermarkt.

»Wir haben das nicht gemacht, weil mir das zu unausgegoren war«, sagt er. »Das war alles so komisch. Da wurde auch Geld verlangt von Funktionären, teilweise quasi Bestechungsgelder und Schmiergelder. Das war nicht meine Welt.«

Italienische Dominanz im Weltfußball

So profitiert der FC Bayern nur auf anderem Weg von der Wende: Viele DDR-Bürgerinnen und -Bürger pilgern nach München ins Stadion und auch die Mitgliederzahlen wachsen noch einmal deutlich. Zwar kann das neue Publikum eine Meisterschaft feiern, im Europapokal kommt der FC Bayern aber zum wiederholten Mal nicht an einem italienischen Verein vorbei.

Nicht Bayern ist in die Lücke gesprungen, die seit dem Ausschluss der englischen Vereine im Europapokal besteht, sondern Klubs aus der Serie A. Besonders deutlich im Frühjahr 1990, in dem alle europäischen Titelträger aus Italien kommen: Milan gewinnt den Landesmeister-Cup, Sampdoria Genua den Europapokal der Pokalsieger und Juventus Turin den Uefa-Pokal. Das Rennen gegen die italienischen Vereine könne er nicht gewinnen, sagt Hoeneß. »Die kaufen heute drei Ausländer und verscherbeln die morgen wieder. Gegen die kämpfe ich wie die Maus gegen den Elefanten.«

Allein in den drei Jahren seit Aufhebung des Transferverbots in Italien sind dorthin gewechselt: Rudi Völler, Thomas Berthold, Jürgen Klinsmann, Herbert Waas, Thomas Häßler, Karl-Heinz Riedle sowie die Bayern-Spieler Andreas Brehme und Lothar Matthäus. Hoeneß reagiert auf diese Situation mit einer Anpassung seiner Strategie für den FC Bayern. Der Nachwuchsbereich wird mit Wolf Werner und Hermann Gerland auf den Trainerbänken der Amateure und Jugendmannschaften neu ausgerichtet und zudem bricht er mit einem Vorsatz: Bayern nimmt für Transfers einen Kredit über sechs Millionen Mark auf.

Weiter denken Hoeneß und Scherer öffentlich über die Gründung einer Aktiengesellschaft nach, von der man sich Erlöse in Höhe von 60 Millionen Mark erhofft. Dieses Modell ist im Fußball nicht neu, schon 1971 hatte der FC Zürich eine AG gegründet und auch in England gibt es fußballspielende Kapitalgesellschaften. Ende der 1980er scheint dieses Modell für viele Bundesligavereine interessant zu sein. Auch in Bremen, Stuttgart, Frankfurt und Hamburg will man sich von den gängigen Vereinsmodellen verabschieden. Man müsse nur noch Gemeinnützigkeit und Kapital unter einen Hut bringen, wie Scherer es formuliert.

Weltmeistertitel und Beginn eines Booms

Zuerst findet aber im Sommer 1990 die Weltmeisterschaft in Italien statt, die zu einer deutschen Erfolgsgeschichte wird. Das dramatische Achtelfinale gegen die Niederlande ist nicht nur wegen der Spuckattacke von Frank Rijkaard gegen Rudi Völler Teil der Fußballgeschichte. Über die CSFR und England zieht Deutschland ins Finale von Rom ein. Weil Gastgeber Italien im Halbfinale an Argentinien gescheitert ist und die Fans viele Deutsche aus der heimischen Liga kennen, sind die Sympathien beim Finale klar aufseiten der Deutschen.

Deutschland dominiert die Partie gegen Argentinien, vor allem das Duell zwischen Guido Buchwald und Diego Maradona ist ein besonderes. Gerd Rubenbauer schwärmt am Mikrofon der ARD: »Wie hieß das vorher: Der Künstler gegen den Handwerker. Ich kann nur sagen, in diesem Finale hat der Buchwald das Handwerk zur Kunst erhoben.« Deutschland gewinnt das Endspiel durch einen fragwürdigen Strafstoß, den Andreas Brehme in der 85. Minute verwandelt. Nach dem Abpfiff geht vor allem ein Bild um die Welt, wahrscheinlich, weil es so gut das Gefühl dieser Zeit transportiert. Die deutsche Wiedervereinigung ist in vollem Gange, der Kalte Krieg geht auf sein Ende zu, ein Aufatmen ist zu spüren. Und in Rom wandelt der Kosmopolit und Teamchef Franz Beckenbauer entrückt vom Rest des Stadions mit Händen in den Hosentaschen über den Rasen. »Es war alles so weit weg, obwohl es ein unheimlicher Jubel war«, erinnert sich Beckenbauer in einem WM-Rückblick später. »Ich hatte das Gefühl, es zieht mich jemand, es drängt mich einer, es schiebt mich einer. Aber was ich in dieser Zeit gedacht habe, ich weiß es nicht.«

Der Weltmeistertitel von 1990 lässt die Verantwortlichen der Bundesliga träumen. Die Liga stehe vor dem größten Boom in ihrer Geschichte, prophezeit zum Beispiel Kaiserslauterns Präsident Norbert Thines. Es stimmt: Die neuen Dimensionen, in die der FC Bayern mit dem Sponsor Opel vorgedrungen ist, eröffnen sich jetzt für den Rest der Liga. Zur ersten Saison nach der WM steigen die Sponsorennahmen der Vereine um 25 Prozent.

Während der Saison 1990/91 bietet Sat 1 außerdem unglaubliche 500 Millionen Mark für die Übertragungsrechte der Liga, die TV-Einnahmen der Vereine würden sich damit verdoppeln. Hoeneß nennt die Offerte »eine Katastrophe«, er hätte gerne mehr, was mancher Konkurrent mit Kopfschütteln quittiert. Es scheinen nun goldene Zeiten anzubrechen, unter anderem weil ab Februar 1991 mit Premiere World der erste Pay-TV-Sender des Landes in die Wohnzimmer des Landes kommt und damit für noch mehr Wettbewerb sorgt. Die Vision von Uli Hoeneß, den Fernsehzuschauer nicht nur indirekt über Werbung, sondern direkt zur Kasse zu bitten, sie wird 1991 Realität.

Zeitenwende

Hoeneß investiert nach der WM kräftig in den Kader. Er gibt über 13 Millionen Mark aus für Spieler wie Brian Laudrup und Stefan Effenberg. Mit Michael Sternkopf verpflichtet er außerdem einen echten Teenieschwarm, den er zum »Agassi der Bundesliga« machen wolle, wie Hoeneß in Anspielung auf den beliebten Tennisspieler mit damals noch ähnlich langen Haaren ankündigt.

Trotz der hohen Investitionen wird die Saison ein Reinfall. Im DFB-Pokal scheiden die Bayern schon in der ersten Runde beim FV 09 Weinheim aus, im Europapokal der Landesmeister ist im Halbfinale gegen Roter Stern Belgrad nach einem Eigentor von Klaus Augenthaler Schluss. Roter Stern gelingt später auch der Sieg im Finale. Nach den verlorenen Pokalwettbewerben zieht Hoeneß im Endspurt um die Meisterschaft alle Register. Noch vor Ende der Saison wird bekannt, dass mit Bruno Labbadia einer der stärksten Spieler von Tabellenführer Lautern zur nächsten Spielzeit in München spielt. Für das wichtige Auswärtsspiel bei Aufsteiger Wattenscheid 09 greift Hoeneß außerdem in den Geldbeutel: Er kauft 5000 Karten und verteilt sie kostenlos an Fanclubs in ganz Deutschland, um das Auswärtsspiel zum Heimspiel für Bayern zu machen. Weil die Münchner aber verlieren, wird der 1. FC Kaiserslautern Meister. Was heißt: Beim reformierten Europapokal der Landesmeister, der ab der nächsten Saison mit einer Gruppenphase für mehr Einnahmen bei den teilnehmenden Vereinen sorgen soll, ist Bayern München nicht dabei.

Ein ungewohntes Gefühl und doch Vorgeschmack auf das, was in den 1990ern noch kommen wird. Von den nächsten sieben Meisterschaften gehen fünf an andere Vereine. Ihre Dominanz aus den 1980ern können die Bayern nicht ins neue Jahrzehnt retten, wofür sich auch Hoeneß wird verantworten müssen.

Das Ende der Saison 1990/91 steht für eine Zeitenwende, die auch außerhalb des Fußballs stattfindet. In den Jahren von 1989 bis 1991 verändert sich das Gesicht Europas radikal: Innerhalb weniger Jahre zerfällt der sogenannte Ostblock, Deutschland feiert die Wiedervereinigung, die Sowjetunion ist ab dem 26. Dezember 1991 nur noch eine Erinnerung, in Jugoslawien beginnen Kriege, die das Land zersplittern.

Auch der Fußball wird in Deutschland nicht mehr so sein, wie er mal war. Die dunklen 1980er sind endgültig vorbei. Ab jetzt wird es lauter, bunter, schriller. Und viele Vereine werden in den kommenden Jahren mit dem umgehen müssen, was Uli Hoeneß bei Bayern schon länger üben konnte: Was macht man eigentlich mit all dem Geld, wenn es plötzlich in die Kassen fließt?

Eine neue Zeit bricht an und das ist ebenfalls auf dem Rasen zu sehen. Beim FC Bayern personifiziert sich dieser Wandel in Klaus Augenthaler. Die Vereinsikone steht über Wochen in der Kritik, nicht nur wegen des Eigentores in Belgrad. Trainer Jupp Heynckes kann sich aber lange nicht dazu durchringen, ihn durch den jüngeren Stefan Reuter zu ersetzen. Denn Klaus Augenthaler, das ist der FC Bayern. In jeder Bundesligasaison der 1980er stand er als Stammspieler für die Münchner auf dem Platz. Nach der Saison 1990/91 aber beendet er seine Karriere.

Mit Augenthaler hört allein in diesem einen Sommer eine ganze Reihe von Spielern auf, die für den Fußball des vergangenen Jahrzehnts stehen: Manni Kaltz, Karl Allgöwer, Walter Oswald, Matthias Herget, Paul Steiner und der Mann mit den bis heute meisten Spielen in der Bundesliga: Charly Körbel. Es gibt jetzt neue Hoffnungsträger in der Liga und die spielen anders, reden anders, sehen anders aus. Es folgt das Jahrzehnt von

Lothar Matthäus, Andreas Möller, Matthias Sammer, Jürgen Klinsmann, Stefan Effenberg und Karl-Heinz Riedle.

In keiner Dekade hat sich das Geschäft Fußball so stark gewandelt wie in den 1980ern. Auch weil sich die deutsche Gesellschaft in dieser Zeit immens verändert hat. So viele Dinge sind damals gleichzeitig passiert, dass es bis heute unterschiedliche Modelle gibt, um diesen Wandel zu beschreiben.

Im Begriff der »Informationsgesellschaft« steckt zum Beispiel der technologische Wandel dieser Zeit. Nicht nur die Nutzung und das Angebot von Fernsehen und Hörfunk haben sich verändert, auch Computer sind in das Leben der Deutschen eingezogen. 1990 besitzt fast ein Drittel der deutschen Haushalte einen »Heimcomputer«, wie man damals noch sagt.

Parallel dazu veränderte sich zudem der Arbeitsmarkt deutlich. Der Dienstleistungssektor wurde immer wichtiger für die deutsche Wirtschaft, ohne die durch Technologisierung und andere Entwicklungen vor allem in der Industrie verloren gegangenen Arbeitsplätze aber komplett ersetzen zu können.

Auch die Lebensmodelle vieler Deutscher haben sich gewandelt, traditionelle Formen des Zusammenlebens wurden durch moderne ersetzt mit einem Fokus auf Individualisierung: Im München des Jahres 1988 sind zum Beispiel 40 Prozent aller Haushalte Single-Haushalte. Eine Entwicklung, die zusammen mit einem Auseinandergehen der Einkommensverhältnisse und der neuen technologischen Möglichkeiten zudem den Boden für gesellschaftliche Verwerfungen bereitet. Schon 1986 deutet der Soziologe Ulrich Beck diesen Bruch mit seinem Modell der »Risikogesellschaft« an.

Ein anderer Ansatz der Soziologie steht dabei scheinbar im Kontrast. Gerhard Schulze bündelt in seinem Modell der »Erlebnisgesellschaft« Veränderungen im Bereich des Konsums, der Freizeitgestaltung und des Wertekorsetts vieler Deutscher. Es reicht ein Blick auf die Werbeumsätze in Deutschland, um zu verdeutlichen, wie sehr sich auch hier die Lebenswelt verändert hat. Im Jahr 1973, also noch vor der WM in Deutschland, beliefen sich die Umsätze der Werbeindustrie über alle Medien verteilt auf fünf Milliarden Mark. 1987 wurden bereits über 33 Milliarden in diesem Bereich umgesetzt.

Zudem hat sich die Mobilität drastisch verändert. Über zwei Drittel aller Haushalte verfügen bis Ende der 1980er über ein Auto und für bestimmte Kreise gewinnt zusätzlich ein anderes Fortbewegungsmittel an Bedeutung: Das Benutzen von Flugzeugen wird für einige Deutsche Normalität. Anfang des Jahrzehnts wurden noch 13 Millionen Fluggäste in Deutschland gezählt, an seinem Ende sind es schon über 22 Millionen. Im Fußball wird das vor allem die Möglichkeiten beim Scouting neuer Spieler deutlich verändern. Es sorgt jedoch generell für ein neues Lebensgefühl: Die Welt wird kleiner und sie verändert mit dem Ende des Kalten Krieges ihr Gesicht zu Beginn des neuen Jahrzehnts deutlicher, als viele es zu träumen gewagt hätten.

Dieser Kontext erklärt, warum sich der deutsche Fußball so schwer damit getan hat, in den 1980ern seinen Platz in Gesellschaft und Wirtschaft zu finden. Vielleicht brauchte es deshalb junge Manager wie Uli Hoeneß, um mit dem Wandel Deutschlands Schritt halten zu können. Hoeneß hat seinen Verein vorangetrieben und damit die Liga mitgezogen, egal ob es um Themen wie Merchandising, Sponsoring, TV-Geld oder das Spiel mit neuen und alten Medien ging. Weil Hoeneß in all diesen Bereichen ein Innovator war, lässt sich am FC Bayern der Wandel im Geschäft Fußball sehr gut nachverfolgen. Die Wurzeln unseres modernen Fußballs, sie liegen vor allem in diesen Jahren.

Kapitel 9

Die Geister, die ich rief

1991–1995

Anfang der 1990er beginnt eine der wildesten und spannendsten Phasen des deutschen Fußballs. Das liegt unter anderem daran, dass der FC Bayern hinter seinen Erwartungen zurückbleibt, was sich besonders auf dem Trainerstuhl bemerkbar macht. In der Saison 1991/92 verlieren die Bayern gegen den Liganeuling aus dem Osten, Hansa Rostock, scheiden aus dem DFB-Pokal aus und spielen gegen den Tabellenletzten Bochum so schlecht, dass die Fans aufeinander losgehen. Die auf der Haupttribüne machen Heynckes für das Debakel verantwortlich, die in der Südkurve stärken ihm den Rücken.

Etwas kulminiert in diesen Monaten im Herbst 1991, nacheinander brechen mehrere Feuer auf einmal aus. Hoeneß ist es, der mit seinem Eimer von einem zum anderen hetzt und zu löschen versucht. Und dabei womöglich nicht bemerkt, dass auch seine Hose schon brennt. Vielleicht weil die sportliche Misere zunächst gar nicht die größte Krise ist, um die sich Uli Hoeneß in dieser Zeit kümmern muss.

Gerd Müllers Alkoholsucht

Schon länger heißt es, der ehemalige Bayern-Spieler und Nationalstürmer Gerd Müller habe ein Alkoholproblem. Im September 1991 erfährt durch Medienberichte auch die Öffentlichkeit davon. Franz Beckenbauer und Uli Hoeneß wollen ihrem ehemaligen Mannschaftskameraden helfen, aber der lehnt alle Angebote ab. Hoeneß holt sich daraufhin Rat bei Jürgen Leinemann vom ›Spiegel‹. Der hatte zwar einige Jahre davor ein wenig schmeichelhaftes Porträt über Hoeneß geschrieben, gilt aber aus eigener Erfahrung als Experte für den erfolgreichen Umgang mit Alkoholismus. Gewappnet mit den Tipps von Leinemann, sucht Hoeneß noch einmal den Kontakt zu Gerd Müller und kann ihn diesmal zu einer Entziehungskur überreden. Mit der Aussicht, nach seiner Genesung beim FC Bayern einen Job zu bekommen.

Hoeneß besorgt ihm Kleidung, Geld und begleitet ihn in eine Entzugsklinik in Murnau. Erst dort wird klar, wie schlecht der Zustand von Gerd Müller ist. Seine Leberwerte sind alarmierend, lange wäre das wohl nicht mehr gut gegangen. Müller kommt auf die Intensivstation, muss ans Bett gefesselt und in ein künstliches Koma versetzt werden. Nach ein paar Tagen hat er das Schlimmste hinter sich, Hoeneß besucht ihn fast täglich und sorgt zudem dafür, dass Gerd Müller aus einem Vertrag mit einer Boulevardzeitung herauskommt. Die hatte sich die Exklusivrechte an Müllers Geschichte für eine gute Summe vom inzwischen klammen Ex-Profi gesichert. Müller überlebt seine Sucht und kommt weg vom Alkohol. Beim FC Bayern beginnt er wenige Wochen später als Jugendtrainer, er wird für den Rest seines Berufslebens beim Verein arbeiten.

Heynckes geht, Rummenigge und Beckenbauer kommen

Währenddessen rutscht der FC Bayern sportlich noch tiefer in die Krise. Ein 2:6 in Kopenhagen und ein 1:4 zu Hause gegen die Stuttgarter Kickers besiegeln das Ende von Trainer Jupp Heynckes. Wenn das hier seine Firma wäre, würde Heynckes bleiben, sagt Hoeneß zwar, beugt sich aber dem Druck von Fans, Medien und Präsidium. Er lädt Heynckes und seinen Co-Trainer Egon Coordes zu sich nach Hause ein und teilt ihnen mit, dass sie entlassen sind. Danach spielt die Runde bis spät nachts Karten.

Noch Jahre später bezeichnet Uli Hoeneß die Entlassung als seine größte Fehlentscheidung. Was damit zusammenhängen dürfte, dass der Weggang von Heynckes den Anfang einer Trainersuche bedeutet, die sich über viele Jahre hinziehen und erst mit Ottmar Hitzfeld ihr Ende finden wird. Denn schon die ersten Spiele des neuen Trainers Sören Lerby lassen mit drei Niederlagen und 4:12-Toren erahnen, dass der ehemalige Bayern-Profi an der Seitenlinie nicht die richtige Wahl ist. Unter Lerby rutscht Bayern bis auf den 14. Tabellenplatz, zwei Punkte trennen den Verein noch von den Abstiegsrängen. Schon im Dezember findet deshalb ein Treffen zwischen Hoeneß, Beckenbauer und Rummenigge statt, bei dem über die Zukunft Lerbys beraten wird. Ergebnis: Vorerst darf er bleiben.

Moment mal, Hoeneß muss sich mit Beckenbauer und Rummenigge beraten? Das ist die größte Veränderung dieser Zeit. Rund um die Entlassung von Heynckes steht Hoeneß in der Kritik wie noch nie. Paul Breitner etwa veröffentlicht eine Kolumne mit der Überschrift »Der tiefe Fall des Uli H.«, die im Stil eines Nachrufs verfasst ist. »Als Nächster bin ich dran«, sagt Hoeneß dem ›Kicker‹ im Interview, schuld an der Situation seien aber »eindeutig die Spieler«.

Was durchaus nicht alle so sehen. So meldet sich zum Beispiel sein Vorgänger Robert Schwan zu Wort und kritisiert nicht nur

Hoeneß deutlich, sondern bringt zudem seinen Protegé Beckenbauer als neuen Präsidenten für den Verein ins Spiel. Dazu kommt es letztlich nicht, aber sowohl der amtierende Präsident Scherer als auch Hoeneß müssen erkennen: Sie werden aus dieser Krise nicht herauskommen, ohne Macht abzugeben.

Mit einer Satzungsänderung beschließen die Bayern-Mitglieder im November, zwei Vizepräsidenten zu installieren, die bei allen wichtigen Entscheidungen eingebunden sein sollen. Der eine heißt Franz Beckenbauer, der andere Karl-Heinz Rummenigge. Von nun an herrscht de facto ein Triumvirat beim FC Bayern. Hoeneß macht gute Miene dazu: »Ich wollte nie den FC Hoeneß bauen, ich wollte immer den FC Bayern bauen. Es wird fließend laufen, auf Jahre. Es wird eine Dauereinrichtung.«

Womit er recht behalten wird: Beckenbauer, Hoeneß, Rummenigge, die drei sind ab jetzt das Gesicht des FC Bayern. Es wird aber noch eine andere Sache zur Dauereinrichtung und die kündigt sich frühzeitig an: Die neuen Posten für Rummenigge und Beckenbauer wollte zwar der Verein verkünden, die Nachricht sickert aber schon vorher durch, weil Franz Beckenbauer sie im Gespräch mit Journalisten ausplaudert. Indiskretionen dieser Art werden prägend für die nächsten Jahre.

Eine historisch schlechte Saison

Lerby als Trainer zu behalten ist die erste Fehleinschätzung des Dreigestirns. Nach zum Teil peinlichen Niederlagen wird er entlassen. Franz Beckenbauer hatte schon einige Tage zuvor über mögliche neue Bayern-Trainer gesprochen, sehr zur Verwunderung von Hoeneß und Rummenigge. Beckenbauer ist es dann, der den Nachfolger zu den Bayern holt. Er ruft Erich Ribbeck an, der gerade für den Bayern-Sponsor Opel arbeitet, den Job aber für das Traineramt beim FCB aufgibt. Ribbeck ist ein Bundesliga-Urgestein, hat schon mit 30 Jahren Rot-Weiß Essen trainiert, war später bei Eintracht Frankfurt, dem 1. FC Kaiserslautern und hat mit Leverkusen den Uefa-Cup gewonnen. Übrigens sickert auch die Info von seinem Wechsel zum FC Bayern wieder vor der offiziellen Bekanntmachung zur Presse durch.

Ribbeck kann den Abstieg zwar verhindern, aber darüber hinaus gibt es kaum positive Nachrichten. Stellvertretend für eine Saison zum Vergessen steht das letzte Spiel der Bayern in Karlsruhe, das sie mit 0:3 verlieren. Vor allem KSC-Trainer Winnie Schäfer ist außer sich vor Freude: In den Wochen vor der Partie musste er mitverfolgen, wie sich die Bayern am Karlsruher Kader bedient haben. Der hoch talentierte Mehmet Scholl wechselt zur neuen Saison an die Isar, er ist einer von mehreren Transfers, mit denen sich Bayern gegen die sportliche Bedeutungslosigkeit stemmt. Maßgeblich vorangetrieben von Beckenbauer und Rummenigge investieren sie die Rekordsumme von über 22 Millionen Mark in neue Spieler, nehmen allerdings zudem neun Millionen durch den Verkauf von Effenberg und Laudrup ein.

Die Lage ist hochbrisant. Bayern hat die Saison 1991/92 auf dem zehnten Platz beendet, das ist die schlechteste Platzierung seit 14 Jahren. Nur zwei Mannschaften haben mehr Gegentreffer kassiert als die Münchner. Aus dieser Misere zurück in die Erfolgsspur zu finden, ist auch wirtschaftlich dringend nötig. »Der FC Bayern sieht seine Zukunft so ungesichert wie seit einem Jahrzehnt nicht mehr«, schreibt die ›SZ‹.

Teuerster Neuzugang ist Thomas Helmer, der von Borussia Dortmund kommt. Sein Wechsel zeigt, was Hoeneß investiert, wenn er einen Spieler überzeugen will. »Als wir alles geregelt hatten, hatte ich eine Bitte an ihn«, erzählt Helmer. »Mein Vater war Maler, aber ist vom Gerüst gefallen und konnte seinen Beruf nicht mehr ausüben. Ich habe Uli gebeten, ob er mir helfen könne. Meine beiden Eltern sind mit nach München gegangen und haben einen Job gefunden, dafür bin ich ihm immer noch sehr dankbar.« Auch bei der Suche nach einem Haus unterstützt Hoeneß. Als Helmer wegen der im Vergleich zu Dortmund wesentlich höheren Miete zögert, schreitet Hoeneß ein: »Er sagte: ›Das nehmt ihr jetzt. Ich will, dass du Fußball spielst. Wenn es irgendwelche Probleme gibt, dann besorge ich dir zwei Autogrammstunden, dann kompensieren wir das.‹« Neben Helmer und Scholl kommt zudem noch Jorginho von Leverkusen, und mit Lothar Matthäus kehrt ein Spieler zurück, den vor allem Franz Beckenbauer zum FC Bayern holen wollte. Beckenbauer vermeldet den Wechsel schon als fix, während die Verhandlungen laut Hoeneß noch laufen.

Innerhalb von nur einem Jahr hat sich die Rolle von Uli Hoeneß beim FC Bayern stark verändert. »Auf den ersten Blick scheint der Mann, der der FC Bayern war und der Entscheidendes zur immergrünen Position des Klubs beitrug, weitgehend entmachtet«, urteilt die Presse. Hoeneß selbst beschreibt sich als eine Art »Elder Statesman« beim FC Bayern. Er habe nicht weniger zu tun als früher, aber die Schwerpunkte hätten sich mehr in wirtschaftliche Bereiche verlagert.

Eine Zeit lang muss der FC Bayern sogar fast komplett ohne ihn auskommen in diesem Herbst 1992. Weil er Fieber und unerträgliche Unterleibsschmerzen hat, wird Hoeneß in ein Krankenhaus gebracht und dort notoperiert. Der Eingriff ist gefährlich, geht aber gut aus. Als Hoeneß aus der Narkose erwacht, fragt er als Erstes nach dem Ergebnis seiner Bayern im DFB-Pokal gegen Borussia Neunkirchen. Die Operation setzt Hoeneß aber so weit außer Gefecht, dass er für einige Wochen nur wenig arbeiten kann.

Sat 1 sitzt auf der Trainerbank

Hilfreich bei seiner Genesung ist sicher, dass die Saison 1992/93 sportlich wesentlich besser für den FC Bayern läuft. Zur Winterpause liegen die Bayern auf dem ersten Platz, nur das Zweitrundenaus im DFB-Pokal trübt die Bilanz. Von außen hat sich die Lage entspannt, das entspricht allerdings nicht der Innensicht.

Selbst für einen etablierten Spieler wie Thomas Helmer zeigt sie, wie groß der Druck beim FC Bayern ist. »Wir haben die ersten fünf Spiele gewonnen unter Erich Ribbeck. Trotzdem stand für mich gefühlt jeden Montag in der ›Bild‹: ›Diese fünf müssen weg!‹ Und ich immer an erster Stelle als Abwehrspieler für 7,5 Millionen Mark. Das war ein krasser Unterschied zu Dortmund.« Helmer sagt, er habe damals überlegt, München schon nach einem halben Jahr wieder zu verlassen. »Ich dachte mir, ich halte das nicht aus vom Druck her.«

Interne Streitigkeiten tragen zur Aufregung rund um den FC Bayern zusätzlich bei. In der Rückrunde liefert sich Hoeneß eine Auseinandersetzung mit Lothar Matthäus, bezeichnet ihn als »Pressesprecher« des FC Bayern und kritisiert dessen enges Verhältnis zu einigen Zeitungen mit den Worten: »Der Tag kommt noch, wo er am Freitagabend die Note vom Samstag hat.« Woraufhin Matthäus öffentlich antwortet: »Uli kann sich nicht alles erlauben, auch wenn er meint, er ist der liebe Gott. (...) Vielleicht steht er zu wenig in der Zeitung, seit Beckenbauer und Rummenigge da sind und er weniger zu sagen hat.«

Matthäus ist beim FC Bayern häufig der Sündenbock für Niederlagen, auch als Bayern beim Tabellenzweiten Werder Bremen mit 1:4 verliert. Wie schon beim Duell 1986, sagt erneut die Übertragung von Sat 1 einiges über das Verhältnis zwischen Fußball und Fernsehen zu dieser Zeit aus. Wegen seiner Bedeutung wird das Spiel auf Montagabend verschoben, schon am Freitag muss Bayern zum nächsten Mal in der Liga ran.

Der private Fernsehsender greift deutlich sichtbar in den Spielplan ein, um das Produkt Bundesliga für sich am besten zu nutzen. »Es kommt noch so weit, dass alle neun Spiele auf sieben Tage der Woche verteilt werden, keins zur gleichen Zeit angepfiffen wird, aber alle live im Fernsehen langweilen, tagaus, tagein, Abpfiff, ran«, lästert die ›SZ‹.

»Sat 1 kotzt einen an«, motzt der Freiburger Trainer Volker Finke über die Zerstückelung der Spieltage, ist mit dieser Meinung allerdings in der Liga ziemlich allein. Herbert Liedtke, Manager von St. Pauli, bringt schon 1991 die Idee ins Spiel, den Spielplan komplett von Sat 1 diktieren zu lassen. Willi Lemke dagegen schlägt vor, die Regeln zu verändern, um mehr Werbespots während eines Spiels zu ermöglichen.

Mit Lemke liefert sich Hoeneß trotz des brisanten Duells um die Meisterschaft diesmal nur kleine Wortgefechte. Grund dafür ist seiner Aussage nach der Zustand der Mannschaft. Die jetzige sei »sensibel« und vertrage »den Druck, den man ihr von außen aufjubelt, nicht«, sagt er. Man muss es ihm lassen: Hoeneß kennt seine Mannschaft sehr gut. Denn die verträgt den Druck wirklich nicht.

Zwei Spieltage vor Ende der Saison verliert sie mit 2:4 beim Karlsruher SC. Wie Werders Trainer Otto Rehhagel darauf reagiert, ist live zu hören, denn er ist Co-Kommentator des Livespiels und kann seine Freude kaum unterdrücken. »Klasse, klasse, klasse!«, jubelt er beim Tor zum 4:0. Denn mit diesem sind die Bremer in der Tordifferenz mit den Münchnern gleichgezogen. Wie mächtig Sat 1 ist, zeigt nicht nur sein Einsatz am Mikrofon, sondern besonders ein Interview mit Bayern-Trainer Ribbeck am Spielfeldrand – während des laufenden Spiels.

Nasenspitze an Nasenspitze gehen Bayern und Werder in die letzten beiden Spiele. Am letzten passiert es dann: Die Münchner spielen auf Schalke nur 3:3, Werder gewinnt in Stuttgart und wird Meister. Dort, wo man sieben Jahre zuvor die Meisterschaft noch verspielt hat. Neben dieser Volte der Fußballgeschichte ärgert die Bayern aber vermutlich vor allem, die Champions League verpasst zu haben. Wenige Tage vor dem Saisonfinale hat Olympique Marseille die Neufassung des Europapokals der Landesmeister gewonnen, mit Rudi Völler beim Finale im Olympiastadion von München. Dort, wo er 1986 so schlimm gefoult wurde. Anders als damals lagen diesmal die Bayern in der gesamten Saison auf dem ersten Tabellenplatz. Nur an den letzten beiden Spieltagen nicht. Erst wenige Wochen vor dem Saisonfinale hatte der Verein übrigens eine Vereinshymne veröffentlicht. Ihr Titel: »Forever number one«.

Deutschlands Rassismusproblem

Mit dem Verpassen der Champions League endet die Saison 1992/93 zwar enttäuschend, zur Überraschung aller Beteiligter explodieren jedoch die Zuschauerzahlen. Im Schnitt sehen nicht mehr 14 000 Fans jedes Heimspiel, sondern 46 000. Fußball wird in München und Umgebung zum Massenphänomen, unter das Niveau dieser Saison wird der Zuschauerschnitt der Bayern nicht mehr fallen, wenn man Spielzeiten mit Geisterspielen wegen Corona ausnimmt.

Trotz der Rekordausgaben im Vorsommer kann sich der Verein damit erneut selbstbewusst auf dem Transfermarkt gerieren. Es fehlt immer noch ein richtiger Torjäger, lange Zeit umwerben die Münchner Anthony Yeboah von Eintracht Frankfurt. Als sich der aber gegen einen Wechsel entscheidet, deutet sich im Sommer 1993 der Transfer eines noch größeren Stars an.

Der Niederländer Ruud Gullit erzählt einer Zeitung in seiner Heimat, dass er sich im Grunde mit Bayern schon einig sei. Es soll sogar schon mit Lothar Matthäus vereinbart worden sein, dass Gullit von ihm die prestigeträchtige Rückennummer zehn bekommt. Dann aber kommt Gullit ins Schwanken, und bald stellt sich heraus: Der Wechsel ist in letzter Sekunde geplatzt.

Grund dafür ist mit aller Wahrscheinlichkeit eine Entwicklung in Deutschland, die prägend für die Zeit ist. Nachdem die ›SZ‹ einige andere Szenarien für die Absage widerlegen kann, kommt sie zu diesem Fazit: »Demnach möchte Gullits Lebensgefährtin Christina Pensa, die ihr zweites Kind erwartet, sich nicht den Strapazen eines Umzuges aussetzen. Zudem bereitet dem Paar die Ausländerfeindlichkeit hierzulande Probleme.«

Der schwarze Ruud Gullit sagt dem FC Bayern aus Angst vor Rassismus in Deutschland ab. Auch das ist Teil der deutschen

Geschichte Anfang der 1990er, in einem lange nicht mehr gesehenen Ausmaß tritt Rassismus zutage. Seine Opfer sind Deutsche mit Migrationshintergrund und Geflüchtete, die zu Beginn des Jahrzehnts nach Deutschland kommen. Deren Zahl ist aus verschiedenen Gründen stark angestiegen. Auf dem Balkan herrschen Krieg und Verfolgung, die Sowjetunion zerfällt, und in Afrika gibt es gleich mehrere Regionen, in denen Menschen so sehr um ihr Leben fürchten, dass sie den langen Weg nach Deutschland auf sich nehmen. Im Jahr 1988 wurden in Deutschland über 100 000 Anträge auf Asyl gestellt, bis 1992 vervierfacht sich diese Zahl auf fast 440 000.

Gleichzeitig entwickeln sich die »blühenden Landschaften«, die den Deutschen aus der ehemaligen DDR von Bundeskanzler Kohl noch versprochen worden waren, in leer geräumte Wüsten. Der Schock einer in vielen ostdeutschen Regionen misslungenen Wiedervereinigung legt Abwehrhaltungen offen, die sich mitunter gegen Fremde richten. Laut einer Studie des Leipziger Zentralinstituts für Jugendforschung empfanden im Sommer 1990 insgesamt 40 Prozent der befragten ostdeutschen Jugendlichen Ausländer als »störend«. Als sie durchgeführt wurde, gab es in der gesamten ehemaligen DDR kein einziges Asylbewerberheim.

Rechtsextremismus war schon vorher ein Problem, Anfang der 1990er äußert er sich in Gewalt. Zwischen dem 17. und dem 23. September 1991 belagern Rassisten in Hoyerswerda Wohnheime von ausländischen Arbeitern und Geflüchteten. Es kommt zu einem offenen Angriff mit Steinen und Molotow-Cocktails, 32 Menschen werden verletzt. Dass die Opfer der Gewalt nicht geschützt, sondern in Begleitung eines SEKs evakuiert werden müssen oder eigenständig flüchten, ist ein gesamtgesellschaftliches Versagen.

Fast ein Jahr später, ab dem 22. August 1992, schlägt der Hass in Rostock-Lichtenhagen in Gewalt um. Neonazis und Anwohner belagern die zentrale Aufnahmestelle für Asylbewerber, vor der Hunderte Geflüchtete ohne sanitäre Anlagen in Hoffnung auf eine Bearbeitung ihres Falls campieren. Als am Wochenende die vor allem aus Westdeutschland kommenden Polizeikräfte abziehen, greifen die Rechtsextremen das Gebäude mit Steinen und Brandsätzen an. Nachdem die Aufnahmestelle evakuiert wird, setzen sie ein danebenstehendes Wohnheim in Brand. Von den Flammen eingeschlossen sind rund 150 ehemalige vietnamesische Vertragsarbeiter, einige Unterstützerinnen und Unterstützer sowie ein Kamerateam des ZDF. Über das Dach des Hauses können sie sich schließlich retten, die Bilder dieses Pogroms gehen um die Welt.

Es wäre jedoch ein großer Fehler, diese rassistischen Gewaltausbrüche als ein ostdeutsches Problem zu behandeln. Auch in Mannheim kommt es zu Unruhen, und am 23. November 1992 sterben in Mölln bei einem Brandanschlag auf zwei von türkischen Familien bewohnte Häuser ein zehn- und ein 14-jähriges Mädchen sowie ihre Großmutter. Ende Mai 1993, wenige Tage vor dem Ende der Bundesligasaison, legen vier Neonazis in Solingen in einem Zweifamilienhaus Feuer. Fünf Menschen mit türkischer Abstammung sterben, 14 weitere werden zum Teil lebensgefährlich verletzt.

All dies bildet den Kontext von Gullits Absage. Auch wenn es bis heute keine eindeutige Aussage von ihm dazu gibt, warum er nicht nach Deutschland zum FC Bayern wollte, es wäre angesichts des offenen Rassismus in dieser Zeit nachvollziehbar. Der Fußball und große Teile der deutschen Bevölkerung haben versucht, sich gegen Rassismus zu positionieren. Im Dezember 1992 bilden mehr als 350 000 Menschen in München eine Lichterkette gegen Fremdenhass, auch Hoeneß steht in dieser Kette. Nicht als Manager, sondern als Mensch habe er sich dazu aufgerufen gefühlt, sagt er. Zuvor hatte er sich ebenfalls an der bundesweiten Plakataktion »Mein Freund ist Ausländer« beteiligt.

Beide Beispiele können stellvertretend für das Engagement des gesamten deutschen Fußballs gegen Rassismus gesehen werden: Über Symbolik geht es selten hinaus, auch Anfang der

1990er, als Wohnheime brennen und Menschen sterben. 1992 waren die Bundesligisten mit dem Schriftzug »Friedlich miteinander – Mein Freund ist Ausländer« aufgelaufen, im Oktober 1993 findet zudem ein Spiel der deutschen Nationalelf gegen eine Mannschaft aus in der Bundesliga spielenden Ausländern statt.

Der Profifußball kann zwar als das vielleicht prominenteste Feld in Deutschland gesehen werden, in dem die Integration von Ausländern schon erfolgreich gelebt wird, womöglich lässt ihn genau dieser Umstand über Rassismus in seinem Umfeld jedoch leichter hinwegsehen. In welche Schubladen selbst die größten ausländischen Stars der Liga noch gesteckt werden, zeigt eine Frage des ›Spiegel‹ an Anthony Yeboah von Eintracht Frankfurt im Jahr 1992: »Sie reden oft von Leistung, fahren einen BMW, wohnen im Reihenhaus mit Schrankwand und Vorgarten. Ist Ihnen bewusst, dass Sie wie ein deutscher Musterbürger wirken?« – Yeboahs Antwort ist schlagfertig und legendär: »Soll ich ein Lagerfeuer im Wohnzimmer machen?«

Gibt es angesichts der aktuellen Probleme in Deutschland mit Rassismus etwas, das man aus den Ereignissen Anfang der 1990er lernen kann? Es wäre ungerecht, vom Fußball zu verlangen, im Alleingang die Gesellschaft zu verändern. Aber wohin reine Symbolpolitik führen kann, lässt sich auch an ihm ablesen, wenn man zum Beispiel betrachtet, wer die deutsche Männer-Nationalmannschaft bei ihren Auswärtsspielen begleitet oder wie rechtsradikale Fangruppierungen sich wieder für alle sichtbar in manchen Fankurven breitmachen. Oder beim FC Bayern selbst, wo im Jahr 2020 ein Rassismusskandal am Nachwuchsleistungszentrum zwar zu Entlassungen, aber keinen strukturellen Veränderungen geführt hat.

Vielleicht liegt eine der Wurzeln für Entwicklungen wie diese auch im Verhalten des Fußballs damals. Über Worte und Bilder ging es nicht hinaus, und an manchen Stellen hat man sich die Welt schöngeredet. Zwei Zitate von Uli Hoeneß verdeutlichen das. Anlässlich der Lichterkette gegen Fremdenhass lobt er die Fanszene der Bayern, weitgehend frei von Ausländerfeindlichkeit zu sein. »Unsere Südkurve ist geradezu ein Paradies«, sagt er. Aber selbst wenn wir den typischen Hoeneß'schen Superlativ abziehen, stimmt das im Jahr 1992 nicht. Die Bayern-Fans waren zwar nie offen rechtsradikal und sind heute dank der organisierten Fanszene klar und deutlich gegen Antisemitismus und Rassismus positioniert. Aber komplett frei von Fremdenhass ist die Kurve damals sicher nicht. Außerhalb der Reihen der Ultras ist sie das selbst heute nicht.

Wie hilflos der Fußball dem gesamtgesellschaftlichen Problem des Rassismus gegenübersteht, zeigt dann das zweite Zitat von Hoeneß. »Wann immer Spieler wie Sane oder Yeboah beleidigt wurden«, sagt er der ›SZ‹, »haben wir uns über Durchsagen dagegen gewandt.« Im Artikel, in dem er so zitiert wird, wirkt es, als sei er sicher, damit alles in seiner Macht Stehende getan zu haben. Aber vielleicht müssen wir uns heute, über 30 Jahre nach den Pogromen in Rostock-Lichtenhagen und Hoyerswerda, eingestehen: Mit Lautsprecherdurchsagen werden wir des Rassismus in Deutschland nicht Herr werden. Weder im Fußball, noch außerhalb davon.

Borussia Dortmund sticht Bayern aus

Nach dem geplatzten Gullit-Deal zieht Hoeneß zusätzlich im Ringen um Karl-Heinz Riedle den Kürzeren. Weil Borussia Dortmund ihm mehr Gehalt zahlen kann, wechselt er vor der Saison 1993/94 von Lazio Rom zum BVB. Für die Münchner ist das mehr als nur eine Anekdote. Indem Dortmund in der Vorsaison im Uefa-Cup bis ins Finale gegen Juventus Turin gekommen ist, hat der Konkurrent Bayern finanziell überholt. Fritz Scherer rechnet vor, dass allein die 28 Millionen Mark, die Dortmund aus Fernsehgeldern eingenommen hat, mehr sind als der Gesamtetat bei Bayern mit seinen 22 Millionen. Zudem habe der

BVB mit 28 000 verkauften Dauerkarten eine Art zinsloses Darlehen zur Verfügung. Am Beispiel Dortmund zeigt sich: Mit etwas Auslosungsglück kann man im Uefa-Cup besser verdienen als in der Champions League.

Auch weil es inzwischen kein Privileg mehr ist, im Fernsehen übertragen zu werden, wie ein Blick auf die erste Runde der neuen Uefa-Cup-Saison zeigt: Alle sechs Partien deutscher Vereine werden übertragen, mit DFB-Pokal und Bundesliga konnte wer wollte neun Live-Fußballspiele in zehn Tagen sehen. Selbst Hoeneß ist das zu viel. »Ich bin bereit, die Bremse zu ziehen«, sagt er dem ›Kölner Stadtanzeiger‹. »Wir müssen darauf achten, dass nur Topware übertragen wird.«

Hoeneß will diese »Ware« in Zukunft mit Pay per View verkaufen: »Der Zuschauer muss dann nur für das bezahlen, was er tatsächlich sehen will – sagen wir mal fünf Mark pro Spiel. Wenn fünf Millionen Menschen schauen, sind wir bei 25 Millionen Mark pro Spiel.«

Mit Zitaten wie diesem offenbart Hoeneß seine Sicht auf den deutschen Fußball. Natürlich wäre für einen Verein wie den FC Bayern Pay per View attraktiv. So manch andere deutsche Mannschaft dürfte aber sehr froh darüber gewesen sein, dank der Qualifikation für den Europapokal überhaupt mal im Fernsehen übertragen worden zu sein.

Sonderfall FC Bayern

Trotz des fehlenden sportlichen Erfolgs ist die Popularität der Bayern gestiegen, im Herbst 1993 wächst der Verein jede Woche um bis zu 70 neue Mitglieder und verkauft Fanartikel für 300 000 Mark. Dafür hat Bayern inzwischen einen Fanshop in der Münchner Innenstadt eröffnet, zu Auswärtsspielen begleitet ein Fanmobil als Verkaufsstelle den Verein. Nach der Partie auf Schalke berichtet Hoeneß selig, dass die Leute in Viererreihen dort angestanden hätten.

Mit Hans Pflügler ist inzwischen ein ehemaliger Bayern-Profi für die Merchandise-Abteilung verantwortlich, der parallel noch für die Amateure der Bayern spielt. Vermutlich hat er mit den Fanartikeln mehr zu tun, zu Stoßzeiten wie in der Weihnachtszeit müssen bis zu zehn Mitarbeiter die Fanartikelabteilung beim Versand der Pakete unterstützen, sogar Amateure-Trainer Hermann Gerland und seine Spieler packen mit an.

Das Sortiment wird beständig erweitert, Hoeneß plant zum Beispiel eine eigene Kollektion in Zusammenarbeit mit Adidas und geht dabei auf Trends ein: US-Sportarten boomen in Deutschland. Das sogenannte Dream-Team der USA rund um Michael Jordan, Larry Bird, Scottie Pippen und Magic Johnson gewinnt bei den Olympischen Spielen 1992 im Basketball die Goldmedaille, Detlef Schrempf hat es bis ins All-Star-Team der NBA geschafft und mit Stefan Ustorf wechselt Anfang 1993 der erste Stürmer in die Eishockey-Liga NHL. Hoeneß erzählt, sein Sohn kenne sich besser mit US-Football aus als mit dem FC Bayern. Natürlich habe man deshalb ebenfalls Produkte im Fanshop, die sich am Stil des amerikanischen Merchandise orientieren.

Rechtzeitig vor dem Weihnachtsgeschäft führt im November 1993 der FC Bayern zudem sein erstes Maskottchen ein. »Bazi«, ein Kerlchen mit Lederhose, Knollennase und fragwürdigem Haarschnitt. Allerdings bringt er zunächst kein sportliches Glück, wenige Tage nach seinem ersten öffentlichen Auftritt scheidet Bayern in der zweiten Runde des Uefa-Cups gegen Norwich City aus.

Beckenbauer rettet die Meisterschaft

Jenseits der wirtschaftlichen Zahlen stockt der Motor bei Bayern weiter. Weshalb Erich Ribbeck in der Winterpause 1993 entlassen wird. Wie umstritten er innerhalb der Mannschaft war, zeigt ein Zitat von Spieler Jan Wouters. Er soll seinem Trainer ins Gesicht gesagt haben: »Trainer, Sie sind der Einzige im Verein, der keine Ahnung vom Fußball hat.«

Franz Beckenbauer springt bis zum Saisonende ein und steht bei einem Spiel an der Seitenlinie, das es in die Geschichtsbücher der Bundesliga gebracht hat. Beim 2:1-Sieg gegen den abstiegsbedrohten 1. FC Nürnberg wird ein Tor für den FC Bayern gegeben, obwohl der Ball nie die Torlinie überquert hat. Thomas Helmer erzielt sein berühmtes »Phantomtor«, Bayern gewinnt, aber der irreguläre Treffer hält die Republik in Atem. Am nächsten Tag sendet die ARD dazu einen »Brennpunkt«. Nürnberg legt Protest ein, das Spiel wird wiederholt. Hoeneß kündigt an, den Großteil der Einnahmen aus dem zusätzlichen Spiel für die Opfer der serbischen Belagerung der bosnischen Stadt Gorazde zu spenden, am Ende gewinnt Bayern die Wiederholung mit 5:0 und wird Meister, während der Club absteigt.

Die Beliebtheit der Bayern ist erdrückend. 300 000 Ticketanfragen gibt es für das entscheidende Heimspiel am letzten Spieltag gegen Schalke. Durch die Meisterschaft qualifizieren sich die Bayern außerdem endlich für die Champions League, die mit ihrem neuen Modus zum »Zehn-Millionen-Geschenk« wird, wie Hoeneß jubelt. Der Wettbewerb startet direkt mit einer Gruppenphase, jede Mannschaft hat also drei Heimspiele sicher.

Das Triumvirat aus Hoeneß, Beckenbauer und Rummenigge scheint sich derweil gefunden zu haben. Hoeneß schwärmt richtig: »Wenn ich Franz Beckenbauer und Karl-Heinz Rummenigge schon in den 1980er-Jahren als Vizepräsidenten gehabt hätte, wären wir schon längst Cupsieger. Mit den beiden ist eine andere Mentalität eingezogen. Du musst den Mut haben, Topleute zu kaufen, und die Verantwortung dafür haben die beiden mit auf ihre Schultern genommen.«

Mut zu Topleuten zeigen die Bayern zudem bei der Neubesetzung des Trainerpostens. Weil Arsène Wenger vom AS Monaco absagt, verpflichten die Münchner mit Giovanni Trapattoni jemanden, der in Italien schon sieben Mal Meister geworden ist und alle drei Europapokale gewonnen hat, den Uefa-Cup sogar dreimal. Trapattoni will unbedingt nach München, er ist schon mit dem ersten Gehaltsvorschlag zufrieden, als Scherer und der dolmetschende Rummenigge mit ihm verhandeln. Scherer erzählt danach, er habe Rummenigge immer wieder gebeten, Trapattoni zu sagen, dass das brutto und nicht netto sei. Weil er es gar nicht glauben konnte, dass der Erfolgstrainer nicht mehr haben wollte. Neben Trapattoni verpflichten die Bayern mit dem Rückenwind der sicheren Champions-League-Millionen zudem Europas Fußballer des Jahres 1991, Jean-Pierre Papin, und mit Oliver Kahn vom Karlsruher SC einen Torhüter, der sich zur Naturgewalt im Dress der Bayern entwickeln wird.

Wütende Schachfiguren

Eine solche ist auch Trapattoni. Mit Balljonglieren statt Warmlaufen, einem abwechslungsreichen Zirkeltraining und gleich drei Trainingseinheiten pro Tag fasziniert er Spieler wie Medien. »Wenn der Meister über Taktik doziert und Spieler wie Schachfiguren hin und her schiebt, dann sitzt selbst der verletzte Christian Nerlinger am Spielfeldrand, ›um bloß nichts zu verpassen‹. Und alle hängen sie gierig an seinen Lippen, auch wenn nicht viel Deutsches da rüberkommt«, schreibt der ›Kicker‹ in einem Bericht über die Vorbereitung auf die Saison 1994/95.

Möglicherweise fußt die Begeisterung für Trapattoni und seine taktischen Lerneinheiten auf einer sportlichen Enttäuschung, die im Sommer 1994 den deutschen Fußball beschäftigt. Zum ersten Mal seit 1978 scheidet bei der WM in den USA eine deutsche Nationalmannschaft vor dem Halbfinale aus, und das als amtierender Weltmeister. Bis kurz vor dem Viertelfinale gegen Bulgarien hatte Bundestrainer Berti Vogts noch versucht, den deutschen Spielern Raumdeckung beizubringen, war aber damit gescheitert. Mit der veralteten Manndeckung verabschiedet sich Deutschland aus dem Turnier.

Doch Taktik schützt vor Niederlagen nicht, wie der FC Bayern schon in der ersten Runde des DFB-Pokals erfährt, wo er spektakulär über den Amateurverein Vestenbergsgreuth stolpert. Als weitere Niederlagen folgen, faltet Uli Hoeneß in der Halbzeit eines Champions-League-Spiels die Mannschaft zusammen, wie sich Thomas Helmer erinnert. »Was macht ihr hier?! Wie spielt ihr hier?! Da gucken Millionen zu am Bildschirm, das ist doch unfassbar für den FC Bayern!« Als Helmer sich etwas zu trinken holt, gerät er seinem Manager vor die Flinte. »Und du! Du läufst rum wie mein Großvater, was ist denn heute los?« Helmer brennen die Sicherungen durch und er wirft den Becher in seiner Hand Richtung Hoeneß. Trapattoni und Matthäus müssen ihn davon abhalten, auf den Manager loszugehen. Innerhalb weniger Wochen ist die Begeisterung bei den Bayern in Ernüchterung umgeschlagen.

Interessant ist an dieser Anekdote vor allem der Verweis aufs Fernsehen. Für keinen Verein sind Fernsehübertragungen so wichtig wie für den FC Bayern. Über 80 Stunden seien die Bayern in der vorherigen Saison im Fernsehen zu sehen gewesen, rechnet die ›SZ‹ im Sommer vor. Und zwar ohne Live-Übertragungen und Pay-TV. Im Bezahlfernsehen waren die Bayern allein 22-mal das »Topspiel« der Woche mit weitem Vorsprung vor den anderen Bundesligisten.

München und die Medien

Vor allem rund um Champions-League-Spiele hat sich das Brimborium noch einmal verstärkt, das vom übertragenden Sender RTL veranstaltet wird. Rund drei Stunden berichtet der Sender pro Spiel und versucht auch jenes Publikum zu binden, das sich bisher nur am Rande mit Fußball befasst hat. Dafür werden selbst fachfremde Prominente wie Franziska van Almsick und Norbert Blüm vors Mikrofon geholt. Dazwischen plaudert Moderator Günther Jauch mit dem Experten Franz Beckenbauer, der inzwischen Präsident beim FC Bayern ist. Als sich im Herbst 1994 andeutet, dass Karl-Heinz Rummenigge den amtierenden Präsidenten Fritz Scherer mit einer Kampfkandidatur als Präsident ablösen will, schreitet Ministerpräsident Edmund Stoiber ein. Er überredet Beckenbauer, den Job zu übernehmen und so eine Schlammschlacht zu verhindern. Scherer rückt zurück in die Position des Schatzmeisters.

Beckenbauer ist nun Präsident, Kolumnenschreiber und TV-Experte in Personalunion und steht so oft mit Zitaten in der Zeitung, dass sich der »Medienkaiser bisweilen selbst dementieren muss«, wie die ›SZ‹ spöttelt. So manch brandheiße Information rutscht Beckenbauer über die Lippen, etwa als er die Gerüchte um einen Abschied Trapattonis aus familiären Gründen bestätigt und Otto Rehhagel als neuen Wunschtrainer nennt. Absprachen zwischen Beckenbauer, Rummenigge und Hoeneß sind kaum möglich, wie Pressesprecher Markus Hörwick sagt.

»Sowohl Uli Hoeneß als auch Franz Beckenbauer kannst du nicht stoppen. Wenn die eine Meinung haben, dann geben sie die raus, ob du da vorher was abgesprochen hast oder nicht«, erzählt er im Rückblick. Wie sich der Aufmerksamkeitsbetrieb Bundesliga gewandelt hat, lässt sich anhand seiner Person gut nachvollziehen. Denn Hörwick hat seinen Job quasi selbst erfunden und war damit schon beim FC Bayern im Dienst, als das, was in den 1990ern ein ständiger Orkan des Rauschens im Blätterwald ist, Anfang der 1980er noch als laues Lüftchen daherkam.

»Wir standen im Büro von Uli Hoeneß an der Säbener Straße am Fenster und haben dem Training der Mannschaft zugesehen. Da sagte er: ›Schau mal, da unten der Journalist, der ist schon das dritte Mal in dieser Woche da.‹ Das war der einzige Journalist, der da war. Einmal pro Woche kam noch der Kollege von der Deutschen Presse-Agentur dazu, das war alles. Da sage ich ihm: ›Aber Uli, das da unten ist doch eine Katastrophe! Wir müssen schauen, dass die alle rauskommen vom Schreibtisch hierher.‹«

Hörwick führt nicht nur regelmäßige Pressekonferenzen ein, sondern sorgt zudem dafür, dass Spieler und Trainer nach dem Training Rede und Antwort stehen. Anfangs geht es ihm noch darum, für Aufmerksamkeit zu sorgen. Bald ist seine eigentliche Aufgabe, sie zu lenken. »Ich konnte bestimmen, wer zum Pressegespräch geht und vielleicht auch mal, wer nicht geht. Damit habe ich natürlich eine gewisse Kontrolle gehabt und das hat dem FC Bayern nicht schlecht getan«, erinnert er sich.

München ist eine Medienstadt. Eine Studie der IHK München hat für das Jahr 2014 fast 150 000 Beschäftigte in der Medienbranche für Stadt und Umgebung ermittelt. Allein 2800 davon sind Journalistinnen und Journalisten. Ganz so viele waren es Mitte der 1990er vermutlich nicht, aber es ist wichtig zu wissen, dass es in München für fast jede Geschichte jemanden gibt, der sie aufschreiben oder senden möchte. Zumindest wenn sie den FC Bayern betrifft, der bundesweit interessiert.

Hoeneß ist Medienprofi genug, das für sich zu nutzen. »Ich glaube, bei Uli Hoeneß war viel Kalkül im Spiel. Er wusste immer, was eine Mannschaft braucht: Eine Mannschaft ohne Druck kann keine Höchstleistungen abliefern. Eine Mannschaft mit zu viel Druck auch nicht. Immer wieder gab es Situationen, in denen er am Mittwoch, Donnerstag irgendetwas gesagt hat, bei dem ganz Deutschland sich gedacht hat: ›Der Hoeneß hat nicht alle Tassen im Schrank.‹ Und was hat er erreicht? Die Mannschaft war plötzlich aus dem Sichtfeld raus, konnte in Ruhe trainieren und am Samstag Höchstleistungen abliefern.«

Zu dieser Perspektive gibt es allerdings den Gegenschnitt, die Sicht der Spieler. »Alle Verantwortlichen beim FC Bayern haben ihre Medienkontakte genutzt, um den Spielern mal eine mitzugeben, da war auch Uli Hoeneß rigoros und hat, sagen wir mal, seine Spieler öffentlich bloßgestellt. Heutzutage steht der Verein bei allen Dingen hinter den Spielern, früher musstest du am Montagmorgen dann schon manchmal von Leuten, auch von

Uli Hoeneß, lesen, wie schlecht du warst«, erzählt Lothar Matthäus. Auch Thomas Helmer muss zumindest zeitweise ähnlich gedacht haben. Nach einem sehr glücklichen Einzug ins Halbfinale der Champions League ergreift er beim Bankett danach das Mikrofon und wünscht sich öffentlich vom Präsidium mehr Hilfe für die Mannschaft gerade in schwierigen Zeiten.

Am Ende der Saison 1994/95 trudelt Bayern in die Sommerpause, landet auf Platz sechs und darf nur deshalb in der nächsten Saison im Uefa-Cup spielen, weil Borussia Mönchengladbach den DFB-Pokal gewinnt. In der nächsten Spielzeit soll dann Otto Rehhagel das Ruder herumreißen. Für den haben seine zukünftigen Spieler noch einen Willkommensgruß: Mit einem 3:1-Sieg am letzten Spieltag sorgen sie dafür, dass nicht Rehhagels Bremer, sondern dass Borussia Dortmund von Ottmar Hitzfeld Meister wird.

Der schräge Kinderchor FC Bayern

Es gibt keinen Anlass zu vermuten, dass Hoeneß bei den Bayern ein Alleinherrscher sein wollte. Oft hat er etwa Ämter für Paul Breitner oder Karl-Heinz Rummenigge öffentlich ins Spiel gebracht. Hoeneß sieht den FC Bayern als einen Konzern, das Verteilen von Verantwortung auf die Schultern von Experten mit unterschiedlichem Schwerpunkt ist dafür die gängige Struktur. Verantwortung kann er delegieren: Markus Hörwick ist zuständig für die Medienarbeit, Hans Pflügler für Merchandising, und Wolfgang Dremmler soll ab dem Jahr 1995 eine Scouting-Abteilung aufbauen. Dass die beiden Letztgenannten schon als Spieler unter dem Manager Hoeneß tätig waren, sollte man nicht überbewerten. Wer Hoeneß als Machtmensch sehen möchte, erkennt eine strategische Überlegung dahinter, sich Personen in den Klub zu holen, die vorher eine enge Beziehung und sogar Abhängigkeit mit Hoeneß verbunden hat. Meiner Einschätzung nach ging es ihm aber eher darum, mit Menschen zusammenzuarbeiten, die er gut kennt und einschätzen kann. Es passt zudem zu der Art, wie Recruiting damals ablief.

Durch Beckenbauer und Rummenigge ist der FC Bayern internationaler geworden, was so manchen Transfer leichter macht. Den Wechsel von Michael Sternkopf hatte Hoeneß noch mit einem Besuch bei dessen Eltern inklusive Blumenstrauß für Sternkopfs Mutter eingeleitet. Für den Wechsel Mehmet Scholls griff Franz Beckenbauer zum Hörer und überzeugte ihn in einem Telefonat.

Über den Versuch Rummenigges, Bayern-Präsident zu werden, gehen die Beteiligten heute hinweg oder spielen ihn herunter. Teil des Plans soll laut Juan Moreno gewesen sein, Hoeneß durch Breitner zu ersetzen. Dass die drei sich aber miteinander arrangiert haben, ist vor allem für die Medien ein Glücksfall. Stellen Sie sich vor, Sie sind Musiklehrer und lassen ein begabtes Kind ein Liedchen beginnen. Und dann stehen plötzlich zwei andere auf und stimmen ein, aber die singen anders. Die Noten stimmen nicht immer, manchmal singen sie den völlig falschen Text, mal platzen sie in Pausen rein, dann singt der eine viel zu laut, dann fordert der andere Freunde auf, mit einzustimmen, und all das mündet in ein ziemlich schräges Durcheinander. In den 1990ern ist das die Führungsspitze des FC Bayern in der Öffentlichkeit.

Ein seltsamer Chor, der auch deshalb so gut zu hören ist, weil sich die Welt der Medien verändert hat. Anfang der 1990er kann man sich nicht nur in Interviews oder als Kolumnist zum Tagesgeschäft äußern. Als Fußballprominenter ist man zudem im Fernsehen gefragt, und mit RTL und Sat 1 ist die Sendezeit, in der über Fußball gesprochen wird, deutlich angewachsen. Der Logik folgend, dass eine längere Sendung mehr Werbeblöcke bedeutet, werden dort selbst Nebenthemen besprochen.

Sogar in der Berichterstattung von Spielen verschiebt sich der Fokus. In ›ran‹ hat Sat 1 das Schnittbild auf Spieler mit ihren Lebensgefährtinnen während Spielzusammenfassungen perfektioniert. Garniert mit Informationen, die mit dem Sportlichen so gar nichts zu tun haben. Auch wenn so manche Überleitung ein kleines Kunstwerk ist, wie dieses Beispiel aus einem Kommentar von Werner Hansch: »Schupp! Teufel noch mal, war das ein Knaller. Der wäre wohl auch für den guten Andy Köpke zu stark gewesen. Am Montag muss er besser treffen, der Markus Schupp. Bei dieser Dame den Ringfinger – Hochzeit ist angesagt im Hause Schupp!«

Fußballspieler werden damit zu Stars, deren Privatleben genauso interessant ist wie ihr Beruf. Eine Entwicklung, die man ebenfalls bei Schauspielerinnen und Schauspielern sowie in der Musikbranche beobachten kann zu dieser Zeit. Auch das stellt Hoeneß vor Herausforderungen. Selbstbewusste Bayernspieler, auch in ihrem Umgang mit den Medien, gab es schon immer, es fiele einem da zum Beispiel ein gewisser Uli H. aus Ulm ein. Was sich aber verändert hat, ist das Bild, das die Medien von solchen Profis zeichnen.

Als Stefan Effenberg zum Beispiel Trainer Lerby und die Vereinsführung kritisiert, wird er erst gesperrt und dann begnadigt. Wenig später stellt er sich für ein Cover des ›Kicker‹ zur Verfügung. Die Schlagzeile: »Widerspruch für die Fußball-Profis: Mündig oder Mund halten«. Das Foto dazu zeigt Effenberg, wie er sich mit fragendem Blick in die Kamera am Kopf kratzt. Sein Mund ist mit zwei blauen Pflasterstreifen überklebt. Wer würde sich das heute noch trauen?

1990er als Sehnsuchtsort vieler Fans

Stefan Effenberg, Jürgen Kohler und Thomas Berthold. Sie sind drei Beispiele für prominente Spielerabgänge, die alles andere als geräuschlos verlaufen sind. Und die nicht nur für die Außendarstellung von Hoeneß und Bayern wichtig sind, sondern auch einen Erklärungsansatz dafür darstellen, warum Bayern einen sportlichen Schlingerkurs fährt.

Am Ende der Saison 1994/95 landet Bayern auf dem sechsten Platz. So weit »hinten« in der Tabelle haben sie seitdem nie wieder eine Spielzeit beendet. Vielleicht sind die frühen 1990er deshalb für viele Fußballfans heute ein solcher Sehnsuchtsort. Denn die Schwäche der Bayern bedeutet für die Liga eine der spannendsten Phasen ihrer Geschichte.

Zwischen 1991 und 1995 gewinnen fünf unterschiedliche Vereine die Meisterschaft. Eine solche Abwechslung hat es davor nur einmal in der Geschichte der Bundesliga gegeben: Gleich zu ihrem Start zwischen 1964 und 1970. Wie spannend so ein Rennen um die Meisterschaft ohne Beteiligung der Bayern aussehen kann, zeigt die Saison 1991/92: Gleich drei Mannschaften können am letzten Spieltag noch Meister werden, Frankfurt, Stuttgart und Dortmund gehen punktgleich in die letzten 90 Minuten der Saison. Am Ende mit dem glücklichen Ende für den VfB. Auch die drei folgenden Titelrennen entscheiden sich alle erst kurz vor Schluss der Saison.

Zudem bietet die Bundesliga auch jenseits des Titelrennens viel Unterhaltung. Junge Trainer wie Peter Neururer, Winnie Schäfer, Christoph Daum und Klaus Toppmöller mischen die Liga auf, bei Schalke regiert mit Günter Eichberg ein »Sonnenkönig« als Präsident, der 1994 spektakulär fällt. Und mit dem SC Freiburg und Volker Finke kommt 1993 nicht nur ein Charakterkopf in die Liga, sondern auch ein Hauch von modernem Fußball.

Das gehört nämlich ebenfalls zum deutschen Fußball dieser Jahre: Während anderswo spektakuläre Entwicklungen im Bereich der Taktik und Trainingsphilosophie stattfinden, gilt hierzulande schon als modern, wer sein Training dokumentiert oder gar wie Peter Neururer mit einem Computer arbeitet. Arrigo Sacchis Milan, Johan Cruyffs Barcelona, Louis van Gaals Ajax Amsterdam: Sie alle etablieren einen raumorientierten Spielstil, für den es sportlich kaum ein Gegenmittel gibt.

Doch während sich der europäische Spitzenfußball zu einem Leckerbissen entwickelt, gibt es in Deutschland mit wenigen Ausnahmen fast überall Hausmannskost aus Dauerlauf, Manndeckung und Grätschen. Was sich nirgendwo so deprimierend zeigt wie bei Spielen der Männer-Nationalmannschaft. Es ist deshalb bestimmt kein Zufall, dass all die genannten Entwicklungen rund um die WM 1994 in einer Art Hymne für den Fußball der frühen 1990er zusammenlaufen: im Lied »Börti Vogts« von Viva-Moderator Stefan Raab. Der gewinnt damit sogar bei der altehrwürdigen ZDF-Hitparade, wird dafür vom Studiopublikum aber ausgebuht.

Die ostdeutschen Vereine bleiben außen vor

Teil der frühen 1990er ist zudem das Versagen des deutschen Fußballs, die ostdeutschen Vereine zu integrieren. Noch im März 1990 glaubt der DFB, ein Zusammengehen mit dem ostdeutschen Fußball sei nicht notwendig. DDR-Klubs in der Bundesliga werde es nicht geben, sagt der damalige Schatzmeister und spätere DFB-Präsident Egidius Braun. Aber man wolle den Vereinen von »drüben« helfen. Indem man »Netze und Bälle« schickt.

Dann schreitet die Politik ein und der DFB ändert seine Haltung. Zur Saison 1991/92 beginnen sechs ostdeutsche Vereine in der zweiten Bundesliga, die in zwei Staffeln à zwölf Teams ausgespielt wird. Mit Hansa Rostock und Dynamo Dresden dürfen zwei Vereine in der ersten Liga starten, die für eine Saison aus 20 Mannschaften besteht. Eine Integration ist das aber nur auf dem Papier. De facto ist der ostdeutsche Fußball von Beginn an chancenlos.

Denn mit dem Ende der DDR ist den Vereinen die wirtschaftliche Grundlage weggebrochen. In der DDR haben Staat, Armee, Polizei oder in Kombinaten zusammengeschlossene Industriebetriebe die Fußballmannschaften finanziert. Doch diese ehemaligen Geldgeber haben nach der Wende genauso mit sich selbst zu tun wie die Bürgerinnen und Bürger der neuen Bundesländer. Was dazu führt, dass die letzte Saison der DDR-Oberliga mit weitem Abstand die am schlechtesten besuchte wird. Nur knapp 5000 Zuschauer kommen im Schnitt in die Stadien. Für die Vereine ist beides eine Katastrophe.

Zumal der sportliche Aderlass schon direkt nach dem Mauerfall begonnen hat und nicht aufzuhalten war. Rund 150 ehemalige DDR-Spieler wechseln bis 1995 zu Westvereinen in die 1. oder 2. Bundesliga. Wie soll mit einer solchen Ausgangssituation ein erfolgreicher Übergang klappen? Noch dazu weil es eine ganze Reihe von Leuten gab, die aus der nachvollziehbaren Überforderung des ostdeutschen Fußballs Profit schlagen wollten: »Es kamen Spielerberater rüber und andere Personen von dritter, vierter oder fünfter Wahl, die Einfluss nehmen wollten. Da waren viele Traumtänzer dabei«, sagt Eduard Geyer rückblickend. Er war letzter Nationaltrainer der DDR und einer der wenigen ostdeutschen Trainer, der später auch in der Bundesliga Fuß fassen konnte.

Die Bilanz der »Integration« des ostdeutschen Fußballs in die bestehenden Strukturen ist verheerend: Im Sommer 1995 spielt von den 14 Vereinen, die die letzte Saison der DDR-Oberliga beendet haben, mit Hansa Rostock nur einer in der ersten Liga. Zwei Vereine sind noch in der zweiten Liga vertreten, Dynamo Dresden ist abgestiegen und nach Lizenzentzug in der Regionalliga angekommen, gemeinsam mit sechs anderen Vereinen, die in Ligen unterhalb des Profifußballs abgestürzt sind. Drei Vereine spielen nur in der Oberliga oder darunter, Stahl Brandenburg wurde ganz aufgelöst. Die Vereine aus den neuen Bundesländern hatten im Grunde nie eine Chance. Und verpassen damit genau jene Phase im bezahlten Fußball, in der die Einnahmen explodieren. Vergleicht man die Erlöse der Erstligisten aus der Saison 1990/91 mit denen fünf Jahre später in den Bereichen Ticketing, TV-Geld, Trikotsponsoring und

Fanartikel, dann sind sie von 182 Millionen auf 426 Millionen gestiegen. Sie haben sich also mehr als verdoppelt. Und bei diesem Zuwachs waren die ostdeutschen Vereine weitgehend außen vor.

Kapitel 10

FC Hollywood

1995–1999

Zwei Spieler lösen in der Saison 1995/96 jeweils eine Revolution aus, der eine beim FC Bayern, der andere im europäischen Fußball. Einer von beiden schwäbelt und lächelt viel, tritt im Mai 1995 in England vor die Presse und verkündet seinen Wechsel zum FC Bayern, was die ARD in einem ›Brennpunkt‹ aufarbeitet. Noch nie sei ihm eine Entscheidung so schwergefallen, sagt Jürgen Klinsmann. Und da weiß er noch nicht mal, welche wilde Zeit auf ihn wartet.

Für den FC Bayern ist klarer, was kommt: ein echter Verkaufsschlager. Klinsmann ist der erste Spieler, der im Alleingang den Trikotverkauf anheizt. In den ersten drei Monaten der neuen Saison verkauft Bayern eine halbe Million Trikots, ein Drittel davon mit der Nummer des neuen Stürmers. Bei der Gestaltung hatte Hoeneß übrigens nichts dem Zufall überlassen. Um sicherzustellen, dass die Sponsorenlogos auf Fotos gut zu erkennen sind, ließ er Jugendmannschaften im neuen Dress spielen und davon Bilder machen.

Da verwundert es nicht, dass auch der Ort des Trainingslagers von einem Sponsor bestimmt werden darf. Auf Wunsch von Opel findet es im ostdeutschen Meisdorf statt, die Kosten übernimmt der Autohersteller. Bayern verdient dagegen mit dem Trainingslager Geld, und das nicht zu knapp. Täglich 25 000 Mark bringt der Verkauf von Fanutensilien ein, Hoeneß steht höchstpersönlich hinter der Ladentheke, das ist für ihn Marktforschung. »Sitz ich nur an meinem Schreibtisch, krieg ich doch nicht mit, was die Leute denken.«

Der Hype um den FC Bayern hat ein Hoch erreicht. Beim ersten Training muss der neue Trainer Otto Rehhagel ein Megafon verwenden, um sich akustisch gegen die 6000 Zuschauer rund um den Platz durchzusetzen. 120 Journalistinnen und Journalisten sind mitgereist, die Kommune zählt 116 unterschiedliche Ortskürzel auf den Autokennzeichen der angereisten Fans.

Vor allem für die Neuverpflichtungen ist dieser Trubel ein Schock, wie der gemeinsam mit Otto Rehhagel von Werder Bremen zu Bayern gewechselte Andreas Herzog erzählt. »Bei den ersten Spielen hat unser Co-Trainer Klaus Augenthaler manchmal mitgespielt. In der 89., 90. Minute haben sich dann alle Bayernspieler zusammengetan und der Klaus hat den Schiedsrichter gefragt: ›Wie lange geht's noch?‹ Wenn der gesagt hat, ›letzte Aktion‹, sind die in dem Moment schon zur Kabine gelaufen. Ich hab am Anfang nicht mitbekommen, was da los ist. Und dann war Schlusspfiff, und die Fans haben den Platz gestürmt und wollten Autogramme. Die anderen waren schon in der Kabine und ich musste mit denen, die übrig geblieben sind, noch eine Dreiviertelstunde Autogramme schreiben, weil es ein solcher Andrang war.«

Die Begeisterung der Fans überwältigt sogar Uli Hoeneß. »Es ist wie in einem Bienenstock. Ich komme da selbst nicht mehr mit«, sagt er. Allein 500 000 Mark geben die Bayern inzwischen pro Saison für das Porto aus, mit dem sie Ticketabsagen verschicken. Zum Tag der offenen Tür in München an der Säbener Straße kommen 35 000 Zuschauer. Der FC Bayern wird von den Medien als »Dream Team« gefeiert, bevor der erste Pass der neuen Spielzeit überhaupt gespielt ist. Und das nach einem sechsten Platz im Vorjahr.

Auch Andreas Herzog ist beeindruckt: »Jean-Pierre Papin war einige Jahre davor Europas Fußballer des Jahres und wurde trotzdem nie so richtig akzeptiert. Der hat zweimal beim Training übers Tor geschossen, und auf einmal hat's geheißen: ›Du, Franzose, spiel die Bälle ab, schieß nicht dauernd!‹ Und ich hab mir gedacht: ›Was passiert denn erst, wenn ich drüberschieß?‹«

Schon wenige Niederlagen reichen, um die Stimmung zum Kippen zu bringen. Präsident Beckenbauer nennt die Münchner eine »Schülermannschaft«, und Mehmet Scholl fordert in einem Interview: »Rehhagel oder ich«. Acht Spieltage sind bis dahin vergangen.

Solche Schlagzeilen bestimmen den Alltag bei Bayern, sehr zum Leidwesen des Trainers. »Wenn der Rehhagel in Bremen eine Besprechung gemacht hat, ist nichts an die Öffentlichkeit gekommen. Bei Bayern waren auf einmal alle Zeitungen voll«, erinnert sich Herzog. »Einmal ist er zu mir gekommen und hat gesagt: ›Mensch, Andreas, ich glaube, wir haben ein trojanisches Pferd in der Mannschaft.‹ Da sag ich: ›Nee, Trainer, ich glaube, wir haben nicht eines, wir haben drei oder vier!‹«

Bosman erschüttert den Fußball

Schon wenige Monate nach seinem Antritt steht Rehhagel unter Druck. Eventuell ist es für ihn deshalb gar nicht so schlecht, dass im Dezember 1995 etwas passiert, das noch größere Meldungen produziert als der FC Bayern. Vor dem europäischen Gerichtshof gewinnt der belgische Fußballprofi Jean-Marc Bosman einen Prozess, der den Fußball radikal verändert.

Fünf Jahre lang hatte er sich durch die Instanzen geklagt, weil ihn sein Verein RFC Lüttich 1990 nach Auslaufen seines Vertrages nur gegen eine Ablösesumme wechseln lassen wollte. Die wollte sein neuer Verein nicht zahlen, der Transfer kam nicht zustande. Ist eine solche Praxis mit der freien Wahl des Arbeitsplatzes vereinbar? Die EU-Richter sagen im Dezember 1995

Nein. Wessen Vertrag ausläuft, der kann ab jetzt ablösefrei den Verein wechseln. Und noch eine Bestimmung kippen die Richter: eine Beschränkung der ausländischen Spieler je Verein, wie sie in den Ligen üblich ist.

Dieses Urteil stürzt den deutschen Fußball in eine Krise. Gladbachs Manager Rolf Rüssmann spricht von »katastrophalen Auswirkungen« für die Vereine und liegt damit auf einer Linie mit VfB-Präsident und Vorsitzendem des Liga-Ausschusses, Gerhard Mayer-Vorfelder. Dass mit dem Urteil Fußballprofis mit normalen Arbeitnehmern gleichgestellt würden, sei eine Katastrophe sagt er. Zum Zeitpunkt der Aussage ist Mayer-Vorfelder übrigens Finanzminister Baden-Württembergs.

Weil das Urteil sofort rechtskräftig ist, müssen die Ligen schnell handeln. Die Bundesligisten beschränken sich vorerst freiwillig auf drei Ausländer pro Team. Das weitaus größere Problem stellt das Transfersystem mit seiner Berechnung von Ablösesummen dar. Wird das verändert, betrifft das jeden einzelnen Spielervertrag. Denn sowohl die Vereine als auch die Spieler können ihren Vertrag um ein Jahr verlängern, wenn sich etwas an den Transferbestimmungen verändert. Das steht in Paragraf elf und führt zu heftigsten Verwerfungen. Denn vor allem die Spieler, deren Verträge eigentlich ausgelaufen wären und die damit ablösefrei wechseln dürften, wollen eine automatische Vertragsverlängerung nicht akzeptieren. Erst im April wird ein komplexes neues Transfermodell beschlossen, in dem verschiedene Faktoren wie Alter, Ligaeinsätze und Dauer der Vereinszugehörigkeit die Ablösesumme bestimmen sollen.

Mit dem Bosman-Urteil verschiebt sich das Machtgefüge im Fußball hin zu den Spielern. »Die Bundesliga war auf das Urteil nicht vorbereitet«, sagt der ehemalige Manager Heribert Bruchhagen der ›Sportschau‹. »Von 18 Managern haben 16 oder 17 die Lage falsch eingeschätzt.«

Wer einer der wenigen Vorbereiteten war? Uli Hoeneß. »Mit dem Urteil hatte ich gerechnet, das war sofort abgehakt«, sagt er im Januar 1996 der ›SZ‹. »Wir haben alle wichtigen Verträge mit den jungen Spielern im Herbst um drei bis fünf Jahre verlängert. Ich hätte schlaflose Nächte, wenn wir mit einem Zickler, Hamann, Scholl oder Ziege noch Gespräche führen müssten.«

Hoeneß hat schon im Herbst 1995 das getan, was danach im Fußball zur neuen Norm wird: das Abschließen langfristiger Verträge. Zum Vergleich: Noch im Januar 1997 wendet sich Mayer-Vorfelder Hilfe suchend an die Politik. Wegen Bosman drohe die ganze Bundesliga an die Wand zu fahren, sagt er. Er hofft auf eine Neuregelung auf EU-Ebene. Erreichen will er das mit einem Brief an Bundeskanzler Helmut Kohl.

Rehhagels Entlassung und ein Titelgewinn

»Meine Taktik ist immer richtig« ist die Überschrift eines Interviews mit Otto Rehhagel im ›Kicker‹ vor dem Start der Rückrunde Anfang 1996. Wenige Tage später hat der FC Bayern schon wieder Spiele verloren und Lothar Matthäus legt sich zudem öffentlich mit Jürgen Klinsmann an. Er wirft Klinsmann vor, der habe dafür gesorgt, dass Matthäus keine Chance mehr in der Nationalelf bekommt. Matthäus schlägt ein TV-Duell vor, dann könne man vor einem Millionenpublikum klären, ob Klinsmann etwas gegen ihn habe. So ein Event würde zwar wunderbar in die Zeit passen, aber Klinsmann verweigert sich. Fast ein bisschen hilflos wirkt er dabei. Von Inter Mailand sei er ja einiges gewohnt, sagt Klinsmann. Aber derartige Zustände in einer Mannschaft habe er noch nicht erlebt.

Vom »Dream Team« ist der FC Bayern zum »FC Hollywood« geworden. Trainer Rehhagel kämpft dabei auf verlorenem Posten. Obwohl er mit seiner Mannschaft das Finale im Uefa-Cup erreicht, wird er entlassen. Im Hinspiel des Finales sitzt erneut Franz Beckenbauer auf der Bank. Mit 2:0 gewinnen die Bayern gegen das vom Deutschen Gernot Rohr trainierte Girondins Bordeaux, bei dem Christophe Dugarry und Zinedine Zidane gesperrt fehlen. Es scheint mal wieder, als würde alles zu Gold, was Franz Beckenbauer anfasst. Auch wenn es mit der Meisterschaft nicht klappt, die verspielt Bayern, und das ausgerechnet in Bremen, was Andreas Herzog doppelt trifft. Im Vorjahr hatten die Münchner ihm die Meisterschaft versaut, jetzt die Bremer ihm mit München.

Herzog hat keine neue Heimat im Süden gefunden, obwohl es vom Können her locker hätte reichen müssen. Aber der Unterschied von Bayern zu anderen Vereinen ist so groß, dass sich sogar hoch talentierte Spieler schwertun. »Oliver Kahn war der Einzige, der zu mir gesagt hat: ›Andy, bleib, geh nicht wieder weg. Das erste Jahr ist für jeden Neuen bei Bayern München extrem schwer.‹« Herzog hat aber Angst vor noch einer enttäuschenden Saison und beschließt, das Kapitel Bayern München zu schließen, er kehrt zu Werder zurück und knüpft dort an alte Leistungen an.

Mit dem FC Bayern wird er zwar 1996 noch Uefa-Cup-Sieger, aber es fehlt das Gefühl, etwas dazu beigetragen zu haben. Nach Toren von Scholl, Kostadinow und Klinsmann, der mit seinem 15. Treffer im Wettbewerb einen neuen Rekord aufstellt, gewinnen die Bayern bei nur einem Gegentreffer mit 3:1. Obwohl das Spiel spätestens nach dem 2:0 entschieden ist, wird Herzog von Beckenbauer nicht eingewechselt. Er spielt im Finale keine Minute.

Beim Siegerbankett ist Lothar Matthäus der Einzige, der Rehhagel erwähnt und für dessen Beitrag zum Titel dankt. Uli Hoeneß dagegen tritt nach: »Wochen und Monate« sei die Mannschaft ohne Führung gewesen. Hätte man Beckenbauer schon in der Winterpause auf die Trainerbank gesetzt, wäre man jetzt Meister. Zur neuen Saison kommt zum zweiten Mal Giovanni Trapattoni.

EM-Sieg 1996 in Wembley

Zwischen Saisonende und dem Wiedersehen mit Trapattoni liegt im Sommer 1996 noch eine Europameisterschaft. Erstmals seit der WM 1974 gehören wieder sieben Spieler der Bayern zum Turnierkader der deutschen Nationalmannschaft. Mit einer wenig spektakulären, aber in der Gruppenphase defensiv makellosen Leistung zieht Deutschland ohne Gegentor in die K.o.-Phase ein. Einzig Verletzungen trüben den Turnierverlauf, auch im Viertelfinale gegen Kroatien, in dem Klinsmann angeschlagen vom Platz muss. Deshalb muss Deutschland ohne ihn ins brisante Halbfinale gegen Gastgeber England, das in einem Elfmeterschießen gewonnen werden kann.

Im Finale treffen die Deutschen mit Tschechien auf den Gegner aus dem ersten Gruppenspiel. Der geht zwar mit einem Strafstoß von Patrik Berger in Führung, doch dann wechselt Berti Vogts Oliver Bierhoff und damit den Sieg ein. Erst trifft er zum Ausgleich und dann nach fünf Minuten der Verlängerung zum ersten Golden Goal der Fußballgeschichte. Deutschland ist Europameister, aber nicht wegen eines überlegenen Systems oder raffinierten Spiels, sondern getragen von Spielern wie Matthias Sammer und einem guten Mannschaftsgefüge. Berti Vogts spricht noch viele Jahre später im Rückblick von der »seit Jahren besten Harmonie innerhalb der Nationalmannschaft«.

Gerade weil so viele Spieler in dieser Mannschaft von den Bayern sind, ist das auch für Uli Hoeneß relevant. Denn mit Lothar Matthäus hat ein wichtiger Spieler gefehlt. »Es ist fast wie dereinst, wenn der amerikanische und sowjetische Präsident zu Friedensgesprächen zusammentrafen«, beginnt die Titelgeschichte des ›Kicker‹ vom 8. Juli 1996 und berichtet aufgeregt von einem »Friedensgipfel«, der zwischen Klinsmann und Matthäus mit Beteiligung der Führungsriege des FC Bayern stattfinden soll. Es geht immer noch um die Frage, ob Klinsmann seinen Mitspieler aus der Nationalmannschaft heraushalten will. »Geht es noch gemeinsam mit Klinsmann und Matthäus?«, beendet der ›Kicker‹ seinen Text. »Oder geht es nur noch mit Matthäus oder Klinsmann?«

Goldgrube deutscher Fußball

Erst mal geht es noch mit beiden, und zwar in ein Trainingslager, das eine Zäsur bedeutet. In all den Jahren zuvor haben unter anderem wirtschaftliche Aspekte darüber entschieden, wie, wo und gegen welche Gegner sich Bayern auf eine neue Saison vorbereitet. Doch das sei mit dieser Saison jetzt vorbei, verkündet der 44-jährige Uli Hoeneß stolz. Zudem werde man aus dem Ansturm im letzten Jahr Konsequenzen ziehen. »Wir haben das Rad zu weit gedreht«, sagt Hoeneß.

Ab der Saison 1996/97 ist das Abschlusstraining der Bayern wieder geheim und nicht für die Öffentlichkeit zugänglich. Der Verein ist zu schnell gewachsen. Obwohl sich vier Angestellte ausschließlich um Autogrammwünsche kümmern würden, seien derzeit noch 40 000 davon unbearbeitet, berichtet Hoeneß. 56 000 Mitglieder und 1300 Fanklubs zählen die Münchner inzwischen, es wird davon ausgegangen, dass sechs Millionen Deutsche mit ihnen sympathisieren. Nur Borussia Dortmund kann mit solchen Zahlen mithalten. Selbst in einem Kaufhaus in Hamburg seien im letzten Jahr mehr Trikots von Bayern und Dortmund verkauft worden als von den lokalen Vereinen HSV und St. Pauli, schreibt im Mai 1996 der ›Spiegel‹. Der BVB und Bayern entwachsen der Liga wirtschaftlich, aber vielleicht merkt die das in diesem Moment gar nicht so richtig.

Denn bei allen fließt Geld in die Kassen. Sat 1 bezahlt ab der neuen Saison statt 140 nun 180 Millionen Mark für die Übertragungsrechte, und auch Premiere hat seinen Betrag auf 75 Millionen verdreifacht. Die Liga dankt es den Sendern mit Zugeständnissen. So wird zum Beispiel der letzte Spieltag vor der Winterpause um eine Stunde nach vorne verlegt, damit die wichtigsten Spieler abends bei der großen »fuxx«-Gala, übertragen von ›ran‹ in Frankfurt am Main, teilnehmen können.

An allen Ecken boomt der Fußball. Die Liga hat sich ein Corporate Design verpasst, einen Ball in einer gelbroten Spirale, mit dem eigene Merchandise-Artikel verkauft werden sollen. Kein abwegiger Gedanke angesichts der Tatsache, dass Sat 1 mit ›ran‹-Uhren, -Brettspielen und vielem mehr in einem Jahr 100 Millionen Mark Umsatz macht. Fußball ist selbst in der Peripherie der Vereine ein Riesengeschäft geworden. Gibt es eine Lücke im Sendeplan von Sat 1, füllt laut ›Spiegel‹ der Programmgeschäftsführer Fred Kogel sie am liebsten mit ›ran‹. Damit löst sich der Fußball von journalistischer Relevanz und wird für Sponsoren kalkulierbar. Der ›Spiegel‹ zitiert den Manager von Panasonic, der überlegt, das Tennis-Sponsoring durch Fußball zu ersetzen, mit den Worten: »Fußball ist ein kontinuierliches Geschäft, Fußball lebt.«

In einer Symbiose mit dem Fernsehen hat der Fußball seine Stellung als wichtigste Sportart in den 1990ern zementiert. Dabei entkoppelt er sich erstmals vom wirtschaftlichen Kontext seiner Zeit. In den Jahren 1995 und 1996 geht das Wirtschaftswachstum in Deutschland zwar zurück. Aber zur neuen Saison steigen die Etats der Vereine im Schnitt um 22 Prozent. Ein Ende des Booms? Nicht in Sicht. »Das bisher Erreichte ist nur Mickey Mouse gegenüber dem, was im Jahr 2000 passiert«, zitiert der ›Spiegel‹ BVB-Präsident Gerd Niebaum.

Der »letzte Hilferuf« kann Klinsmann nicht halten

Der erste sportliche Rückschlag lässt in der Saison 1996/97 nicht lange auf sich warten. Nach einem guten Start in der Liga scheidet Bayern in der ersten Runde des Uefa-Cups aus, so früh sind sie zuletzt 1969 gescheitert. Die Mannschaft trifft sich daraufhin zu einer internen Aussprache und Uli Hoeneß teilt ihr im Auftrag der Vereinsführung mit, dass ab jetzt ein strikter Strafenkatalog gelte. Einer seiner wichtigsten Punkte: Nach 23 Uhr sollen sich die Spieler nicht mehr öffentlich sehen lassen, vor allem in Diskotheken.

Doch beides verfehlt seine Wirkung. Nach weiteren Niederlagen kommt es noch einmal zu einer Krisensitzung, die es in sich hat. In seinen 23 Jahren im Profifußball habe er noch nie eine so brutal offene Aussprache erlebt, sagt Karl-Heinz Rummenigge nach der Saison. Offen ist dabei das wichtigere Stichwort als brutal. Obwohl gegenseitiges Stillschweigen vereinbart war, dringt an die Öffentlichkeit, dass Franz Beckenbauer die Spieler als »Scheiß-Mannschaft« beschimpft hat.

Die permanenten Indiskretionen lassen sogar Medienprofis wie Beckenbauer und Hoeneß sprachlos zurück. So viel haben sie darin investiert, eine kontinuierliche Berichterstattung über den FC Bayern zu bekommen, jetzt aber werden sie die Geister, die sie gerufen haben, nicht mehr los. Mit Barrieren am Trainingsgelände versucht Uli Hoeneß im April 1997, die Mannschaft von der Presse abzuschotten, was die Journalistinnen und Journalisten eher belustigt zur Kenntnis nehmen. Zur neuen Saison soll es noch weiter greifende Maßnahmen geben, an vier Tagen die Woche solle das Trainingsgelände für Presse dann geschlossen sein, kündigt Hoeneß an. »Wir haben das alles übertrieben, diese Medienpräsenz, dieses Akzeptieren von totalem Rummel auf dem Trainingsplatz. (...) Viele Spieler verlieren bei dem Wirbel die Orientierung«, sagt er dem ›Spiegel‹ dazu in einem Interview.

Manche der Spieler verlieren sogar die Lust darauf, beim FC Bayern zu spielen. Jürgen Klinsmann gibt bekannt, den Verein wieder verlassen zu wollen. »Ich habe eben diesen konservativen Standpunkt, dass man alles intern regeln sollte. Aber damit kam ich beim FC Bayern nicht durch«, sagt er in einem ›Kicker‹-Interview zu den Gründen für seinen Abgang. Auf die Frage, ob er sich von der Vereinsführung ausreichend unterstützt gefühlt habe, antwortet Klinsmann: »Kein Kommentar.«

Wegen einer Ausstiegsklausel gibt es keine Ablöse für ihn, was den Weggang doppelt bitter macht. Besonders für Uli Hoeneß, der Klinsmann einst bei dessen Wechsel zu Inter Mailand zwei Stunden lang beraten und zu fast jedem Absatz in dessen Vertrag eine Anmerkung gehabt hatte. »Wie gezielt Klinsmann das erworbene Know-how seither einsetzt, ist seinem früheren Lehrmeister Hoeneß spätestens jetzt aufgegangen«, kommentiert die Presse.

Zum Abschied kritisiert Klinsmann den Umgang der Vereinsführung mit den Spielern heftig. Den Strafenkatalog nennt er den »letzten Hilferuf eines Vereins« und »lächerlich«. Auch Lothar Matthäus spricht nach einer Strafe gegen Mario Basler von einer Sanktion, die eher in den Kindergarten gehöre. Deutlicher wird da nur Christian Ziege: »Es ist die gleiche Methode, wie wenn man bei der Kindererziehung nur den Gürtel rausholt und draufschlägt. Kinder zu schlagen ist asozial, eine Bankrotterklärung für eine Erziehung.« Es dürfte wenig überraschen, dass Ziege in der kommenden Transferperiode den Verein verlässt.

Meisterschaft und ein Tagebuch

Bis dahin muss aber erst noch ausgespielt werden, wer Deutscher Meister 1996/97 wird. Wie dünn das Nervenkostüm dabei ist, zeigt die Partie am 31. Spieltag gegen Freiburg. Beim 0:0 im Olympiastadion nimmt Trapattoni Klinsmann schon zum zwölften Mal in dieser Saison vom Feld, was den zur Weißglut bringt. Er tritt in eine Werbetonne am Spielfeldrand und ruft seinem Trainer »vai a cagare« zu, was mit »schleich dich bitte und verrichte einen ausführlichen Toilettengang« am höflichsten übersetzt werden kann. Bis heute oft unbeachtet ist dabei die Tatsache, dass auch die zweite Werbetonne in diesem Spiel von einem Bayernspieler beschädigt wird: Oliver Kahn demoliert sie nach Abpfiff mit seiner Wasserflasche. Im Spielbericht der ›Süddeutschen Zeitung‹ wird der für die Wartung der Tonnen zuständige Mitarbeiter zitiert mit den Worten: »Lauter Verrückte«.

Verrückt zwar, aber erfolgreich. Weil Leverkusen gegen Köln am vorletzten Spieltag mit 0:4 verliert, kann Bayern parallel im eigenen Stadion die Meisterschaft klarmachen. Ein 4:2 gegen den VfB Stuttgart lässt diese turbulente Saison immerhin versöhnlich enden.

Zusammen mit dem EM-Titel im Jahr davor scheint der deutsche Fußball im Sommer 1997 einen Höhepunkt seiner Stärke erreicht zu haben. Während die Bayern Meister werden, gewinnt erst der FC Schalke 04 gegen Inter Mailand den Uefa-Cup und dann Borussia Dortmund im Münchner Olympiastadion gegen Juventus Turin die Champions League. Der deutsche Fußball hat sich international an die Spitze Europas gesetzt. Zumindest ist das der Eindruck, den manche Beobachtende damals haben.

Beruhigt der Meistertitel die Lage bei Bayern? Nur für wenige Tage. Am 1. Juni findet die Meisterfeier statt, am 4. Juni erscheinen in einer Boulevardzeitung Auszüge aus einem Jahresrückblick in Tagebuchform. Autor ist Lothar Matthäus. Natürlich geht es unter anderem um Klinsmann. Auf diesem Weg kommt heraus, dass Matthäus mit Hoeneß eine Wette um 10 000 Mark abgeschlossen hatte. Matthäus wettete darauf, dass sein Lieblingsmitspieler Klinsmann in der Saison weniger als 15 Tore schießen würde, Hoeneß setzte dagegen. Der Kapitän einer Mannschaft spekulierte mit Geld auf den Misserfolg eines Mitspielers.

Das Präsidium entzieht Matthäus die Kapitänsbinde, Trapattoni wollte ihn eigentlich aus der Mannschaft werfen. Übrigens war die Wette um Klinsmanns Torerfolg nicht die einzige, die Matthäus mit Hoeneß abgeschlossen hat. Im Trainingslager sagt er außerdem voraus, dass Hoeneß einen 50-Meter-Sprint gegen den Masseur der Bayern verlieren würde. Laut Matthäus trainiert Hoeneß daraufhin eine Woche lang wie wild mit dem Reha-Trainer der Bayern. Ob er das Rennen und damit die Wette gewonnen hätte, bleibt aber offen. Der ehrgeizige Manager zieht sich kurz nach dem Start einen Muskelfaserriss zu.

Der BVB zieht an Bayern vorbei

Ähnlich schlecht verläuft der Start in die Saison 1997/98. Bayern verliert gegen Aufsteiger Kaiserslautern mit 0:1, der ausgerechnet von Otto Rehhagel trainiert wird. An Lautern kommen die Bayern nicht vorbei und auch an anderer Stelle gibt es Rückschläge. Christian Nerlinger verkündet seinen Wechsel von den Bayern zum Rivalen nach Dortmund. Hoeneß wird das später als größte Enttäuschung des Jahres bezeichnen.

Nerlingers Transfer steht in einer Reihe von Niederlagen am Verhandlungstisch für Hoeneß. »Prominente Borussen wie Matthias Sammer, Steffen Freund und Stefan Reuter versuchte Hoeneß abzuwerben. Herausgekommen ist, dass der Champions-League-Sieger seine ausstiegsgeneigten Balltreter mit höheren Gehältern zufriedenstellte und inzwischen die Tabelle für Personalkosten anführt«, schreibt die ›SZ‹.

Richtig gelesen: Dortmund gibt mehr Geld für Gehälter aus als der FC Bayern. Finanzieren kann der BVB diese Ausgaben mit den Erlösen aus dem Gewinn der Champions League und einem Coup im Bereich des Trikotsponsoring: Nicht der FC Bayern, sondern Borussia Dortmund ist der erste Verein, der für den Werbeplatz auf seiner Brust von einem Sponsor eine zweistellige Millionensumme bekommt. Das Bekleidungsunternehmen s.Oliver zahlt jährlich vier Millionen Mark mehr als Opel an den FC Bayern. Zwar sind die Gehaltskosten ein Risiko für den Verein, weil Dortmund im Merchandising weniger verdient als die Münchner, für den Moment aber ist man an Bayern vorbeigezogen.

Auch deshalb ist die Spannung groß, als Bayern und der BVB im Viertelfinale der Champions League aufeinandertreffen. Das Hinspiel endet aber mit 0:0, und weil die Bayern danach zudem in der Liga verlieren, droht die ganze Saison zu kippen. Es ist Druck auf dem Kessel, und der muss offenbar raus.

Trapattonis Wutrede

Giovanni Trapattoni hält eine Pressekonferenz ab, die wie ein Referat beginnt und dann innerhalb weniger Sätze zu einer wütenden Anklage wird. Er räumt mit dem Vorurteil auf, seine Mannschaft würde zu defensiv spielen, und reagiert auf die Kritik einiger Spieler über zu wenig Einsatzzeit. Schicht für Schicht türmt sich eine Wutrede auf, die mit jeder Lage emotionaler wird. Trapattoni redet nicht mehr, er schreit, schlägt auf den Tisch, wiederholt die wichtigsten Sätze und spricht zwar in Richtung der Kameras, aber eigentlich direkt zu den Spielern, von denen er tief enttäuscht zu sein scheint. Wie der erfahrene Pädagoge, der wirklich alles versucht hat, um seine Schüler durch das Jahr zu bringen, und nun das letzte bisschen seiner Kraft in einen Appell fließen lässt, dabei aber schon ahnt, dass auch das vergeblich gewesen sein wird.

»Ich habe fertig«, endet Trapattoni, packt seinen Notizzettel ein, einige Journalisten applaudieren, da ist der Trainer aber schon fast durch die Tür verschwunden. Dann bricht Hektik aus. Die Kunde von einer der spektakulärsten Pressekonferenzen der Bundesligageschichte verbreitet sich rasend. Begriffe wie »Flasche leer« und »was erlaube Strunz« gehören fortan zum kollektiven Fußballgedächtnis.

Im Tosen der Schlagzeilen und Parodien geht jedoch unter, wie das eigentlich möglich war, dass Trapattoni innerhalb weniger Sätze so aufgedreht hat, ohne dass ihm jemand nur eine Frage gestellt hätte. Erst einige Wochen später beantwortet das die ›SZ‹: »Inzwischen ist bekannt, dass der nette Signor die Rede inszeniert und telefonisch TV-Sender einbestellt hat.« Eines muss man Trapattoni wohl lassen: Er hat den FC Bayern am Schluss richtig gut verstanden. Was letztlich zählt, ist die Show.

Kurz darauf endet seine Zeit bei Bayern. Während sich die Fans mit ihm beim kommenden Heimspiel solidarisieren, gewinnt die Mannschaft weder diese Partie noch das Rückspiel gegen Dortmund. Am Tag nach dem unglücklichen Ausscheiden erscheint Trapattoni bei Hoeneß und bittet um seine Vertragsauflösung. Der Verein versucht das noch eine Weile geheim zu halten, aber wenig später sickert das, natürlich, wieder zur Presse durch. Bekannt wird ebenfalls, dass Ottmar Hitzfeld sein Nachfolger werden soll. Der hat Bayern mit Borussia Dortmund zuvor zwei Meisterschaften weggeschnappt, Trapattoni soll ihn empfohlen haben.

Privatdetektive in Baslers Vorgarten

Nach der Wutrede von Trapattoni ist es, als habe man einen Vorhang zur Seite gezogen. Plötzlich werden Dinge sichtbar, die lange unter Verschluss geblieben waren. Es wird zum Beispiel bekannt, dass der FC Bayern Mario Basler von einem Privatdetektiv hat überwachen lassen. Hoeneß sagt gelassen, das sei doch schon unter Lerby vorgekommen, als man bis morgens um vier im Garten von Christian Ziege gelauert hätte. Das sei »keine besondere Maßnahme«, man habe eben Fakten gebraucht, nachdem es immer wieder Hinweis auf Baslers Nachtexkursionen gegeben habe.

Kapitän Thomas Helmer wiederum sieht das komplett anders. In einem Interview mit dem ›Kicker‹ bezeichnet er die Beschattung Baslers als »Riesensauerei«. Es könne nicht sein, dass die Spieler zu Freiwild würden. Einzig Mario Basler kann offenbar mit der Information leben. »Als ich überwacht wurde«, sagt er, »lag ich jeden Tag um elf Uhr im Bett.«

Was ist da nur in den letzten Jahren beim FC Bayern passiert und welche Mitverantwortung trägt Hoeneß? Er selbst erkennt, dass dieses Durcheinander auch auf ihn zurückfällt: »Es ist sicherlich richtig, dass durch die viele Arbeit gerade im wirtschaftlichen Bereich zuletzt gewisse Dinge zu kurz gekommen sind. Diesen Vorwurf muss ich mir gefallen lassen. Ich werde wieder ganz nah an die Mannschaft rücken und andere Arbeiten abgeben.«

Alles solle sich jetzt ändern, sagt Hoeneß. Zum Beispiel will er einen Achtstundentag für die Profis beim FC Bayern einführen. Während er das ankündigt, verspielen die aber die Meisterschaft. Aufsteiger Kaiserslautern holt sich mit Rehhagel den Titel, eine der größten Sensationen der Bundesligageschichte. Die Bayern gehen wenigstens nicht leer aus, haben beim DFB-Pokalsieg gegen den MSV Duisburg aber das Glück, dass ein brutales Foul von Tarnat am besten Duisburger Bachirou Salou nicht mit einem Platzverweis bestraft wird. In der 89. Minute erst fällt der Siegtreffer, zur Freude der Berichterstatterinnen und Berichterstatter durch Mario Basler. Der verwandelt einen direkten Freistoß, konnte in dieser Szene also mal nicht nah beschattet werden.

Deutschlands Aus bei der WM 98

Während im Frühling 1998 aufgedeckt wird, wie fragil der FC Bayern hinter seiner Fassade ist, geschieht in diesem Sommer etwas Ähnliches mit dem amtierenden Europameister, der deutschen Männer-Nationalmannschaft. Bundestrainer Berti Vogts hat Matthäus wieder ins Team geholt, Jürgen Klinsmann bleibt aber dessen Kapitän. Nur wenige Partien braucht es bei der Weltmeisterschaft in Frankreich, um den Erfolg vom letzten Turnier zu relativieren. Im Achtelfinale quält sich Vogts' Team gegen Mexiko weiter, bevor es im Viertelfinale gegen Kroatien die beste Leistung des Turniers zeigt, aber prompt ausscheidet. Knackpunkt ist eine rote Karte für ein hartes Foul von Christian Wörns am Star der Kroaten, Davor Suker. Lothar Matthäus spielt vorher einen zu ungenauen Ball zu Wörns. In Überzahl schießen die Kroaten drei Tore, Deutschland scheidet aus.

Nach Spielschluss wird der berechtigte Platzverweis für Wörns jedoch angezweifelt. In der ARD ordnen erstmals Gerhard Delling und Günter Netzer das Turnier der Deutschen ein. Ursprünglich hatte ›Sportschau‹-Moderator Heribert Faßbender Uli Hoeneß für den Expertenjob angefragt, der hatte aus zeitlichen Gründen aber abgesagt. Netzer mokiert sich über das fehlende »Fingerspitzengefühl« des Schiedsrichters in der Szene und nimmt damit die Haltung von Bundestrainer Vogts vorweg, der mit vagen Formulierungen das Ausscheiden erklärt. Er wolle nichts unterstellen, sagt er im Interview nach dem Spiel, Kroatien sei weiter, »und wir müssen nach Hause. Warum auch immer. Das haben andere Leute zu verantworten.«

Keine Selbstkritik, kein Reflektieren der schwachen Spiele vor dem Viertelfinale. Kein Wort zur Struktur des deutschen Kaders, der als ältestes Team des Turniers von französischen Medien als »Jurassic Park« bezeichnet wurde. Vogts versucht, sich aus der Verantwortung zu nehmen, tritt nach weiteren schlechten Spielen im September 1998 aber doch zurück. Bei der Suche nach seinem Nachfolger gibt sich der DFB der Lächerlichkeit preis.

Nachdem die Wunschkandidaten Rehhagel, Daum und Hitzfeld alle wegen laufender Verträge in ihren Vereinen keine Option sind und anschließend zudem Jupp Heynckes aus privaten Gründen absagt, bietet DFB-Präsident Egidius Braun Paul Breitner den Posten als Bundestrainer an. Während der ein Konzept für die Erneuerung der Mannschaft erarbeitet, wird Braun allerdings darüber informiert, dass Breitner ein langjähriger Kritiker der DFB-Spitze ist. Daraufhin schwenkt er um und reaktiviert stattdessen mit Erich Ribbeck ein Fußballurgestein aus seinem Ruhestand auf Teneriffa. Ribbeck wird Teamchef, Uli Stielike neuer Bundestrainer, auch über diese Konstellation gibt es zunächst einige Verwirrung.

Wichtig sind aber vor allem zwei Dinge: Der DFB entscheidet sich anstelle des dringend nötigen Umbruchs für ein Weiter-so. Wobei er sich so chaotisch anstellt, dass bei der nächsten Bundestrainersuche ein größeres Gremium entscheiden wird, in dem auch Uli Hoeneß sitzt.

Geldverteilung nach dem Leistungsprinzip

Der ist in dieser Zeit mitverantwortlich für die wichtigste Weichenstellung im deutschen Männer-Profifußball. Als im Januar 1997 entschieden werden muss, wie 40 Millionen Mark Mehreinnahmen an die Klubs verteilt werden, lobbyiert Hoeneß für jenes Geldverteilungssystem, nach dem es heute noch funktioniert. Hoeneß, Rummenigge und Beckenbauer nutzen dabei mutmaßlich aus, dass zum Zeitpunkt der Entscheidung eine kommunikative Eiszeit zwischen der Spitze des FC Bayern und dem Vorsitzenden des Liga-Ausschusses, Gerhard Mayer-Vorfelder herrscht. Am Ende boykottiert Hoeneß sogar mit großer Geste die Managertagungen der Liga.

Hintergrund der Auseinandersetzung ist Paragraf elf in den Spielerverträgen. Von den 36 Profivereinen hatten sich 35 darauf geeinigt, keinen Spieler abzuwerben, bei dem dieser Paragraf gezogen wird. Nur der FC Bayern macht nicht mit. Rummenigge echauffiert sich, die Bayern würden von Mayer-Vorfelder wie die »Deppen der Nation« behandelt, Beckenbauer nennt den Paragraf elf »den dümmsten aller Paragrafen«, und Uli Hoeneß spricht vom »neuen Feindbild Mayer-Vorfelder«.

Warum sich die Bayern-Verantwortlichen so positionieren? Vermutlich geht es um die Verpflichtung von Giovane Elber. Den wollen die Bayern als Nachfolger von Jürgen Klinsmann vom VfB verpflichten, bei dem Mayer-Vorfelder Präsident ist. Mit einer Zustimmung zum Solidarpakt der Liga hätte dieser Wechsel aber nicht stattfinden können.

Vordergründig sind der Streit um Paragraf elf und die TV-Geldverteilung zwei getrennte Sachverhalte, mindestens zeitlich stehen sie aber im Zusammenhang. Bei einem »Friedensgipfel« sprechen sich die Verantwortlichen aus, Hoeneß gibt bekannt, seinen Boykott der Managertagungen zu beenden. Vor diesem Treffen hatte Fritz Scherer gefordert, die 40 Millionen Mark Mehreinnahmen leistungsbezogen zu verteilen und genau das wird jetzt beschlossen. Vor allem der FC Bayern und Borussia Dortmund profitieren davon, wer in der Tabelle auf dem ersten Platz liegt, bekommt pro Spieltag das 18-Fache des Letztplatzierten.

Die Spreizung der Vermögensverteilung zwischen den Vereinen, wie wir sie heute kennen, geht auf diesen Beschluss zurück. Schon damals sehen das viele kritisch. Die Liga bestehe nicht aus vier, sondern 18 Vereinen, sagt etwa Klaus Hilpert, Manager des VfL Bochum. Die Schere zwischen den großen und den kleinen Klubs dürfe nicht noch weiter auseinanderklaffen. Ähnlich äußern sich seine Kollegen Karl-Heinz Wildmoser vom TSV 1860 München, Heinz Weisener vom FC St. Pauli und Achim Stocker vom SC Freiburg. Immer wieder wird bei Debatten zur TV-Geldverteilung damit argumentiert, die Vereine hätten das System selbst so beschlossen. Das ist korrekt. Aber schon damals geschieht das gegen den Willen einiger kleiner Vereine, die genau haben kommen sehen, was diese Veränderung für sie bedeutet.

Auf Grundlage dieser Entwicklung werden sich die wirtschaftlichen Kräfteverhältnisse zwischen den Klubs über die nächsten Jahrzehnte hinweg verschieben. Ab jetzt geht es nicht mehr nur darum, wer bei Sponsoren, Zuschauereinnahmen oder im Merchandising große Sprünge macht, sondern auch um das Abschneiden in der Tabelle, das sich direkt in Einnahmen aus dem immer größer werdenden Topf des TV-Geldes übersetzt.

Hoeneß bringt Hitzfeld den Kaffee

Angesichts der irren Zahl von 17 internationalen Nationalspielern in der Mannschaft vor der Saison 1998/99 fragt der ›Kicker‹: »Geht das gut?« Es geht gut. Weil Hitzfeld seine Spieler nicht nur sportlich weiterentwickelt, sondern mit seinem Führungsstil auch im Griff hat. Mit Geldstrafen selbst für Führungsspieler baut Hitzfeld Hierarchien ab, die sich in den Vorjahren gebildet hatten. Zudem wechselt er von Spiel zu Spiel auf mehreren Positionen seine Startelf, was zunächst noch überraschend für seine Profis ist. Weil jeder Aussortierte aber wieder seine Chance bekommt und der Erfolg stimmt, funktioniert die Rotation, die Hitzfeld eher notgedrungen wegen der Qualität im Kader eingeführt hatte.

Im Verhältnis zur Vereinsspitze kommt noch eine dritte Eigenschaft Hitzfelds hinzu, die ihn von seinen Vorgängern abhebt: Er verhält sich äußerst diplomatisch. Ob öffentliche Kritik von Hoeneß sein Leben nicht schwerer mache, fragt der ›Kicker‹. Der habe schon das richtige Gespür für die Situation, antwortet Hitzfeld. »Uli Hoeneß handelt immer zum Wohle des Vereins, das haben wir zu akzeptieren.« Kritischer wird es nicht, wenn er etwas über die Vereinsbosse sagt. Die Wertschätzung besteht gegenseitig, schon in der Winterpause bezeichnet Hoeneß den neuen Trainer als »Mann des Jahres«.

Hoeneß ist derjenige aus der Vereinsspitze, der am engsten an Mannschaft und Trainer dran ist. »Er saß immer auf der Bank. Nicht weil er das brauchte, sondern weil er ein Gefühl dafür haben wollte, wie ein Trainer während des Spiels reagiert. Ob die Chemie zwischen Mannschaft und Trainer stimmt«, erklärt Markus Hörwick. Hoeneß ist der Seismograf für Spannungen zwischen Trainer und Mannschaft. Für die Übungsleiter des FC Bayern wird er damit zur wichtigsten Person der Führungsriege. Als Hitzfeld bei den Bayern beginnt, fragt er Thomas Helmer, den er noch aus seiner Dortmunder Zeit kennt, worauf er achten müsse. Dessen Antwort: »Solange Uli Hoeneß Ihnen Kaffee bringt, ist alles okay. Aber wenn Sie ihn mal selbst holen müssen, dann wird's eng für Sie!«

Spielidee, Führung der Mannschaft, Umgang mit der Vereinsspitze, Verhältnis zu Uli Hoeneß. Vier unterschiedliche Trainer hat es gebraucht, seitdem Heynckes Bayern verlassen musste, bis mit Ottmar Hitzfeld wieder jemand bei den Bayern arbeitet, der alle diese Kriterien erfüllt.

Vermarktungsagenturen im deutschen Fußball

Sportlich dominiert seine Mannschaft die Liga in einer beängstigenden Art und Weise. Bayern liegt so weit vor allen Verfolgern, dass Hitzfeld sogar im Duell mit dem BVB viele Spieler für das Halbfinale in der Champions League schonen kann. 20 Zähler Vorsprung auf Dortmund bedeuten, dass der einzige Verein sportlich abgehängt ist, der ökonomisch mit den Bayern Schritt halten kann.

Der BVB zittert sogar um die Qualifikation für die Champions League, gewinnt von 17 Auswärtsspielen nur zwei. In dieser sportlich brisanten Phase gibt Dortmund bekannt, mit der Ufa Sports einen spektakulären Deal abgeschlossen zu haben: Die übernimmt beim BVB die Vermarktung bis 2008 und investiert dafür 50 Millionen Mark als »Soforthilfe für den Wettbewerb auf dem Spielermarkt«, wie es der ›Spiegel‹ formuliert.

Partnerschaften wie die zwischen dem BVB und der Ufa sind ein Trend der späten 1990er. Von 18 Erstligisten sind 14 in irgendeiner Form an die Agenturen von TV-Rechteinhabern gebunden. Neben der Ufa Sports, hinter der Bertelsmann steht, sind zudem die ISPR, ein Unternehmen, das zur Hälfte der Kirch-Gruppe und dem Springer-Konzern gehört, sowie SportA, eine Agentur von ARD und ZDF, im Fußball aktiv. Ihr Geschäftsmodell: Sie bieten den Vereinen Unterstützung bei der Vermarktung an und sichern sich dafür den Zugriff auf TV-Rechte und/oder Beteiligungen an Merchandise-Verkäufen. Kennzeichen ist oft eine lange Vertragslaufzeit sowie eine Einmalzahlung zu ihrem Beginn.

In der Bundesliga besonders engagiert ist vor allem die Ufa Sports mit ihrem Geschäftsführer Bernd Hoffmann. Weltweit vermarktet sie mehr als 250 Klubs und 50 Nationalmannschaften. Hierzulande ist sie neben Dortmund vor allem beim HSV und Hertha BSC tief verankert.

In Hamburg hat sich die Bertelsmann-Tochter Ufa Sports für zehn bis 15 Jahre Vermarktungsrechte gesichert – von Werbung auf der Eintrittskarte über die Stadionzeitung bis hin zur Vermietung der Logen. Dafür bürgt sie für einen dreistelligen Millionenbetrag, der zum Bau des neuen Stadions genutzt werden kann, und stellt 25 Millionen Mark für neue Spieler zur Verfügung. Ihr Ertrag sind zehn Prozent Provision an den Erlösen und eine Wertschöpfungskette, die so eng geknüpft ist, dass es BWLern Freudentränen in die Augen treibt: Im Extremfall wird auf einem Bertelsmann-Sender ein Spiel übertragen, das in einem von der Ufa mitfinanzierten Stadion stattfindet, in dem jede Werbefläche von der Ufa vermarktet wird, bei dem ein mit Geld von der Ufa geholter Stürmer die Tore schießt.

In Berlin rettet der Rechtevermarkter wiederum 1994 Hertha BSC vor dem Konkurs und erhält im Gegenzug sämtliche Vermarktungs- und Merchandisingrechte bis zum Jahr 2003. An allen Vermarktungserlösen ist die Ufa Sports mit sage und schreibe 40 Prozent beteiligt. Vor allem Vereine, die wirtschaftlich und sportlich darben, sind für die Vermarkter interessant. Mit geringen Investitionen kann hier sportlicher Erfolg generiert werden, der zu hohen Erlösen führt. Hertha BSC steigt zum Beispiel nach dem Einstieg der Ufa Sports auf und zählt inzwischen zu den Topmannschaften.

Aber wie das bei Investoren so ist: Dem Zufall überlassen will die Ufa Sports nichts. Sowohl bei der Hertha als auch dem HSV sitzen ihre Mitarbeiter in Geschäftsstelle und Vereinsgremien. Was zu Widerstand in der Liga führt. »Ich halte es für gefährlich, wenn in Hamburg oder Gütersloh darüber entschieden wird, wohin die Punkte gehen«, sagt Uli Hoeneß zu dieser Entwicklung. Dahinter steht ein Gedankenexperiment wie dieses: Ein Klub steht im Mittelfeld der Tabelle, einer steckt im Abstiegskampf. Am Saisonende treffen sie aufeinander. Hinter beiden steckt derselbe Vermarkter, der ein Interesse daran hat, weiter zwei Erstligisten und nicht nur einen unter Vertrag zu haben. Ist es ausgeschlossen, dass es hier zu Absprachen kommt?

Im April 1999 erlässt der DFB deshalb die Regelung, dass ein Wirtschaftsunternehmen nicht bei mehreren Vereinen gleichzeitig in Gremien sitzen dürfe. Das ist schon die zweite rote Linie, die der Verband innerhalb weniger Monate für Investoren zieht. Schon im Herbst 1998, als es darum ging, die Umwandlung von Vereinen in Kapitalgesellschaften zu erlauben, kam das Thema der Mitbestimmung von Investoren auf den Tisch. Der damalige DFB-Präsident Egidius Braun gab dem Drängen der Vereine nach, forderte aber: »Der Fußball muss das Sagen behalten!« Man einigte sich darauf, dass 51 Prozent immer dem Verein gehören müssen, die Geburtsstunde der bis heute gültigen »50+1-Regel«.

Wegen 50+1 können Vermarkter wie die Ufa Sports oder ISPR die Geschicke eines Vereins nie vollständig übernehmen. Was die Regel aber nicht verhindern kann, ist eine Abhängigkeit der Vereine von ihren Vermarktern, die sich bei manchen über Jahrzehnte zieht. Denn vor allem aus zwei Gründen ist es sehr verlockend, mit solchen Agenturen zusammenzuarbeiten: kurzfristige Liquidität und der Zugang zu einem Netzwerk, den die Vereine damals noch nicht haben. Oder wie es ein ehemaliger Bundesliga-Manager formuliert: »Woher soll ich Ende der 1990er den Ansprechpartner für Werbung bei Edeka kennen?«

Oberflächlich betrachtet profitieren die Vereine von Verträgen mit Vermarktern, die Kosten für sie können im Bestfall durch steigende Erlöse übertroffen werden. Was den Klubs aber vorenthalten bleibt, ist der Aufbau von Know-how im eigenen Haus. Weil viele zudem die Einnahmen bei Vertragsabschluss schnell ausgeben, kommen sie bei den Gesprächen über eine Vertragsverlängerung leicht in eine missliche Lage: Kann man es sich leisten, die Vermarktung selbst zu machen, oder ist es nicht doch einfacher, für ein bisschen mehr Provision den Vermarktungsdeal zu verlängern? Gerade weil im Fußball Entscheidungsträger oft nicht sehr lange im Amt sind, ist die Antwort auf diese Frage bei vielen Vereinen dieselbe. Das beginnt in den 1990ern und zieht sich bis heute. Laut der Sportsponsoringseite Sponsoo vermarkten sich im Jahr 2022 weniger als die Hälfte der Bundesligisten selbst. Die anderen haben ihre Vermarktung weiter an Agenturen ausgelagert, fast alle an Unternehmen, die auf Ufa Sports und ISPR zurückgehen.

Solange der Fußball wächst, profitieren alle. Und die Grundlage für dieses Wachstum legen die Mutterkonzerne der Vermarkter mit ihren TV-Übertragungen selbst. Wurden im Jahr 1993 noch rund 2800 Stunden Fußball im Fernsehen übertragen, hat sich dieser Wert bis 1998 auf 5400 Stunden fast verdoppelt. »Der gesamte Marketingbereich im Fußball würde wie ein Kartenhaus zusammenfallen, wenn das Fernsehen nicht mehr dabei wäre«, schreibt Reiner Calmund 1999 in einem Werk zur Zukunft des Fußballs.

In Zeiten der Krise zeigt sich aber, dass das Risiko nicht bei den Rechteinhabern und Vermarktern liegt, sondern bei den Vereinen. Als sich 1999 bei Borussia Mönchengladbach ein Abstieg anbahnt, kündigt die Ufa kurzerhand den Vermarktungsvertrag und erhöht damit den wirtschaftlichen Druck auf den Verein.

Der FC Bayern gehört zu den wenigen Vereinen, die sich selbst vermarkten. Zwar darf die Ufa für ein paar Jahre die Bandenwerbung im Olympiastadion vermarkten, für Hoeneß ist das aber nicht der Beginn, sondern das Ende einer Kooperation. »Als wir dann das Know-how hatten, da haben wir es selbst gemacht.« Damit erzielt Bayern nach eigenen Angaben 50 Prozent mehr Einnahmen als aus dem Ufa-Vertrag an den Verein geflossen war.

Während sich der größte Konkurrent Borussia Dortmund bis 2008 an die Ufa Sports bindet, freut sich Hoeneß über die

Unabhängigkeit von solchen Zwischenhändlern. Eine Kooperation wäre er nur zu exorbitanten Summen eingegangen. Als 1997 die ISPR von Springer und Kirch anfragt, verlangt Hoeneß einen so hohen Betrag, dass sich die beiden Gesellschafter nicht einigen können. Dasselbe macht er mit der Ufa Sports im gleichen Jahr, wie der ›Spiegel‹ schreibt: »Die Ufa lehnte ab und trug damit zu Hoeneß' Erheiterung bei: ›Bei diesem Konzern‹, feixt der Manager, ›sind sie es nicht gewohnt, dass einer sagt, was er sich vorstellt. Normalerweise gehen die nur zu dem, der am Boden liegt.‹ Die Ufa ging zu Borussia Dortmund.«

Fußball in einer Scheinwelt

Die zweite Hälfte der 1990er ist die »Als-ob«-Phase des deutschen Männerfußballs. Zunächst einmal sportlich: Der Europameistertitel und Bayerns Uefa-Cup-Sieg 1996 sowie die Titel für Dortmund und Schalke in Champions League und Uefa-Cup 1997 suggerierten eine sportliche Stellung im europäischen Fußball, die Deutschland nicht hatte. Taktisch bewegte sich wenig und im Bereich der jungen Talente noch weniger. Dafür reicht ein Blick auf die Kader der großen Nationen bei der WM 1998.

Was haben diese Spieler gemeinsam: David Beckham, Michael Owen, Gary Neville, Thierry Henry, David Trezeguet, Alessandro Del Piero, Patrick Kluivert, Clarence Seedorf, Raul und ein gewisser Ronaldo? Sie alle haben in ihren Teams bei dieser WM nicht nur eine wichtige Rolle gespielt, sondern sind zudem später geboren als der jüngste WM-Teilnehmer der Deutschen, Jens Jeremies. Der deutsche Fußball hatte ein immenses Nachwuchsproblem, vermutlich wurde deshalb der Dortmunder Lars Ricken zu einer Art Heilsbringer stilisiert.

Auch wirtschaftlich gesehen gibt es ein »Als-ob«. Die 1990er-Jahre sind für die Bundesligisten wie ein Rausch. Allein die Einnahmen aus dem Ticketing verdoppeln sich zwischen der Saison 1990/91 und der Saison 1998/99 auf 239 Millionen Mark.

Und die wichtigste Einnahmequelle ist Ende der 1990er das TV-Geld: 325 Millionen Mark nehmen die Bundesligisten zur Saison 1998/99 ein, vor allem das Pay-TV hat immens an Bedeutung gewonnen. Rechnet man die Einnahmen aus Ticketing, TV, Trikotsponsoring und Merchandise zusammen, dann leben die Bundesligisten scheinbar in einem Schlaraffenland: Rund 800 Millionen Mark fließen in der Saison 1998/99 in ihre Kassen, Anfang der 1990er waren es nicht mal 200 Millionen. Der deutsche Fußball ist wirtschaftlich explodiert, dass am Ende des Jahrzehnts selbst Kapitalgesellschaften der Spielbetrieb erlaubt wird, erscheint wie eine logische Konsequenz.

Besonders im Kontext seiner Zeit: Als am 18. November 1996 die Telekom an die Börse geht, löst das bei den bisher eher muffeligen deutschen Anlegern eine wahre Aktieneuphorie aus. 713 Millionen Aktien werden verkauft, fünfmal so viele nachgefragt. Angespornt von einer rund 100 Millionen Mark teuren Marketing-Kampagne um den Schauspieler Manfred Krug, investieren erstmals auch Kleinanleger in Aktien, fast zwei Millionen sind es zum Start. Und weil die Kurse steigen, werden es immer mehr. Zwischen 1995 und 1999 legen allein die Unternehmen im Dax 30 um über 140 Prozent in ihrem Wert zu. Wer das Geld, das er verdient, nicht an der Börse »für sich arbeiten lässt«, scheint eine große Chance zu verpassen.

Befeuert wird dieses Klima vom Siegeszug des Internet. In den 1990ern wandelt es sich von einem Experteninstrument für Militär und Wissenschaft zu einem für jeden nutzbaren Raum. Webbrowser werden geboren, Mitte des Jahrzehnts starten die ersten Suchmaschinen. Im Jahr 1993 gibt es rund 58 000 Internetdirektanschlüsse in Deutschland, bis 1998 steigt diese Zahl auf 1,3 Millionen. Ein eigener Wirtschaftsbereich entsteht, die sogenannte »New Economy«, die scheinbar grenzenlos wächst. Was sich in Deutschland am »Neuen Markt« ablesen lässt, der 1997 eingeführt wird und noch rapider nach oben schnellt als der Dax.

Es ist kein Zufall, dass der ›Kicker‹ 1992 die »Bundesliga Börse« einführt, in der er alle Spieler der Bundesliga nach zehn Kriterien bewertet und daraus einen Börsenkurs für jeden einzelnen errechnet. Es entsteht eine Rangliste aller Bundesligaspieler von Platz eins mit Stephane Chapuisat bis Platz 356 mit Juan Cayasso von den Stuttgarter Kickers.

Aber sowohl in der freien Wirtschaft als auch im Fußball kaschiert die Begeisterung über steigende Gewinne darunterliegende Probleme. Während sich die Einnahmen in den 1990ern mehr als vervierfachen und der Umsatz der Bundesliga an der Milliarden-Grenze kratzt, steigt auch die Verschuldung der Vereine auf 600 Millionen Mark im Jahr 1999. Wohin ist das ganze Geld geflossen?

Vor allem die Spieler- und Trainergehälter sind stark gestiegen. Selbst wenn es oft heißt, das Bosman-Urteil habe dafür gesorgt: Schon vor 1995 hatte diese Entwicklung begonnen. Ein Beispiel dafür ist die Karriere von Andreas Buck, die im Buch ›Turbo‹ nacherzählt wird. Während er 1990 noch das Angebot annimmt, das ihm der VfB mit Manager Dieter Hoeneß vorschlägt, hat er sich für seine Vertragsverlängerung 1994 einen Spielerberater besorgt, zum Entsetzen des Managers. Der setzt gegen eine Provision von 10 000 Mark durch, dass jede von Bucks Forderungen erfüllt wird. Das alles passiert vor Bosman, der Richterspruch ist also eher Öl in ein schon loderndes Feuer.

Spielergehälter, Handgelder und Provisionen für Spielerberater steigen immens. Im Jahr 1994 beträgt das Jahresgehalt von Buck 400 000 Mark. 2001 beläuft sich allein das Handgeld, das er für eine Vertragsverlängerung beim 1. FC Kaiserslautern bekommt, auf 500 000 Mark. Diese Entwicklung hat sich bis zur Corona-Pandemie fortgesetzt: Seit Bosman sind die Gehälter der Spieler bis 2020 um das Zehnfache, die Transferausgaben der Vereine um das 14-fache gestiegen.

Jean-Marc Bosman selbst hat davon nie profitiert. Von seiner Abfindung ist ihm nach dem jahrelangen Prozess nichts geblieben, im Fußball galt er als Persona non grata. Bosman lebt heute von Sozialhilfe, aktuelle belgische Nationalspieler erkennen ihn nicht, wenn sie mit ihm sprechen.

Sein Prozess hat aber nicht nur den Spielern mehr Macht verschafft, sondern auch die Kaderstruktur vieler Vereine verändert. Ohne EU-Ausländerbeschränkung öffnet sich die Tür für einen sportlichen und wirtschaftlichen Vorteil durch gutes Scouting in anderen Ländern. Zunächst gehen nur wenige Bundesligisten diesen Schritt konsequent, der SC Freiburg ist da eine Ausnahme.

Auch hier bietet sich für Spielerberater die Möglichkeit, mitzuverdienen, vor allem in von den Bundesligisten weniger gut beobachteten Regionen. Gemeinsam mit den Vermarktungsagenturen stehen sie stellvertretend für eine Peripherie, die am Wachstum des Fußballs mitverdient. Von Zeitungen, die sich vor allem über den Sportteil verkaufen, bis hin zu Dienstleistern, die in den neu geschaffenen Logen für Catering sorgen, wächst die Zahl der Profiteure an der boomenden Unterhaltungsindustrie Fußball.

Dabei sinkt auch im Fußball die Bedeutung der »Old Economy«. Ob ein Traditionsverein wie Borussia Mönchengladbach Ende der 1990er zum ersten Mal in seiner Geschichte absteigt, ändert kurzfristig nichts am Geld, das mit der Bundesliga zu verdienen ist. Diese Feststellung mag Widerstand bei Fans und manchen Verantwortlichen erzeugen, aber mit der zunehmenden Fernsehpräsenz des Produkts Bundesliga verändert sich mitunter die Relevanz einzelner Vereine. Wo früher die Größe des Zuschaueraufkommens über wirtschaftlichen Erfolg entschieden hat, tun das nun indirekt Quoten, die viel weniger sichtbar sind. Für sich genommen wird damit fast jeder Verein der ersten Liga austauschbar, solange die Mehrheit der übrigen Mannschaften bleibt.

Die zweite Hälfte der 1990er, mit der Allgegenwart des Fußballs im Fernsehen und der wachsenden Bedeutung von Bezahlfernsehen, legt dafür die Grundlage. Obwohl zwischen 1996 und 1999 mit dem 1. FC Kaiserslautern, Eintracht Frankfurt und dem 1. FC Köln drei Gründungsmitglieder der Bundesliga und mit Borussia Mönchengladbach ein Urgestein, das seit 1965 mit dabei ist, zum ersten Mal in ihrer Geschichte absteigen, ändert das nichts am Aufschwung des Produkts Bundesliga. Wie irrelevant Bekanntheit und Größe eines Vereins inzwischen sind, wird sehr viel später am Extrembeispiel TSG Hoffenheim bewiesen werden. Der Dorfverein, der mithilfe eines Milliardärs bis in die erste Liga vorstößt, kann weder eine nennenswert große Fanbasis noch eine Tradition im Profifußball aufweisen. Wirtschaftlich geschadet hat es der Bundesliga aber nicht, dass dort inzwischen im 15. Jahr ein Verein mitspielt, dessen überregionale Bedeutung marginal ist.

Die Einnahmen aus Fernsehübertragungen entwickeln sich in der zweiten Hälfte der 1990er zur wichtigsten Einnahmequelle, das ist aber nur eine von mehreren Weichenstellungen, die bis in die heutige Zeit hineinreichen. Hinzu kommen die Öffnung der Bundesliga für Investoren, die 50+1-Regel und das Leistungsprinzip bei der Geldverteilung innerhalb der Liga.

Uli Hoeneß hat auf diese entscheidenden Veränderungen oft als Erster reagiert und den deutschen Fußball zugunsten des FC Bayern verändert. Seine Rolle ist nur etwas schwieriger zu erkennen als beim Einzug des Privatfernsehens, den er lautstark angekündigt hat. Aber sowohl auf das Bosman-Urteil als auch das Drängen der Vermarktungsagenturen in den deutschen Fußball war er vorbereitet und hat den FC Bayern positioniert, während er gleichzeitig Merchandising und Trikotverkäufe angekurbelt hat.

Sein Vorteil war dabei, dass der FC Bayern einen viel größeren Markt hat als nur die direkte Umgebung von München. Bis heute ist eine seiner Lieblingsgeschichten die vom Bayern-Fanshop in Oberhausen. In den ersten Jahren habe der Verluste gemacht, aber Hoeneß wollte ihn unbedingt behalten. Einfach weil er vor der Nase von Schalke und Dortmund liegt. Inzwischen erzielt selbst dieser Laden einen siebenstelligen Umsatz. Schon im Jahr 1996 wird ihm der deutsche Markt fast zu klein: »Wir wollen keine Bayerntümelei, wir sind ein Münchner Verein für alle Deutschen und, wenn man so will, auch für alle Ausländer.«

Hoeneß orientiert sich an anderen Ligen, Vereinen und Sportarten. »Ich bin wie ein Schwamm«, sagt er über sich selbst. In den 1990ern sieht er, wie die anderen Ligen die Bundesliga wirtschaftlich abzuhängen drohen. Zwischen 1995 und 1998 geben die Vereine der italienischen Serie A rund 230, die spanische Primera Division rund 290 und die englische Premier League sogar über 400 Millionen Euro mehr für neue Spieler aus, als sie durch Verkäufe wieder einnehmen. Der Saldo aller Bundesligisten für diese Zeit liegt bei nicht mal 60 Millionen Euro.

Während es Anfang des Jahrzehnts noch vorstellbar war, dass Bayern sich einen europäischen Topstürmer wie Gullit nach Deutschland holt, wird das immer unwahrscheinlicher. Auch wenn viele der Topvereine für ihre Ausgaben Schulden anhäufen, verschieben sich europäisch gesehen die wirtschaftlichen Verhältnisse zu Ungunsten des FC Bayern.

Umso höher schlägt das Herz von Uli Hoeneß im Frühjahr 1999, als der FC Bayern mit Hitzfeld erfolgreich durch alle Wettbewerbe segelt und sogar das Triple aus Meisterschaft, DFB-Pokal und Champions-League-Titel möglich ist.

Kapitel 11

Liebe und Hass

1999–2001

Als der FC Bayern im April 1999 ins Finale der Champions League einzieht, ist Hoeneß selig. »Für mich hat sich ein Traum erfüllt«, sagt er, »wir haben es geschafft – und zwar auf einer soliden wirtschaftlichen Basis!« Gegen Hertha BSC macht Bayern am 31. Spieltag die Meisterschaft klar. Dann richten sich alle Augen nach Barcelona, wo am 26. Mai 1999 das Finale der Champions League stattfindet.

Ihren Gegner kennen die Bayern gut: Zweimal haben sie in dieser Saison schon gegen Manchester United mit Coach Alex Ferguson in der Gruppenphase gespielt, beide Male endete die Partie unentschieden. Das Finale bietet beiden Vereinen eine historische Chance: United hat sowohl die Meisterschaft als auch den FA-Cup gewonnen, Bayern neben dem Meistertitel noch die Chance auf den Gewinn des DFB-Pokals. Der Traum einer perfekten Saison schwebt über den Spielern.

Was bei manchem zu einer höchst eigenartigen Vorbereitung auf das Finale führt. Jahre später erzählt Mario Basler, morgens um vier Uhr vor dem Spiel noch an der Bar im Hotel gesessen zu haben. Beim zehnten Bier sei Hoeneß zu ihm gekommen und habe ihm gedroht, er dürfe im Finale nicht spielen. Basler soll geantwortet haben: »Dann können wir auch nicht gewinnen.«

Genau jener Zehn-Bier-Basler ist es dann, der in der sechsten

Minute einen Freistoß vom Strafraumrand ins Tor schießt. Bayern führt mit 1:0 und das nicht gegen irgendeinen Gegner. Manchester United sei der einzige Verein in Europa, der von der Konzeption her besser wäre als der FC Bayern, sagt Uli Hoeneß. Mit 250 Millionen Mark setzen die Engländer über 50 Prozent mehr um als die Bayern, Hoeneß gerät angesichts der Einnahmen aus Catering, TV-Vermarktung und Merchandising richtig ins Schwärmen. Für ihn symbolisiert United einen modernen Klub mit Ausrichtung auf ein internationales Publikum.

Rupert Murdoch kommt nach Deutschland

Während in Deutschland die Rechteinhaber mit Vermarktungsagenturen bei den Vereinen mitverdienen, steht Manchester United für einen Versuch, der noch weiter geht. Weil die Gefahr besteht, dass in Zukunft die Vereine ihre TV-Verträge einzeln aushandeln, versucht der australisch-amerikanische Medien-Tycoon Rupert Murdoch, den Verein zu übernehmen. Er will 1,8 Milliarden D-Mark für das an der Börse notierte United bezahlen. Sein italienischer Freund Silvio Berlusconi hat ihm das geraten. Dem gehören ebenfalls TV-Sender und Zeitungen sowie der AC Mailand. Der Versuch dieser feindlichen Übernahme versetzt ganz England in Aufregung. Sie scheitert letztlich, aber zeigt, welch irrsinnige Summen international schon aufgerufen werden, und damit, an welchen Zahlen sich Uli Hoeneß orientiert.

Was das mit dem deutschen Fußball zu tun hat? Drei Wochen vor dem Champions-League-Finale schockt Murdoch den deutschen Fernsehmarkt, indem er sich die Rechte an der Champions League sichert und damit RTL aussticht. Für die nächsten Jahre wird dieser Wettbewerb beim bisher als »Frauenkanal« titulierten Sender tm3 zu sehen sein. Hoeneß nennt diese Überraschung den »größten Tag in der Geschichte des Profifußballs«, weil Sat 1 und RTL jetzt umso mehr für die Bundesliga bieten müssten. »Das Kartell ist gebrochen«, jubelt er.

Drei Minuten in Barcelona 1999

Sportlich sieht es im Finale so aus, als hätte Bayern gegenüber United die Nase vorne. Nur das zweite Tor will einfach nicht fallen. Carsten Jancker trifft die Latte, Mehmet Scholl den Pfosten. Die reguläre Spielzeit ist vorbei, drei Minuten Nachspielzeit gibt es. Noch einmal erspielt sich United eine Ecke, die englischen Fans feiern sie frenetisch. Uniteds Torhüter Peter Schmeichel kommt mit in den Strafraum, wie ein Frosch hüpft er in seinem grünen Trikot am Ball vorbei, Thorsten Fink will den Ball aus dem Strafraum schießen, trifft ihn aber nicht richtig, Giggs zieht aus der Distanz ab, Sheringham fälscht ins Tor ab, Ausgleich, Ekstase, Wiederanpfiff. Bayern taumelt, es gibt noch einmal eine Ecke, David Beckham zieht sie nach innen, Sheringham köpft, Solskjaer hält den Fuß hin, das Netz beult sich, am Pfosten steht Michael Tarnat und umklammert ihn ungläubig, als er versteht, was in Sekundenbruchteilen passiert ist: Bayern hat dieses Finale verloren.

»Es war vielleicht die bitterste Niederlage, die Uli Hoeneß und ich jemals erlebt haben«, erinnert sich Markus Hörwick. »Die Kabine in Barcelona ist die größte im europäischen Fußball. Eine Viertelstunde lang haben 40 Leute kein einziges Wort gesagt. Samy Kuffour stand heulend unter der eiskalten Dusche, der hat gar nichts mehr gespürt.« »Ich habe das noch nie erlebt: In der Kabine hat keiner was gesagt, gefühlt eine halbe Stunde lang. Das war richtig spooky«, erzählt Thomas Helmer.

Als Hörwick und Hitzfeld später auf dem Rückweg von der Pressekonferenz durch die verlassenen Katakomben des Camp Nou laufen, kommen ihnen zwei Gestalten entgegen: Sir Alex Ferguson und sein Pressesprecher. »Wir beiden Pressesprecher sind stehen geblieben und die Trainer aufeinander zugegangen, das war wie John Wayne in ›Zwölf Uhr Mittags‹. Dann standen sie sich gegenüber, sind sich in den Arm gefallen. Der eine wusste nicht, wie er Champions-League-Sieger geworden ist, der andere nicht, wie er das verloren hat. Aus diesem Moment ist eine tiefe Freundschaft entstanden.« Kein Finale hat den Bayern so wehgetan wie dieses. 103 Sekunden lagen zwischen 1:0 und 1:2.

Die »Mutter aller Niederlagen«, wie Journalisten das Endspiel gegen United nennen, hat unerwartete Folgen. Weil die Bayern vor allem in Person von Ottmar Hitzfeld die Niederlage mit Fassung tragen, wandelt sich das Bild des Vereins. »Das vermeintlich kaltherzige Profitunternehmen wurde von einer Welle der Sympathie erfasst, die vermutlich nicht größer gewesen wäre, wenn das Spiel gewonnen worden wäre«, schreibt Thomas Hüetlin, und Markus Hörwick stimmt ihm in der Rückschau zu. Uli Hoeneß habe das aber nicht gut gefunden, sagt Hörwick. »Der FC Bayern muss polarisieren«, soll er selbst nach dem Mitgefühl für die Niederlage gesagt haben.

Zumindest dieser Wunsch wird erfüllt. Statt dem Triple wird es nur das Single am Ende der Saison 1998/99. Gegen Werder verliert Bayern das DFB-Pokalfinale im Elfmeterschießen, Mario Basler fliegt dabei vom Platz und nach dem Spiel freuen sich vor allem Frank Rost und Andreas Herzog ausführlich über die Art des Sieges. Kurz nach dem Finale verabschiedet sich mit Willi Lemke einer der Widersacher von Hoeneß aus dem Fußball, er geht in die Bildungspolitik. Hoeneß ruft ihm öffentlich hinterher, die Schüler in Bremen täten ihm jetzt schon leid, einen so unfähigen Senator zu bekommen. »Da dachte ich: ›Warum hält er jetzt nicht mal das Maul?‹«, ärgert sich Lemke noch Jahre später. »Wäre er ein Großer gewesen, hätte er gesagt: ›Also, Willi Lemke, war eine harte Zeit mit dir, kann dich auch nicht leiden, aber jetzt wünsche ich dir für deinen weiteren Berufsweg alles Gute.‹«

Beim FC Hollywood läuft der Abspann

»Den FC Hollywood werden wir verhindern«, sagt Hoeneß zur Saison 1999/2000. Erstmals wird die Champions League mit 32 Mannschaften und zwei Gruppenphasen ausgespielt. Allein aus Deutschland sind mit Bayern, Vizemeister Leverkusen, Hertha BSC und Borussia Dortmund vier Vertreter dabei. Unter sportlichen Gesichtspunkten bedeutet die Reform vor allem eine höhere Belastung der Spieler. Hoeneß stockt den Kader deshalb auf, zum Teil unter abenteuerlichen Umständen: Als er Roque Santa Cruz in Paraguay verpflichten will, empfängt ihn dessen Vereinsboss mit einer Pumpgun unter dem Arm und fordert zehn Millionen Dollar, damals über 16 Millionen Mark. Hoeneß bleibt aber standhaft, berichtet vom mächtigen Vereinsbeirat der Bayern, in dem sogar der Ministerpräsident säße, und setzt eine um sechs Millionen Mark geringere Ablöse durch.

Hoeneß will Santa Cruz zum »Weltstar« aufbauen, der wird sich aber in seinen ersten Monaten bei Bayern sicher öfter gefragt haben, wo er da gelandet ist. Der FCB liegt zwischenzeitlich auf Platz 15 der Tabelle, Mario Basler feiert vor einem Spiel bis tief in die Nacht und muss 20 000 Mark Strafe zahlen. Währenddessen liefern sich Bixente Lizarazu und Lothar Matthäus im Training eine handfeste Auseinandersetzung und wenig später fällt erneut Mario Basler negativ auf, diesmal gemeinsam mit Ersatztorhüter Sven Scheuer. Die beiden beteiligen sich nachts in einer Regensburger Pizzeria an einer Schlägerei. Basler muss sich vor dem Präsidium erklären, nach einer halben Stunde Diskussion ist klar: Seine Zeit beim FC Bayern ist vorbei. Basler und Scheuer werden suspendiert. Also doch wieder FC Hollywood? Ganz so schlimm ist es nicht, wirkliche Interna dringen in dieser Phase nicht nach außen. Erst mit der Suspendierung der beiden und dem Abschied von Matthäus in Richtung Cosmos New York im März 2000 kehrt allerdings mehr Ruhe beim FC Bayern ein.

Kampf um die Zentralvermarktung

Bis dahin hat sich selbst der größte Aufreger auf Vereinsebene geklärt. Im Jahr 1999 muss ein neuer TV-Vertrag ausgehandelt werden, nur wie soll das passieren? Bisher hat der DFB die Verhandlungen geführt und die Erlöse verteilt. Allerdings ist nicht ganz klar, ob sich diese Praxis halten kann, denn im Dezember 1997 hatte der Bundesgerichtshof eine solche zentrale Vermarktung für den Uefa- und Super-Cup untersagt. Der Liga-Ausschuss rund um Gerhard Mayer-Vorfelder beantragt deshalb eine Ausnahme vom Kartellverbot bei der EU und bringt damit die Verantwortlichen des FC Bayern auf die Palme. Es ist der Auftakt für eine Belastungsprobe der Liga, wie es sie seit dem Bundesligaskandal nicht mehr gegeben hat.

Keine Einnahmequelle ist für die deutschen Fußballvereine so wichtig wie das TV-Geld. Nicht nur weil es jetzt schon mit 35 Prozent den größten Teil ihrer Einnahmen ausmacht, sondern auch weil bei anderen wichtigen Erlösquellen ein Wachstumsende erreicht zu sein scheint. Der Zuschauerschnitt hat sich eingependelt und damit die Einnahmen aus Ticketverkäufen, im Bereich des Merchandising hat selbst der FC Bayern laut Uli Hoeneß 1999 ein Plateau erreicht. Im Marketing steigen die Erlöse zwar noch, aber vor allem für die großen Vereine. Angesichts der hohen Schulden vieler Klubs steht damit einiges auf dem Spiel.

Ein Riss geht durch die Liga: Auf der einen Seite stehen 33 Vereine, die zumindest nach außen hin alle beim jetzigen System bleiben wollen, in dem die TV-Rechte aller Mannschaften gemeinsam verhandelt und das Geld anschließend verteilt wird. Auf der anderen Seite stehen Leverkusen, Dortmund und Bayern, die ihre TV-Rechte selbst aushandeln wollen und mit aller Macht versuchen, das bestehende System zu stürzen.

Sie sehen sich mit Blick auf andere Ligen im Hintertreffen. Egal ob in Italien, Spanien oder England: Überall verdienen die

Fußballvereine mehr Geld mit ihren TV-Rechten als in Deutschland. Zum Beispiel bekommt Juventus Turin allein vom Bezahlfernsehen 95 Millionen Mark pro Jahr und damit sechsmal so viel wie der FC Bayern mit rund 14 Millionen insgesamt. Italien scheint eine Art Vorbild für die Münchner zu sein, dort werden die Rechte für das Free-TV zentral und die des Pay-TV von jedem Verein einzeln verhandelt. Auf einer Ligatagung, die wegen des großen Andrangs spontan in ein Hotel verlegt werden muss, schlägt Uli Hoeneß dieses italienische Modell als Kompromiss für die Bundesliga vor. Er stößt damit auf Widerstand, unter anderem bei Willi Lemke.

Die ›Süddeutsche Zeitung‹ druckt ein Streitgespräch zwischen den beiden. »Bei Ihnen werden die Fernsehgelder bei einer dezentralen TV-Vermarktung explodieren, deshalb kämpfen Sie ja auch wie ein Löwe dafür«, sagt Lemke darin zu Hoeneß. »Aber für die Bundesliga wird es nicht gut sein. Es ist doch jetzt schon so, dass Vereine überlegen, ob sie selbst in die Türkei reisen und sich irgendwelche Fabrikationsstätten suchen, um ihre Trikots produzieren zu lassen, weil die Ausstatter scharenweise die Vereine verlassen.« In Lemke und Hoeneß personifizieren sich mal wieder die unterschiedlichen Perspektiven des deutschen Fußballs. Lemke bangt um die nationale Konkurrenzfähigkeit und die wirtschaftliche Gesundheit vieler Vereine. Hoeneß ist dieser Horizont zu eng. International habe man bald keine Chance mehr. »Wenn ich unseren Fans (...) erzähle, wir wollen uns nicht mehr an Real, an Manchester, an Liverpool, an Juventus Turin messen, sondern wir müssen schauen, dass wir uns Werder Bremen vom Hals halten, halten die mich für verrückt.«

Es kommt zu einer Art Showdown zwischen den Topklubs und den übrigen Vereinen, als Leverkusen und Bayern beim Lizenzantrag für die Saison 1999/2000 explizit den Paragrafen ausklammern, der dem DFB die Vermarktung der TV-Rechte garantiert. Der Theorie nach hätten sie dafür aus der Bundesliga geworfen werden können, erst das DFB-Schiedsgericht bereitet dem ein Ende. Beide Vereine drohen daraufhin mit einer Klage vor einem ordentlichen Gericht, und Uli Hoeneß wirft den anderen Bundesligisten Doppelmoral vor: Viele hätten für den Fall, dass die Einzelvermarktung kommt, ihre Rechte schon an die Ufa Sports verkauft und dafür bereits Gelder eingestrichen. Sie würden nur für die Öffentlichkeit auf der Zentralvermarktung beharren, so Hoeneß. Auch den aktuellen Pay-TV-Anbieter Leo Kirch setzt Bayern unter Druck, indem man laut darüber nachdenkt, keine Bilder von Heimspielen mehr zuzulassen.

Seit Januar 1999 zieht sich der Konflikt durch das Jahr, die Situation wirkt verfahren. Bis sie sich im November plötzlich in Wohlgefallen auflöst. Mit 35 Stimmen entscheiden sich die Vereine für die Zentralvermarktung, auch Bayern und Leverkusen sind nun dafür, einzig Borussia Dortmund enthält sich. Nach außen hin sieht es so aus, als habe ein Zugeständnis bei der Verteilung des TV-Geldes diesen Sinneswandel möglich gemacht: Ebenfalls beschlossen wird, dass ein viel größerer Anteil als bisher leistungsbezogen an die Vereine ausgeschüttet werden soll.

Was zu diesem Zeitpunkt niemand ahnt: Das ist nicht die ganze Wahrheit. Der FC Bayern hat seine Karten nicht offengelegt. Erst in einigen Jahren wird die Liga verstehen, was in diesem Herbst 1999 wohl wirklich passiert ist.

Das Wunder von Unterhaching

Uli Hoeneß startet in das neue Jahrtausend mit einer Auszeichnung, die ihm mutmaßlich viel bedeutet. In der Alten Oper in Frankfurt erhält er den Horizont Award als Mann des Jahres. Vor Hoeneß waren Persönlichkeiten wie Götz Werner, der Gründer der Drogeriemarktkette dm, Robert Raeber, Vorstandsvorsitzender von Nestlé, oder Michael Otto, der Vorstandsvorsitzende des gleichnamigen Versandhändlers, mit dem Preis ausgezeichnet worden. Etwas mehr als 20 Jahre nach seinem Beginn als 27-jähriger Manager ohne Vorerfahrung ist Hoeneß angekommen in den Spitzenkreisen der Wirtschaft. Seine Eltern haben diese Ehrung nicht mehr erlebt, ein Jahr zuvor sind sie beide innerhalb von Monaten verstorben. Aber wie schon sein 20-jähriges Dienstjubiläum, kurz vor dem Champions-League-Finale, lädt dieser Preis dazu ein, sich den Weg von Uli Hoeneß zu verdeutlichen. Vom Metzgerssohn aus Ulm zum deutschen Topmanager.

Sportlich steuert die Saison auf ein spannendes Finale zu. Während Dortmund mit Udo Lattek und Matthias Sammer auf der Trainerbank gegen den Abstieg kämpft, liefert sich Bayern mit dem von Christoph Daum trainierten Leverkusen ein Kopf-an-Kopf-Rennen. Im Pokalfinale revanchieren sich die Münchner bei Werder Bremen für die Niederlage im Vorjahr, in der Champions League scheiden sie gegen Real Madrid aus. Mit der Meisterschaft gibt es deshalb nur noch einen weiteren Titel zu gewinnen, doch selbst dafür sieht es schlecht aus. Drei Punkte Rückstand haben die Bayern vor dem letzten Spieltag auf Leverkusen, das nur noch bei Aufsteiger Unterhaching antreten muss. Zehn Prozent Chancen auf den Titel würden die Bayern haben, sagt Ottmar Hitzfeld vor dem Spiel. Dann steigt der Showdown, parallel in München und zwölf Kilometer entfernt in Unterhaching.

Auf alles hatte Christoph Daum seine Mannschaft vorbereitet, erinnert er sich in seiner Biografie, nur auf einen Rückstand nicht. Während die Bayern in ihrem Heimspiel gegen Werder Bremen nach 16 Minuten schon mit 3:0 führen, spitzelt Michael Ballack eine harmlose Flanke ins eigene Tor. Leverkusen ist wie paralysiert, Daum wirkt versteinert. Statt der ersten Meisterschaft für Leverkusen gibt es Tränen. Als Markus Oberleitner in der 72. Minute das 2:0 köpft, jubelt das Münchner Olympiastadion noch lauter als der Sportpark in Unterhaching. Bayern ist Meister und das gegen jede Wahrscheinlichkeit.

Vor dem Spiel hatte Hoeneß den Hachinger Spielern noch »Weißwürste bis zum Abwinken« für einen Sieg versprochen, nach dem Schlusspfiff richtet er sich am Mikrofon von Premiere zuerst an Christoph Daum: »Heute tut er mir leid, da ist keine Schadenfreude dabei.« Daum nimmt ihm das ab, spricht heute noch von einer »unheimlich großen Geste«. Am selben Abend ruft Hoeneß Leverkusens Manager Reiner Calmund mit einer ähnlichen Botschaft an.

Auf den Tag genau vor einem Jahr hatten die Bayern ihre bitterste Niederlage erlebt. Jetzt sitzen andere schweigend in ihrer Kabine. Es scheint so zu sein, als würde in dieser Phase nichts den FC Bayern und Uli Hoeneß ins Wanken bringen können und es nie wieder ein so spannendes Saisonfinale geben. Beides wird sich innerhalb von einem Jahr als falsch herausstellen.

Bundestrainer Daum mit Hoeneß' Segen

Entscheidend dafür ist unter anderem ein sportlicher Offenbarungseid. Die deutsche Männer-Nationalmannschaft befindet sich in einem bemitleidenswerten Zustand, der englische ›Daily Telegraph‹ schreibt von der »wohl schlechtesten deutschen Mannschaft seit Menschengedenken«. Als amtierender Titelträger wird Deutschland Tabellenletzter in seiner Gruppe der Europameisterschaft und verliert sogar gegen eine B-Elf Portugals mit 0:3. Schon mit dem Schlusspfiff kursieren die ersten Namen von Trainern, die den erfolglosen Erich Ribbeck beerben könnten.

Als Favorit kristallisiert sich Christoph Daum heraus. Der würde gerne Bundestrainer werden, bekommt aber von Manager Reiner Calmund und dem Bayer-Konzern keine Freigabe. Sie versüßen ihm diese Absage mit einer Vertragsverlängerung. Calmund und Daum fertigen daraufhin ein Statement an, in dem sie verkünden, dass Daum nicht für den Nationaltrainerposten zur Verfügung steht. Bewaffnet mit dieser Presseerklärung machen sie sich auf den Weg zu einer Villa in der Nähe von Köln. Nach den schlechten Erfahrungen bei der letzten Bundestrainersuche trifft sich dort eine Elefantenrunde des deutschen

Fußballs: Anwesend sind von Leverkusen Daum, Calmund und Sportdirektor Rudi Völler, die DFB-Spitze mit Gerhard Mayer-Vorfelder, Generalsekretär Horst R. Schmidt und Pressesprecher Wolfgang Niersbach sowie vom FC Bayern Karl-Heinz Rummenigge und Uli Hoeneß.

Daum liest ihnen seine Absage vor, was vor allem beim Münchner Manager zu einer emotionalen Reaktion führt, wie Daum berichtet. »Uli Hoeneß echauffierte sich: ›Was soll das denn? Wir reisen für die Installierung von Christoph Daum als Bundestrainer von München hier an! Und jetzt dieser Rückzieher, das kann doch nicht wahr sein!‹« Hoeneß geht über die angekündigte Vertragsverlängerung von Daum einfach hinweg und schlägt vor, dann eben einen Übergangstrainer zu suchen, bis Daum im Juli 2001 den Job übernehmen könne.

Plötzlich richten sich alle Blicke auf Rudi Völler. »Rudi, warum machst du das nicht? Du bist in Leverkusen mit Christoph Daum zusammen, ihr habt kurze Wege, könnt euch austauschen.« Völler erbittet sich Bedenkzeit, aber Wolfgang Niersbach beharrt darauf, dass man für die wartende Presse eine Lösung finden müsse. Nach Rücksprache mit seiner Frau sagt Völler zu, er übernimmt die Aufgabe und hält den Trainerstuhl für Christoph Daum warm.

Mit voller Unterstützung des FC Bayern soll Daum nach der Saison Bundestrainer werden. Von der schlechten Stimmung zu Beginn des Treffens sei an seinem Ende nichts mehr zu spüren gewesen, berichtet er. »Karl-Heinz Rummenigge sagte noch zu mir: ›Ich werde bei jedem Spiel mit dabei sein.‹ Ich habe mich gefreut, mit welcher Aufbruchstimmung wir aus diesem Treffen herausgegangen sind.«

Das alles findet am 2. Juli 2000 statt. Exakt drei Monate später kündigt Christoph Daum an, eine Strafanzeige gegen Uli Hoeneß stellen zu wollen, während Leverkusen bekannt gibt, sich zur »Rufmordkampagne« von Hoeneß nur noch über einen Anwalt äußern zu wollen. Was war passiert?

Ein Interview, das keines gewesen sein soll

In den Wochen nach diesem Treffen beginnen Zeitungsartikel das öffentliche Bild von Daum infrage zu stellen. Darin geht es nicht mehr um Daum als detailversessenen Arbeiter und Motivator mit flotten Sprüchen, sondern zum Beispiel um ein gescheitertes Immobilienprojekt auf Mallorca. Der dafür verantwortliche Makler meldet sich aus dem Gefängnis und gibt Daum die Schuld an seiner Haft. Das ist aber nur der Anfang, wie Daum in seiner Autobiografie schreibt: »Es erschien eine Geschichte, dass man bei mir Wohnungen mit Schwarzgeld kaufen könne. Die Vorwürfe überschlugen sich, und in den Medien tauchten dann auch noch Gerüchte über angebliche Drogenpartys mit Prostituierten auf. Es war Wahnsinn.«

Daum wehrt sich gegen diese Erpressungsversuche und Klagen »aus dem Jenseits, dem Knast und dem Milieu«, aber erste Weggefährten rücken von ihm ab. Reiner Calmund sagt öffentlich: »Christoph, den Kredit, den du glaubst zu haben und den du für das Bundestraineramt brauchst, den hast du nicht.« Im Rückblick spricht Daum davon, dass sich etwas zusammengebraut habe. Weil ein Ermittlungsverfahren und später ein Prozess wegen Rauschgifterwerbs und der Anstiftung zum Drogenhandel gegen ihn laufen, hat er dazu nachträglich einiges erfahren: »Gehen Sie davon aus, dass nicht nur mein Telefon abgehört worden ist, sondern auch das Telefon von Reiner Calmund von Bayer Leverkusen, von Uli Hoeneß, von Dieter Hoeneß. 5000 Telefonate sind abgehört und eben zum Teil auch gerichtlich abgeschrieben worden. Und beim Durchlesen dieser Protokolle wird's dir manchmal schlecht.«

Ob es wirklich im Hintergrund Absprachen zwischen Hoeneß, Calmund und anderen gab? Von außen kaum zu beurteilen. Die Art und Weise, wie sich die Ereignisse nun entfalten, spricht eher dagegen. Innerhalb weniger Tage Anfang Oktober 2000 eskaliert die Situation, aber ohne dass das orchestriert wirkt. Nach einer 0:1-Heimniederlage der Bayern gegen Rostock mischt sich Hoeneß öffentlich in die Debatte ein und sagt, das Thema Daum als Bundestrainer müsse neu diskutiert werden. Daum hat zu diesem Zeitpunkt seinen Vertrag beim DFB noch nicht unterschrieben und mit Völler als Trainer spielt die Nationalmannschaft deutlich besser. Calmund antwortet, man müsse Hoeneß mal auf Alzheimer hin untersuchen.

Einen Tag nach dem Spiel, am 1. Oktober 2000, ist Hoeneß im Auto unterwegs, um seine Golfsachen für einen Kurzurlaub auf Marbella abzuholen. Weil er im Stau steht, wählt er die Nummer eines Reporters der ›Abendzeitung‹, der ihn per Fax um Rückruf gebeten hat. »Die beiden haben privat miteinander telefoniert«, erinnert sich Markus Hörwick. »Und was macht der Journalist? Hat am nächsten Tag ein riesengroßes Interview daraus gemacht.«

Ob das Gespräch wirklich ein privates war, wissen nur Hoeneß und der Reporter. Was aber sicher ist: Hoeneß verschwindet in den Urlaub und verpasst deshalb, was am Montag, den 2. Oktober passiert. An diesem Tag erscheint das Gespräch als Interview in der ›Abendzeitung‹ mit der Schlagzeile: »Hoeneß: Daum nicht mehr tragbar«. Das ist die Kernaussage des Artikels: »Wenn das alles Fakt ist, worüber geschrieben wurde, auch unwidersprochen über den verschnupften Daum, dann kann er nicht Bundestrainer werden. Ich habe noch keinen Beweis. Aber wenn ihn einer erbringt, mache ich das nicht mit.«

Bis heute von vielen unbeachtet ist die Tatsache, dass am selben Tag zusätzlich ein Interview im ›Kicker‹ zur Causa Daum erscheint. Dort wird Hoeneß folgendermaßen zitiert: »Wenn ein Journalist unwidersprochen von einem verschnupften Daum sprechen kann, macht mich das sehr nachdenklich. Und wenn jemand dafür Beweise hat, kann ich das nicht ignorieren. Und dann kann Herr Daum nicht Bundestrainer werden. Wenn sich sein privates Umfeld allerdings wieder beruhigt bis zur Winterpause, können wir den Vertrag unterschreiben.«

Wie kommt es, dass noch ein zweites Interview mit fast identischen Aussagen erscheint? Vor allem weil das erste laut Hoeneß und Hörwick ein Privatgespräch war? Carlo Wild, heute Chefreporter des ›Kicker‹, hat das zweite Interview mit Hoeneß geführt. Wie häufig, hätten sie am Sonntagvormittag nach Spielen miteinander gesprochen, erzählt er. Auch über Daum, aber für Wild sei das ein privates Hintergrundgespräch gewesen. »Dann kam der Anruf von einem Kollegen aus dem Westen, der mir gesagt hat: ›Du Carlo, bei Hoeneß, da braut sich was zusammen.‹ Dazu muss man wissen, dass der ›Express‹ Köln und die Münchner ›Abendzeitung‹ eine Kooperation hatten. Ich habe Hoeneß versucht zu erreichen und ihm gesagt, dass das, was er mir gesagt hat, jetzt offiziell wird.« So kommt es, dass Hoeneß sich ein zweites Mal äußert, im ›Kicker‹ erscheint das allerdings nur als kleiner Text unter dem Spielbericht.

Mit dem Interview in der ›AZ‹ bricht ein Orkan der Empörung aus. Wer nur die Überschrift liest, glaubt, Hoeneß würde die Unterstellungen gegenüber Daum als wahr ansehen. Gleichzeitig befeuern seine Formulierungen die Spekulationen zusätzlich. »Diese Aussage: ›Wenn mir irgendeiner Beweise bringen kann …‹ Damit hat er natürlich Tür und Tor für, ich muss es so sagen, irgendwelche Idioten und Wichtigtuer geöffnet, die sich aus allen Seiten zu Wort meldeten. Es wurde eine Lawine ausgelöst, die über mich hereinbrach«, sagt Daum.

Es ist dieses Interview, das zur Strafanzeige von Daum gegen Hoeneß und der Stellungnahme von Leverkusen führt. Auch Gerhard Mayer-Vorfelder spricht von einer »empörenden Kampagne«, Bundesjustizministerin Herta Däubler-Gmelin schreibt in einer Boulevardzeitung, diese Beweislastumkehr erinnere sie ans »finstere Mittelalter«. Selbst aus den eigenen Reihen bekommt Hoeneß Gegenwind. Beckenbauer sagt, Hoeneß stehe mit seiner Meinung im Moment alleine da, und Paul Breitner, mit dem sich Hoeneß inzwischen ausgesöhnt hat, macht im

Bayerischen Fernsehen eine düstere Prognose: »Am Ende dieser Sache wird es einen von beiden nicht mehr geben.«

Eine rettende Haarprobe

Pressesprecher Markus Hörwick spricht im Rückblick von »fast schon einem Krieg zwischen Leverkusen und München, den Hoeneß eigentlich nicht gewinnen konnte«. Er ruft Hoeneß an, die beiden formulieren eine Richtigstellung. Weil am nächsten Tag, dem 3. Oktober, aber Feiertag ist, findet sie bei den Zeitungsredaktionen wenig Beachtung. Vermutlich auch deshalb, weil es eben Hoeneß ist, der Daum an den Pranger gestellt hat. Der, der Daum noch nie leiden konnte. Der, der ihm noch vor wenigen Monaten in einem herzzerreißenden Saisonfinale die Meisterschale weggeschnappt hat. »Uli Hoeneß hatte in dieser Geschichte eigentlich keine Chance«, urteilt Hörwick. »Weil das Gefühl der Leute bei dem bis dahin unbescholtenen Christoph Daum war. Zu diesem Zeitpunkt war Uli Hoeneß tot.«

In der ›Süddeutschen Zeitung‹ und dann von Fritz Scherer wird der Vorschlag gemacht, Daum solle sich einer Haarprobe unterziehen, um die Vorwürfe aus der Welt zu schaffen. Eigentlich eine »Umkehr rechtsstaatlicher Prinzipien«, wie Daum heute sagt. Nachdem eine entsprechende Probe bei einem befreundeten Arzt negativ ausgefallen ist, stimmt er dennoch zu und lässt sich auf einer Pressekonferenz zum Satz hinreißen: »Ich tue das, weil ich ein absolut reines Gewissen habe.«

Hoeneß hält seine eigene Pressekonferenz ab, verliest ein anwaltlich geprüftes Statement, was untypisch für ihn ist. Die Stimmungslage ist aber eindeutig: Hoeneß wollte Daum ans Messer liefern, aber jetzt kommt es genau andersherum. Warum sonst würde Daum die Haarprobe machen? Hoeneß wird von einer Welle des Hasses überrollt. »Zum nächsten Spiel in Cottbus musste Hoeneß mit zwei Bodyguards gehen, weil im Internet jemand geschrieben hatte, demjenigen, der es schafft, Hoeneß von der Bank zu schießen, 10 000 Mark zu zahlen«, berichtet Markus Hörwick. »Als wir dann am Abend in München gelandet sind, wollten wir ins Parkhaus gehen, aber alles war abgesperrt, überall Blaulicht. Es gab Anrufe, dass am Auto von Hoeneß eine Bombe angebracht ist. Wir mussten alle mit Taxis nach Hause fahren.«

Ein anonymer Hinweisgeber sorgt außerdem für eine Hausdurchsuchung in der Wurstfabrik von Hoeneß. Sogar sein Bruder Dieter wird beim Auswärtsspiel seiner Hertha in Rostock mit Dosen beworfen und bepöbelt. Derweil dreht Christoph Daum beim Spiel in Bremen unter Applaus der Zuschauer eine Ehrenrunde.

Aber selbst an Daum nagen diese Tage im Oktober 2000. In seiner Autobiografie spricht er von einer Hölle, die er betreten habe. Denn als Einziger weiß er: Ja, er hat in seinem Leben Kokain konsumiert. Auch wenn es seiner Aussage nach schon lange her ist. Der Konflikt belastet nicht nur die Beteiligten, sondern zudem ihr privates Umfeld. Möglicherweise stimmt Christoph Daum deshalb einer Aussöhnung mit Hoeneß zu, es soll zu einem »Friedensgipfel« in Frankfurt kommen, bei dem Daum zudem seinen Vertrag als Bundestrainer unterzeichnen kann.

Doch dieser Friedensgipfel mit Hoeneß findet nicht statt. Die Haarprobe von Daum ist positiv, sein Vertrag mit Leverkusen wird aufgelöst, und noch bevor das an die Öffentlichkeit gedrungen ist, flieht Daum vor der Presse nach Florida. Nur Hoeneß weiß schon Bescheid, Calmund hatte ihn angerufen und vom Ergebnis des Tests unterrichtet. Als Susi Hoeneß von dieser Wende erfährt, bricht sie in Tränen aus.

Die Folgen des Konflikts mit Daum

Uli Hoeneß hat einen Kampf gewonnen, der aussichtslos erschien und ihn fast zum Aufgeben gebracht hätte. »Total hilflos« habe er sich gefühlt, sagt er danach, und dass er über einen Rücktritt nachgedacht habe. Nicht nur das macht diesen Konflikt so besonders, sondern auch die Art und Weise, in der er Hoeneß entglitten ist. Sowohl Carlo Wild als auch Markus Hörwick sagen im Rückblick, Hoeneß habe die Sprengkraft des Interviews unterschätzt. Zwar ist es ihm auch in der Zeit des FC Hollywood nicht immer gelungen, die öffentliche Debatte in die von ihm gewünschte Richtung zu lenken, aber erstmals spürt nicht nur er selbst die Folgen. »Meine Tochter hatte an der Universität mit Professoren Theater, die sie wegen ihres Vaters beschimpften, den sie nicht kennen. Mein Sohn hat als Lehrling in der Bank mit Hunderten von Leuten zu tun. Er bekam zum ersten Mal seit fünf Jahren Pickel«, berichtet er später über diese Zeit. Hoeneß hat diese Krise überstanden und genau beobachtet, wer ihm zur Seite stand. Die wiederbelebte Freundschaft mit Paul Breitner zum Beispiel erleidet einen empfindlichen Dämpfer.

Letztlich hat Hoeneß die positive Haarprobe gerettet. Genau diese Probe ist aber ein gutes Beispiel für die Kollateralschäden dieser Auseinandersetzung. Daum bestreitet nicht, schon einmal Kokain zu sich genommen zu haben, laut eigener Aussage sei er zum Zeitpunkt der Haarprobe aber schon monatelang clean gewesen, und das scheint seine erste negative Probe zu bestätigen. Gleichzeitig war der gemessene Wert in der Probe, die zu seiner Entlassung geführt hat, absurd hoch. Bis heute hält sich auch bei Beteiligten die Annahme, der Unterschied zwischen den beiden Untersuchungen komme daher, dass bei der positiven Probe auch Schamhaare untersucht worden seien. Weil die langsamer wachsen als Kopfhaare, ist mit ihnen Drogenkonsum länger nachweisbar.

Diese These ignoriert allerdings, dass Daum in den USA noch eine dritte Haarprobe hat nehmen lassen, die ebenfalls negativ war. Zudem endete der Prozess gegen Daum mit einem Freispruch, unter anderem weil ein Gutachter die Aussagekraft der Haarprobe bezweifelte. Laut Daum wurden die Haare auf einen Tesafilm geklebt und in einem Briefumschlag zur Untersuchung gebracht, allein dieser wenig professionelle Vorgang irritiert. An der breiten Öffentlichkeit gingen diese Entwicklungen aber weitgehend vorbei. Daum spricht von der schwersten Zeit seines Lebens, wenn es um den Herbst 2000 und das Danach geht.

Er und Hoeneß sind aber nicht die Einzigen, die gelitten haben. Der Konflikt hat noch jemanden betroffen, der oft komplett übersehen wird: den Reporter der ›Abendzeitung‹ Bernd Hildebrandt. Über Jahrzehnte hinweg hatte er Hoeneß begleitet, er saß zum Beispiel nach dem Rededuell im Bayerischen Fernsehen mit Daum und Hoeneß in der Kneipe von Waldemar Hartmann. Mit ihm hat Hoeneß im Stau am 1. Oktober telefoniert. Nur die beiden wissen, was in diesem Gespräch gesagt wurde und welchen Charakter es hatte. Als die Welle mit der Veröffentlichung Hildebrandts losrollt, steht der ziemlich allein da.

Sein Chefredakteur setzt durch, dass sich die ›AZ‹ entschuldigt, Hildebrandt wird abgemahnt. In einem Buch seines Bruders, des Kabarettisten Dieter Hildebrandt, heißt es, dass ihm zudem jede weitere Äußerung zu Hoeneß und Daum verboten wurde. An der Pressekonferenz des Bayern-Managers durfte Hildebrandt nicht teilnehmen, trotz der langjährigen Beziehung. »Wenn Bernd Hildebrandt und Uli Hoeneß miteinander gesprochen haben, dann war das eine Art Performance, das war Comedy, Theater, einfach wunderbar. Der Bernd Hildebrandt hat das wunderbar verstanden, den Uli Hoeneß manchmal zu locken. Die beiden haben sich schon geschätzt«, erinnert sich Carlo Wild.

Die Reaktion der ›Abendzeitung‹ könnte einen Hinweis darauf geben, wie leicht man als Journalist unter die Räder geraten kann, wenn man es sich mit dem FC Bayern verscherzt. Das hat auch Willi Lemke im entfernten Bremen mitbekommen. »Ich erinnere mich an den Bruder von Dieter Hildebrandt«, erzählt er Anfang 2020, »mit dem ich gesprochen habe, der völlig verzweifelt war, wie er fertiggemacht worden ist von der ›Abteilung Attacke‹.«

Uli Hoeneß geht aus der Daum-Affäre als Sieger hervor. Christoph Daum wird einige Monate später Trainer von Besiktas Istanbul. Schon im Frühjahr trifft er Hoeneß erstmals wieder, als Champions-League-Experte für RTL bei einem Spiel bei Manchester United. Die beiden geben sich zur Begrüßung die Hand, sehr zur Empörung von Fritz Scherer, wie Daum erzählt. Der vielleicht einzige richtige Verlierer der Auseinandersetzung zwischen den beiden Rivalen ist Bernd Hildebrandt.

Fünf Minuten im Mai 2001

Angesichts der Aufregung rund um Daum und Hoeneß kaum zu glauben, aber Fußball gespielt wird in der Saison 2000/01 auch. Die Bayern schwanken in ihren Leistungen, nach einer Niederlage in der Champions League bekommen sie dafür von Franz Beckenbauer öffentlich den Kopf gewaschen. »Das war heute eine Blamage«, sagt er in seiner Rede beim anschließenden Bankett, »das hat nichts mit Fußball zu tun, das ist eine andere Sportart, die wir spielen. Das ist Uwe-Seeler-Traditionsmannschaft, Altherrenfußball.« Hoeneß ärgert sich über diese Worte so sehr, dass er das Bankett verlässt.

Vor dem 30. Spieltag liegen Schalke, Bayern, Leverkusen, Dortmund, Hertha und Kaiserslautern in einem Bereich von drei Punkten Unterschied. Für Bayern ist zu diesem Zeitpunkt nicht einmal die Qualifikation zur Champions League sicher.

Für die nächste Saison fasst das Präsidium deshalb den Beschluss, zwei bis drei internationale Stars zu holen. Während Bayern gegen Real Madrid ins Finale der Champions League einzieht, spitzt sich das Rennen mit Schalke um die Meisterschaft zu. Zur heißesten Ware im Mai 2001 werden Blitztabellen, also der aktuelle Tabellenstand während laufender Spiele. Punktgleich gehen die Bayern und Schalke in die letzten beiden Spieltage. Die Meisterschaft wird parallel ausgespielt, es ist nicht nur wichtig, was beim Spiel der Münchner passiert, sondern auch, was die Schalker machen.

Man hätte es nicht besser planen können. Denn in dieser Saison ist mit der Bundesliga-Konferenz auf Premiere das Format gestartet, in dem genau das der Fall ist. Was vorher nur im Radio möglich war, klappt jetzt auch im Fernsehen, das Übertragen von Spielen, die parallel laufen. Fällt irgendwo ein Tor, wird in dieses Stadion gewechselt. Für den Sport Fußball, in dem 90 Minuten lang mitunter wenig passieren kann, ist das ein großer Zugewinn an Dramatik. Sind die Spiele dagegen schon für sich genommen spannend, potenziert sich das in der Konferenz.

Die letzten beiden Spieltage dieser Saison sind das beste Beispiel. Schalke liegt punktgleich vor den Bayern, am 33. Spieltag steht es in beiden Spielen unentschieden. Bis in der 90. Minute der Ruf »Tor in Stuttgart« das Spiel in München unterbricht, noch bevor Reporter Hansi Küpper aber an seinen Kollegen Tom Beyer übergibt, schießt Alexander Zickler das 1:0 für die Bayern. In den Torjubel hinein wechselt Premiere das Stadion und zeigt jubelnde Stuttgarter: Schalke hat in letzter Sekunde ein Tor kassiert. Wieder zurück in München fasst Hansi Küpper das, was hier passiert ist, in passende Worte: »Das ist völlig unmöglich, das ist unglaublich. So etwas erleben Sie nicht im Stadion, so etwas wie hier erleben Sie nur in der Konferenz.«

Mit einem Sieg Vorsprung geht Bayern in das letzte Spiel beim Hamburger SV. Zur Meisterschaft fehlt nur noch ein Punkt. Schalke führt hoch gegen Unterhaching, alles blickt nach Hamburg, wo noch kein Treffer gefallen ist. Bis Marek Heinz in der 90. Minute auf Sergej Barbarez flankt. Der hält den Kopf hin, Kahn kann dem Ball nur hinterherschauen, Hamburg führt. Seit mehr als 40 Jahren wartet Schalke darauf, Meister zu werden. Weil sich dort im Stadion die Falschinformation herumspricht, das Spiel der Münchner sei schon abgepfiffen, scheint diese Leidenszeit vorüber zu sein. Mannschaft und Zuschauer feiern gemeinsam auf dem Rasen die Sensation. Bis auf der Stadionleinwand ein Bild erscheint: In Hamburg wird noch gespielt und

Bayern hat in der 94. Minute einen indirekten Freistoß im gegnerischen Strafraum zugesprochen bekommen.

Oliver Kahn will ihn schießen, lässt sich von Stefan Effenberg aber davon abbringen. Der tippt den Ball an und überlässt ihn Verteidiger Patrik Andersson, kurz bevor der mit aller Wucht draufhaut, sind vor ihm nur Verteidigerbeine, kurz nachdem er den Ball getroffen hat, eine Lücke, durch die der Ball ins Netz knallt, Bayern ist Meister, die Spieler brechen in Jubel aus, die Zuschauer in Gelsenkirchen zusammen. In einem der spannendsten Saisonfinales der Bundesligageschichte haben mal wieder die Münchner das bessere Ende für sich. »Ja, so sind sie«, kommentiert Hansi Küpper lapidar und fasst damit vermutlich die Gemütslage vieler Fußballfans gut zusammen.

Kaaaaahn, die Bayern!

Sinnbild für die Meisterschaft der Bayern ist kein Ballkünstler, sondern Torhüter Oliver Kahn. Er war es, der nach dem 0:1 seine Mitspieler nach vorne getrieben hat, sein »weiter, immer weiter« wird zu einer Art Leitspruch des FC Bayern. Und er ist es, der nur vier Tage später für einen noch größeren Erfolg sorgt. Im Finale der Champions League treffen in Mailand der FC Bayern und Valencia aufeinander. Am Ende einer für beide langen Saison, wegen der erweiterten Champions League, ist das Finale das 17. Spiel für sie in diesem Turnier. Bei ihrem letzten Erfolg 1976 hatten den Bayern noch neun Spiele für den Titel gereicht, nun absolvieren sie nur im Europapokal eine halbe Bundesligasaison.

Für viele Spieler der Bayern ist das Finale so etwas wie die letzte Chance. Effenberg, Sergio, Sforza, Linke, Tarnat, Fink, Lizarazu und Kahn – sie alle sind schon in ihren 30ern. Es war nicht nur ihr Wille, der sie so weit gebracht hat, sondern auch Rücksichtslosigkeit gegenüber den eigenen Körpern. Jens Jeremies schleppt eine schmerzhafte Knieverletzung aus dem Februar durch das Frühjahr, bis er doch unters Skalpell muss. Nur zwölf Tage nach seiner OP steht er im Halbfinale gegen Real wieder auf dem Feld. Gemeinsam mit Giovane Elber, der sich ebenfalls zwölf Tage vorher Knorpelteile aus dem Knie hatte entfernen lassen. Im Finale läuft zudem mit Mehmet Scholl ein Spieler mit mehreren Bänderrissen über den Rasen.

Valencia geht durch einen Strafstoß in Führung, Scholl könnte ebenfalls vom Punkt ausgleichen, verschießt aber. Erst Stefan Effenberg kann in der zweiten Hälfte ausgleichen, natürlich ebenfalls aus elf Metern. Bis zum Ende der Verlängerung fällt kein Treffer aus dem Spiel heraus, und damit ist klar, dass der Titel mit Schüssen vom Elfmeterpunkt entschieden wird. Was folgt, ist der größte Moment in der Karriere von Oliver Kahn. Obwohl zwei Münchner verschießen, darf Bayern den Pokal in die Nacht recken. Weil Oliver Kahn gleich drei Elfmeter pariert. Die Spieler werfen erst Trainer Ottmar Hitzfeld in die Luft und dann ist auch Uli Hoeneß dran. Der strahlt mindestens so sehr wie der Champions-League-Pokal. »Ich bin glücklicher als bei unserem letzten Europacup-Sieg 1976 in Glasgow«, sagt er nach dem Spiel. »Jetzt kommt endlich mal dieser Abend, wo man nicht an morgen denkt, wo man einfach alles laufen lässt, wo man einfach nur genießt.«

Durch den Titelgewinn in Mailand ändert sich auch die Philosophie des Vereins. Verantwortlich dafür ist ein in Kanada geborener Jungspund namens Owen Hargreaves. Im Halbfinale musste der 20-Jährige den gesperrten Kapitän Effenberg ersetzen. Als vor dem Spiel Roberto Carlos und Raul von Madrid gefragt werden, ob sie Hargreaves kennen, zucken die nur mit den Schultern. Noch wenige Monate vorher hatte der für Bayern in der Regionalliga gespielt. Nach dem Spiel kennen sie ihn, denn er spielt sowohl im Halbfinale als auch im Finale stark.

Man hatte sich beim FC Bayern schon darauf verständigt, das irre Transfersummenspiel der italienischen, spanischen und englischen Vereine mitzuspielen. Luis Figo und Hernán Crespo waren im Transferfenster vor dieser Saison für über 100 Millionen Mark zu Real und Lazio Rom gewechselt, Bayerns teuerster Neuzugang war bis dahin Willy Sagnol für 15 Millionen Mark.

Kann man in Europa nur erfolgreich sein, wenn man das ganz große Geld auspackt? Hargreaves scheint der Gegenbeweis zu sein. Was vor allem für die nationale Konkurrenz der Bayern eine schlechte Nachricht ist, denn noch mehr als vorher geraten nach 2001 die besten deutschen Spieler in den Fokus der Münchner. Am Rand des Finales wird bekannt, dass sich die Bayern ab der übernächsten Saison die Dienste des 24-jährigen Michael Ballack gesichert haben. Ihm wird noch der 21-jährige Sebastian Deisler folgen.

Das ist die Zukunft des FC Bayern. In der Gegenwart haben es aber auch die »Alten« ihren Bossen noch mal gezeigt. Nach dem Finale schnappt sich Stefan Effenberg Franz Beckenbauer: »Für eine Altherrenmannschaft war das doch nicht so schlecht«, sagt er.

Kapitel 12

Steine und Scheine

2001–2005

Das Jahr 2001 ist eines der wichtigsten in der Vereinsgeschichte des FC Bayern. Nicht nur wegen der Titel in Champions League und Meisterschaft. Bedeutender sind die Weichenstellungen, die der Verein neben dem Spielfeld vornimmt. Ein simpler Gedanke steht an ihrem Anfang: Wie sähe ein FC Bayern ohne Hoeneß, Beckenbauer und Rummenigge aus? »Dieser Verein ist zugeschnitten auf diese Personen, und solange die da sind, kann überhaupt nichts passieren. Aber was ist morgen? Wir fahren oft alle drei im selben Auto, fliegen oft im selben Flugzeug. Wenn morgen was passiert und drei sind weg, wäre es besser, wenn eine Basis da wäre. Damit nicht ein anderer eines Tages bei null anfangen muss«, sagt Hoeneß wenige Tage vor dem Champions-League-Finale der ›Welt‹.

Bei der Wurstfabrik HoWe übernimmt sein Sohn Florian die Leitung, und auch für den FC Bayern überlegt sich Hoeneß ein Szenario. »Spätestens 2006« sei Schluss für ihn im Verein, sagt er. Als möglichen Nachfolger bringt er Oliver Kahn ins Spiel. Denn beim inzwischen 32-jährigen Torhüter wirkt ein Gedanke ans Danach ebenfalls nicht voreilig. Mit ihm und Stefan Effenberg sind zwei wesentliche Säulen für den sportlichen Erfolg schon über 30 Jahre alt, Spieler wie Jens Jeremies oder Mehmet Scholl gesundheitlich angeschlagen. Und auch an Trainer Ottmar Hitzfeld ist die Belastung der letzten Jahre nicht spurlos vorbeigegangen. Auf der Reise zu einem Freundschaftsspiel in den USA teilt er Uli Hoeneß mit, aufhören zu wollen. Er sei müde und brauche eine Pause. »Das kommt gar nicht infrage!«, soll Hoeneß entgegnet haben, erzählt Hitzfeld Jahre später. Hat Hoeneß den Wunsch seines Trainers nicht ernst genommen? War das ein schwacher Moment? Oder spielt hier ebenfalls der Gedanke an eine geordnete Übergabe eine Rolle?

BVB geht an die Börse

Hitzfeld bleibt Trainer und ist schon kurz nach diesem Gespräch wieder mit seiner Mannschaft der Gejagte in der Liga. Vor allem Borussia Dortmund hat personell aufgerüstet. Allein für die Spielzeiten 2000/01 und 2001/02 gibt der BVB über 100 Millionen Mark mehr für neue Spieler aus, als er durch Verkäufe wieder einnimmt. Das ist mehr als ein Drittel von dem, was die komplette Liga in dieser Zeit investiert. Woher kommt das Geld?

Am 31. Oktober 2000 ist Borussia Dortmund an die Börse gegangen. Zwar verläuft der erste Börsengang eines deutschen Fußballvereins trotz Stützungskäufen der Deutschen Bank enttäuschend, kurzfristig verschafft er dem Klub aber jede Menge Kapital. Rund 270 Millionen Mark sammelt der BVB so ein und lässt damit vor allem auf dem Transfermarkt seine Muskeln spielen. Dabei schnappt der BVB auch Uli Hoeneß zwei Spieler vor der Nase weg.

Anfang 2001 verhandeln sowohl Hoeneß als auch sein Managerkollege Michael Meier mit dem Tschechen Thomas Rosicky. Als dessen Berater versucht, die Vereine gegeneinander auszuspielen, um den Preis hochzutreiben, greift Hoeneß zum Hörer und spricht direkt mit Meier. Bayern zieht sich aus dem Wettbieten zurück, Rosicky wechselt zum BVB. Im Winter 2001 kreuzen die Vereine erneut die Klingen. Bayern ist sich mit dem Freiburger Sebastian Kehl schon über einen Transfer einig, überweist ihm sogar einen Betrag für seine Unterschrift. Doch Kehl kommt ins Zweifeln, im November schickt er das Geld zurück, und nach einigem Hin und Her ist klar: Auch Kehl will lieber nach Dortmund. Hoeneß ist davon wenig begeistert. Vermutlich unter anderem deshalb, weil die Münchner zu diesem Zeitpunkt in der Liga zu kämpfen haben, zur Winterpause liegen sie nur auf Rang fünf. Leverkusen und Dortmund führen punktgleich die Tabelle an. Hat es der BVB mit seinem Börsengang also geschafft, den Bayern den Rang abzulaufen?

Sportlich sieht es im Winter 2001 so aus, am Kurs der BVB-Aktie zeigt sich aber, welch schweres Pflaster die Börse für Fußballvereine ist. Am letzten Spieltag vor der Winterpause liegt der Aktienkurs bei 4,73 Euro, was weniger als die Hälfte seines Ausgabekurses von etwas mehr als einem Jahr davor ist. Den hat der BVB seither kein einziges Mal erreicht, nicht einmal nach Bekanntgabe der teuren Neuverpflichtungen, stattdessen aber etwas geopfert, wie Hoeneß in einem Interview mit der ›Welt‹ betont: »Herr Niebaum aus Dortmund macht das geschickt. Er sagt: Von der Liquidität her sind wir der stärkste Verein. Doch hier links ist die Liquidität, aber hier rechts sind 25 Prozent Restbesitz am Verein. Bei uns ist es ein bisschen weniger Liquidität, aber 100 Prozent Besitz.«

Auch der FC Bayern gründet für seine Fußballabteilung eine Aktiengesellschaft, aber er will die Kontrolle behalten. Anders als Dortmund listen die Münchner ihre Aktien nicht an der Börse, weshalb nicht jeder investieren kann. Kurzfristig verändert sich durch die AG vor allem die Aufgabenverteilung zwischen Hoeneß, Rummenigge und Beckenbauer. Beckenbauer bleibt Präsident des Vereins und wird Aufsichtsratsvorsitzender der AG. Auf dem Papier eine kleine Veränderung, im Alltag aber eine größere: Früher konnte kein Vertrag ohne Beckenbauers Zustimmung umgesetzt werden, jetzt ist das möglich. Wie Torsten Körner schreibt, ist der von diesem Umstand selbst überrascht.

Zwar beteuern alle Beteiligten, Beckenbauer sei noch genauso wichtig wie zuvor, de facto wird der FC Bayern in diesen Tagen aber mehr der von Rummenigge und Hoeneß. Beckenbauer grätscht zwar noch manches Mal dazwischen, etwa als er die Deutsche Post als neuen Hauptsponsor beim Verein unterbringen will, kurz bevor Hoeneß und Rummenigge einen Abschluss mit der Deutschen Telekom erreichen. Die Entscheidung fällt aber im Sinne von Rummenigge und Hoeneß aus, woraufhin Beckenbauer zur Überraschung aller privat einen Werbedeal bei der Konkurrenz der Telekom unterschreibt.

Im September 2001 gibt außerdem der Sportartikelhersteller Adidas bekannt, als erster Investor bei den Bayern einzusteigen. Für 150 Millionen Mark erwirbt er zehn Prozent der Anteile an der FC Bayern AG, mehr als die Hälfte dessen, was sich der BVB insgesamt an der Börse geholt hat. Anders als Dortmund steckt Bayern dieses Geld nicht in Spieler, sondern in das wichtigste Projekt dieser Zeit: den Bau des neuen Stadions.

Der Traum vom neuen Stadion

Das Olympiastadion fiel 1972 dem FC Bayern einst in den Schoß und war ein echter Wettbewerbsvorteil. Modern war es allerdings nur zu seiner Bauzeit. Schon seit Ende der 1980er jagen die Verantwortlichen des FC Bayern deshalb dem Traum von einem neuen Stadion hinterher. Das mehr sein soll als nur ein Fußballstadion. Uli Hoeneß nennt in einem ›SZ‹-Interview zum Beispiel das Forum in Los Angeles als Vorbild. Nur 70 Prozent der Zuschauer seien dort überhaupt beim Spiel gewesen, der Rest habe sich über drei Stunden draußen an den Ständen die Zeit vertrieben, schwärmt er. Karl-Heinz Rummenigge träumt in einem Gespräch mit dem ›Spiegel‹ von einem Stadion mit integriertem Einkaufszentrum und offenbart ein schon damals veraltetes Bild von unserer Gesellschaft: »Die Frau, die überhaupt kein Interesse am Fußball hat, geht in der Zeit einkaufen, guckt sich Geschäfte an, macht, tut, was sie will. Das Kind, das auch kein Interesse hat, geht ins Kino. (...) Und der Vater geht zum Fußball und trifft sich um 17:30 Uhr mit der Mutter wieder am Punkt X und fährt nach Hause. Und alle drei sind glücklich und zufrieden und haben einen wunderbaren Samstag ohne Streit.«

Kein Projekt ist für die beiden wichtiger. Hoeneß prophezeit im Dezember 1989: »Ich kann nur immer wieder wie der alte Cato sagen: ›Im Übrigen bin ich der Ansicht, dass Karthago zerstört werden muss.‹ Und das werde ich Ihnen in den nächsten Jahren jeden Tag sagen: ›Im Übrigen bin ich der Meinung, dass der FC Bayern ein anderes Stadion braucht.‹«

Zum Wohl seiner Mitmenschen ist zu hoffen, dass er das nicht wirklich getan hat. Denn das Stadionthema durchzieht die nächsten elf Jahre seines Lebens wie ein Riss ein altes Gemäuer. Immer wenn Hoeneß denkt, er habe ihn gekittet, setzt er sich an einer anderen Stelle wieder fort. Denn die Entscheidung, wo und wie der FC Bayern seine Spiele austrägt, liegt nicht allein bei Hoeneß und Rummenigge. Auch die Stadt und der Architekt des denkmalgeschützten Olympiastadions, Günter Behnisch, reden mit. Die haben nicht nur ihre eigenen Interessen, sondern auch ein ganz anderes Empfinden davon, wie drängend eine Verbesserung der Stadionsituation ist.

Ende 1993 beginnt beispielsweise Ajax Amsterdam den Bau einer Spielstätte, die europaweit zum Vorbild wird, mit schließbarem Dach und mehr als 50 000 Plätzen. Währenddessen tut sich in der Stadionfrage in München nichts. Aber die Bayern erhöhen den Druck, indem sie über einen Neubau in der Umgebung Münchens nachdenken, ebenfalls mit schließbarem Dach. Da könne man noch am 20. Dezember Pavarotti auftreten lassen, sagt Hoeneß, und zwar nicht vor 10 000, sondern vor 70 000 Leuten. Daraufhin tagt die Olympiapark GmbH und lässt sich von Architekt Behnisch Modernisierungspläne für das Olympiastadion zeigen.

Hoeneß muss in der Stadionfrage auf einem für ihn neuen Spielfeld agieren, der Stadt- und Landespolitik, und dabei erkennen, dass manche Taktik aus dem Fußballgeschäft hier nicht so gut funktioniert. Er lässt ein Stadionmodell mit drei verschiebbaren Ebenen entwerfen: Rasen für Fußballspiele, Eis für ein Münchner Eishockeyteam, das es zu diesem Zeitpunkt noch gar nicht gibt, und ein Parkett für Pavarotti und Co. Während des Kommunalwahlkampfes wolle er dazu aber nichts sagen, sonst sei das Projekt tot, sagt Hoeneß der ›Süddeutschen Zeitung‹ – einen Monat vor der Kommunalwahl.

Nach der Wahl sprechen sich einige Politikerinnen und Politiker für eine Erhöhung der Erbpacht auf das Trainingsgelände der Bayern aus, woraufhin Hoeneß der Kragen platzt. »Von diesen Hinterbänklern sollte man doch ein paar an die Wand knallen«, poltert er in der ›AZ‹. Fraktionsübergreifend reagiert der Stadtrat empört, Hoeneß muss sich wenige Tage später für seine Formulierung entschuldigen. Bayern zahlt übrigens für die 70 000 Quadratmeter an der Säbener Straße damals etwas mehr als 6000 Mark – im Jahr.

Jahrelang geht das Pingpong-Spiel zwischen der Stadt, den Bayern und Architekt Behnisch weiter. Die endlosen Diskussionen über Neu- oder Umbau dürften einer der Gründe dafür gewesen sein, dass die Bayern ein großes Interesse daran hatten, die WM 2006 nach Deutschland zu holen. Der Druck für ein modernes Stadion wäre damit größer, und eventuell wären sogar öffentliche Gelder zu bekommen.

Testspiele vor der WM-Vergabe

Rund um die Jahrtausendwende kommt es zu einer Reihe von kuriosen Testspielen, die in Zusammenhang damit stehen könnten. Die Bayern treten auf Malta, Trinidad und Tobago sowie in Thailand und Tunesien an. »Alle wurden sie kurz vor der WM-Vergabe besiegelt; in Ländern mit Funktionären im FIFA-Wahlgremium. Die Bayern des damaligen WM-Bewerbungschefs und FC-Bayern-Präsidenten Beckenbauer bemühten sich sogar auf eigene Kosten zu Spielen, für die die Schweizer Agentur CWL unter Geschäftsführer Günter Netzer üppige Beträge an Teams der Güteklasse drei ausschüttete«, schreibt die ›SZ‹ dazu.

250 000 Dollar erhält zum Beispiel der maltesische Fußballverband für sein Spiel gegen die Bayern. Der damalige Verbandschef Josef Mifsud hatte den Vertrag für das Freundschaftsspiel auf eigene Faust abgeschlossen, wenig später stimmt er bei der WM-Vergabe nicht für Südafrika, sondern für Deutschland.

Hoeneß sagt zu diesen Testspielen, man habe ein »total reines Gewissen«. Auf die Frage, ob es einen Zusammenhang zwischen den Freundschaftsspielen und der WM-Bewerbung gäbe, sagt er: »Das wissen wir doch nicht! Wir haben ein Angebot bekommen, diese Spiele zu machen, haben irre viel Geld dafür gekriegt, sind dahingefahren und haben gespielt.« Er sei sich aber ganz sicher, dass die WM 2006 nicht gekauft worden sei. Die Journalistinnen und Journalisten könnten sich die Finger noch so wund recherchieren, da würde nichts mehr herauskommen, sagt er. »Alle Beteiligten sind tot. Schwan, Mayer-Vorfelder, Louis-Dreyfus.« Und was ist mit Franz Beckenbauer? »Der weiß gar nichts!«

Bürgerbegehren zum Stadionbau

Fest steht, dass im Sommer 2000 Deutschland den Zuschlag für die Weltmeisterschaft 2006 bekommt und damit auch die Stadionfrage in München wieder Fahrt aufnimmt. Nachdem alle Umbaupläne gescheitert sind, sind sich Stadt und die Münchner Vereine 1860 und Bayern einig: Ein Neubau muss her. Weil sich inzwischen jedoch Widerstand bei den Bürgerinnen und Bürgern formiert hat, muss darüber in einem Bürgerentscheid abgestimmt werden. Anders als in den Jahren zuvor, trommeln Oberbürgermeister Christian Ude und Uli Hoeneß nun für dieselbe Sache und der Politiker wundert sich darüber, wie einfach Medienauftritte für ihn plötzlich sind. »Erstmals in meinem Leben durfte ich Interviews geben, die sich über volle zwei Zeitungsseiten erstreckten. Der private TV-Sender, der sonst immer für ein Studio voller politischer Gegner gesorgt hatte, lud mich zum ›Streitgespräch‹ ein – allein. Mit wem ich mich auseinandersetzen solle, wollte ich wissen. Mit den Zweifeln des Publikums, lautete die Antwort. Der Sender gehörte zur Kirch-Gruppe, die am Stadion vitale Interessen hatte. Medien können ja so lieb sein!«

Über ein Jahrzehnt hat Uli Hoeneß für ein modernes Stadion gekämpft, im Oktober 2001 ist es so weit: Die Bürgerinnen und Bürger werden darüber entscheiden, ob er es bekommt. Am Tag des Bürgerentscheids besucht er die Sendung ›Doppelpass‹ im DSF, dem Sender, aus dem später Sport 1 wird. Dort begegnet er einer Kritikerin seiner Pläne, der Grünen-Politikerin Lydia Dietrich. Die Auseinandersetzung mit ihr ist ein gutes Beispiel für die Aggressivität, mit der Hoeneß seine Pläne verfolgen kann.

Das Argument der Politikerin gegen einen Neubau sind die Kosten für Infrastruktur, die auf die Stadt zukommen, es geht um Summen im dreistelligen Millionenbereich. »Es war damals schon absehbar, dass es Einsparungen bei der Stadt geben wird«, erinnert sich Lydia Dietrich, »auch im sozialen und Kulturbereich. Einsparungen, die schwer zu ertragen waren. Und dann kommt genau in dieser Zeit dieses Wahnsinnsprojekt, bei dem die Stadt aufgefordert wurde, Hunderte Millionen Euro zu investieren.«

Dietrich kann selten ausreden, wird immer wieder von Hoeneß unterbrochen, der gegen sie mehr schimpft als argumentiert. Es ist eine aggressive Diskussion, begleitet vom johlenden Publikum, in dem fast nur Männer sitzen. Für Hoeneß ist die Zustimmung aus dem Publikum kein Zeichen, gelassener zu reden. Mehrfach setzt er in den Applaus hinein mit aufgeregter Stimme eine neue Spitze gegen Dietrich.

Nachdem die Kameras aus sind, werden die Gäste der Sendung vom DSF auf ein Getränk eingeladen. Alle außer Lydia Dietrich, wie sie sagt. Das Bürgerbegehren zum Stadionbau ist das mit der bis dahin höchsten Wahlbeteiligung in der Geschichte des Bundeslandes Bayern. Fast zwei Drittel stimmen für das neue Stadion. Diese Nachricht ist schon bekannt, als sich die Wege von Dietrich und Hoeneß am Abend desselben Tages erneut kreuzen. »Ich bin zu ihm gegangen und habe ihm gratuliert, und da klopft er mir auf die Schulter und sagt: ›Das hast du aber gut gemacht, heute.‹« Hoeneß duzt Dietrich in diesem Moment zum ersten Mal. »Da hab ich mir gedacht: Auch das ist Uli Hoeneß. Das konnte ich ihm in dem Moment echt nicht übel nehmen.«

Leverkusens Triple-Chance

Für den FC Bayern ist die Saison nach dem Champions-League-Gewinn eine seltsame. Nur an drei Spieltagen ist er Tabellenführer, noch am 30. Spieltag fallen die Münchner aus den Champions-League-Rängen heraus. Sinnbild dieser Spielzeit wird ein 0:1 gegen St. Pauli, Wochen nach dem Gewinn des Weltpokals in Tokio. Die Hamburger lassen danach ihre inzwischen legendären »Weltpokalsiegerbesieger«-Shirts drucken. Am Ende werden die Bayern nur Dritter und scheiden zudem aus den Pokalwettbewerben aus.

Eine andere Mannschaft ist es, die plötzlich etwas erreichen kann, das noch nicht einmal die Bayern bisher geschafft haben: Drei Spieltage vor Schluss führt Bayer Leverkusen unter Trainer Klaus Toppmöller die Bundesligatabelle mit fünf Punkten Vorsprung auf Dortmund an und steht in Champions League und DFB-Pokal im Halbfinale. Auf der Jagd nach einem historischen Triple stolpert Leverkusen allerdings. Meister wird das teuer verstärkte Borussia Dortmund, den DFB-Pokal gewinnt Schalke. Und im wichtigsten Spiel der Saison verliert Leverkusen nach einem Traumtor von Zinedine Zidane für Real Madrid, innerhalb weniger Wochen hat Leverkusen nicht das Triple gewonnen, sondern alle Titel verloren. Der Mythos von »Vizekusen« ist geboren.

Zwei Klassen-Gesellschaft in Europa und Bundesliga

Im Endspiel der Champions League steckt derweil alles, was man über den Fußball Anfang der 2000er-Jahre wissen muss. »Der Ablösewahnsinn nimmt immer extremere Formen an«, schreibt der ›Kicker‹ vor der Saison, Zinedine Zidane ist mit einer Ablöse von mehr als 140 Millionen Mark ein Beispiel für Transfersummen, die aus deutscher Sicht unglaublich sind. Allein in den beiden Transferperioden seit dem Jahr 2000 haben die englische Premier League, die spanische Primera Divison und die italienische Serie A fast 1,9 Milliarden Mark mehr für Spieler ausgegeben, als sie eingenommen haben. Die Bundesliga kommt trotz der Rekordausgaben von Borussia Dortmund in dieser Zeit auf gerade mal etwas mehr als 300 Millionen Mark Ausgaben.

Das sei nicht mehr »Apokalypse Now«, sagt Hoeneß, sondern schon »Apokalypse Later«. Für ihn sind die hohen Umsätze das letzte Zucken eines kaputten Systems. Er kenne Vereine, die bis zu sechs Monate das Gehalt nicht bezahlt hätten. Spiele würden nur noch hin und her geschoben. »So nach dem Motto: Ich habe zwei Schweine für 50 000 Mark gekauft. Und wie? Weil ich vier Hühner à 25 000 abgegeben habe.« Nachhaltig sei nur ein anderer Weg: »Wir gelten sportlich und wirtschaftlich als Vorbild in Europa. (...) Alle anderen werden auf unseren Weg einschwenken. Das ist der einzig gangbare für einen Verein, der nicht darauf angewiesen sein will, irgendwelche Privatleute hereinzunehmen, die ihr Geld verschleudern.«

Hoeneß repräsentiert mit solchen Gedanken den Blick des deutschen Fußballs nach außen. Nach innen sind es jedoch vor allem Dortmund und Bayern, die Summen für Spieler aufwenden, die sich kein anderer Verein leisten könnte. Von den 300 Millionen Mark Nettoausgaben am Transfermarkt kommen fast 150 Millionen von diesen beiden. Gemeinsam mit Leverkusen, das mit dem Bayer-Konzern im Rücken wirtschaftlich nicht tief fallen kann, spielen sie in einer eigenen Liga.

Im nationalen Vergleich gibt auch der FC Bayern »apokalyptische« Summen für Spieler aus. Bereits im Sommer hat sich mit Sebastian Deisler eines der größten deutschen Talente dafür entschieden, zu den Bayern zu wechseln. Als der das seinem Verein Hertha BSC in Person von Manager Dieter Hoeneß vor der Saison 2001/02 mitteilt, bittet der ihn um Stillschweigen. Nicht einmal seinem Trainer Jürgen Röber vertraut sich Deisler an.

Wochenlang weicht Deisler Fragen aus, ob er sich schon für oder gegen Hertha entschieden habe. Bis im Oktober 2001 eine Boulevardzeitung für ein Erdbeben sorgt und nicht nur den Wechsel verkündet, sondern auch, dass Deisler 20 Millionen Mark Handgeld erhalten hat. Sogar ein Faksimile des Scheckeinreichungsformulars treibt die Zeitung auf und druckt es ab, was den 21-jährigen Deisler der ungefilterten Wut vieler Fans aussetzt. Obwohl ihm sein Berater davon abrät, läuft Deisler am Tag der Veröffentlichung für Hertha auf und verletzt sich dabei schwer. Es ist der Beginn einer Leidenszeit, die auch seine Zeit beim FC Bayern prägen wird.

Hoeneß räumt eine mögliche Zahlung ein, wehrt sich aber dagegen, das als Handgeld zu bezeichnen. Denn ein Handgeld wäre zu diesem Zeitpunkt noch gar nicht erlaubt gewesen und es hätte Lohnsteuer dafür abgeführt werden müssen. Die 20 Millionen seien wie ein »Darlehen« gewesen, sagt Hoeneß. Der DFB ermittelt, bei Deisler steht die Steuerfahndung vor der Tür. Am Ende zahlt Deisler das Geld zurück und beide Verfahren werden ergebnislos eingestellt. Im Rückblick gibt jedoch selbst Hoeneß zu: Das sei ein Handgeld gewesen. Steuerliche Probleme hätte es damit aber nicht geben können.

Wichtiger ist sowieso seine Höhe: Das, was Bayern Deisler als Handgeld zahlt, ist mehr, als 14 Bundesligisten jeweils vor dieser Saison in neue Spieler investiert haben. Zudem ist das Handgeld nicht die einzige Zahlung im Verborgenen aus dieser Zeit. Auch der Transfer von Claudio Pizarro zur Saison 2001/02 von Werder Bremen zu Bayern wirft Fragen auf. Schon im Jahr 2001 ist bekannt, dass der Transfer 16 Millionen Mark plus Handgeld und Beraterhonorar kostet. Wie hoch dieses Handgeld war? Im Jahr 2009 tauchen Dokumente seines Spielervermittlers Carlos Delgado auf, nach denen Pizarro 18 Millionen Mark netto haben wollte.

Von Bayern hat er diese Summe zwar nicht erhalten, im März 2002 stattet ihn aber Bayern-Investor Adidas mit einem Werbevertrag aus, der in einer Liga mit dem von David Beckham spielt. Gesamtvolumen an die 50 Millionen Mark brutto, oder wie Spielerberater Delgado laut ›Spiegel‹ vorher eine Münchner Steuerkanzlei hat berechnen lassen: 18 Millionen Mark netto.

Die Verantwortlichen des FC Bayern streiten gegenüber dem Magazin einen Zusammenhang ab, Pizarro wollte sich nicht äußern. Warum Adidas Claudio Pizarro aber umgerechnet aufs Jahr rund 2,3 Millionen Mark netto zahlt, während mit Michael Ballack einer der wichtigsten deutschen Profis im selben Zeitraum laut ›Spiegel‹ nur rund eine Million Mark bekommt, wissen die Vereinsoberen trotz ihrer engen Beziehung zum Sportartikelhersteller nicht, wie sie dem ›Spiegel‹ gegenüber beteuern.

Eine Liga am Tropf von Leo Kirch

Was diese hohen Summen so bedeutsam macht, ist der Kontext. Der FC Bayern gibt nicht nur sehr viel Geld für neue Spieler aus, er tut das in einer Phase, die für viele andere Vereine wirtschaftlich kritisch ist. Schon vor der Saison schreibt der ›Kicker‹, dass ohne den neuen TV-Vertrag »zahlreiche Klubs in höchste Zahlungsnot geraten« wären. Und das, obwohl sich die Einnahmen noch einmal mehr als verdoppelt haben. Anfang der 2000er wird für jeden erkennbar, dass es der deutsche Fußball verpasst hat, sich im Boom des Vorjahrzehnts ein stabiles wirtschaftliches Fundament zu bauen. Viele Vereine haben ihre Kosten aus dem Blick verloren. Vor allem die Spielergehälter sind gestiegen, größter Kostentreiber ist damit ausgerechnet der Bereich, der seit dem Bosman-Urteil in längeren Planungszyklen funktioniert, wegen der gestiegenen Laufzeiten vieler Verträge. Gleichzeitig stagnieren die Einnahmen in Ticketing und Sponsoring. Auch deshalb müssen die Vereine immer kreativer werden bei der Suche nach neuen Geldtöpfen. Im Jahr 2001 verkauft der Hamburger SV das Recht an seinem Stadionnamen an einen Online-Dienstleister und tritt damit eine regelrechte Welle los: Schon fünf Jahre später haben bereits 16 weitere Bundesligisten ebenfalls Geld damit eingenommen, ihr Stadion nach einem Sponsor zu benennen.

Aber selbst solche aus den USA kommenden Innovationen können nichts an der Tatsache ändern, dass sich die Bundesligisten wie schon in den ersten Jahrzehnten der Liga in eine Abhängigkeit von steigenden Einnahmen gewirtschaftet haben. Was lange die Erlöse durch Zuschauer waren, ist jetzt das TV-Geld: Für eine ganze Reihe von Vereinen macht es mehr als die Hälfte des Umsatzes aus.

Schon länger hat Rechteinhaber Kirch allerdings Probleme, seine Investitionen in den Fußball zu refinanzieren. Weder im Pay- noch im Free-TV geht für Kirch das Investment Bundesliga auf. Statt drei Millionen Abonnenten nutzen nur 2,5 Millionen Premiere World, und das, obwohl dort inzwischen alle Spiele zu sehen sind. Um das zu ändern, werden die Zusammenfassungen des Spieltags in der Saison 2001/02 erst ab 20:15 Uhr ausgestrahlt, was jedoch zu einem so heftigen Quoteneinbruch führt, dass die Werbekunden sich bei Sat 1 beschweren. »Sollte Kirch die Luft ausgehen«, schreibt der ›Kicker‹, »würde die Bundesliga den größten Crash ihrer Geschichte erleben.«

Im Interview mit ›Focus Money‹ schlägt Hoeneß eine Erhöhung der GEZ-Gebühr vor, um mehr Fußball im Free-TV zu ermöglichen. Wenn die etwa 30 Millionen Haushalte nur zwei Mark mehr zahlen würden, hätte man 60 Millionen im Monat, das würde die Leute überhaupt nicht treffen, so Hoeneß. Er sagt das ein Jahr nachdem die New-Economy-Blase geplatzt ist. Binnen weniger Monate waren allein am Neuen Markt 100 Milliarden Euro verschwunden, was viele Kleinanleger getroffen hat: Fünf Millionen Deutsche investierten zu diesem Zeitpunkt in Aktien. Und wenige Wochen nach diesem Vorschlag von Hoeneß sieht die Zukunft noch düsterer aus: Die Anschläge des 11. September versetzen 2001 die Welt in Schrecken, es sind unsichere Zeiten.

»Operation Barolo« und der Sturz von Leo Kirch

Rund um Leo Kirch und sein Imperium spielt sich derweil ein wahrer Wirtschaftskrimi ab. Auch weil er sich in eine Sackgasse manövriert hat. Unbemerkt von den übrigen Großaktionären hatte sich Leo Kirch 40 Prozent der Aktien am Axel-Springer-Verlag gesichert. Neben den Fernsehsendern Sat 1, ProSieben, Kabel 1, N24, dem DSF, seinem Pay-TV Sender Premiere World und all den Film- und Sportrechten, die er immer noch hält, spielt er jetzt also zudem eine entscheidende Rolle in einer der größten Verlagsgruppen Deutschlands. Die Witwe von Axel Springer, Friede Springer, will das nicht akzeptieren und macht Mathias Döpfner zum Vorstandsvorsitzenden, der am 1. Januar 2002 seinen Posten antritt und vor allem einen Auftrag hat: Er soll Kirch aus dem Verlag herausdrängen. Einen Monat hat er Zeit, um zu entscheiden, ob man eine Option zieht, mit der man Kirch vermeintlich mattsetzen kann. Springer hält zwölf Prozent der Aktien von ProSieben/Sat 1 und verfügt über die Option, sie der Kirch-Gruppe zu einem festgelegten Preis verkaufen zu können. Döpfner und Friede Springer wissen: Kirch hat das Geld dafür nicht, es geht um mehrere 100 Millionen Mark.

Im Januar 2002 entscheidet sich Kirchs wirtschaftliches Schicksal, ohne dass er davon weiß. Ende des Monats trifft sich eine Runde mächtiger Entscheider, offenbar mit dem Ziel, das Fell des Bären zu verteilen, bevor er erlegt ist. Bundeskanzler Gerhard Schröder, Deutsche-Bank-Chef Rolf Breuer, Bertelsmann-Chef Thomas Middelhoff und Erich Schumann, Geschäftsführer der WAZ-Mediengruppe, kommen in einem Restaurant in Hannover zusammen, um über die Situation von Kirch zu sprechen. Jeder dürfte dabei eigene Interessen gehabt haben. Schröder und die Verleger wollten vermutlich verhindern, dass Kirchs Konkurrenten Berlusconi und Murdoch in den deutschen Medienmarkt drängen, Breuer vor allem die Kredite der Deutschen Bank sichern, die man Kirch gewährt hat.

Zwar geben die Beteiligten bis heute keine Auskunft zu dieser Unterredung, die ›Süddeutsche Zeitung‹ berichtet jedoch über eine E-Mail, die Rückschlüsse auf den Inhalt des Gesprächs zulässt. Nur einen Tag nach dem Essen formuliert ein Investmentbanker der Deutschen Bank an einen kleinen Verteiler, auf dem auch Rolf Breuer ist, ein Szenario für eine mögliche Zerschlagung des Kirch-Imperiums. Springer könne sich freikaufen, die Formel 1 verkauft werden, Murdoch die Bundesliga übernehmen, heißt es darin etwa. Deckname des Plans: Operation Barolo. Eine Weinsorte, vielleicht haben den die Herren in Hannover getrunken.

Rolf Breuer soll Kirch diesen Zerschlagungsplan unterbreitet haben, zumindest deutet das Mathias Döpfner 2015 im Strafprozess zu dieser Causa an. Warum es einen Strafprozess gibt? Wegen eines Halbsatzes, den Rolf Breuer im Interview mit Bloomberg TV fallen lässt, in dem er suggeriert, dass es keine weiteren Kredite für Kirch gäbe.

Dieser Halbsatz ist der Anfang vom Ende des Medienimperiums von Leo Kirch. Innerhalb weniger Wochen fällt es auseinander, im April 2002 meldet Kirch Insolvenz an. »Das Interview war meine Schlachtung«, sagt Kirch danach. »Erschossen hat mich der Rolf.« Er verklagt Breuer und die Deutsche Bank, zwölf Jahre nach dem Interview einigt man sich auf einen Vergleich. 775 Millionen Euro plus Zinsen muss die Deutsche Bank zahlen, das Verfahren gegen Rolf Breuer wird gegen eine Zahlung von 350 000 Euro eingestellt. Leo Kirch hat diesen späten

Triumph nicht mehr erlebt, im Jahr 2011 stirbt er, auch Uli Hoeneß ist auf seiner Beerdigung.

Der Zusammenbruch der Kirch-Gruppe ist die damals größte Insolvenz der Nachkriegsgeschichte. 6,5 Milliarden Euro Schulden verteilen sich auf 1500 Gläubiger. Und einer davon ist der deutsche Fußball. Für die laufende Saison warten die Vereine noch auf die letzte Rate in Höhe von fast 200 Millionen Mark. Zwar hat die Deutsche Fußballiga DFL für den Fall der Fälle einen Rücklagentopf gebildet. Wie dramatisch die Situation ist, zeigt jedoch dieses Zitat: »Wenn es tatsächlich weniger Fernsehgelder geben würde, dann müssten die Vereine noch mal über die Verteilung der Fernsehhonorare nachdenken; da wären die starken Klubs gefordert, die schwächeren noch kräftiger zu unterstützen. Der Bundesliga wäre nicht geholfen, wenn am Ende nur noch zwölf Vereine um die Meisterschaft spielen.«

Wer das gesagt hat? Uli Hoeneß. Am Ende erhalten die Vereine statt 200 Millionen Mark nur rund 40 Millionen, vor allem viele Zweitligisten schrammen dadurch knapp an einer Insolvenz vorbei. Für die kommende Saison bleiben die Live-Rechte bei Premiere World, wandern aber 2003 zum Vermarkter Infront, hinter dem unter anderem Günter Netzer steckt. Der sichert sich, finanziert zum Teil mit einer dreistelligen Millionensumme vom ehemaligen Adidas-Chef Robert Louis-Dreyfus, sowohl die Bundesligarechte als auch die an der Weltmeisterschaft 2006. Am Ende der Vertragslaufzeit des alten Kirch-Vertrags werden die Vereine statt der anvisierten drei Milliarden Mark rund 550 Millionen weniger erhalten haben.

Rückkehr der ›Sportschau‹ und ihre Folgen

Vor allem im Free-TV verändert sich durch die Kirch-Pleite die Berichterstattung deutlich. Die Zusammenfassungen der Bundesligaspiele wandern zur ARD, es ist das Comeback der altehrwürdigen ›Sportschau‹. Die sichert sich damit nicht nur eines der wichtigsten Sportrechte, sondern macht sogar noch Gewinn: 20 Prozent mehr verlangt der Sender für Werbeplätze als Vorgänger Sat 1. Weil die Quoten stimmen und die Werbepartner buchen, macht sich das bezahlt. Für die ARD werden die Bundesligarechte somit zu einem Glücksfall, für viele Sportarten außerhalb des Fußballs sind sie jedoch ein Problem.

Egal ob im Handball, im Eishockey oder im Basketball: Überall bekommen Vereine zu spüren, dass Sendezeiten knapper geworden sind im deutschen Fernsehen. Das ist eine der oft wenig beachteten Folgen der Kirch-Insolvenz: Sie sorgt dafür, dass innerhalb kurzer Zeit andere Sportarten an den Rand oder ganz aus dem Programm der Sender gedrängt werden. Als beispielsweise 2003 die deutsche Hockey-Nationalmannschaft der Männer die Europameisterschaft gewinnt, wird nicht einmal das Finale übertragen.

In den 1980ern musste der deutsche Fußball gegen andere Sportarten um Zuschauer kämpfen, in den 1990ern etablierte er sich als dominierender Livesport. Nach der Kirch-Pleite macht er sich zusätzlich in den Sendungen breit, die bis dahin noch anderen Disziplinen eine Plattform geboten haben. Zum Teil müssen Vereine sogar dafür bezahlen, dass von ihren Spielen berichtet wird, wie die Volleyballer des VfB Friedrichshafen nach ihrer Qualifikation für die Champions League. Ohne eine Live-Übertragung hätten sie an diesem Turnier nicht teilnehmen dürfen, also greifen sie in ihre eigene Tasche. Dass die Kosten für Sportübertragungen von Sendern gezahlt werden, ist außerhalb des Fußballs alles andere als selbstverständlich. Was viele Jahre später selbst Uli Hoeneß fassungslos zurücklässt. Im Jahr 2011 arbeitet er daran, die Basketball-Männer-Abteilung des FC Bayern im Spitzensegment zu etablieren. Das laufe wirklich prima, erzählt er. »Aber das Fernsehen zahlt nicht einmal Geld für die Übertragungen, das müssen Sie sich mal vorstellen.«

Titan von Yokohama

Obwohl die Kirch-Insolvenz den deutschen Fußball heftig getroffen hat, entgehen vielen Fußballfans ihre Konsequenzen. Mitunter liegt das an einer WM in Japan und Südkorea, die völlig überraschend zu einem Erfolg wird. Erst in zwei Entscheidungsspielen gegen die Ukraine hatte sich das Team von Rudi Völler überhaupt qualifiziert. Im Turnier wächst vor allem Oliver Kahn über sich hinaus und sorgt mit teils irren Paraden dafür, dass die deutsche Mannschaft bis zum Finale nur ein einziges Gegentor kassiert. »Kahn und der Papst« seien die besten Spieler der Deutschen, witzelt Reiner Calmund.

Doch selbst der Papst kann Kahn gegen Brasilien offenbar nicht mehr helfen. Im besten Turnierspiel der Deutschen ist es der Torhüter, der die Niederlage einleitet. Kahn lässt einen Schuss von Rivaldo nach vorne abprallen, Superstar Ronaldo (der echte, nicht der heutige) staubt ab zum 0:1. Kurz vor der Aktion hatte sich Kahn einen Bänderriss im Ringfinger zugezogen, aber das habe keine Rolle gespielt, sagt er später. Die deutschen Männer verlieren das Finale mit 0:2, werden nach ihrer Rückkehr aber am Frankfurter Römer von den Fans so frenetisch gefeiert, dass Rudi Völler in die Menge ruft: »Was wäre denn eigentlich passiert, wenn wir gestern gewonnen hätten?« Noch Monate später hallt immer wieder der Gesang »Es gibt nur einen Rudi Völler« durch deutsche Stadien. Der Mann, der eigentlich nur ein Platzhalter für Christoph Daum sein sollte, ist gemeinsam mit Kapitän Kahn der gefeierte Held.

Bayerns Geheimvertrag mit Leo Kirch

Wieder ist der Erfolg der Männer-Nationalmannschaft auch ein Erfolg des FC Bayern. Mit Kahn, Linke und Jeremies stehen drei Spieler im Finale in der Startelf und im Grunde mit dem gelb gesperrten Michael Ballack noch ein vierter. Der zweitwichtigste

Spieler hinter Kahn wechselt zur Saison 2002/03 zum FC Bayern. Während andere Vereine um ihre Existenz bangen, ist die Euphorie um die Münchner weiter erdrückend. Rund um das erste Heimspiel gegen Bielefeld und den Tag der offenen Tür habe man die »größten Umsätze in der Geschichte des FC Bayern an einem Wochenende gemacht«, berichtet Hoeneß der ›AZ‹. Das Geschäft laufe »sagenhaft«, zitiert ihn die ›FAZ‹. Obwohl nicht alle seiner Ideen funktionieren – so untersagt die DFL den Bayern das Tragen von magentafarbenen Stutzen als Teil eines Deals mit der Telekom –, schwimmt der FC Bayern selbst in der größten Krise seit dem Bundesligaskandal im Geld. Warum eigentlich?

Noch im Jahr 2002 glauben die Konkurrenten, die Antwort zu kennen. Neben Merchandising, bei dem der FC Bayern laut Hoeneß jetzt auch via e-Commerce alleine in einem Monat über 500 000 Mark Umsatz macht, sowie den Sponsoren- und Zuschauereinnahmen macht natürlich auch in München das TV-Geld einen großen Teil aus. Vor allem dank der besonderen Einnahmequelle Champions League. In der Saison des Titelgewinns 2001 haben die Bayern dort 105 Millionen Mark eingenommen, in der Liga war es mit 46,5 Millionen nicht mal halb so viel.

Bald wird sich aber zeigen, dass es noch eine weitere Geldquelle gibt. Im Herbst 2002 stolpert der Journalist Jörg Schmitt bei einer Recherche zu Leo Kirch über Informationen zum FC Bayern, er bekommt einen 18-seitigen Geheimvertrag geschickt. Wie Schuppen sei es ihm von den Augen gefallen, erinnert er sich. Was er in den Händen hält, ist nichts weniger als die Erklärung dafür, warum der FC Bayern im Jahr 1999 nach all dem Hin und Her plötzlich doch für eine zentrale Vermarktung der Bundesliga-TV-Rechte gestimmt hat: Denn im Vertrag vereinbaren der FC Bayern und ein Unternehmen aus der Kirch-Gruppe, dass der Verein Zahlungen von Kirch dafür erhält, sich für Zentralvermarktung einzusetzen. Für Kirch ist es wichtig, weiter die Spiele aller Vereine bei sich zeigen zu können, der

FC Bayern erhält mit einer gemeinsamen Vermarktung aber weniger Geld. Diesen Unterschied gleicht deshalb Kirch mit direkten Zahlungen aus, das regelt der Vertrag.

Im Februar 2003 veröffentlicht Schmitt im ›Manager Magazin‹ das Ergebnis seiner Recherchen. Insgesamt 40 Millionen Mark habe der FC Bayern von der Kirch-Gruppe im Verborgenen erhalten. Überschrift des Artikels: »Grobes Foulspiel«.

»Ich war total wütend«, erinnert sich Willi Lemke. »Das fand ich unanständig.« Nicht nur Willi Lemke, die ganze Liga ist in Aufruhr. Ein Punktabzug steht im Raum, HSV-Aufsichtsrat Frank Mackerodt fordert sogar, es müsse über die Aberkennung des Meistertitels nachgedacht werden.

Der FC Bayern reagiert darauf empört: Ein ganz normaler Vermarktungsvertrag sei das gewesen. Dabei hätte ein solcher Vertrag dem Verband, beziehungsweise ab ihrer Gründung der DFL, vorgelegt werden müssen. Von solchen Einwänden lassen sich die Bayern aber nicht aufhalten. Franz Beckenbauer droht damit, die Münchner in der italienischen Serie A zum Spielbetrieb anzumelden. Hoeneß sagt, es sei der Wunsch von Kirch gewesen, den Vertrag geheim zu halten. Er hält eine Pressekonferenz ab und geht in die Offensive: »Es ist eine Riesensauerei, wenn man so tut, als wenn wir irgendjemandem nur eine Mark weggenommen hätten. Wir haben weder der Liga noch einem anderen Verein Geld weggenommen – nur Herrn Kirch. Der ist der Einzige, der sich beschweren könnte.« Franz Beckenbauer soll laut Bayern derjenige gewesen sein, der Verein und Leo Kirch an einen Tisch gebracht hat.

Unabhängig davon wirft dieser Vertrag aber vor allem auf Uli Hoeneß ein schlechtes Licht. Als Teil der dreiköpfigen Fernsehkommission konnte er im Jahr 2000 direkten Einfluss auf die Entscheidung nehmen, an wen der nächste TV-Vertrag geht. Neben ihm haben damals Gerhard Mayer-Vorfelder sowie DFB-Ligadirektor Wilfried Straub mit den Anbietern verhandelt. Nach heutigem Kenntnisstand wussten sie nichts vom Vertrag der Bayern mit Kirch, als sie mit den drei Interessenten an den Rechten gesprochen haben. In der entscheidenden Sitzung sollen sich sowohl Hoeneß als auch Mayer-Vorfelder für das Angebot von Kirch eingesetzt haben, obwohl es angeblich 150 Millionen Mark niedriger war als das von Konkurrent Tele München.

Nach Bekanntwerden des Kirch-Vertrags lässt ein Ligakonkurrent der Bayern von der renommierten Kanzlei Lovells ein Rechtsgutachten erarbeiten, das sich vor allem auf die Rolle von Hoeneß in der Fernsehkommission konzentriert. Das kommt zu dem Schluss, Hoeneß habe für Kirch lobbyiert und dafür sein Verein Geld bekommen. Das Rechtsgutachten liest sich zwar eindeutig, solche juristischen Einschätzungen sind jedoch mit Vorsicht zu genießen. Es gibt auch eine Reihe von anderen Gründen, die dafür sprechen, Kirchs Angebot trotz der leicht niedrigeren Summe anzunehmen, zum Beispiel die bereits etablierte Infra- und Kundenstruktur. Bemerkenswert ist jedoch, dass dieses Gutachten in der Berichterstattung damals nicht auftaucht und es zudem keiner der Ligakonkurrenten in der Öffentlichkeit zitiert. Obwohl manche Formulierungen darin ziemlich drastisch sind.

Auch ohne das Rechtsgutachten ist die Aufregung immens. Der Mythos vom FC Bayern als »moralischer Anstalt in sumpfiger Bundesliga-Umgebung« erscheine nur noch wie Folklore, schreibt die ›FAZ‹ zu den Enthüllungen. Die ›Welt‹ fragt Uli Hoeneß, ob er denn kein moralisches Problem beim Kirch-Vertrag sähe? Der antwortet: »Aber wirklich gar nicht.« Der Kirch-Vertrag kennzeichne den »Machtanspruch, den der FC Bayern hat«, ordnet Heribert Bruchhagen Jahre später im Gespräch die damaligen Enthüllungen ein. Als einer von drei Geschäftsführern der DFL muss Bruchhagen im Jahr 2003 mitentscheiden, was nun passieren soll. Innerhalb weniger Wochen nimmt die Sache richtig Fahrt auf.

Es wird diskutiert, ob die DFL überhaupt eine rechtliche Grundlage für eine Bestrafung habe. Warum eigentlich niemandem die Sondereinnahmen des FC Bayern aufgefallen sind, die in den der DFL vorgelegten Zahlen schon zu sehen waren, als der Kirch-Vertrag noch im Verborgenen lag. Der Geschäftsführer der Agentur, die für den Kirch-Konkurrenten Tele München arbeitet, meldet sich zu Wort: Nach seinen Informationen habe es insgesamt 152 Beraterverträge von Kirch gegeben, die von den Bayern kassierten über 40 Millionen Mark seien nur die Spitze des Eisbergs. Auch der ›Stern‹ berichtet von einem anonymen Insider, der sagt, es sei nur noch eine Frage der Zeit, bis endlich alle Sauereien von Kirch und deutschen Fußballmachern ans Tageslicht kämen.

Schließlich schaltet sich auch noch die EU-Kommission ein. Wettbewerbskommissar Mario Monti lässt sich von den Bayern den Geheimvertrag vorlegen, um zu prüfen, ob man nachträglich die Ausnahme vom Kartellrecht aufheben müsse, die vonseiten der EU dem deutschen Fußball für die zentrale Vermarktung gewährt wurde. Das würde die zwangsweise Einführung der Einzelvermarktung bedeuten. »Wackelt nun die ganze Bundesliga?«, fragt der ›Kicker‹. Dann geschieht Seltsames.

Die Ruhe nach dem Sturm

»Es gab ein kurzes Aufflammen, eine ganz große Empörung«, blickt Jörg Schmitt zurück, »und plötzlich war nach zwei Monaten totale Ruhe. Von heute auf morgen war das Thema tot.« Nicht einmal zwei Monate nach Schmitts Enthüllungsartikel einigen sich die DFL und der FC Bayern. Etwa 40 Millionen Mark haben die Münchner aus dem Deal mit Kirch erhalten, jetzt zahlen sie fast sechs Millionen Mark Strafe, eine Million davon spenden sie. »Schwierige Verhandlungen« seien das gewesen, berichtet Heribert Bruchhagen. »Ob die Größenordnung nun gerechtfertigt war oder nicht, darüber kann man bis heute trefflich streiten«, sagt er rückblickend.

Genau dieser Streit findet im Jahr 2003 aber kaum statt. »Die

Bayern haben gesagt, sie hätten keinen Wettbewerbsvorteil aus dem Geld von Kirch gezogen«, erklärt Jörg Schmitt. »Dazu muss man aber wissen: 40 Millionen war damals echt Geld. In dem Jahr, in dem der Vertrag geschlossen wurde, haben die Bayern für 25 Millionen Zé Roberto, Ballack und den damals aufstrebenden Deisler gekauft. Auch deshalb gab es den Wunsch von manchen in der Liga: Verteilt das, was Kirch euch bezahlt hat, nach dem klassischen Schlüssel an alle von uns.«

Größter Aufreger ist nach der Einigung auf die sechs Millionen Mark Strafe aber nicht die Höhe dieser Zahlung, sondern eine Formulierung in der Pressemitteilung der Liga. Dort heißt es, das Verhalten der Münchner sei »moralisch verwerflich« gewesen. Franz Beckenbauer poltert, dümmer könne man eine Presseerklärung nicht formulieren, richtig sauer ist aber vor allem Karl-Heinz Rummenigge. Die Presseerklärung sei eine »Beleidigung für den FC Bayern, von A bis Z«, eine »Kriegserklärung«, Uli Hoeneß habe danach mit dem DFL-Präsidium gebrochen, sagt Rummenigge. Er kündigt an, dass sich der FC Bayern mit sofortiger Wirkung aus allen DFL- und DFB-Gremien zurückziehen werde. Mit dieser DFL wolle man nichts mehr zu tun haben. Bei einer anschließenden Ligatagung nimmt der FC Bayern als einziger Verein nicht teil.

Dieser Bruch zwischen Liga, Verband und dem FC Bayern ist in den nächsten Wochen viel eher Thema als die eigentliche Strafe und die Rolle von Uli Hoeneß. Die Kritiker der Einigung sind in der Minderheit. Zu ihnen gehört BVB-Präsident Gerd Niebaum, der auf einen Logikfehler hinweist. Wenn Bayern gegen Statuten verstoßen hätte, sei die Höhe der Strafe viel zu niedrig, sagt er der ›FAZ‹. »Wenn die Bayern aber sagen, sie hätten nicht gegen die Statuten verstoßen, dann zahle ich auch keine sechs Millionen.‹«

Warum darüber so wenig diskutiert wurde? Willi Lemke verweist im Gespräch auf die Abhängigkeit vieler Journalisten vom FC Bayern. »Also Schwamm drüber, ist doch nicht so schlimm.«

Seine Meinung ist dagegen klar: »Ich sage nichts Böses über Uli, ich sage nur: Diejenigen, die das zu verantworten haben, sollten sich noch heute schämen, dass die die gesamte erste und zweite Bundesliga außerhalb Bayerns praktisch betrogen oder hinters Licht geführt haben.«

Goldader Champions League

Auch sportlich zeigt sich im Frühjahr 2003, wie weit sich der FC Bayern von der Liga entfernt hat. Die Münchner werden am 30. Spieltag Meister, so früh wie zuletzt vor dreißig Jahren. Weil sie zudem den DFB-Pokal gewinnen, steht am Ende der Saison ein Double auf dem Briefkopf. Was bei anderen Vereinen zu Euphorie geführt hätte, reißt Uli Hoeneß jedoch kaum vom Hocker. Blass sei das Gesicht der Mannschaft gewesen, nächste Saison müsse man eben wieder voll angreifen, sagt er. Wirtschaftlich schließt Bayern das Jahr nur mit einem kleinen Gewinn von einer halben Million Euro ab. Das liegt weniger an der Strafe für den Kirch-Vertrag als am Ausscheiden in der Gruppenphase der Champions League. Die ist inzwischen die wichtigste Einnahmequelle für die Bayern.

Finanziell spielen die Teilnehmer an der Champions League in einer eigenen Liga. Ihre Erlöse haben sich von 215 Millionen Euro in der Saison 1998/99 auf 680 Millionen fünf Jahre später mehr als verdreifacht. Und wie in der Bundesliga profitieren auch im Europapokal davon vor allem die großen Vereine. 14 von ihnen schließen sich im Jahr 2000 zur sogenannten »G-14« zusammen. Allein die Ähnlichkeit zur politischen G-8 zeigt die Bedeutung, die man sich selbst gibt. Die G-14 ist eine geschlossene Gesellschaft, bei ihrer Gründung sind aus Deutschland nur der FC Bayern und Borussia Dortmund dabei. Mit der G-14 können die erfolgreichsten europäischen Vereine den Verbänden geschlossen gegenübertreten und ihre Interessen durchsetzen. Während sie sportlich den Wettbewerb kapern. Von ihrer Gründung 1992 bis in die Saison 2002/03 kommt mit Bayer Leverkusen nur ein einziger Teilnehmer eines Endspiels nicht aus den Reihen der G-14. Das ändert sich, als Leverkusen bei einer Erhöhung auf 18 Vereine Mitglied wird.

Niederlagen und Druck

Die Champions League ist für Bayern ökonomisch wichtiger als die Meisterschaft. Dementsprechend handelt der Verein und gibt zur Saison 2003/04 allein für Roy Makaay, Martin Demichelis und Tobias Rau so viel für Transfers aus wie 16 der anderen Bundesligisten zusammengenommen. Zur Genugtuung vieler Fußballfans fallen sie mit diesen Investitionen jedoch auf die Nase. Die Saison endet mit einem Aus in allen Pokalen und einer schmerzhaften Niederlage gegen Werder Bremen, das damit im Münchner Stadion Meister wird.

Ein Jahr später verrät Hoeneß: Das Spiel gegen Werder war der Anfang vom vorzeitigen Ende Ottmar Hitzfelds als Trainer der Bayern. Zum Saisonende trennen sich die Wege. Hitzfeld sagt später: »Wenn Sebastian Deisler durchgespielt hätte in dieser Saison, wäre ich nicht entlassen worden, sondern wäre Meister geworden.« Deisler hatte sich im November 2003 wegen einer Depression in stationäre Behandlung begeben. Hitzfeld und Hoeneß hatten das gemeinsam organisiert und zunächst noch vor der Presse verheimlichen können. »Hat Sebastian ein Problem, kann er mich 24 Stunden am Tag erreichen«, sagt Hoeneß der ›Bunte‹ und versucht im Folgenden, den Druck der Öffentlichkeit von Deisler fernzuhalten.

Der Druck auf Spieler und Verantwortliche ist ein Thema in dieser Zeit. Einige Monate vor Sebastian Deisler hatte sich Jan Simak von Hannover 96 in einer depressiven Phase in seine tschechische Heimat abgesetzt. Sowohl in seinem Fall als auch dem von Deisler zeigt sich, wie unbeholfen und zum Teil fahrlässig Medien über die Spieler berichten. Auch Ottmar Hitzfeld ist nach der Saison am Ende seiner Kräfte. Er spricht davon, dass sein vorzeitiger Abschied eine Erlösung für ihn gewesen sei. Als er nach der für die Deutschen enttäuschenden Europameisterschaft Nationaltrainer werden soll, lehnt er ab. Am Ende sagt Jürgen Klinsmann zu.

Dortmund schlittert an der Insolvenz vorbei

Während Klinsmann den DFB und die Nationalmannschaft durchlüftet, weht auch bei den Bayern ab der Saison 2004/05 ein anderer Wind. Mit Felix Magath kommt ein Vertreter von Disziplin und Ordnung, der ein fast erotisches Verhältnis zu Medizinbällen im Trainingsalltag pflegt. Er trainiert nicht nur körperlich, sondern versucht zudem die außerfußballerischen Aktivitäten seiner Spieler zu beeinflussen, indem er nicht mehr eine Woche im Voraus verkündet, wann trainiert werde. Welten seien da anfangs aufeinandergeprallt, sagt Hoeneß.

Auch wenn es Rückschläge gibt, raufen sich Spieler und Trainer zusammen. Der FC Bayern setzt sich an die Tabellenspitze und demonstriert am 22. Spieltag, dass sich etwas verschoben hat im deutschen Fußball. Nur etwas mehr als eine halbe Stunde braucht die Mannschaft, um eine 4:0-Führung gegen Borussia Dortmund herauszuspielen. Der Endstand von 5:0 ist eine sportliche Demütigung. Erst Jahre später wird bekannt, dass sie von einer finanziellen begleitet wird: Als der BVB seine Gehälter nicht mehr zahlen kann, erhält er von den Bayern ein Darlehen über zwei Millionen ohne Sicherheiten.

Borussia Dortmund, der einzige Klub, der mit den Bayern kurzfristig finanziell mithalten konnte, steht im Jahr 2005 kurz vor der Insolvenz. Am Beispiel des BVB zeigt sich, welches Risiko andere Vereine eingehen müssen, wenn sie mit den Bayern in einer Liga spielen möchten. Und wie hart sportliche Fehler bestraft werden, wenn ein Verein auf keinem wirtschaftlich gesunden Fundament steht.

Als Dortmund nur wenige Jahre nach dem Champions-League-Titel in der Saison 1999/00 gegen den Abstieg spielt, führt das zu einem Strategiewechsel. Statt sich mit dem Börsengang im Jahr 2000 wirtschaftlich langfristig zu konsolidieren, fließt ein Großteil des Geldes vor allem in Transfers und Gehälter. Der BVB geht damit eine Wette auf die Zukunft ein, die er mehrmals verliert.

Nach der Meisterschaft in der Saison 2001/02 erreicht Dortmund im Folgejahr nur die Qualifikation zur Champions League, die es im Elfmeterschießen gegen den FC Brügge verliert. Schon Ende 2003 wird bekannt, dass der BVB allein im zweiten Halbjahr über 29 Millionen Euro Verlust gemacht hat. Alles am Verein ist auf Einnahmen aus der Champions League ausgerichtet, zusätzlich leistet sich Dortmund eine eigene Sportbekleidungsmarke namens »goool.de«. Ein Jahr später kommt es noch schlimmer, der BVB wird Sechster und hat deshalb nicht einmal die Qualifikation für den Uefa-Cup sicher. Als die Dortmunder zu Hause mit einem 1:2 gegen Genk ausscheiden, spitzt sich die Lage innerhalb weniger Monate dramatisch zu.

Mit Florian Homm kauft ein Investor größere Aktienpakete und mischt sich in die Geschäftsführung ein. Homm ist bisher nicht als Fußballfreund aufgefallen und wählt seine Investments laut einem Zitat in der ›FAZ‹ folgendermaßen aus: »Man schaut, wo es brennt und wo Renditen zwischen 20 und 50 Prozent zu machen sind.« Beim BVB brennt es lichterloh, im Oktober 2004 liegen die Schulden bei fast 120 Millionen, weitere Zahlungsverpflichtungen bei über 350 Millionen Euro.

Während der FC Bayern das durch den Einstieg von Adidas eingenommene Geld ins Stadion gesteckt hat, stellt sich das beim BVB anders dar. Auch Borussia Dortmund hatte nach dem Börsengang seine Anteile an der Westfalenstadion GmbH erhöht, allerdings schon bald danach wieder verkauft. Dortmund hat europaweit den höchsten Zuschauerschnitt, bisher dachte man, das wäre das wirtschaftliche Rückgrat des Vereins. Jetzt stellt sich heraus: Ein Großteil der Zuschauereinnahmen bleibt nicht beim BVB hängen. Dortmund steht kurz vor dem Kollaps.

Erst als im März 2005 die Gläubiger einem Sanierungsplan zustimmen, ist der BVB vorläufig gerettet. Wie dramatisch die Situation war, verdeutlicht eine Anekdote, die Investor Florian Homm später erzählt: Dortmund habe sogar seinen Namen »BVB« als Sicherheit für einen Kredit über 20 Millionen Euro hinterlegt.

Bayerns Konkurrenten verheben sich

Auch der zweite große Rivale der Bayern schrumpft Anfang der 2000er zusammen. Nach dem Vizetriple 2001/02 investiert Bayer Leverkusen viel Geld in Spieler, aber es folgt eine Saison des Grauens: Noch am 32. Spieltag liegt Leverkusen auf einem Abstiegsplatz, mit größter Mühe rettet Klaus Augenthaler als dritter Trainer in dieser Saison die Leverkusener vor dem Gang in Liga zwei. Womit auch die Zeit größerer Investitionen abrupt endet. Zur Saison 2003/04 gibt Leverkusen 300 000 Euro, für die Saison 2004/05 knapp vier Millionen Euro aus. Während man gleichzeitig mit Lucio nach Kovac, Ballack und Zé Roberto den vierten Spieler in vier Jahren an den FC Bayern abgeben muss.

Werder Bremen, das im Jahr 2004 noch im Stadion des FC Bayern Meister wird, verliert nach diesem Triumph und dem Sieg im DFB-Pokal nicht nur Torschützenkönig Ailton, sondern auch Abwehrchef Mladen Krstajić an Schalke 04, und das zudem ablösefrei. Die erste Saison ohne die beiden beendet Werder mit 18 Punkten Rückstand auf Rang drei der Tabelle.

Das mit Werder-Kraft verstärkte Schalke kann derweil zwar zwischenzeitlich an die Tabellenspitze klettern, wird dann aber abgefangen und nicht nur mit 14 Punkten Abstand auf den Meister Bayern Zweiter, sondern verliert zusätzlich das Pokalfinale gegen die Münchner. Bayern holt am Ende der Saison

2004/05 das Double aus Meisterschaft und Pokalsieg. In den ersten 36 Jahren der Bundesliga hatte es das nur dreimal gegeben: zweimal vom FC Bayern, einmal vom 1. FC Köln. Jetzt haben allein die Bayern zum dritten Mal innerhalb von fünf Jahren beide Titel geholt.

Das ist schon ziemlich nahe an dem Maximum, das auch Uli Hoeneß für den Verein sieht. Nach dem Ausscheiden gegen den vom russischen Investor Roman Abramowitsch gekauften FC Chelsea spricht Hoeneß im Interview mit der ›FAZ‹ davon, wie weit sich die internationalen Topklubs von Bayern entfernt hätten. Seine neue Devise: »Ich will nicht auf Teufel komm raus Champions-League-Sieger werden. Die Maxime kann nur sein: sportlicher Erfolg, basierend auf wirtschaftlicher Vernunft.«

So soll der FC Bayern von Uli Hoeneß aussehen. Gerade weil die nationalen Konkurrenten sich einer nach dem anderen verheben, klappt das auch. Der FC Bayern ist das Gegenbeispiel und zwar das einzige, das auch im Spitzenfußball funktioniert. Nirgendwo sonst im deutschen Fußball ist außerdem der Blick in die Zukunft so vielversprechend. So findet das wichtigste Spiel der Saison am 33. Spieltag gegen den 1. FC Nürnberg statt. Zwar sind die Bayern da schon lange Meister, aber es ist das letzte Spiel im Olympiastadion. Gegen den 1. FC Nürnberg gewinnen die Münchner mit 6:3. Wenige Wochen später wird die Allianz Arena eröffnet.

»Welch ein Kraftakt mit diesem Stadionbau verbunden war, sehen viele Leute gar nicht. Wir hatten um Weihnachten herum Sorge, dass wir aus diesem Jahr mit einem Minus von zehn, 15 Millionen Euro herausgehen würden. Jetzt haben wir aus dem Minus Gott sei Dank wieder ein Plus zwischen fünf und zehn Millionen gemacht«, sagt Hoeneß der ›FAZ‹.

Bei den Bayern verwandeln sich Verluste in Gewinne, aber nicht von Zauberhand oder nur wegen gewonnener Titel. Von den Magenta-Stutzen bis zum Kirch-Geheimvertrag: Wo es nur geht, versucht der Verein seine Einnahmen zu optimieren. Auch deshalb kann er im nationalen Rahmen so agieren wie international nur die Spitzenklubs.

Ein bisschen sei das wie im Wilden Westen gewesen, sagt Jörg Schmitt rückblickend. Den FC Bayern kennzeichnet in dieser Phase nicht sein Erfolg per se, sondern wie man ihn nach außen präsentiert. Sie wollen nicht als einer der Draufgänger im Wilden Westen gesehen werden, sondern als friedlicher Cowboy, der ohne einen einzigen Schuss seine Herde beschützt. Aber wenn jemand behauptet, auch im Revolver des FC Bayern würden Patronen fehlen, streitet der das so lange ab, bis alle sehen, dass der Colt sogar noch raucht. Aber dann war die Verwendung der Kugeln Notwehr.

Uli Hoeneß steht für diese Strategie wie kein Zweiter. Er ist es, der den FC Bayern aus dem Schuldental bis an die Spitze geführt hat. Der mit immer neuen Einfällen noch dort Einnahmen erzielt hat, wo andere das Schürfen längst aufgegeben haben. Und der all das nicht als Selbstzweck, sondern aus Überzeugung tut. Weil es ihm schon in Ulm von seinen Eltern vorgelebt wurde und weil er anders sein will als all die Schuldenvereine. Uli Hoeneß will etwas hinterlassen. Das neue Stadion und das viel zitierte Festgeldkonto, sie sind sein Erbe. Ein Erbe aus Steinen und Scheinen.

Sportlicher Erfolg, basierend auf wirtschaftlicher Vernunft. Packen wir noch Zaubertricks hinter dem Vorhang dazu, ist das Bild dann stimmig? Nicht ganz. Denn nicht nur gegenüber den Bundesligisten spielt Uli Hoeneß zeitweise ein doppeltes Spiel, sondern auch gegenüber der Öffentlichkeit. Der Prediger der wirtschaftlichen Vernunft, er macht privat allein im Jahr 2004 mit Devisenspekulationen Verluste von mehr als 17 Millionen Euro. Und im Jahr darauf einen Gewinn von fast 87 Millionen Euro. Das ist mehr, als alle Bundesligisten zusammengenommen in der Saison 2004/05 für neue Spieler im Saldo ausgeben. Inklusive der Bayern. Vermutlich weiß damals nur Hoeneß davon.

Kapitel 13

Kalkulierte Wut

2005–2008

Sinnbild für die neuen Ansprüche des FC Bayern ist eine Reise nach Tokio, die er vor der Saison 2005/06 antritt. Asien ist ein Markt, den Uli Hoeneß erobern will. Schon zwei Jahre vorher, im Jahr 2003, schwärmt er in der ›Stuttgarter Zeitung‹ von den 370 Millionen Chinesen, die wegen zwei chinesischen Spielern nachts um zwölf ein Spiel der Premier League verfolgen würden. Dagegen tue die DFL zu wenig, um die Bundesliga in Asien zu präsentieren. Ein Jahr nach der Reise wird er sogar vorschlagen, den Ligapokal in China oder Japan mit einer Art Turnier auszuspielen, an dem auch asiatische Teams teilnehmen dürften.

Bayern will in einer Liga mit Mannschaften wie Real Madrid und Manchester United mitspielen, die solche Trips ebenfalls schon gemacht haben. Wie groß die Lücke zu diesen Vereinen ist, zeigt sich in der Saison 2005/06 aber deutlich. Die Münchner scheiden im Achtelfinale gegen den AC Milan aus, von ihren letzten 22 Auswärtsspielen in der Champions League haben sie nur zwei gewonnen. Uli Hoeneß wird nicht müde zu betonen, dass das auch wirtschaftliche Gründe habe. »Uns fehlen 700 Millionen«, rechnet er 2005 dem ›Focus‹ die Gesamteinnahmen der deutschen Vereine im Vergleich zu den anderen Topligen vor. In irgendeiner Richtung müsse sich »der Knoten lösen«. »In den nächsten zwei, drei Jahren muss sich das entscheiden: die runter oder wir rauf! Sonst haben wir international keine Chance.« Auch weil mit Investoren wie Roman Abramowitsch zusätzliche Mittel bei Vereinen wie dem FC Chelsea in die Kasse fließen.

Es ist diese Gemengelage aus finanzieller und sportlicher Unterlegenheit, die zu einer überaus seltsamen Bilanz der letzten Saison vor der WM in Deutschland führt: Zwar dominieren die Bayern und gewinnen wieder das Double, es ist aber ebenfalls eine Saison der Niederlagen für Uli Hoeneß.

So entscheidet sich während der laufenden Saison Michael Ballack, den FC Bayern in Richtung Chelsea zu verlassen. Grund dafür laut Hoeneß gegenüber dem ›Kicker‹: »Es ging eindeutig nur ums Geld, und dann wäre es ja lächerlich, wenn wir vom FC Bayern gegen einen Herrn Abramowitsch antreten wollten.« Ballack verrät jedoch Jahre später, dass er eigentlich schon zwei Jahre früher zum FC Barcelona habe wechseln wollen, damals aber keine Freigabe von Hoeneß bekommen habe. Warum er sich später für Chelsea entschieden hat? »Ich habe den FC Bayern verlassen, um mich einem damals sportlich stärkeren Klub anzuschließen«, sagt Ballack 2019, »Uli warf mir öffentlich vor, wegen des Geldes gegangen zu sein. Ich bin ihm nicht böse für die Aussagen, denn ich glaube, dass er einfach emotional überreagiert hat und enttäuscht war.« Ballack geht eben nicht des Geldes wegen, sondern weil Bayern international zu schlecht ist.

Die nächste Demütigung für den FC Bayern und Uli Hoeneß ist die Demontage von Oliver Kahn. Nachdem Bundestrainer Jürgen Klinsmann schon den Torwarttrainer der Bayern, Sepp Maier, aus seinem Amt bei der Nationalmannschaft gedrängt hat, passiert dasselbe mit dem Mann, der bei der WM 2002 die Nationalmannschaft noch fast im Alleingang ins Finale gebracht hat. Einen Tag vor dem Spitzenspiel bei Werder Bremen erfährt Kahn, dass nicht er, sondern Jens Lehmann bei der WM im Tor stehen soll. Kahn reagiert geschockt, nur weil Hoeneß und Magath ihn überreden, kommt Oliver Kahn überhaupt zum Auswärtsspiel mit. Zur Überraschung vieler Beteiligter entschließt er sich dann allerdings, als Nummer zwei am Turnier teilzunehmen.

Klinsmann reanimiert die Nationalmannschaft

Anhand der Torhüterfrage lässt sich das Wirken Jürgen Klinsmanns als Bundestrainer perfekt beschreiben. In ihr vereint sich alles, wofür er stehen möchte. Zunächst sein Wille für Veränderungen. Alles müsse man hinterfragen, sagt er im Juni 2005 fast ein Jahr nach seinem Antritt als Bundestrainer dem Magazin der ›Süddeutschen Zeitung‹. »Reform ist kein Prozess, der in Episoden stattfindet. Das Reformieren muss zu einem permanenten Zustand werden – nicht nur vor der Weltmeisterschaft, auch danach.«

Klinsmann krempelt den DFB auf allen Ebenen um. Etablierte Namen verlassen den Verband, dafür rückt ein ganzes Team an Experten nach, das auf ein Ziel hinarbeitet, das wahnwitzig klingt: Schon in seiner ersten Pressekonferenz im Jahr 2004 kündigt Klinsmann an, Weltmeister werden zu wollen. Ein weiteres seiner Markenzeichen: Mit Klinsmann zieht ein Optimismus in die Außendarstellung der Nationalmannschaft ein, der gleichermaßen ansteckend wie irritierend wirkt. Weil nicht ganz klar ist, ob Klinsmann seine Hoffnung aus mehr als nur Wunschdenken speist. Wie will er ein solches Ziel erreichen?

Klinsmanns Antwort darauf ist neu, ungewohnt und wird zur Angriffsfläche aller Kritiker, zu der unter anderem Deutschlands größte Boulevardzeitung zählt. Mit Klinsmann verändern sich nicht nur Personal und Außendarstellung, sondern vor allem Training und Spielphilosophie der Mannschaft. Auch wenn sich einige über die Koordinationsübungen mit Gummibändern lustig machen, der Unterschied zum Training unter Vorgänger Rudi Völler könnte krasser nicht sein. Mit einem breit aufgestellten Team aus Experten verwissenschaftlicht Klinsmann die Einheiten und richtet seine Übungen sowohl auf die neue Taktik als auch auf Fitness aus.

Was heute banal klingt, ist damals revolutionär, wenn man zum Beispiel das liest, was Philipp Lahm in seinem Buch ›Der feine Unterschied‹ Jahre später über das Training in der Zeit von Völler geschrieben hat. Ihm sei das vorgekommen, »als würden ein paar Kumpels miteinander in die Ferien fahren, um Fußball zu spielen«.

Jenseits aller personellen Veränderungen stellt das den Kern der Revolution dar, die Klinsmann beim DFB einleitet: Er bringt Training, Analyse und Spielphilosophie auf einen modernen Stand. Hoeneß registriert das genau. Aber wie das mit Revolutionen so ist: Nicht jeder ist Fan davon. Als die Nationalmannschaft sportlich wackelt, wird Kritik an Klinsmann laut. Vermutlich auch, weil seine Arbeit viele Vereinstrainer nicht gut aussehen lässt. Bei einem Fitnesstest der Nationalspieler sollen ihre Werte hinter den Ergebnissen des Frauenfußballteams der USA gelegen haben. Klinsmann wiederum fordert die Spieler so sehr, dass sie zum Teil mit Muskelkater zu ihren Vereinen zurückreisen.

Klinsmann wohnt zudem weiter in Kalifornien, nur zu ausgewählten Anlässen lässt er sich in Deutschland blicken. Das ist sein sichtbarster Bruch mit allen Konventionen und gleichzeitig das Thema, das am lautesten diskutiert wird, unter anderem von Hoeneß. Als die Ergebnisse in den Länderspielen nicht mehr stimmen, platzt dem der Kragen: »Der soll hierherkommen und nicht ständig in Kalifornien rumtanzen und uns hier den Scheiß machen lassen«, schimpft er. Es kommt zu einem Krisengipfel in Frankfurt, bei dem die »Taskforce Nationalmannschaft« wiederbelebt wird. Neuer Sprecher dieses Arbeitskreises wird Uli Hoeneß, was übrigens in seiner Abwesenheit beschlossen wird.

Schon seine erste Dienstreise endet jedoch mit einem Debakel. Mit 1:4 verliert eine völlig desolate deutsche Nationalmannschaft in Florenz gegen Italien. Ein Ergebnis, das 100 Tage vor der WM im eigenen Land alles infrage stellt. Hoeneß versucht, die Lage zu beruhigen. Man müsse jetzt einen Schulterschluss hinbekommen, sagt er und schlägt nach dem Ausscheiden der Bayern in der Champions League sogar vor, die frei gewordenen Termine für weitere Testspiele der Deutschen zu nutzen. Erst als sich Jürgen Klinsmann einige Wochen später für Jens Lehmann und gegen Oliver Kahn entscheidet, fällt Hoeneß wieder in seine laute Kritik am Bundestrainer zurück.

»Land der Ideen« oder Land der »No-go-Areas«?

Selbst ein Optimist wie Klinsmann hätte im Frühjahr 2006 aber eingestehen müssen: Die Lage ist äußerst angespannt, auch jenseits des Sports. Bei der WM 2006 geht es um mehr als nur Fußball. Zusammen mit der Bundesregierung investiert zum Beispiel die deutsche Industrie rund um die Weltmeisterschaft in die Imagekampagne »Land der Ideen«, die den Standort Deutschland anpreisen soll. Auch das Motto der WM soll Werbung für Deutschland sein: »A time to make friends«, oder wie es auf Deutsch formuliert wird: »Die Welt zu Gast bei Freunden«. Aber passt das zu Deutschland?

Im März 2006 wird bei einem Oberligaspiel in Sachsen-Anhalt der Nigerianer Adebowale Ogungbure während des Spiels von Fans des Halleschen FC rassistisch beleidigt, auf dem Weg in die Kabine bespuckt und, als er den Angreifern den Hitlergruß zeigt, von hinten geschlagen. Die Staatsanwaltschaft ermittelt daraufhin, allerdings gegen Ogungbure. Vermutlich macht das den Vorfall weit über Deutschland hinaus bekannt. Sogar sein Vater in Nigeria habe über die BBC davon erfahren, erzählt Ogungbure später. Zwar wird das Verfahren gegen ihn eingestellt und der Nordostdeutsche Fußballverband verurteilt den Halleschen FC zu 600 Euro Geldstrafe, allerdings nicht wegen des rassistischen Angriffs, sondern weil Pyrotechnik abgebrannt worden ist.

Aufgeregt wird über Rassismus in Deutschland diskutiert. Stojan Gugutschkow, der Integrationsbeauftragte des WM-

Spielorts Leipzig, meldet sich zu Wort und bezeichnet Leipzig als »letzte Stadt in Deutschland, die ich als lebensgefährlich für Ausländer erachten würde«. Der ehemalige Regierungssprecher Uwe-Karsten Heye rät schwarzen WM-Besucherinnen und -Besuchern, bestimmte Orte in Brandenburg zu vermeiden, da man diese »möglicherweise lebend nicht mehr verlassen« könne. Eine Pressemitteilung des Afrika-Rats macht die Runde, in der von »No-go-Areas« gesprochen wird. Nicht nur die nationale, auch die internationale Presse berichtet, und das kurz vor Anpfiff des ersten Spiels.

Die WM 2006 zwingt Deutschland dazu, sich mit seinem Image in der Welt zu befassen. In den ersten Jahrzehnten nach dem Ende des Zweiten Weltkriegs hatten beide Teile Deutschlands nicht nur viel mit sich selbst zu tun, sondern waren auch Stellvertreter im Ost-West-Konflikt. Mit der Wiedervereinigung endete nicht nur die Zuteilung in getrennte Wirtschafts- und Politiksysteme, sondern gewissermaßen die Welt, in die diese Systeme eingebettet waren. Statt des Kalten Krieges fand eine heiße Globalisierung statt, angetrieben von technologischen Revolutionen wie Computern und dem Internet.

Auf die Frage, welche Rolle das wiedervereinigte Deutschland in dieser neuen Welt spielt, gibt es im Frühjahr 2006 zwar Antworten, aber vor allem politische, wirtschaftliche und technologische. Keine davon erklärt, ob man ein guter Gastgeber ist. Das macht die WM zu etwas Besonderem. Sie ist zwar nicht das erste globale Großereignis der 2000er in Deutschland. Aber das andere, die Weltausstellung im Jahr 2000 in Hannover, war viel weniger ein emotionales Ereignis und zudem eine riesige Fehlkalkulation: Statt der anvisierten 40 Millionen Besucherinnen und Besucher kamen mit rund 18 Millionen nicht einmal die Hälfte nach Hannover. All das erklärt, wie angespannt und fast verkrampft in Deutschland im Juni 2006 auf den Beginn der WM geblickt wird. Und über allem schwebt die Sorge des sportlichen Abschneidens der deutschen Mannschaft.

Das »Sommermärchen«

Einige der Sorgen zerstreuen sich schon in der sechsten Minute des Eröffnungsspiels. Philipp Lahm schießt gegen Costa Rica eines der schönsten Tore seiner Karriere und leitet damit ein Turnier ein, in dem sich die deutsche Männer-Nationalmannschaft mit der besten Bilanz seit 1970 für das Achtelfinale qualifiziert. Dort wird Schweden besiegt, was für ein Viertelfinale in Berlin gegen Argentinien sorgt. Seit 18 Spielen wartet die deutsche Mannschaft auf einen Sieg gegen einen der »Großen« des Weltfußballs. Als die Argentinier in Führung gehen, wechselt Klinsmann offensiv und sein Gegenüber, José Pékerman, nimmt zwei seiner besten Stürmer vom Feld. Miroslav Klose kann ausgleichen, das Spiel geht bis ins Elfmeterschießen, vor dem es zu einer besonderen Szene kommt: Oliver Kahn wünscht seinem Konkurrenten Jens Lehmann mit einem Handschlag Glück, ein Sinnbild für die WM, bei der sich einfach alles in Wohlgefallen aufzulösen scheint. Lehmann pariert den entscheidenden Strafstoß, Deutschland steht im Halbfinale.

Viele Deutsche sind euphorisch und fühlen sich der Nationalelf nah. Was erklärt, warum sich der Ton vor dem Spiel gegen Italien so sehr verschärft. Nach dem Viertelfinale war es zu Handgreiflichkeiten gekommen, Torsten Frings hatte dabei nach dem Argentinier Julio Cruz geschlagen. Die FIFA-Disziplinarkommission sperrt Frings auf Grundlage von Fernsehbildern nachträglich für das Halbfinale, es hält sich der Irrglaube, nur italienische Medien hätten sie gezeigt und so die FIFA darauf aufmerksam gemacht.

Ohne Frings geht das deutsche Team im Dortmunder Stadion in eine intensive Partie mit klaren Vorteilen für Italien. Kurz vor Schluss der regulären Spielzeit rettet Lehmann die Deutschen in die Verlängerung. Die ist kaum angepfiffen, da trifft erst Gilardino den Pfosten, dann Zambrotta die Latte des deutschen Tores. Während die Mannschaft von Jürgen Klinsmann auf das Elfmeterschießen hofft, will Italien die Entscheidung erzwingen. Das gelingt mit einem Geniestreich von Andrea Pirlo, der Fabio Grosso den Schuss zum 1:0 ermöglicht. Als eine Minute später auch noch Alessandro Del Piero trifft, endet der Traum vom Weltmeistertitel für Deutschland. Den holt sich im Endspiel gegen Frankreich Italien, das deutsche Team findet beim Spiel um Platz drei gegen Portugal mit Oliver Kahn im Tor aber noch zu einem versöhnlichen Abschluss.

Dieser letzte Eindruck legt sich über das ganze Turnier, das viel besser verlaufen ist, als es die meisten erwartet haben. Bei dem nicht nur viele ausländische Beobachterinnen und Beobachter, sondern auch die Deutschen selbst ins Staunen geraten sind. Über das gute Wetter, die friedlichen Fan-Feste und die Wiederentdeckung der schwarz-rot-goldenen Fahne.

Jürgen Klinsmann gilt als sportlicher Vater dieses »Sommermärchens«, überrascht die Verantwortlichen aber damit, dass er trotz vieler Komplimente seinen Vertrag nicht verlängert und als Bundestrainer aufhört. Hoeneß sieht seinen Job als Sprecher der Taskforce nach der WM übrigens als erledigt an. Es habe sowieso keine großen Probleme gegeben, sagt er. Im Sommer 2006 ist die Aufregung aus dem Frühjahr nur mehr eine blasse Erinnerung.

Der Blick hinter das »Sommermärchen«

Für den deutschen Fußball ist die WM 2006 ein einziges großes Geschenk. Über 1,5 Milliarden Euro wurden an den zwölf WM-Standorten in die Stadien investiert, fast 550 Millionen Euro davon steuerte die öffentliche Hand bei. Das Turnier war es den politisch Verantwortlichen wert, und das, obwohl es sich für die deutsche Wirtschaft nicht ausgezahlt hat. Wirtschaftswissenschaftler der Universität Hamburg kommen zu dem Ergebnis, dass die WM anders als erhofft zu keinem allgemeinen Wirtschaftswachstum geführt hat. Nicht einmal der Einzelhandel habe von den rund 1,3 Millionen Fans profitiert, die nach Deutschland gereist sind, manche Läden hätten sogar mit Umsatzrückgängen während des Turniers zu kämpfen gehabt, von kulturellen Angeboten wie Kinos, Theatern oder Museen ganz zu schweigen.

Ganz anders sieht es für den Fußball und seine Akteure aus. Der DFB jubelt über 106 Millionen Euro Überschuss aus dem Turnier, die Bundesligisten werden daran beteiligt und profitieren neben den Zuschüssen für ihre Stadien vor allem von einer modernisierten Infrastruktur. Auch für den Sportartikelhersteller Adidas wird die WM ein Erfolg. Im Jahr 2006 steigt sein Gewinn um 26 Prozent auf über 480 Millionen Euro, allein 1,5 Millionen Nationaltrikots habe man verkauft, erzählt der Vorstandsvorsitzende Herbert Hainer nach der WM.

Nicht ganz Deutschland profitiert aus wirtschaftlicher Sicht von der WM, sondern vor allem Fußballdeutschland, und das langfristig: Die neuen Stadien, die jetzt häufig »Arena« heißen, führen zum letzten großen Zuschauerboom in der Bundesliga. Anfang des Jahrtausends lag der Schnitt bei 28 000 Zuschauern pro Spiel, in der ersten Saison nach der WM kommen rund 38 000 in die erneuerten Stadien, die außerdem mehr Möglichkeiten für Einnahmen aus Gastronomie und VIP-Bereich bieten.

Die Umbauten und Neubauten setzen dabei auch jene Bundesligastandorte unter Zugzwang, die nicht das Glück hatten, WM-Spiele veranstalten zu dürfen. So investieren auch Werder Bremen, Borussia Mönchengladbach und Bayer Leverkusen in ihre Spielstätten, allerdings fast vollständig ohne öffentliche Gelder. Zählt man die Ausbauten dort sowie den Neubau in Düsseldorf mit dazu, fließen rund um die WM mehr als zwei Milliarden Euro in die deutschen Stadien, fast 700 davon kommen vom Steuerzahler.

Von der Erleichterung über das in vielen Belangen erfolgreiche Turnier wird verdeckt, dass hauptsächlich der Fußball und kaum eine andere Branche von der WM profitiert. Auch dass sich so mancher Verein mit seinem Stadion wirtschaftlich verhebt, wie zum Beispiel Kaiserslautern oder Düsseldorf, wird erst später sichtbar. Selbst die Diskussion über Deutschland als Gastgeber bleibt oberflächlich, weil sich die fröhlich feiernden Massen bei den damals wiederentdeckten Public Viewings so deutlich von allen Befürchtungen rund um »No-go-Areas« abgehoben haben.

Letztlich ist die WM 2006 in Deutschland in der Rückschau typisch für unsere Erinnerungskultur rund um den Fußball: Sportlicher Erfolg überdeckt Kritik. Aus weiter Entfernung strahlt die WM glänzend, mit jedem Schritt auf sie zu nimmt dieser Glanz aber ab. Was bei vielen Fußballfans dazu führt, dass sie lieber in der Ferne stehen bleiben wollen, wie aus den Kommentarspalten herauszulesen ist, wenn es wieder neue Erkenntnisse zur Art und Weise gibt, mit der Deutschland an dieses Turnier gekommen ist.

Man muss nicht mal so grundsätzlich werden, um zu einem differenzierteren Blick auf die WM zu kommen. Es reicht die Frage an Menschen mit italienischem Migrationshintergrund, wie wohl sie sich rund um das WM-Halbfinale und danach hier gefühlt haben. »Die Welt zu Gast bei Freunden« – das galt leider auch im Sommer 2006 nicht für jeden. Auch wenn diese Geschichte die weniger schöne ist als die des »Sommermärchens«.

Am Tropf der Sportwettenanbieter

Der wirtschaftliche Erfolg der WM ist unter anderem deshalb wichtig, weil es mit dem Geld von Sportwettenanbietern eine unsichere Einnahmequelle für den deutschen Fußball gibt. Im März 2006 entscheidet der Bundesgerichtshof, dass die Regierung den Bereich der Sportwetten neu gestalten muss. Zwei Optionen gibt es: eine Beibehaltung des staatlichen Wettmonopols bei gleichzeitiger Bekämpfung von Spielsucht oder eine Öffnung des Wettmarkts für private Anbieter.

Als sich die Ministerpräsidenten der Bundesländer für die erste Variante entscheiden, bringt das viele Vereine in Verlegenheit, die sich mit privaten Wettanbietern zusammengeschlossen haben. Werder Bremen zum Beispiel hatte gerade erst »bwin« als Hauptsponsor gewonnen, weil Werbung für private Sportwettenanbieter nun weitgehend verboten ist, steht vorerst »we win« auf ihrer Brust. Liga-Präsident Reinhard Rauball schätzt, dass durch die Entscheidung dem deutschen Fußball 100 bis 300 Millionen Euro verloren gehen.

Für die kommenden Jahre ist deshalb eines der wichtigsten Projekte des deutschen Fußballs, Sportwettenanbieter zu legalisieren und damit als Geldgeber in die Bundesliga zu holen. Mehrmals wurde seit 2006 die gesetzliche Lage neu geregelt, mehrmals haben das nicht alle Bundesländer umgesetzt und so für erneuten Handlungsbedarf gesorgt. Inzwischen sind private Wettanbieter zugelassen und dominieren den Werbemarkt rund um Fußball in einer auffälligen Art und Weise. Ihr Markt ist riesig: Drei Millionen Deutsche wetten regelmäßig, 2019 wurden in Deutschland neun Milliarden Euro auf Sportereignisse verwettet, allein zu jedem Bundesligaspiel gibt es laut Schätzungen weltweit Einsätze in Höhe von 70 Millionen Euro. Noch größere Summen werden im illegalen Bereich vermutet.

Probleme wie Manipulation von Spielen und Spielsucht scheinen erdrückt zu werden von den Summen, die dieser Bereich des Glücksspiels bewegt. Nicht einmal der Skandal um den Schiedsrichter Robert Hoyzer, der gegen Geld Spiele im Profifußball verschoben hat, konnte daran etwas ändern.

Womit der Fußball wieder in ein Abhängigkeitsverhältnis gerutscht ist, diesmal von den Werbemillionen der Wettindustrie. Wie eng die Verbindungen zwischen Sportwettenanbietern und den Bundesligisten sind, verdeutlicht auch der FC Bayern. Von 2013 bis 2021 saß dort Jörg Wacker im Vorstand für die Bereiche Internationalisierung und Strategie. Zuvor war er Deutschlandchef von »bwin«. Nach dem Abgang von Wacker übernahm

Oliver Kahn als Vorstandsvorsitzender den strategischen Teil seiner Aufgaben. Vor seinem Einstieg in die Chefetage bei Bayern war Kahn Testimonial für den Sportwettenanbieter »tipico«, der ebenfalls Sponsor beim FC Bayern ist.

Deislers Karriereende

In die Saison nach der WM startet der FC Bayern so schlecht wie zuletzt vor 13 Jahren. Da vor allem die WM-Teilnehmer im Kader müde sind, ruhen alle Hoffnungen auf einem guten Wintertrainingslager und einer entsprechenden Rückrunde. Aber ohne dass die Mannschaft es mitbekommt, bahnt sich genau dort ein weiterer Rückschlag an. Nur Hoeneß weiß davon schon früher.

Sebastian Deisler kann nicht mehr. Selbst lockere Trainingseinheiten erschöpfen ihn. Als er nachts nicht schlafen kann, ruft er Hoeneß an und fragt, ob man sich unterhalten könne. »Deisler öffnet sich«, schreibt Michael Rosentritt in seiner Biografie über den Mittelfeldspieler, »erzählt von seinen Ängsten und seinen inneren Konflikten, teilt Hoeneß seine Ansichten über die Fußballwelt mit. Es vergehen zwei, vielleicht drei Stunden, bis Hoeneß sagt, er solle dableiben, im Gästezimmer. Dort schläft Deisler irgendwann ein.«

Jede Nacht sprechen Deisler und Hoeneß miteinander. Hoeneß sagt ihm, er solle sich frei machen vom Druck, einfach sein Spiel spielen. Vermutlich erkennt er nicht, in welcher Situation sich Deisler während seiner Gespräche schon befindet. Kurz nach ihrer Rückkehr entscheidet Deisler, dass es das für ihn war mit dem Profifußball, er beendet seine Karriere. »Am Ende war ich leer, ich war alt, ich war müde. Ich bin so weit gelaufen, wie mich meine Beine getragen haben, mehr ging nicht«, sagt er zwei Jahre später dem ›Tagesspiegel‹.

Hoeneß und Deisler verkünden sein Aus gemeinsam auf einer Pressekonferenz. Hoeneß wirkt angefasst, wie keiner im deutschen Fußball habe er versucht, das Ende der Karriere von Deisler zu verhindern, urteilt Rosentritt, der viele Gespräche mit Sebastian Deisler für sein Buch geführt hat. »Was immer man am Auftreten und Wirken des Bayern-Managers kritisieren mag, er ist einer der wenigen in diesem Business, deren Herz mitunter größer ist als die Belange des Tagesgeschäfts«, schreibt er.

Womöglich hat Hoeneß sich selbst in Deisler wiedererkannt. Die beiden haben am selben Tag Geburtstag, beide am Ende der Karriere das Vertrauen in ihr Knie verloren. Und wie Hoeneß 1979 ist auch Deisler im Jahr 2007 zum Zeitpunkt seines Karriereendes 27 Jahre alt.

»70-Millionen-Korrektur« Ribery, Klose und Toni

Wieder zeigen sich im Januar 2007 innerhalb weniger Wochen die unterschiedlichen Gesichter des Uli Hoeneß. Kurz nach der Deisler-PK entscheiden Rummenigge und Hoeneß, Trainer Felix Magath zu entlassen. Als der mit seiner Frau zum Trainingsgelände fährt, läuft die Meldung schon im Radio. Keine zwei Wochen später sagt Hoeneß über den Ex-Trainer: »Es gibt natürlich Methoden, Mannschaften und Spieler wie eine Zitrone auszupressen, bis an die körperliche Grenze und darüber hinaus. Dann hat man kurzfristig Erfolg.« Aber, so Hoeneß weiter: »Er muss sich schon mal die Frage stellen, wenn er irgendwo Erfolg hat, warum anschließend eine Party unter den Spielern gefeiert wird, wenn er weg ist.« Magath werde bestimmt als Trainer zurückkehren, so Hoeneß. Aber sicher nur im Ausland.

Nachfolger von Magath wird Ottmar Hitzfeld, doch selbst er kann die Saison nicht mehr retten. In der Champions League scheidet Bayern wieder gegen den AC Mailand aus, und in der Liga passiert sogar das, was nicht passieren darf: Bayern verpasst die Champions League. Im vorentscheidenden Spiel gegen Stuttgart verlieren die Münchner mit 0:2. Ein Schlüsselspiel, wie Hoeneß später der ›Neuen Zürcher Zeitung‹ verrät: »Davor habe ich zum Team gesprochen und gesagt, wir können die Saison noch drehen. Aber da haben die so erbärmlich gespielt wie Angsthasen. In der Halbzeit habe ich gedacht: So, am Montag fangen wir an einzukaufen.«

Und wie sie das tun. Hoeneß spricht von einem richtigen »Jagdfieber«, das in der Transferperiode vor der Saison 2007/08 entstanden sei. Der ›Spiegel‹ nennt es die »70 Millionen Euro Korrektur«. José Sosa, Luca Toni, Marcell Jansen, Miroslav Klose und Franck Ribéry sind die teuersten Neueinkäufe, die zum FC Bayern kommen, Hoeneß berichtet, man habe sogar noch dem ein oder anderen prominenten Spieler abgesagt. An der »Grenze zur Unvernunft« sei man 2007 gewesen, sagt Hoeneß zwei Jahre später.

Der FC Bayern geht im Sommer 2007 eine Wette auf die Zukunft ein, die allerdings schon früh aufzugehen scheint. Die Neuzugänge lösen einen Hype aus, »100 000 Dauerkarten« hätte man verkaufen können, erzählt Hoeneß. Vor allem Ribéry, Toni und Klose bringen frischen Wind in den Verein, auch Ottmar Hitzfeld wirkt wie ausgewechselt. Er hat sich in seiner Auszeit weitergebildet und sein Trainerteam um externe Spezialisten erweitert. Selbst von den gegnerischen Fans werden Spieler wie Bastian Schweinsteiger bejubelt. »Wenn ich gewusst hätte, dass die Leute so nach dem Spektakel lechzen, dann hätte ich es vielleicht schon früher gemacht«, staunt Hoeneß.

Zwar startet die Mannschaft spektakulär in die Saison, im DFB-Pokal und Uefa-Cup spielt sie allerdings wenig berauschend. Nach einem 2:2 in der Gruppenphase des Europapokals gegen die Bolton Wanderers beschwert sich Karl-Heinz Rummenigge über die Rotation von Hitzfeld. »Fußball ist keine Mathematik«, schimpft er. Ein Ausspruch, der den Trainer sehr gekränkt haben dürfte. Hitzfeld hat Mathematik und Sport auf Lehramt studiert. Nach dem Unentschieden gegen Bolton verliert seine Mannschaft zudem erstmals in der Liga, mit 1:3 beim VfB Stuttgart. Es ist die erste größere Delle in der Saison, und das ist deshalb wichtig, weil drei Tage nach der Niederlage eine Jahreshauptversammlung stattfindet, die legendär werden wird.

»Für eure Scheißstimmung …«

Mehrere Mitglieder kritisieren ausgerechnet die Sache, in die Hoeneß so viel Energie gesteckt hat: das neue Stadion. Franz Beckenbauer, der die Mitglieder aufs Podium ruft, macht sich schon lustig, als erneut eine Wortmeldung zum Thema »Akustik Stadion« angekündigt wird. Ein Bayern-Mitglied lobt darin die Fanklubs, nimmt die Ultras in Schutz und kritisiert den Fokus der Vereinsführung auf die VIP-Gäste. Er sage das nicht gern, aber sogar bei den Sechzigern sei manchmal mehr los als bei Bayern. Und er macht sich über Uli Hoeneß lustig. Wenn der in einem Interview sage, die Stimmung sei schon viel besser geworden, dann säße er wohl mit MP3-Player und den besten Fangesängen aus den vergangenen Jahren auf den Ohren im Stadion. Der Fan schließt mit dem Appell, Rummenigge und Hoeneß sollten wieder einen Schritt auf die Fans zu machen, sich um ihr Stammpublikum kümmern. Am Ende seiner Rede bekommt er viel Applaus.

Uli Hoeneß hat genug von der Kritik, das wird innerhalb von Sekunden deutlich. »Das ist eine populistische Scheiße, das muss ich mal ganz deutlich sagen«, poltert er ins Mikrofon. Das Publikum buht. So sei es bei 1860 bestimmt auch gewesen, fährt Hoeneß fort, wo man lieber in die Regionalliga als gegen Chelsea habe spielen wollen, um im Grünwalder Stadion bleiben zu können. Er wird lauter: »Dann gehen wir doch wieder dahin. Dann müsst ihr euch aber einen neuen Vorstand holen, mit uns eben nicht! Eure Scheißstimmung, da seid ihr doch für verantwortlich und nicht wir!«

Hoeneß gestikuliert in das murrende Mitgliedervolk hinein. Er ist jetzt richtig auf Temperatur. »Was glaubt ihr eigentlich, wer euch finanziert? Die Leute, denen wir das Geld in den Logen aus der Tasche ziehen!« Hoeneß zeigt mit dem Finger ins Publikum, dort wo er seine Kritiker vermutet. Franz Beckenbauer versucht, seine Tirade zu beenden, Hoeneß ist aber nicht fertig. »Was glaubt ihr eigentlich, wer ihr seid!? Es kann doch nicht sein, dass wir hier kritisiert werden, dafür dass wir uns seit vielen Jahren den Arsch aufreißen, dass wir dieses Stadion hingestellt haben. Aber das hat 340 Millionen Euro gekostet, und das ist mit sieben Euro in der Südkurve eben nicht zu finanzieren!« Am Ende seines Ausbruchs hat sich die Stimmung gedreht, Hoeneß bekommt mehrheitlich Applaus.

Dabei fällt gar nicht auf, dass Hoeneß auf den Kern der Kritik der Fans gar nicht eingegangen ist. Denn für die »Scheißstimmung« sind eben nicht allein die Fans verantwortlich. Die Vereinsführung hatte beim Umzug ins neue Stadion die Dauerkarteninhaber aus der Südkurve des Olympiastadions auf beide Seiten des Stadions verteilt, aber ohne das vorher abgesprochen zu haben. Plötzlich hatten Fans, die immer nebeneinander gestanden waren, ein ganzes Spielfeld zwischen sich.

Ultras als Gegner

Hoeneß' Wutrede wird im Jahr 2007 weit verbreitet und parodiert, sie ist sein »Flasche leer«. Leider wird dabei aber ihr eigentlicher Hintergrund oft vergessen: Es geht um mehr als nur die Stimmung im Stadion. Die Wut von Hoeneß richtet sich gegen die Ultras, wie er später unter anderem der ›Abendzeitung‹ erklärt. Im Saal wird er bereits ohne diese Klarstellung verstanden, auch deshalb dreht sich die Stimmung. Hoeneß nutzt an diesem Abend, dass sich in der Fanszene unterschiedlichste Gruppen vereinen, die sich nicht immer grün sind. Seine Wutrede ist damit vor allem ein Keil, den er zwischen die Fans treibt. Womit er unter anderem deshalb Erfolg hat, weil es eine Vorgeschichte dazu gibt.

Der Uefa-Cup-Sieg 1996 war nicht nur der erste internationale Titel seit 20 Jahren, sondern markiert ebenfalls die Geburtsstunde der organisierten Fanszene beim FC Bayern. Im Olympiastadion gibt es ab diesem Moment immer wieder Choreografien und organisierte Fangesänge. Um die Kosten für ihre Aktionen zu decken, gründen die Fans einen Dachverband, in dem mehrere Fanklubs organisiert sind, den »Club Nr. 12«.

Hoeneß hat ein offenes Ohr für die Anliegen der Fans und löst Probleme oft in der für ihn typischen Art: Da wird auch einmal direkt aus dem Treffen mit dem »C12« heraus bei Adidas angerufen und ein Sondertrikot fürs Derby in Auftrag gegeben, weil im aktuellen zu viel Blau enthalten ist. Obwohl es schon damals mitunter Unstimmigkeiten wegen des Einsatzes von verbotener Pyrotechnik gibt, unterstützt Hoeneß die Ultras. Zur Einweihung eines neuen Treffpunktes der Fans bringt Hoeneß nicht nur einen riesigen Teppich mit Bayern-Logo darauf mit, sondern zusätzlich eine große Packung Würste.

Doch es findet eine Entfremdung statt, was sich an einem Ereignis aus dem Jahr 2003 ablesen lässt. Bei der Meisterfeier kommt es zu Auseinandersetzungen zwischen den Ultras und der Münchner Polizei. Wie heftig die waren? Darüber gehen die Meinungen stark auseinander. Wie bei solchen Fällen nicht unüblich, landet in den Medien erst mal die Version der Polizei. Als sich der Vorsitzende des C12, Gregor Weinreich, an den FC Bayern wendet und um eine gemeinsame Stellungnahme bittet, blitzt er ab. Wenn das jetzt mal ein Anlass sei, die paar Hundert Aufmüpfigen im Verein endlich loszuwerden, wäre das doch super. Mithilfe von zum Teil veralteten Mitgliederlisten bestraft der FC Bayern mehrere Hundert Fans, indem er ihnen die Dauerkarten entzieht.

Zwischen Teilen der Bayern-Fans und Vereinsführung ist das Tischtuch nicht nur zerschnitten, sondern verbrannt. Die ausgesperrten Ultras beauftragen eine Anwaltskanzlei damit, ihnen ihre Jahreskarten zurückzuholen. Erst eine Mediation von Fußballkommentator und Nürnberg-Fan Günther Koch bereinigt die Lage, die Fans erhalten ihre Dauerkarten zurück. Und nicht nur das, erzählt Weinreich: »Wir haben damals Uli Hoeneß auf unsere Jahreshauptversammlung in Kombination mit Weihnachtsfeier eingeladen. Am Rande dieser Veranstaltung hat er gefragt, was wir denn für die Anwälte gezahlt haben, und uns das Geld dafür auf den Tisch gelegt.«

Während sich dieser Konflikt noch lösen ließ, erreicht die Beziehung zwischen Verein und Ultras einige Wochen vor der Jahreshauptversammlung 2007 einen Tiefpunkt. Im Mai treffen auf einem Rastplatz bei Würzburg zufällig Bayern-Fans auf solche des 1. FC Nürnberg. Laut Polizei gehen die Bayern auf die Clubberer los, dabei wird die Frau des Nürnberger Busfahrers von einer vollen Flasche am Kopf getroffen und verliert ihr linkes Auge. Weitere drei Menschen werden verletzt, ein Gericht verurteilt später drei Bayern-Fans zu Bewährungsstrafen. Bis heute ist unklar, wie viele Fans an der Schlägerei beteiligt waren, laut ›Spiegel‹ sprechen manche Augenzeigen von sechs, andere von 20 Randalieren. Der FC Bayern verhängt gegen alle 73 Insassen der beiden Münchner Busse ein bundesweites Stadionverbot.

Auch das ist Teil der Wutrede von Uli Hoeneß. Wenn er auf die Kritik an der schlechten Stimmung im Stadion reagiert und sich die Ultras herausgreift, dann sind die ein halbes Jahr nach diesem Vorfall ein leichtes Ziel. Einige Tage später legt er sogar nach und rückt den »Club Nr. 12« in einer Fernsehsendung in die Nähe von mächtigen und gewalttätigen Organisationen. »Der Club Nr. 12 hat damals jedes Jahr mehrere Hundert Mitglieder gewonnen«, versucht Gregor Weinreich diesen Auftritt zu erklären. »Ich glaube, dass Leute an der Säbener Straße gedacht haben: ›Vielleicht kommen diese Mitglieder alle mal zu einer Jahreshauptversammlung und wählen dann irgendeinen von diesen Spinnern zum Präsidenten.‹«

Ein Gedankenspiel, das Weinreich als »absurd« bezeichnet, das womöglich für die Verantwortlichen auch deshalb schwer aus den Köpfen zu bekommen ist, weil der Club Nr. 12 nicht für sie zu packen ist. Anders als reguläre Fanklubs bestellt er für seine Mitglieder keine Eintrittskarten und kann somit auch keine entzogen bekommen.

Bezieht man diese Aspekte mit ein, wird die Wutrede von Uli Hoeneß immer mehr wie ein Foul, bei dem der Verteidiger den Stürmer in vollem Tempo weggrätscht. Beim ersten Sehen denkt man noch: Gut, der war halt übermütig und hat ihn härter erwischt, als er wollte. Aber mit jeder Zeitlupe, mit jedem genaueren Blick auf die Szene wird die Frage im Hinterkopf lauter: Wollte der die Grätsche nicht vielleicht genau so setzen?

Zwei Säulen verlassen den Verein

Auch wenn der Ausraster von Uli Hoeneß bei der Jahreshauptversammlung einen anderen Hintergrund hat: Irgendwie passt er zu dieser Saison 2007/08. Obwohl sie sportlich erfolgreich verläuft, ist die Stimmung bei den Bayern mies. Noch vor der Winterpause teilt Ottmar Hitzfeld der Vereinsführung mit, nach der Saison aufhören zu wollen. Weil zusätzlich Oliver Kahn nach dieser Saison seine Karriere beenden will, verlassen damit zwei prägende Personen der letzten Jahre den FC Bayern.

In der Liga ziehen die Bayern zwar davon, aber in den Pokalwettbewerben liefern sie mehr Spektakel als ihnen lieb ist. Gegen 1860 gewinnt die Mannschaft mit zehn gegen neun Spieler mit einem streitbaren Strafstoß in der 120. Minute. Möglicherweise kommt ein Teil des Feuers in diesem Spiel mit drei Platzverweisen daher, dass sich inzwischen die Besitzverhältnisse der Allianz Arena verändert haben. Nachdem 1860 abgestiegen ist, war die finanzielle Not so groß, dass die Sechziger ihren Anteil an der Stadion-GmbH für elf Millionen Euro an die Bayern verkauft haben, um sich damit vor der Insolvenz zu retten. Der Theorie nach hätten sie diese Anteile wieder zurückkaufen können, aber als die Bayern ihnen dieses Recht für etwas mehr als eine Million Euro abkaufen, zerschellt diese Option. Innerhalb von eineinhalb Jahren wurden die Löwen von Miteigentümern zu Mietern der Arena. Ohne sie hätte es den Neubau nicht gegeben, jetzt sind die Bayern ihren Rivalen schon so gut wie los und ist das Stadion ihres.

Bayern gewinnt anschließend den DFB-Pokal, scheidet allerdings im Uefa-Cup gegen Zenit St. Petersburg aus, obwohl man gegen Getafe noch sensationell einen Zwei-Tore-Rückstand in der Verlängerung aufgeholt hat. Hitzfeld und Kahn verabschieden sich am Ende der Saison also wieder mit einem Double. Als Hoeneß seinem Freund Ottmar Hitzfeld vor dem letzten Heimspiel einen Blumenstrauß zum Abschied überreicht, hat er Tränen in den Augen, Hitzfeld heult hinter den Blumen wie ein Schlosshund.

Die Saison 2007/08 steht für eine Zäsur. Vor der Spielzeit mit einer bis dahin ungekannten Transferoffensive, danach wegen des Abschieds von zwei Menschen, die wesentlich für den Erfolg der Münchner mitverantwortlich waren. Wie wird der FC Bayern das Vakuum füllen, das die beiden hinterlassen?

Die Antwort ist in beiden Fällen mutig. Kahn soll von Michael Rensing ersetzt werden, dem Torhüter, der schon seit ein paar Jahren als Nummer zwei nicht an ihm vorbeigekommen ist. Für den Trainerposten haben sich die Bayern etwas Besonderes überlegt: Jürgen Klinsmann wird neuer Trainer. Sogar Bundeskanzlerin Merkel äußert sich zu seiner Rückkehr in den deutschen Fußball. Wie schon bei seinem ersten Wechsel zu Bayern, elektrisiert diese Nachricht die deutsche Öffentlichkeit. Dabei kann die in diesem Moment noch gar nicht ahnen, wie ereignisreich die Zeit von Klinsmann bei Bayern werden wird.

Kapitel 14

Vater Teresa

2008–2013

Als Jürgen Klinsmann Bundestrainer wurde, rief er den WM-Titel als Ziel aus. Was nimmt er sich im Jahr 2008 beim FC Bayern vor? »Das Ziel ist, jeden individuellen Spieler besser machen zu wollen und dadurch auch die Mannschaft besser zu machen«, sagt er bei seiner Antritts-PK. Was viele Beobachterinnen und Beobachter irritiert: Hat der FC Bayern nicht schon die besten Einzelspieler?

Ähnlich wie im Jahr 2004 überrascht Klinsmann mit seinen Zielen, vermutlich sehr zur Freude der Bayern-Verantwortlichen. Hoeneß sagt in seinem Eingangsstatement, man habe jemand Progressiven gesucht und freue sich auf einen Querdenker, der neue Wege gehe. Warum glauben die Bayern, einen solchen Schritt gehen zu müssen? Zunächst gibt es wirtschaftliche Gründe dafür. Gegenüber dem Sportportal ›Spox‹ sagt Hoeneß, der Ansatz von Klinsmann sei »Gold wert für den FC Bayern. Die Spieler sind unser Kapital. Wenn der Plan aufgeht, erhöht sich das Kapital des Vereins, ohne dass man viel Geld investiert hat.«

Zwei Kandidaten hatten die Bayern für den Trainerposten, eine internationale und eine nationale Lösung. Rummenigge favorisierte Klinsmann, Hoeneß klingelte bei Jürgen Klopp durch, damals noch Zweitligatrainer von Mainz 05. Der sagt ihm zu, aber Rummenigge setzt sich mit seinem Vorschlag durch und Hoeneß muss Klopp über die Planänderung informieren. Unkonventionell wären beide Lösungen gewesen. Offenbar glauben Hoeneß und Rummenigge, trotz der nationalen Dominanz ins Risiko gehen zu müssen. Im Dezember 2008 erklärt Klinsmann der ›FAS‹, dass seine Verpflichtung als Gegengewicht zur Entwicklung im europäischen Fußball gesehen werden könne. »Wir stehen im Kampf gegen die Milliardäre aus England, Italien und Spanien«, sagt er. »Dieser Wettbewerb ist ungleich, aber das ist in Ordnung. Wir sind ein Klub, der Wege finden muss, um diese Klubs, die andere finanzielle Möglichkeiten haben, zu bekämpfen. Uli erwartet von mir, diese Wege zu finden.«

Vor allem die Champions League ist ab dem Halbfinale inzwischen eine geschlossene Gesellschaft, zu der die Bayern momentan keinen Zugang haben. Seit 2002 hat es kein deutscher Klub mehr dorthin geschafft, vor allem englische und spanische Vereine dominieren den wichtigsten Europapokalwettbewerb. Im vierten Jahr in Folge kommt 2008 mindestens ein Teilnehmer am Finale aus der Premier League. Während der FC Bayern in der letzten Saison von Hitzfeld und Kahn sogar im Uefa-Cup noch Wunder fürs Weiterkommen braucht, sind Mannschaften wie Manchester United, Liverpool und Chelsea seit 2005 Dauergäste im Halbfinale der Champions League. Besonders deutlich wird diese Dominanz in der Saison 2007/08, in der alle vier englischen Vereine das Viertelfinale der Champions League erreichen und das Finale ein rein englisches ist.

Hoeneß sagt, Bayern werde jetzt viel Wert auf die Champions League legen, in zwei, drei Jahren könne man eine ganz große Mannschaft haben. Interessant ist das unter anderem deshalb, weil diese Mannschaft zum Antritt von Klinsmann nicht für viel Geld verstärkt wird. Statt in neue Spieler investieren die Bayern in die Infrastruktur am Trainingsgelände, eng abgesprochen mit Klinsmann entstehen neue Aufenthalts- und Trainingsräume. Die Ausgaben am Transfermarkt belaufen sich auf null Euro.

Dafür wächst das Trainerteam enorm: Zwei Fitnesstrainer, zwei Co-Trainer, zwei Reha-Experten, ein Sportpsychologe und Christian Nerlinger als Teammanager begleiten die Mannschaft durch die Saison. Insgesamt betreuen mit Klinsmann elf Personen aus fünf Nationen die Mannschaft.

Klinsmann-Watching und Buddha-Diskussionen

Vielleicht weil sich in der Mannschaft so wenig verändert hat, suchen sich die Medien woanders ein Symbol für den Umbruch beim FC Bayern. So geraten die Buddhastatuen auf der neuen Dachterrasse in den Fokus, obwohl die eigentlich nicht Klinsmanns Idee, sondern die des Innenarchitekten waren. Schon der Kommentar des ›Kicker‹ zum Trainingsstart trägt die Überschrift: »Buddha-Figuren schießen keine Tore«. Noch heute wird die Amtszeit von Klinsmann häufig auf die Buddhas reduziert. Andere Faktoren wie die kurze Vorbereitung nach der EM 2008, bei der Deutschland bis in Finale gekommen war, viele Verletzte und das Fehlen eines Führungsspielers wie Oliver Kahn werden dabei in der Rückschau oft vergessen.

Die Berichterstattung ist aufgeregt. So stoppt zum Beispiel der ›Kicker‹ die Zeit, die es den Trainer im ersten Heimspiel auf der Bank hält. Falls Sie mal nachts geweckt und danach gefragt werden: 2:15 Minuten. Schon die ersten Spiele zeigen allerdings, dass nicht nur die Berichterstattung bisweilen turbulent ist. Bayern kassiert viele Gegentore, verliert gegen Vizemeister Bremen mit 2:5, so viele Gegentore hatte es zuletzt 1976 zu Hause gegeben. Schon Anfang September lässt der Vorstand die Buddhas vom Trainingsgelände entfernen.

Immer wieder verpasst die Mannschaft den Sprung an die Tabellenspitze, wo mit dem Projekt Hoffenheim ein Aufsteiger mit Milliardär im Rücken thront. Als Bayern und Hoffenheim kurz vor der Winterpause aufeinandertreffen, bezeichnet Hoeneß das als »Spiel der Spiele«, noch in der Halbzeit stürmt er auf den

Schiedsrichter zu und beschwert sich. Angeblich soll er gerufen haben: »Die fallen nur um, und Sie fallen auch noch darauf rein. Wenn man so etwas durchgehen lässt, ist das der Tod des Fußballs.«

Am Ende gewinnt Bayern durch ein Tor in der Nachspielzeit mit 2:1, Herbstmeister wird Bayern aber trotzdem nicht, weil sie am letzten Hinrundenspieltag nur unentschieden in Stuttgart spielen. Was Hoeneß wieder auf die Palme bringt, das sei der »Witz der Woche«, dass Bayern unter der Woche und am Samstag spielen habe müssen und Hoffenheim ohne Mehrfachbelastung am Sonntag. Er ist in dieser Phase ziemlich oft gereizt.

Wofür es neben sportlichen noch andere Gründe geben könnte. Denkbar ist, dass auch die Situation der Weltwirtschaft Hoeneß belastet. Im September 2008 ist die US-Bank Lehman Brothers pleitegegangen, die weltweite Finanzkrise ist auf ihrem Höhepunkt. Mehrere Industriestaaten schlittern in eine Rezession. Der Privatanleger Hoeneß verliert in dieser Phase Geld. Laut Juan Moreno macht er in der Woche vor Weihnachten allein an einem Tag 18 Millionen Schweizer Franken Verlust, damals knapp zwölf Millionen Euro.

Demütigungen gegen Wolfsburg und Barca

Es ist eine fordernde Zeit für ihn, unter anderem, weil er seinen Abschied vom Managerposten regeln muss. In einem Jahr soll Hoeneß Nachfolger von Franz Beckenbauer als Präsident werden.

Mit vielen Fragezeichen startet der FC Bayern ins Jahr 2009, liefert mit zwei Niederlagen innerhalb weniger Tage aber schmerzhafte Antworten. Mit 1:5 verliert Bayern gegen Wolfsburg, das damit an die Tabellenspitze springt. Der Treffer zum 4:1 von Grafite ist einer der schönsten der Bundesligageschichte, gefühlt dribbelt er auf seinem Weg zum Tor nicht nur die ganze Bayern-Abwehr, sondern auch noch Jürgen Klinsmann und den

Busfahrer aus. Eine besondere Note erhält diese Klatsche durch den Trainer der Wolfsburger, der Felix Magath heißt und in der 89. Minute seinen Torhüter auswechselt, was viele als Provokation gegenüber seinem Ex-Verein deuten.

Hoeneß und Rummenigge schweigen nach der Niederlage, auch die Spieler erhalten die Ansage, nichts zu sagen. Denn schon vier Tage später steht das wichtige Hinspiel im Viertelfinale der Champions League gegen den FC Barcelona an. Für Bayern wird die Partie zum nächsten Debakel, schon nach 43 Minuten führt Barca mit 4:0. »Ich habe unseren alten Freund Udo Lattek in der Halbzeit gesehen, der hat geweint«, berichtet Rummenigge auf dem Bankett nach dem Spiel. Innerhalb kürzester Zeit erlebt der Verein zwei der schlimmsten Niederlagen seiner Geschichte. Kurz besteht noch die Hoffnung, wenigstens die Meisterschaft zu holen, aber auch dazu kommt es nicht mehr. Bayern verliert zu Hause gegen den FC Schalke mit 0:1, und im Publikum sitzt schon Klinsmanns Nachfolger.

Denn Uli Hoeneß hat an diesem Wochenende einen Gast. Schon vor Längerem hatten er und Jupp Heynckes geplant, gemeinsam mit Sören Lerby und ihren Ehefrauen an diesem Abend essen zu gehen. Als nach der Niederlage am nächsten Tag der Vorstand über den Nachfolger von Klinsmann berät, fliegen Namen wie Thorsten Fink und Mehmet Scholl durch den Raum, bis jemand Jupp Heynckes vorschlägt. Auf den kann sich der Vorstand einigen. Nach kurzer Bedenkzeit sagt er zu. Man einigt sich per Handschlag. Mehr brauche es bei Uli Hoeneß nicht, sagt Heynckes: »Wir geben uns die Hand, und er bestimmt, was ich verdiene.«

Heynckes soll die letzten Spiele der Saison coachen, während die Vereinsbosse einen neuen Trainer suchen. Er führt die Bayern immerhin noch auf Platz zwei und damit in die Champions League. Die sensationelle Meisterschaft von Wolfsburg kann Heynckes nicht verhindern.

Klinsmanns Bilanz beim FC Bayern

Das Scheitern von Jürgen Klinsmann beim FC Bayern hat eine andere Qualität als das von Trainern wie Rehhagel oder Lerby. Was vor allem am Kontext der Zeit liegt. Obwohl die deutsche Nationalmannschaft unter Klinsmanns Nachfolger Joachim Löw plötzlich wieder um Titel mitspielt, hat der Vereinsfußball immer noch Probleme. Zwar bestreiten Werder und der HSV in der Saison 2008/09 ein rein deutsches Halbfinale im Uefa-Cup, es ist aber das erste Mal seit der Saison 1994/95, dass überhaupt zwei Bundesligisten in der Runde der letzten vier dabei sind. Das addiert sich zum schlechten Abschneiden der deutschen Teams in der Champions League.

Gleichzeitig verändert sich aber etwas im deutschen Fußball. Mit Lucien Favre bei Hertha BSC, Jürgen Klopp bei Borussia Dortmund und Bruno Labbadia bei Leverkusen sitzen in der Saison 2008/09 Trainer an der Seitenlinie, die entweder ganz oder ziemlich neu für die erste Liga sind. Dazu mit Ralf Rangnick zwar ein alter Bekannter, aber mit dem neuen Team Hoffenheim. In der darauffolgenden Saison kommt zudem noch Thomas Tuchel mit dem 1. FSV Mainz 05 dazu. Sie alle werden den deutschen Fußball im nächsten Jahrzehnt prägen.

Sechs unterschiedliche Tabellenführer gibt es in der Spielzeit 2008/09, auch wegen der Schwäche der Bayern, die an keinem Spieltag vorn liegen. Dafür sind mit Hoffenheim und dem Meister Wolfsburg gleich zwei Vereine dabei, die finanziell komplett anders aufgestellt sind als große Teile der Konkurrenz. Trotz der Finanzkrise springt der Zuschauerschnitt der Liga zum ersten Mal in ihrer Geschichte über die Marke von 40 000. Zehn von 18 Erstligisten kommen am Saisonende auf eine Stadionauslastung von über 90 Prozent, bei den Bayern sind sogar sämtliche Ligaheimspiele ausverkauft.

Die Personalie Klinsmann ist nicht wegen seiner Vorgeschichte als Spieler und Bundestrainer so wichtig für den FC Bayern, sondern weil er der letzte Trainer ist, der das Potenzial der Bayern nicht nutzen kann. Die Grundlagen sind alle da: das Stadion, die Infrastruktur am Trainingsgelände und viele der wichtigsten Spieler. Zehn Akteure der Bayern waren Teil der Europameisterschaft 2008, fünf davon im Kader der deutschen Nationalelf. Zusätzlich kommen mit Toni Kroos und Thomas Müller zwei 18-Jährige auf ihre ersten Minuten im Profifußball, die der nächsten Dekade ihren Stempel aufdrücken werden.

Weniger die Buddhas, eher ein Spieler wie Mats Hummels steht symbolisch für Klinsmanns Zeit bei Bayern. Während der Saison entscheidet er, den damals 19-jährigen Verteidiger nach dessen Leihe zum BVB nicht zurück zum FC Bayern zu holen. Die Abwehr sei stark genug. In der Tat hat sie im Vorjahr den Bundesligarekord von nur 21 Gegentoren aufgestellt. Am Ende der Saison 2008/09 stehen die Bayern aber bei genau doppelt so vielen, seit 1996 hatte man nicht mehr so viele Treffer kassiert. Hummels erzählt nach seinem Wechsel zu Dortmund, Jürgen Klinsmann habe sich kein einziges Mal bei ihm gemeldet.

Raumstation FC Bayern

Im Jahr 2008 sitzt Uli Hoeneß im Flugzeug und beschwert sich. Zumindest hat das Marc Kosicke später so erzählt. Der ist Berater von Jürgen Klopp und sitzt neben Hoeneß. Die Spieler von Bayern wüssten gar nicht mehr, was es bedeuten würde, für diesen Verein zu spielen, soll Hoeneß gesagt haben. Vor allem die Neuzugänge. Sie hätten kein »Bayern-München-Gefühl«. Kosicke erzählt, er habe Hoeneß daraufhin gefragt, was die Botschaft sei, für die Bayern stehe. Hoeneß habe passen müssen und Kosicke einen neuen Auftrag in der Tasche gehabt: Er soll diese Botschaft entwickeln.

Wenige Wochen später hält die Führungsriege des FC Bayern ein Buch mit Lederhoseneinband in Händen. Der Titel ist noch zugeklebt, innen stehen die Werte des FC Bayern, die Kosicke gemeinsam mit Angestellten des Vereins erarbeitet hat. Am Ende seiner Präsentation dürfen Hoeneß und die anderen das Klebeband entfernen. »Ja, wird das nicht mit r geschrieben?«, soll die erste Reaktion gewesen sein. »Nein, das ist die russische Raumstation.« Es ist die Geburtsstunde des Slogans: Mia san mia.

Es entbehrt nicht einer gewissen Komik, dass der frisch mit einer Werbebotschaft versehene FC Bayern im Sommer 2009 den bis heute einzigen Trainer verpflichtet, der sich traut, den Slogan auf sich selbst umzudichten. Louis van Gaal kommt zu den Bayern, ein knorriger Disziplinfanatiker und Taktikexperte. »Mia san mia, wir sind wir, und ich bin ich«, sagt er bei seiner Vorstellung.

Der Trainer ist also gefunden, bleibt noch die Frage nach dem Nachfolger von Uli Hoeneß. Zunächst denkt er über externe Lösungen nach, nennt später Klaus Allofs als Kandidaten, auch Rudi Völler soll er angefragt haben. Letztlich kommt er aber zu dem Schluss, jemand mit Bayern-Vergangenheit passe besser, vermutlich unter anderem deshalb, weil er zugibt, bei Klinsmann unterschätzt zu haben, wie viele Fans ihn wegen der Ausbootung von Sepp Maier und Oliver Kahn bei der Nationalmannschaft kritisch gesehen haben.

Mehmet Scholl, Oliver Kahn und Jens Jeremies hat Hoeneß als Kandidaten im Blick, entscheidet sich aber letztlich für den aktuellen Teammanager Christian Nerlinger. »Er erinnert mich ein bisschen an mich in dem Alter«, sagt Hoeneß. Ab der Saison 2009/10 soll Nerlinger den sportlichen Teil der Aufgaben von Hoeneß übernehmen. Für den wirtschaftlichen lassen sich die Bayern noch etwas länger Zeit mit der Suche, nachdem ihnen Christian Seifert von der DFL abgesagt hat.

Philipp Lahm rebelliert

Im Mai 2009 vollendet Hoeneß das 30. Jahr als Manager, was er zum Anlass nimmt, einen Journalisten so nah an sich heranzulassen wie vorher noch keinen. Der ›SZ‹-Autor Andreas Bernard darf ihn über Monate hinweg begleiten, heraus kommt im November 2009 ein langes Porträt. Über 20 Mal hat er sich mit Hoeneß getroffen und ihn begleitet, bei Vorträgen, in der Wurstfabrik, zu Hause am Tegernsee. Auch im Stadion sitzt er neben Hoeneß, was deshalb möglich ist, weil der nun nicht mehr auf der Bank am Spielfeldrand Platz nimmt. »Am Anfang hatte ich schon Entzugserscheinungen. Da oben fühlt man sich allein wie in der Prärie. Unten kann man auch dem Schiedsrichter mal die Meinung sagen«, sagt Hoeneß zum ›Münchner Merkur‹.

Vermutlich werden bei diesen Worten sämtliche Schiedsrichter der Bundesliga ein Dankgebet gen Himmel geschickt haben. Denn Hoeneß dürfte zu Saisonbeginn selten gute Laune gehabt haben. Bayern startet schlecht, und das, obwohl man kurzfristig noch Arjen Robben von Real Madrid verpflichtet hat. Als in der Champions League das Aus droht, kriselt es auch neben dem Platz. Philipp Lahm entschließt sich, am Verein vorbei ein Interview zu geben, in dem er den FC Bayern grundsätzlich kritisiert.

International brauche es mindestens acht Spieler, die auf ihrer Position ausgebildet worden seien, sagt Lahm der ›Süddeutschen Zeitung‹. »Ich sehe diese acht Spieler bei uns nicht, und das liegt nicht an den Spielern, sondern an der fehlenden Philosophie über die letzten Jahre.« Seit van Gaal gäbe es zum ersten Mal Analysen nach den Spielen, erzählt er außerdem. Was Hoeneß und die übrige Vereinsführung auch auf Ebene der Trainerverpflichtungen nicht gut dastehen lässt. Lahm setzt noch einen drauf, indem er andeutet, mit dem Rückzug von Hoeneß könne sich etwas beim Verein verbessern. »Ich glaube, jetzt, mit diesem Trainer, wäre das ein guter Zeitpunkt, sich grundsätzlich auf eine neue Vorgehensweise festzulegen. Die Spieler sind sich bei

Christian Nerlinger relativ einig, wir haben viel mit ihm geredet. Wenn er wirklich diese klassische Sportdirektorenstelle ausfüllen würde, wäre das gut. Die Frage wird sein, wie seine Position vom Vorstand gesehen wird.«

Hoeneß reagiert sauer. Zu 90 Prozent liege Lahm falsch, sagt er der ›Zeit‹. Große Trainer würden sich zum Beispiel nie vom Verein eine Philosophie vorgeben lassen. Schuld am Interview sei der Berater von Lahm, der seinen Klienten als Führungsfigur positionieren wolle. Hoeneß wird in seiner Reaktion grundsätzlich: »Was mich nervt, ist, dass heutzutage jeder über Systeme spricht. Früher bin ich zum Fußball gegangen und habe geschaut, wer gewonnen hat. Heute quatscht jeder mit, über eine ›flache Vier‹, eine ›Raute‹, die ›Doppelsechs‹. Die meisten, die so klug daherreden, würden sich die Hände brechen, wenn sie taktische Systeme aufzeichnen müssten.«

Damit bezieht sich Hoeneß auf eine generelle Entwicklung im deutschen Fußball. Jürgen Klinsmann hat als Bundestrainer eine Verwissenschaftlichung des Trainings vorangetrieben, in einer zweiten Welle legen neue Trainer wie unter anderem sein Nachfolger Joachim Löw ergänzend dazu Wert auf Spielanalyse und Gegnerscouting. Thomas Tuchel ist es, der das Wort »Matchplan« in den deutschen Fußball bringt, also die gegnerspezifische Herangehensweise für jede Partie.

Antrieb und Teil dieser Evolution ist eine neue Spielergeneration, die unter anderem das Ergebnis der zur Jahrtausendwende aufgebauten Nachwuchsleistungszentren und Jugendakademien im deutschen Fußball ist. Philipp Lahm denkt anders über Fußball nach als viele in den Generationen vor ihm, auch das macht sein Interview deutlich. Er repräsentiert außerdem einen Typ Profi, der Weiterbildung aus eigenem Antrieb heraus als Teil seines Karrierewegs versteht. Womit sich auch die Rolle des Managers verändert.

Vielleicht spielt das ebenfalls eine Rolle beim Rückzug von Hoeneß, der für ihn zunächst vor allem eine größere Distanz zur

Mannschaft bedeutet, die er nun nicht mehr bei jedem Spiel bis in die Kabine begleitet. Gut möglich, dass Hoeneß erkannt hat: Die Kontrollfunktion übernehmen nun die Trainerteams mit ihren Daten, Trackinginstrumenten und Videoanalysen. Überwacht wird nicht mehr mit einem Privatdetektiv oder indem man die Hotelbar kontrolliert, sondern technologisch. Louis van Gaal erzählt nach seiner Zeit bei Bayern, er habe damals nachverfolgen lassen, welche Spieler seine Mails mit Hinweisen zu Stärken und Schwächen jedes Einzelnen geöffnet und bis zum Ende gelesen hätten. Ohne das herunterspielen zu wollen, aber das ist bei jedem Newsletter Usus. Doch wüsste auch Uli Hoeneß, der im Juli 2008 stolz ankündigt, bald stehe in seinem Büro an der Säbener Straße ein Computer, wie das funktioniert?

Als Präsident bis kurz vors Triple

Trotz des Wirbels um Lahms Interview klappt der Wechsel von Hoeneß ins Präsidentenamt reibungslos, er wird mit 99,3 Prozent der Stimmen auf der Jahreshauptversammlung gewählt. Entsprechend begleitet er in seiner neuen Funktion die Mannschaft, als sie ein Schicksalsspiel in Turin mit 4:1 gewinnt und damit die sportliche Wende einleitet. Mit Ribéry und Robben, aber auch jungen Spielern wie Müller und Badstuber fliegen die Bayern durch ihr Programm, gewinnen 13 Pflichtspiele in Folge.

Getragen von einem immer besseren Positionsspiel und entscheidenden Toren des Last-Minute-Einkaufs Robben dreht sich die komplette Saison. Bayern zieht ins Finale der Champions League ein, wird im Endspurt gegen Schalke Meister und schnappt sich mit einem 4:0 im Finale den DFB-Pokal gegen Bremen.

Nur noch ein Team steht zwischen Bayern und einem historischen Triple: Inter Mailand. Das hat mit José Mourinho als Coach den FC Barcelona von Pep Guardiola überraschend im Halbfinale besiegt. Die beiden Trainer kennen sich: Mourinho war unter van Gaal Co-Trainer, angeblich übernahm ihn der nur deshalb in sein Trainerteam, weil ihm Mourinho bei der ersten Begegnung vehement widersprochen hatte. Das mochte van Gaal. Vor dem Finale sagt er über seinen Zögling: »José will gewinnen. Ich will gewinnen – und schön spielen. Mein Weg ist schwieriger.«

Der Verlauf des Finals gibt ihm recht, aber sicher anders, als van Gaal es sich gewünscht hätte. Bayern hat den Ball und gibt fast doppelt so viele Schüsse ab wie Inter, dafür sind die Italiener klinisch präzise. Zweimal entwischt Milito Bayerns Innenverteidigung, zweimal trifft er. Die Bayern verlieren mit 0:2, noch vor dem Abpfiff geht Mourinho zu seinem Lehrmeister van Gaal und schüttelt ihm die Hand.

Trotz der Finalniederlage werden diese Monate unter van Gaal den FC Bayern nachhaltig prägen. Er etabliert nicht nur seinen Stil und setzt ihn mit zum Teil sehr jungen Spielern aus dem eigenen Nachwuchs um, sondern richtet nach anfänglichem Zögern alles auf die Flügelzange aus Ribéry und Robben aus. Eine gezielte Ballzirkulation, mit der die individuell starken Außenspieler freigespielt werden sollen, begleitet den FC Bayern bis heute.

Im Vorbeigehen kreiert van Gaal damit das spielerische Äquivalent zum medialen Hype um den FC Bayern. »Meister ist der FC Bayern zum 22. Mal. Meister der Herzen zum ersten Mal. Dass beides zusammen geht, hätte man kaum für möglich gehalten«, schreibt zum Beispiel die ›FAS‹ nach dem Titelgewinn in der Liga. Die Münchner spielen im ersten Halbjahr 2010 nicht nur erfolgreich, sondern mitreißend.

Robert Enkes Suizid

Auch bei der anschließenden Weltmeisterschaft in Südafrika zeigt sich eine Veränderung im deutschen Fußball. Gleich sieben Spieler der Bayern sind Teil der deutschen Mannschaft, so viele wie zuletzt bei der EM 1996. Das Gesicht der Männer-Nationalmannschaft hat sich stark verändert, nicht alle Gründe dafür sind sportliche.

Am 10. November 2009 nimmt sich Torhüter Robert Enke das Leben, er wäre vermutlich bei der WM für Deutschland im Tor gestanden. Sein Suizid erschüttert nicht nur den deutschen Fußball, sondern lenkt den Blick auf ein Krankheitsbild, das oft kleingeredet oder gar verschwiegen wird: Er litt an Depressionen, sein Tod war eine Flucht vor dieser Krankheit.

Robert Enkes Tod wirft Fragen auf: Welche Rolle spielt der Fußball als Welt, in der Schwäche nicht erlaubt zu sein scheint und Spieler zu Helden stilisiert werden? Welche die Medien mit ihrer Berichterstattung, die immer wieder den Menschen hinter dem Sportler vergisst? Welche die Öffentlichkeit, die sich im Stadion und im Internet oft rücksichtslos zeigt? Während einer Trauerfeier im Stadion von Enkes Verein Hannover 96 findet DFB-Präsident Theo Zwanziger diese Worte dazu: »Ein Stück mehr Menschlichkeit, ein Stück mehr Zivilcourage, ein Stück mehr Bekenntnis zur Würde des Menschen, des Nächsten, des anderen – das wird Robert Enke gerecht.«

Wie wenig über Depressionen bekannt ist, zeigt sich auch an dieser Rede. Der Grund für Enkes Tod liegt eben nicht im Druck der Öffentlichkeit. »Wenn ein Spieler ausgepfiffen wird, ist das ganz schlimm. Aber das ist Fußball, das hat mit Depression nichts zu tun«, sagt Teresa Enke dazu, seine Witwe. Es ist ihrer außerordentlichen Leistung zu verdanken, dass der Tod ihres Mannes nicht nur oberflächlich eingeordnet wird. Schon am Tag nach dem Suizid erzählt sie vom Krankheitsbild Robert Enkes und wie sie als Paar damit umgegangen sind. Mit der Robert-Enke-Stiftung arbeitet sie bis heute daran, über Depression aufzuklären und einen richtigen Umgang mit dieser Krankheit zu verbreiten.

Auch Uli Hoeneß engagiert sich, zehn Jahre nach dem Tod von Enke ist er Teil einer Podiumsdiskussion zum Thema. Er berichtet von Sebastian Deisler und davon, dass er zudem viele andere Sportler und Trainer erlebt habe, die unter Depression gelitten hätten. Aber längst nicht alle hätten das öffentlich gemacht oder sich behandeln lassen. Unter anderem darum geht es Teresa Enke bei der Arbeit mit ihrer Stiftung: Je früher man eine Behandlung beginnt, desto besser sind die Heilungschancen bei Depression. Egal ob im Leistungssport oder anderswo. Es gibt viele Anlaufstellen und jeden Grund zu hoffen, dass es dann besser wird.

Aus sportlicher Sicht leitet Enkes Tod einen Generationenwechsel auf der Torhüterposition in der Nationalelf ein. Am Ende steht der 24-jährige Manuel Neuer zwischen den Pfosten. Auch das Mittelfeld verändert sein Gesicht. Torsten Frings spielt nicht mehr in der Nationalmannschaft, und als Michael Ballack kurz vor dem Turnier beim englischen Pokalfinale von Prince Boateng so übel gefoult wird, dass er ausfällt, ist die Bestürzung außerhalb der Mannschaft offenbar größer als innerhalb. Ballacks Abwesenheit wird wegen einer erneuten Verletzung zum Dauerzustand, er wird kein Länderspiel mehr absolvieren.

Andere Spieler sind jetzt wichtig: Philipp Lahm als Kapitän. Thomas Müller, der Torschützenkönig wird. Sami Khedira, Bastian Schweinsteiger und Mesut Özil, die alle Spiele absolvieren und mit dafür verantwortlich sind, dass sich die Spielweise der Mannschaft weiterentwickelt. Beim 4:1 gegen England und dem 4:0 gegen Argentinien spielt die deutsche Mannschaft einen offensiven Konterfußball, der selbst starken Gegnern überlegen ist. Erst im Halbfinale gegen den späteren Weltmeister Spanien ist Schluss, ohne den gesperrten Thomas Müller fehlt Deutschland ein wichtiger Teil des Angriffs. Müller ist ein Beispiel dafür, dass dieses Turnier auch ein Erfolg für den FC Bayern ist. Insgesamt schickt der Verein elf Spieler zur WM, nur Chelsea, Barca und Liverpool haben mehr Turnierteilnehmer in ihren Teams. Mit Mark van Bommel und Arjen Robben erreichen zwei Bayernspieler sogar das Finale, kehren als Vizeweltmeister nach München zurück.

Pyramidenbauer Uli Hoeneß

Der Fokus von Uli Hoeneß weitet sich nach dem Wechsel ins Präsidentenamt sichtbar. Schon kurz vor seinem Ausscheiden als Manager wird in München der Untenehmensvorstand Dominik Brunner Opfer eines Gewaltverbrechens, als er Schüler vor zwei Schlägern beschützen will. Hoeneß hört die Nachricht im Mannschaftsbus im Radio und ist schockiert. Er hält eine bewegende Stadionansprache und hilft mit, die Dominik-Brunner-Stiftung zu gründen, die sich für Opfer von Straftaten und für Gewaltprävention einsetzt.

Vom Fußball aus nähert er sich in Interviews anderen Gebieten. Anfang 2009 sagt er zum Beispiel der ›Berliner Zeitung‹ über die Finanzkrise, dass die Zeit für Bayern spiele, in den nächsten eineinhalb Jahren würden noch viele große Vereine pleitegehen. Im März wird er in der ›Wirtschaftswoche‹ allgemeiner: »Wir sind alle reingelegt worden von größenwahnsinnigen Bankern, zuerst in Amerika, dann auch in Europa. Damit meine ich nicht die seriösen Bankiers, die wirklich im Interesse ihrer Kunden arbeiten. Ich meine diese Wahnsinnigen, die von 25, 30, 40 und mehr Prozent Rendite sprachen und über diejenigen lächelten, die gerade zehn Prozent erzielten; die Irren, die Deals gemacht haben, die mit dem Bankgeschäft, wie ich es schätze, nichts zu tun haben – ein Put, ein Call, ein Knock-out, weiß der Teufel was –, alles nicht kreiert, um die Volkswirtschaft zu verbessern, sondern bloß, um den Profit zu steigern.«

»Wenn ich schon wieder höre«, schimpft Hoeneß im August 2009 bei ›Focus Money‹, »dass ein paar Zocker in einem Hinterzimmer in London gegen das Öl oder mit Schweinebäuchen spekulieren, dann kann die Entwicklung an den Märkten nicht gesund sein. Wo kommen wir denn hin, wenn diese Yuppies mit ihren Hosenträgern entscheiden, wie sich die Weltwirtschaft und die Welternährungssituation verändern?«

All das sind Aussagen, die sich ganz anders lesen, wenn man weiß: Hoeneß hat selbst mit irrwitzigen Summen im Bereich Devisen spekuliert und das, ohne die Gewinne zu versteuern. Im Jahr 2009 und danach stehen sie aber vor allem dafür, wie gefragt die Perspektive von Hoeneß auch jenseits des Fußballs ist. Vor allem im Bereich der Politik, in dem er seine Bewunderung für Angela Merkel und das Gedankenspiel einer schwarz-grünen Regierung äußert.

Hoeneß genießt die Anerkennung, die er bekommt. Zum 30-jährigen Dienstjubiläum als Manager erhält er 2009 die Sportpyramide der Stiftung Deutsche Sporthilfe für sein Lebenswerk, wird als erst dritter ehemaliger Fußballprofi nach Uwe Seeler und Franz Beckenbauer in die Hall of Fame des deutschen Sports aufgenommen. Die Laudatio hält René Obermann, Chef der Deutschen Telekom. »Ich finde auch, dass die Goldene Sportpyramide besonders gut zu Ihnen passt, denn genau wie bei diesen Pyramiden, also den Originalen in Ägypten, steht man auch vor Ihrem Werk als Sportler und Manager voller Bewunderung und fragt sich: Wie hat dieser Mann das alles nur geschafft?«

Mehr denn je ist Hoeneß in den obersten Kreisen angekommen, unter anderem wegen seines neuen Sitzplatzes auf der Tribüne. Bei einem Vorbereitungsturnier habe er VW-Chef Martin Winterkorn, den neuen Porsche-Boss Michael Macht und Ministerpräsident Horst Seehofer getroffen, das sei schon genial, erzählt Hoeneß ›Focus Money‹. Der ›AZ‹ wiederum berichtet er von einem anderen Ereignis: »Am 3. Januar etwa habe ich die Neujahrsansprache der CSU in Straubing gehalten. (...) Ich hatte zuvor unruhige Nächte, war ziemlich nervös. Aber die dortigen Zeitungen waren hinterher voll des Lobes: ›Hoeneß, der Homo politicus‹ war eine der Überschriften.«

Kurzer Griff nach der DFL-Spitze

All das ist auch deshalb spannend, weil es den Rahmen für eine äußerst seltsame Episode in der Biografie von Hoeneß bildet. Im Juli 2010 gibt Hoeneß bekannt, Chef der Deutschen Fußball-Liga werden zu wollen. Deren amtierender Boss, Reinhard Rauball, mache das zwar laut Hoeneß ordentlich, aber er könne sicher einen Beitrag dazu leisten, die Themen Pay-TV und Sportwetten zu meistern. Einen genauen Plan dafür habe er aber noch nicht, die Entscheidung sei erst vor einer Woche gefallen, sagt Hoeneß dem ›Münchner Merkur‹.

Nur einen Tag später rudert er zurück. Wie er der ›SZ‹ berichtet, sei er in der Nacht bis 2:39 Uhr wach gelegen und habe dann beschlossen, das doch nicht zu machen. Weil es zu viele Interessenskonflikte gäbe, mit seiner Familie, den Bayern-Fans, seinem wohltätigen Engagement. Da sei sein Bauchgefühl mit ihm wohl durchgegangen, kommentiert die ›SZ‹. Es dürfte schwer sein, ein anderes Beispiel im Leben von Uli Hoeneß zu finden, bei dem er so schnell nach vorne geprescht und wieder umgeschwenkt ist. Wer weiß, was zwischen seinem öffentlichen Gedankenspiel und dem Rückzieher geschehen ist, es dürfte sicher ein Echo der anderen Vereine gegeben haben.

Zerwürfnis mit van Gaal und Teilen der Fans

Wirklich aufgearbeitet wird dieses Hin und Her im Jahr 2010 allerdings nicht, wofür es auch sportliche Gründe gibt. Nach dem sechsten Spieltag liegt Louis van Gaals Mannschaft auf Rang sechs und verliert gegen das bis dahin ungeschlagene Mainz 05 von Thomas Tuchel. Neben den schlechten Ergebnissen wird im Herbst aber vor allem deutlich, welche Risse es im Verhältnis zwischen van Gaal und der Vereinsführung gibt, unter anderem weil der Trainer es darauf anlegt.

Anfang Oktober präsentiert er seine Biografie vor Publikum,

Hoeneß und Rummenigge sitzen in der ersten Reihe und hören dort ihren verdutzten Gesichtern nach zum ersten Mal dieses Zitat aus dem Werk von van Gaal: »Eine professionelle Forderung von mir ist, jederzeit on speaking terms zu bleiben. Niemand darf sich zum Kind machen, das trotzt, weil es nicht recht bekommt, und sich bei anderen ausheult. Beim FC Bayern sind die Voraussetzungen in dieser Hinsicht ungünstig. Franz Beckenbauers Meinung hat den Rang göttlicher Offenbarung, und auch im Vorstand sitzen Ex-Stars wie Rummenigge und Hoeneß, die für die heutigen Stars ein offenes Ohr haben. Das hat schon etwas Schönes, doch ich halte es für den falschen Umgang.«

Mit einer Entscheidung im Trainingslager verschärft van Gaal die Situation zusätzlich: Er stellt anstelle des erfahrenen Hans-Jörg Butt den jungen Thomas Kraft ins Tor und sendet damit der Vereinsführung ein deutliches Signal, die sich um diese Zeit um Schalke-Torhüter Manuel Neuer bemüht. Die organisierte Fan-Szene springt van Gaal zur Seite und hält beim Pokalhalbfinale gegen Schalke Hunderte Schilder mit der Aufschrift »Koan Neuer« hoch. Der Schalker Torhüter war früher Teil der Ultras von Schalke 04 und hat zwei Jahre zuvor bei einem Sieg in München den Eckfahnenjubel Oliver Kahns persifliert.

Hoeneß ist über diese Aktion stinksauer, er entschuldigt sich noch in den Katakomben bei Neuer. Einige Wochen später richtet sich der Protest sogar gegen ihn persönlich. Als bekannt wird, dass der FC Bayern dem in die Schulden geratenen Rivalen 1860 finanziell ausgeholfen hat, verweigern die Ultras der Bayern im Spiel gegen Gladbach den Support, und es hängen Banner mit eindeutigen Botschaften im Stadion. »Neuer im Tor ist für uns wie Trainer Daum und Manager Lemke für dich«, »Wer den Blauen Millionen zuschiebt, hat unser Vertrauen nicht verdient. Hoeneß, du Lügner«, »Blaue Schweine schlachtet man, du willst Metzger sein, Uli?« Hoeneß ist schockiert.

Deutlicher als jemals zuvor polarisiert er nun selbst innerhalb der eigenen Fans. Auf der einen Seite stehen Teile der Ultras, auf der anderen sammeln sich Unterstützerinnen und Unterstützer von Hoeneß auf Facebook in der Gruppe »Gegengerade für Uli Hoeneß«, die innerhalb kurzer Zeit auf 13 000 Mitglieder anwächst.

Mitverantwortlich ist sicherlich die sportliche Krise, die zur nicht unumstrittenen Entlassung von van Gaal führt. Entscheidend dafür ist neben den schlechten Ergebnissen vor allem das persönliche Verhältnis zwischen Trainer und Vereinsspitze. In einem Interview sagt Hoeneß über van Gaal, der sei »menschlich eine Katastrophe« gewesen.

»Kann die Republik von Uli Hoeneß lernen?«

Trotz aller Fanproteste kommt Manuel Neuer zur Saison 2011/12 zum FC Bayern. Wie auch Jupp Heynckes, der Interimstrainer Andries Jonker ablöst. Borussia Dortmund ist in der Vorsaison Meister geworden, Bayern qualifiziert sich immerhin für die Champions League. Das ist nicht nur aus finanziellen Gründen wichtig, sondern auch weil das Finale 2012 in München gespielt werden wird. Die Mannschaft startet stark in die Saison, wird mit drei Punkten Vorsprung auf Dortmund Herbstmeister und schlägt unter anderem das vom Scheichtum Abu Dhabi finanzierte Manchester City deutlich. Am 5. Januar 2012 wird Hoeneß 60 Jahre alt und ist in den Medien allgegenwärtig. Von allen Seiten gibt es Glückwünsche und Verbeugungen, eine ganze Reihe an Interviews und Porträts erscheint.

Karl-Heinz Rummenigge nennt Hoeneß auf dessen Geburtstagsfeier den »Vater Teresa vom Tegernsee«, den »Nelson Mandela von der Säbener Straße« und die »Mutter aller Manager«. Bayerns Ministerpräsident Seehofer verlässt seinen eigenen Neujahrsempfang, um noch bei der Feier vorbeizuschauen. Der Verein schenkt Hoeneß ein Spiel gegen den FC Barcelona, den Uli-Hoeneß-Cup, dessen Einnahmen gespendet werden sollen. Hoeneß hat in dieser Phase den Höhepunkt seiner Beliebtheit erreicht. »Kann die Republik von Uli Hoeneß lernen? Was er mit dem FC Bayern geschafft hat, müsste Merkel mit der Bundesrepublik gelingen und schließlich in ganz Europa«, formuliert der ›Spiegel‹ zum Beispiel ein Jahr später.

Hoeneß genießt den Ruhm und schreckt selbst vor großen Worten nicht zurück. Menschenliebe sei für ihn jetzt das wichtigste Thema, sagt er zum Beispiel dem ›Münchner Merkur‹. Er nennt Bundeskanzlerin Merkel gegenüber der ›Abendzeitung‹ die »einzige große, wirklich gute Politikerin auf dieser Welt« und äußert sich erneut kritisch zu Spekulanten und Hedgefonds-Managern. »Diese weltweite Finanzkrise ist doch ein letztes Alarmzeichen, dass es so nicht weitergeht. Die Banken, die Wirtschaft, wir alle müssen begreifen, dass das Geschäft der Zukunft wieder ist: deiner Hände Arbeit! Wieder einen Acker pflügen – und für die Kühe Futter anbauen. Und nicht darauf zu spekulieren, ob ich, weil ich 15 Milliarden Bonds habe, am Computer an der 17. Dezimalstelle Geld verdienen kann.« Die ›SZ‹ fragt ihn daraufhin, ob er selbst oder der Verein in der Krise Geld verloren hätten? Nein, mit persönlicher Betroffenheit habe das nichts zu tun, sagt Hoeneß.

Kürzertreten wolle er nicht, wie er der ›Frankenpost‹ sagt. »Das ist doch genau der Fehler, den die Leute machen«, antwortet Hoeneß. »Ich kenne viele Freunde, die zwischen 60 und 70 sind, die Topmanager waren, und die nichts mehr machen. Deren Alterungsprozess ist dramatisch.«

Schmerzhaftes »Finale dahoam«

Als er das sagt, kann er noch nicht ahnen, wie sehr auch er während des Saisonfinales altern wird. Zunächst verlieren die Bayern in Dortmund, Robben verschießt dabei einen Strafstoß kurz vor Abpfiff. Meister wird wieder der BVB, zum ersten Mal seit 16 Jahren kann Bayern den Titel zwei Jahre in Folge nicht gewinnen, schon damals wegen Borussia Dortmund.

Dafür zieht die Mannschaft von Heynckes in beiden Pokalen ins Finale ein, jeweils im Elfmeterschießen. Die Generalprobe für das Champions-League-Finale im eigenen Stadion geht aber im Endspiel des DFB-Pokals gegen den BVB gründlich in die Hose. Dortmund düpiert den FC Bayern und gewinnt mit 5:2, die auf dem Platz sichtbare Rivalität der Spieler wird auch die im Sommer stattfindende Europameisterschaft prägen.

Hoeneß versucht nach der Niederlage, den Blick nach vorn auf die Champions League zu richten. Dort trifft der FC Bayern in München auf den FC Chelsea von Roman Abramowitsch. Über eine Million Ticketanfragen hat der Verein für das Spiel bekommen, bevor er das System schließt. Es gibt zwei große Public Viewings in der Stadt, eines im Olympiastadion und eines auf der Theresienwiese, beide sind ebenfalls schon nach Stunden ausverkauft. Alles in der Stadt ist auf einen historischen Titel ausgerichtet, Bayern könnte das erste Team sein, das im eigenen Stadion die Champions League gewinnt.

Vom Anpfiff weg ist Bayern absurd überlegen, erspielt sich Chance um Chance. In der 70. Minute stellt die Mannschaft dabei einen Rekord auf: 26 Mal hat sie bis dahin in Richtung des gegnerischen Tores geschossen, so oft wie noch kein Finalist im Männerfußball vor ihr. Allerdings können die Bayern erst in der 83. Minute treffen, Thomas Müller köpft das vermeintlich vorentscheidende 1:0. Doch die Bayern werden nervös, wollen schon jetzt die Uhr herunterspielen. Mit seiner ersten Ecke erzielt Chelsea in der 88. Minute den Ausgleich, das Spiel geht in die Verlängerung. Auch die größte aller Chancen bleibt in ihr ungenutzt, als Arjen Robben einen Strafstoß verschießt.

So geht ein Spiel ins Elfmeterschießen, in dem Bayern 43 Schüsse abgegeben hat und der Gegner nur neun. Weil sich kein anderer Schütze findet, muss als dritter Profi Torhüter Manuel Neuer für die Bayern antreten. Er trifft, anders als Ivica Olic und der letzte Schütze Bastian Schweinsteiger. Als sein Schuss an den Pfosten klatscht, versteckt er sich in seinem Trikot, einen Elfmeter später feiert Chelsea den Titel, die Bayern-Spieler liegen verstreut auf dem Rasen. Auf der Tribüne fangen die Fotografen ein Motiv ein: Uli Hoeneß sitzt kraftlos auf seinem Sitz, die Augen geschlossen. Von hinten umarmt ihn seine Frau Susi.

Transfersensation Pep Guardiola

Wochen nach dem Finale stellt sich heraus: In dem Moment, in dem es Hoeneß-Nachfolger Christian Nerlinger nicht gelungen ist, die treffsichersten Schützen zum Antreten im Elfmeterschießen zu überreden, war sein Abschied bereits beschlossen. Schon im März führte Hoeneß erste Gespräche mit Matthias Sammer als Ersatz. Keiner verkörpere das Bayern-Profil besser, sagt Hoeneß. Der Aufsichtsrat war im Mai informiert: Hätte Bayern das Finale gewonnen, hätte man den Wechsel zum 1. Januar des nächsten Jahres vollzogen, weil das nach dem Titelgewinn nicht gut ausgesehen hätte, verrät Hoeneß dem ›Spiegel‹.

Sammer wird nicht die letzte Personalie in diesem Jahr geblieben sein, die Hoeneß unbemerkt von der Öffentlichkeit einfädelt. Denn während ein mit 70 Millionen Euro aufgepumpter Kader in beeindruckender Weise durch die Saison rollt, arbeitet er an einer Sensation. Weil Heynckes der Vereinsführung mitteilt, dass 2012/13 seine letzte Spielzeit sein soll, wird sein Nachfolger gesucht. Wenn es nach Hoeneß geht, soll das nicht irgendein Trainer sein, sondern der begehrteste dieser Zeit: Pep Guardiola.

Der hat mit dem FC Barcelona nicht nur den Fußball revolutioniert, sondern eine ganze Ära geprägt. Aktuell befindet er sich auf einem Sabbatical in New York. Dorthin fliegt Hoeneß kurz vor Weihnachten 2012, im Gepäck einen Vertrag. Die Chance, Guardiola zu bekommen, sei einmalig gewesen, sagt er später. »Jetzt oder nie.« Das Kunststück gelingt, Guardiola unterschreibt, und was noch erstaunlicher ist: Wochenlang bekommt niemand das mit. Weshalb die Pressemitteilung des FC Bayern vom 16. Januar 2013 einschlägt wie eine Bombe: Bayern holt Guardiola.

Wie er Guardiola heimlich in New York besucht hat, wird Hoeneß noch oft erzählen. Die Verpflichtung ist ein Höhepunkt in seiner Laufbahn. »Der FC Bayern darf sich fortan als Nabel der Fußballwelt fühlen. Was für ein Tag für Präsident Uli Hoeneß!«, schreibt zum Beispiel das ›Hamburger Abendblatt‹ über den Coup. Besser stand der FC Bayern in der Amtszeit von Hoeneß nie da: mit eigenem Stadion, einer Mannschaft, die um die letzten Puzzleteile ergänzt wurde, die zum großen Erfolg offenbar noch gefehlt haben, mit dem Trainer, den Hoeneß seit langen Jahren seinen Freund nennt. Und am Horizont wartet: die Staffelübergabe an den größten Trainer seiner Zeit.

Etwas mehr als ein Jahr zuvor hat Uli Hoeneß zu seinem 60. Geburtstag in der ›Welt am Sonntag‹ voller Zufriedenheit auf sein Lebenswerk geblickt: »Meine Rede an meinem Geburtstag wird nicht lang. Ich werde sagen: Hier steht ein Mann, der von sich behauptet, zufrieden zu sein. Der nicht sagt, ich will jetzt noch höher springen oder noch schneller laufen. Ich brauche keine Ballonfahrt in den Himalaja oder sonst was. Hätte mir jemand als 18-Jähriger eine Karte gegeben und gesagt: Male drauf, was du dir für dein Leben so vorstellst, dann hätte ich es so gemalt, wie es war.«

Rund um die Verpflichtung von Guardiola gibt es aber kein Statement von ihm. Was nur Hoeneß und engste Vertraute wissen: Der Tag, an dem Guardiolas Verpflichtung bekannt gegeben wird, ist für ihn anstrengend. Weil ein Journalist auf sein bisher geheimes Schweizer Konto gestoßen ist, droht Hoeneß ein Verfahren. Um dem zuvorzukommen, lässt er hastig eine Selbstanzeige anfertigen. Während sich die deutschen Medien in ihrer Berichterstattung über die Guardiola-Verpflichtung begeistert überschlagen, wird im Haus von Hoeneß daran gearbeitet, ihm einen Steuerprozess zu ersparen. Einen Tag nach dem Guardiola-Coup gibt ein Vertrauter die Selbstanzeige beim zuständigen Finanzamt ab, während Hoeneß gleichzeitig zehn Millionen Euro dorthin überweisen lässt.

Vermutlich dachte er, damit wäre die Sache beendet. Aber das war nur der Anfang. Der Anfang von seinem Fall, der erst im Gefängnis enden wird.

Kapitel 15

Gehe ins Gefängnis

2013–2014

Der Steuerfall Uli Hoeneß beginnt als Wettrennen. Irgendwann im Jahr 2012 bekommt ›Stern‹-Journalist Johannes Röhrig Hinweise auf ein Konto in der Schweiz bei der Bank Vontobel. Dort sollen dreistellige Millionenbeträge bewegt worden sein, das Konto gehöre einer Größe des deutschen Sports. Wer damit gemeint ist? Monatelang versucht Röhrig, dem auf die Spur zu kommen. Während Uli Hoeneß im Dezember 2012 in New York Pep Guardiola seinen Arbeitsvertrag vorlegt, arbeitet sich Röhrig immer näher an ihnen heran. Keiner von beiden weiß zu diesem Zeitpunkt schon etwas davon.

Am 15. Januar 2013 ändert sich das. Uli Hoeneß ist in Berlin, wo er im Kanzleramt mit Angela Merkel zu Mittag isst. Vorher hatte er sich schon mit Hans-Ulrich Jörges, Mitglied der Chefredaktion des ›Stern‹, in einem Berliner Café getroffen. Hoeneß soll gerade auf dem Weg zum Flughafen gewesen sein, als ihn am Nachmittag ein Anruf erreicht. Am anderen Ende des Hörers: ein Mitarbeiter von der Schweizer Bank, bei der er seit fast 40 Jahren ein Nummernkonto hat; es ist die Bank Vontobel.

Ein Journalist habe Fragen zum Konto mit der Nummer 4028BEA gestellt. Dem Konto, das Hoeneß gehört und dessen Gewinne er seit 2001 den deutschen Steuerbehörden verschwiegen hat. Die Vontobel hat die Fragen inhaltlich nicht beantwortet,

Bankgeheimnis. Aber Hoeneß weiß damit: Da kommt jetzt was. Er führt einige Telefonate, trifft sich noch am selben Abend mit Vertrauten, die ihm schnell helfen müssen, denn die Zeit drängt. Selbst wenn die Bank seine Identität geschützt hat, stellt sich die Frage: Was weiß Johannes Röhrig bereits über das Konto?

»Wir hatten nicht den klaren Beweis, wem das Geld gehört hat«, blickt Röhrig zurück. »Wir konnten also über das Konto schreiben, aber nicht darüber, wem das Geld gehört. Wir haben uns entschieden, den Artikel dann ohne Namen zu machen.« Einen Tag später, am Mittwoch, den 16. Januar 2013, erscheint auf ›stern.de‹ ein Artikel mit der Überschrift: »Spitzenvertreter der Bundesliga bunkerte halbe Milliarde«. Auf einem anonymen Konto in der Schweiz solle ein Vermögen in dreistelliger Millionenhöhe versteckt worden sein. Röhrig nennt im Artikel Anfang und Ende der Kontonummer, schickt zudem konkretere Fragen an die Vontobel Bank. Währenddessen ist der Steuerberater von Uli Hoeneß bereits in Zürich, um Kontounterlagen abzuholen. Bisher hatte Hoeneß darauf verzichtet, sich Dokumente zuschicken zu lassen, jetzt braucht er sie dringend. Einen Weg gibt es für ihn noch, um halbwegs unbeschadet aus der Nummer herauszukommen: Zwar ist Röhrig in seinem Dauerlauf auf die Zielgerade eingebogen und hat Hoeneß aufgeschreckt, aber noch ist das Rennen nicht vorbei. Hoeneß kann verhindern, dass ihn die Steuerbehörden empfindlich bestrafen, wenn es ihm im Sprint gelingt, eine Selbstanzeige aufzusetzen.

Die Selbstanzeige wird erstellt

Mit einer Selbstanzeige kann sich von einer weiteren Bestrafung freikaufen, wer einen bis dahin unerkannten Steuerfall meldet. Eine im deutschen Strafrecht einzigartige Regelung, die vor allem für zahlungskräftige Bürgerinnen und Bürger gemacht ist.

»Wenn das Finanzamt bei Ihnen klingelt und nach einem Bankkonto in der Schweiz fragt, haben Sie das Spiel verloren«, sagt Frank Wehrheim, der als ehemaliger Steuerfahnder und heutiger Steuerberater beide Seiten eines solchen Falls kennt. Hoeneß muss also schnell sein und einer möglichen Aufdeckung oder Ermittlung zuvorkommen.

Als der Artikel auf ›stern.de‹ erscheint, bittet er seinen Steuerberater, umgehend aus Zürich zurückzukehren. Gegen 21 Uhr findet sich eine kleine Runde im Haus von Hoeneß ein, die eine Selbstanzeige ausarbeiten soll. Neben Uli Hoeneß und seinem Sohn Florian sind sein Steuerberater mit einem Kanzleikollegen, einem Anwalt sowie ein Münchner Steuerfahnder zugegen, der zu diesem Zeitpunkt noch in Altersteilzeit arbeitet.

Moment mal, ein Steuerfahnder? Auch Jahre später entlockt dieses kuriose Detail Annette Ramelsberger von der ›SZ‹ ein ungläubiges Lachen. Sie hat den Prozess begleitet. »Das war so ein honoriger älterer Herr, ganz Steuerbeamter. Nur bekam er wegen der Altersteilzeit noch Geld vom bayerischen Staat. Während er gleichzeitig dem Steuersünder Uli Hoeneß geholfen hat. Gegen ihn wurden dann auch Ermittlungen eingeleitet wegen widerrechtlicher Hilfe zur Steuerhinterziehung. Das ist alles durchaus bemerkenswert.« Juan Moreno schreibt dazu, Hoeneß habe den Finanzbeamten schon einige Jahre gekannt, weil der sich um die Steuererklärungen der Bayern-Profis gekümmert habe. Man soll sich bei den Geburtstagsfeiern des ehemaligen Chefs dieses Steuerfahnders regelmäßig getroffen haben.

Und eben jetzt, im Haus von Hoeneß, in der Nacht von Mittwoch auf Donnerstag. Röhrig versucht, den Inhaber des Nummernkontos zu ermitteln, Hoeneß setzt mit anderen hastig die Selbstanzeige auf. Und noch eine dritte Partei macht plötzlich mit beim Wettrennen, denn Röhrig hat mit seinen Nachforschungen schlafende Hunde geweckt. Mehrmals hat er in den vergangenen Monaten Kontakt zu einem höherrangigen Steuerfahnder gehabt und damit die Behörden auf den Fall aufmerksam gemacht. Auch sie beginnen intern über das Nummernkonto zu sprechen.

Laut Moreno dauert es bis nach Mitternacht, bis die Selbstanzeigen-Taskforce die letzten ungeduldig erwarteten Dokumente von der Vontobel erhält. Gleich um Viertel nach acht Uhr am Morgen des 17. Januar geben der Steuerberater und sein Anwaltskollege die Selbstanzeige beim zuständigen Finanzamt in Rosenheim ab, begleitend weist Hoeneß eine Abschlagszahlung in Höhe von zehn Millionen Euro an. Wir kennen diesen Ablauf so genau, weil er im Prozess aufgedröselt wurde. Im Januar 2013 sieht es so aus, als habe Hoeneß den Wettlauf gewonnen. »Die Selbstanzeige war eine Panikreaktion, nachdem der ›Stern‹ Hoeneß auf der Spur war«, beschreibt Annette Ramelsberger das Ergebnis der Aufarbeitung im Prozess. »Der Richter hat sie so gewertet, dass sie gerade noch rechtzeitig kam, wirklich nur Stunden bevor die Finanzämter sich gegenseitig kurzgeschlossen und es unter sich gehabt hätten.« Am Ende des Wettrennens steht im Januar 2013 also ein Fotofinish. Alles andere als untypisch für Selbstanzeigen, wie Frank Wehrheim sagt: »Aus meiner Praxiserfahrung kann ich sagen: Neun von zehn Selbstanzeigen standen unmittelbar vor der Entdeckung und wurden mit heißer Nadel gestrickt.«

Aber das sieht man der Selbstanzeige an. Im Betreff ist ein falscher Zeitraum angegeben, schon im vierten Wort nach der Begrüßung findet sich der erste Tippfehler. Und dafür, dass in der Selbstanzeige Finanztransaktionen aus zwölf Jahren dokumentiert werden sollen, ist sie ganz schön dünn: Was auf zwei Konten in dieser Zeit passiert ist, passt in der Selbstanzeige auf ein DIN-A4-Blatt.

Reicht das, um Hoeneß eine schlimmere Strafe zu ersparen? Das wird der zentrale Punkt in seinem Steuerfall. Seiner Entdeckung und damit schlimmeren Konsequenzen ist Hoeneß mit einem Endspurt knapp zuvorgekommen. Was er aber noch nicht weiß: Das war gar nicht der Zieleinlauf, sondern die Aufwärmrunde für einen Marathon.

Diskrete Hausdurchsuchung am Tegernsee

Zwar dringt die Nachricht von der Selbstanzeige bis ins bayerische Finanzministerium und damit vermutlich zu Markus Söder und eine Woche später auch zu Ministerpräsident Seehofer durch, die Öffentlichkeit weiß im Januar 2013 jedoch nichts davon. Nach außen glänzt die Fassade des FC Bayern und damit die von Uli Hoeneß heller denn je.

Nach Bekanntgabe der Verpflichtung von Guardiola zur nächsten Saison eilt die Mannschaft von Jupp Heynckes beängstigend dominant in der Liga davon. Borussia Dortmund kann im Viertelfinale des DFB-Pokals besiegt werden, alles steuert auf einen erfolgreichen Frühling hin.

Uli Hoeneß erleidet genau in dieser Phase eine entscheidende Niederlage – wobei nicht klar ist, ob er das zu diesem Zeitpunkt schon weiß. Nach seiner Selbstanzeige hat die Staatsanwaltschaft München II die Ermittlungen übernommen und ein Steuerstrafverfahren vorangetrieben. Anfangs geht sie von einer gestuften Selbstanzeige aus, also davon, dass die Selbstanzeige vom 17. Januar nur auf Schätzungen beruhe und anschließend konkretisiert werden würde. Ende Februar kommt es zu einem Treffen mit dem Steuerberater von Hoeneß, was der mitgebracht hat, muss für die Gegenseite aber enttäuschend gewesen sein: Er legt einen Ordner mit wenig mehr als 500 Blatt Unterlagen vor, in dem viel enthalten ist, aber nicht das, worum es geht.

Staatsanwaltschaft und Steuerfahndung stellen zudem fest, dass es große Unterschiede zwischen den neuen Zahlen und jenen aus der Selbstanzeige gibt. Im Januar hatte die Hoeneß-Seite zum Beispiel angegeben, während des Jahrzehnts zwischen 2001 und 2010 in nur vier Jahren Gewinne erzielt zu haben. Nach Durchsicht der neuen Unterlagen kommt die Staatsanwaltschaft aber auf neun Jahre mit Gewinnen. Die neuen Dokumente sind demnach keine Konkretisierung, sondern eine Korrektur. Von diesem Moment an geht die Staatsanwaltschaft von einer unvollständigen und damit unwirksamen Selbstanzeige aus. Was das bedeutet, bekommt Hoeneß bald zu spüren.

Am 19. März hält Uli Hoeneß im Audimax der Ludwig-Maximilians-Universität München einen Vortrag über die Auswüchse des Kapitalismus. »Am 20. März änderte sich dann mein Leben, morgens um sieben. Da läutete es an der Tür in meinem Haus am Tegernsee, ich war im Bademantel, und da stand die Staatsanwaltschaft vor der Tür. Da begann die Hölle für mich«, erzählt er rückblickend der ›Zeit‹.

Neben der Staatsanwaltschaft sind einige Steuerfahnder und Polizisten mitgekommen. Sie durchsuchen das Haus von Hoeneß, nehmen Computer, Handys und alles mit, was nach Bankunterlagen aussieht. Auch die Geschäftsstelle des FC Bayern und Räumlichkeiten des Steuerfahnders, der Hoeneß bei der Selbstanzeige geholfen hat, werden durchsucht. Nicht nur Kartons voller potenzieller Beweise packen die Beamten ein, auch Uli Hoeneß muss mitkommen, denn gegen ihn besteht ein Haftbefehl. »Denken Sie vor allem an Ihre Tabletten«, soll einer der Beamten zu ihm gesagt haben, erzählt Hoeneß später. Und weiter: »Die gingen davon aus, dass ich länger im Gefängnis bleiben würde. Es war eine Szene wie im ›Tatort‹.«

Der FC Bayern kümmert sich um einen Rechtsbeistand für Hoeneß, und der kann immerhin dafür sorgen, dass Hoeneß auf freiem Fuß bleiben darf. Gegen eine Kaution von fünf Millionen Euro wird der Haftbefehl außer Vollzug gesetzt, Hoeneß darf wieder nach Hause. Immerhin ist ihm die Haft erspart geblieben und bisher weiß noch niemand vom »Tatort Tegernsee«. Hoeneß ruft bei der leitenden Steuerfahnderin an und bedankt sich bei ihr für die »diskrete Durchführung der Durchsuchung«.

Nach außen sind Hoeneß die Turbulenzen nicht anzumerken. Im ersten Spiel nach der Hausdurchsuchung rollt die Mannschaft von Jupp Heynckes mit 9:2 über den HSV hinweg, Hoeneß feiert jedes der Tore auf der Tribüne ausgiebig. Nur weil Dortmund ebenfalls gewonnen hat, werden sie nicht schon mit diesem Sieg Meister. Tage später gewinnen die Bayern das Hinspiel im Champions-League-Viertelfinale gegen Juventus mit 2:0. Hoeneß lädt Freunde und Bekannte ins Stadion ein, lässt sich von einem ›Spiegel‹-Reporter für ein Porträt begleiten. Gelöst, sympathisch und angenehm wie immer sei er dabei gewesen, schreibt Moreno.

Im nächsten Spiel wird Bayern mit einem 1:0 in Frankfurt Deutscher Meister. So früh wie noch keine Mannschaft vor ihnen, es ist erst der 28. Spieltag. Dieser Titel sei besonders, sagt Hoeneß, er wäre eine »wunderbare Antwort« auf die zwei Meisterschaften von Dortmund in den Jahren zuvor. Auf eine große Feier verzichtet der FC Bayern allerdings. Es steht als Nächstes das Rückspiel in Turin an. Auch das wird gewonnen, mit 2:0. Es scheint keinen Gegner zu geben, der die Bayern aufhalten kann.

Während sich die deutsche Öffentlichkeit mit der Dominanz der Münchner beschäftigt, haben einige Medien Wind von der Hausdurchsuchung bei Hoeneß bekommen. Die Regionalzeitung ›Tegernseer Stimme‹ meldet sich bei der Staatsanwaltschaft, wenig später fragt die ›AZ‹ direkt bei Hoeneß nach. Der streitet alles ab, kann damit aber nicht verhindern, dass die Nachricht in die Medien kommt.

Der Sturm bricht los

Der ›Focus‹ ist es letztlich, der die Bombe platzen lässt. Am 20. April, einem Samstag, veröffentlicht er einen Artikel zur Hausdurchsuchung, Hoeneß hatte gegenüber dem Magazin die Nachricht von der Selbstanzeige bestätigt. Nachmittags spielen die Münchner in Hannover, für die Partie interessieren sich an diesem Tag aber nur die wenigsten. Kaum ein anderes Thema scheint es an diesem Wochenende zu geben. Uli Hoeneß selbst schweigt dazu. Beziehungsweise es sieht so aus, als würde er schweigen. Der Sender Sky hat das Glück, eine Stunde vor Veröffentlichung der ›Focus‹-Meldung mit Hoeneß zu sprechen.

»Was ist Glück für Sie?«, fragt Reporter Vinko Bicanic Uli Hoeneß. Dessen Antwort: »Das größte Glück ist, wenn du eine funktionierende Familie hast und gesund bist. Wenn du um dich herum Menschen hast, die dir helfen, wenn es dir mal nicht so gut geht, vor allen Dingen, wenn genug da sind, wenn's mal brenzlig wird.« Der FC Bayern steht zu diesem Zeitpunkt nach einem 6:1 gegen Wolfsburg im Pokalfinale, ist bereits Meister und fiebert auf das Hinspiel im Halbfinale der Champions League gegen den FC Barcelona hin. Und das ist seine Antwort auf diese Frage. Hier hat wohl der Steuersünder Hoeneß gesprochen.

Weil er dem Anschein nach aber schweigt, suchen die Journalistinnen und Journalisten anderswo nach Kommentaren. »Ich weiß noch genau, als der ›Münchner Merkur‹ hier anrief«, erinnert sich Willi Lemke. »Den Anruf habe ich in der Küche angenommen, beim Frühstück. Da wusste ich noch von gar nichts.« Lemke lässt sich erzählen, worum es geht. »Dann überlegte ich vielleicht fünf Sekunden und sagte dann: ›Entschuldigen Sie bitte, aber das ist die Privatsache von Uli Hoeneß. Dazu sage ich überhaupt nichts.‹« Auch bei Christoph Daum steht das Telefon nicht still. »Mir war klar, dass eine Lawine nicht nur auf ihn, sondern seine ganze Familie hereinprasselt, ähnlich wie es bei mir war. Das hätte ich selbst meinem ärgsten Feind nicht gewünscht.« Daum verweigert einen Kommentar, sehr zum Unmut der Berichterstattenden. Genauso wie Lemke schlägt er außerdem alle Einladungen in Talkshows aus.

Beim Spiel in Hannover, das mit 6:1 gewonnen wird, fehlt Hoeneß. Auf Anfragen via Fax reagiert er jedoch, wenn auch nicht mit Zitaten für die Öffentlichkeit. Reinen Tisch macht er dabei aber nicht. Der ›Stern‹ will mit einem Fragenkatalog wissen, ob das Konto aus seinen Recherchen das von Hoeneß ist. Daraufhin ruft Hoeneß spät am Samstagabend den Chefredakteur Andreas Petzold an. Was Hoeneß in diesem Gespräch sagt, passt aber nicht zu den Recherchen von Johannes Röhrig, er widerspricht den Dimensionen, um die es geht. Hoeneß behauptet gegenüber dem ›Stern‹ außerdem, dass seine Selbstanzeige mit dessen Recherchen gar nichts zu tun habe, sie sei schon am 12. Januar abgegeben worden, also vor der ersten Anfrage der Reporter an die Vontobel. Vor Gericht wird sich diese Aussage ein Jahr später als falsch herausstellen, schon damals wirft sie Fragen auf, denn der 12. Januar war ein Samstag.

Das gescheiterte Steuerabkommen

Im Wirbel der Berichterstattung fällt diese Volte von Hoeneß jedoch nicht besonders auf. Zahlreiche Zitate von Hoeneß über Hedgefonds-Manager und die Gier der Reichen werden herausgesucht, kaum ein Artikel kommt ohne dieses aus dem Jahr 2005 aus: »Ich weiß, dass das doof ist. Aber ich zahle volle Steuern.« Horst Seehofer äußert sich zur Selbstanzeige genauso wie zahlreiche andere Politiker, was daran liegt, dass der Fall Hoeneß in Teilen ein politischer ist.

Erst im Dezember 2012 war ein Steuerabkommen zwischen der Schweiz und Deutschland gescheitert, mit dem Steuersünder wie Hoeneß anonym und gegen eine pauschale Einmalzahlung ihr Geld gegenüber den deutschen Steuerbehörden hätten legalisieren können. Die Regierung aus Union und FDP hatte in Person von Finanzminister Wolfgang Schäuble dieses Abkommen in zunächst geheimen Verhandlungen ausgehandelt. Als es öffentlich wurde, positionierten sich die Oppositionsparteien dagegen, letztlich scheiterte das Abkommen im Bundesrat.

Man wisse nun, welche Leute Schäuble, Seehofer und Merkel mit dem Steuerabkommen hätten schützen wollen, sagt zum Beispiel Grünen-Fraktionschef Jürgen Trittin zum Fall Hoeneß. SPD-Bayern-Chef Florian Pronold nennt dessen Steuerbetrug »die schlimmste Form asozialen Verhaltens«, auf Antrag der Grünen findet eine Aktuelle Stunde im Bundestag statt. Es soll um den Umgang mit Steuerhinterziehern gehen, dreht sich aber vor allem um Hoeneß. Auch Angela Merkel äußert sich über ihren Regierungssprecher. Wie viele Menschen in Deutschland sei auch die Bundeskanzlerin von Uli Hoeneß enttäuscht, sagt er.

Es scheint kaum ein anderes Thema zu geben. Am Sonntagabend diskutieren die Gäste von Günther Jauchs Talkshow über den »Fall Hoeneß – Vom Saubermann zum Steuersünder?«, als am Ende der Sendung der Moderator mit einer Schalte zu den ›Tagesthemen‹ überleiten will und seinen Kollegen Tom Buhrow fragt, ob Hoeneß auch dort das erste und wichtigste Thema sei, antwortet der schmunzelnd, das könne er sich doch denken. Am Montagabend spricht die Runde von ›Hart aber fair‹ über das Thema »Ausgerechnet Hoeneß – Wem kann man jetzt noch trauen?«. In einem Einspieler der Sendung sollen Passanten einem lebensgroßen Pappaufsteller von Hoeneß ihre Meinung sagen. Am Donnerstag setzt sich Maybrit Illner unter der Überschrift »Wer stoppt die Steuersünder?« vor allem mit einem dieser Steuersünder auseinander, natürlich Uli Hoeneß.

Ein Darlehen von Robert Louis-Dreyfus

Innerhalb kürzester Zeit scheint die Bewunderung für Hoeneß verschwunden zu sein. Zwischen Mitleid und Verachtung bewegten sich die Gefühle der Menschen für ihn jetzt, urteilt der ›Münchner Merkur‹. Ähnlich wie beim Fall Daum entgleitet Hoeneß außerdem der Zugriff auf die Berichterstattung. Selbst das Androhen juristischer Konsequenzen sorgt nicht dafür, dass die Medien aufhören zu berichten. Immer neue Details kommen heraus und vor allem eines davon ist pikant: Wie die ›SZ‹ recherchiert, lag nicht nur Geld von Hoeneß auf dem Konto. Im Jahr 2000 hat er eine Finanzspritze von seinem Freund Robert Louis-Dreyfus erhalten in Form eines Darlehens in Höhe von fünf Millionen Mark und einer Bürgschaft über weitere 15 Millionen. Louis-Dreyfus ist zu diesem Zeitpunkt Vorstandsvorsitzender von Adidas, fast genau ein Jahr später gibt der Sportartikelhersteller seinen Einstieg als Investor beim FC Bayern bekannt. Und das, obwohl Konkurrent Nike das »Zehnfache« geboten habe, wie Louis-Dreyfus später der ›L'Equipe‹ erzählt. Gibt es da einen Zusammenhang?

Hoeneß bestreitet das. Louis-Dreyfus sei einer seiner engsten Freunde gewesen und habe ihm nach dem Platzen der New-Economy-Blase ausgeholfen, als er »richtig klamm« gewesen sei. Die operativen Geschäfte bei Adidas habe da schon längst sein Nachfolger Herbert Hainer übernommen. Hoeneß hat Dreyfus das Darlehen zurückgezahlt, inklusive Zinsen und in zeitlicher Nähe zur Nachricht zum Einstieg von Adidas. Dass sich der Verein gegen den amerikanischen Konkurrenten Nike entschieden hat, könnte auch andere Gründe als finanzielle gehabt haben. Adidas war ein langjähriger Partner des Vereins.

Weitet man den Fokus, ergeben sich aber Anschlussfragen, selbst wenn man das Darlehen losgelöst vom Einstieg als Investor beim FC Bayern betrachtet. Denn geliehenes Geld von Louis-Dreyfus spielt im deutschen Fußball eine bemerkenswerte Rolle.

Im Jahr des Darlehens an Hoeneß profitiert nach Recherchen des ›Spiegel‹ auch der DFB in ähnlicher Weise. 10,3 Millionen Schweizer Franken, damals umgerechnet 13 Millionen Mark, soll er in eine schwarze Kasse des DFB eingezahlt haben. Laut ›Spiegel‹ diente das Geld dazu, sich die Stimmen der vier asiatischen Vertreter im FIFA-Exekutivkomitee bei der Abstimmung zur WM-Vergabe 2006 zu sichern. Die Zahlung tauchte in keinem Haushalt des DFB auf und stürzte den Verband in die Bredouille, als Louis-Dreyfus sein Geld mit Zinsen zurückforderte: Es geht um die inzwischen fast berühmt-berüchtigten 6,7 Millionen Euro, die den DFB seit vielen Jahren beschäftigen.

Robert Louis-Dreyfus ist eine besondere Figur. Sein Anfangsvermögen hat er mit Poker erspielt, sich nach Stationen bei einem Pharmaunternehmen und einer PR-Agentur bei Adidas um die Sanierung des Herzogenauracher Sportartikelherstellers gekümmert. Er entließ eine ganze Reihe von Managern und verlegte die Produktion in Billiglohnländer, heute gilt er als Retter des Unternehmens.

Nach der Kirch-Pleite unterstützte er Günter Netzer mit einem hohen Millionenbetrag beim Erwerb der wertvollen Fernsehrechte an der Bundesliga, und auch mit Uli Hoeneß kreuzten sich seine Wege nicht nur privat: Louis-Dreyfus versuchte aus dem französischen Verein Olympique Marseille den »FC Bayern des Südens« zu machen, er war größter Anteilseigner am Verein. In dieser Funktion regelte er mit Hoeneß den Transfer von Franck Ribéry zu Bayern im Jahr 2007.

Befragt werden kann Louis-Dreyfus zum Hoeneß-Darlehen nicht mehr, 2009 starb er an Leukämie. Sepp Blatter, Franz Beckenbauer und Hoeneß waren auf seiner Beerdigung. Sechs Monate vor seinem Tod war Louis-Dreyfus noch von einem französischen Gericht zu einer Bewährungsstrafe und hohen Geldbuße verurteilt worden. Das Gericht sah es als erwiesen an, dass er für Transfers bei Marseille schwarze Kassen verwendet hatte.

Mit seinem Tod sind vermutlich einige spannende Interna aus der Welt des Fußballs verschwunden. Sicher ist nur, dass 20 Millionen Mark in seiner Welt nicht viel Geld waren. Das Vermögen seiner Familie wird auf fünf Milliarden Euro geschätzt, seine Witwe Margarita Louis-Dreyfus blieb bis 2016 Mehrheitsaktionärin bei Olympique. Dann verkaufte sie den Verein an einen US-Unternehmer. Nie mehr würde man in den Fußball investieren, sagte einer der Söhne von Louis-Dreyfus danach, denn der sei eine verdorbene Branche. Im Februar 2020 kaufte er sich den englischen Klub AFC Sunderland.

Götzes Wechsel zum FC Bayern

Nur eine Nachricht schafft es, den Wirbel um die Selbstanzeige kurz in den Hintergrund treten zu lassen. Am Dienstag, den 23. April 2013, verkündet eine Boulevardzeitung, dass mit Mario Götze einer der besten Spieler den BVB nach der Saison verlassen wird, um zum FC Bayern zu wechseln. Am Tag vor dem Halbfinal-Hinspiel gegen Real Madrid in der Champions League stört diese Meldung die Vorbereitung der Dortmunder Mannschaft empfindlich. Hoeneß wird übrigens wenige Wochen später verraten, dass Guardiola eigentlich einen brasilianischen Spieler haben wollte. Weil Bayern mit solchen Profis aber schlechte Erfahrungen gemacht hätte, redeten Hoeneß und Co. Guardiola seinen Wunschspieler aus und lenkten stattdessen den Blick auf Götze. Statt ihm hätte Guardiola gerne Neymar in München gesehen.

Einiges an der Götze-Meldung ist bemerkenswert. Jürgen Klopp weiß von dieser Nachricht bereits seit fast zwei Wochen, es gibt keinen Anlass dafür, dass die Information ausgerechnet zu diesem Zeitpunkt durchsickert. Zudem ist die Art und Weise erstaunlich, was zum Beispiel dem erfahrenen Münchner Journalisten Günter Klein aufgefallen ist: »Die Nachricht vom Wechsel hatte die ›Bild‹ so exklusiv, dass sie sich sicher sein konnte, es im Print spielen zu können und nicht online vorher veröffentlichen zu müssen. Bis auf diesen Fall war das zuletzt fast nie so, dass man eine größere Meldung so gut geheim halten konnte.«

Wurde der Götze-Wechsel vonseiten des FC Bayern durchgesteckt, um von der Selbstanzeige abzulenken und Konkurrent Dortmund vor einem der wichtigsten Spiele der Saison zu schwächen? Hoeneß und der Verein weisen solche Unterstellungen von sich.

Übrigens äußert sich Hoeneß am selben Tag erstmals öffentlich zur Selbstanzeige, in einer Sportboulevardzeitschrift, die ebenfalls aus dem Haus Springer kommt. Er habe erkannt, einen schweren Fehler gemacht zu haben, den er jetzt versuche mit der Selbstanzeige »zumindest halbwegs wiedergutzumachen«.

Am Abend besucht Hoeneß das Heimspiel gegen den FC Barcelona. Auf dem Weg ins Stadion erfährt er aus dem Radio, dass auch der Haftbefehl gegen ihn inzwischen zu den Medien durchgedrungen ist. Seine Freunde hätten ihm davon abgeraten, sich im Stadion zu zeigen, erzählt er später. Hoeneß aber sitzt beim 4:0-Sieg gut sichtbar auf seinem gewohnten Platz. Nicht nur wegen des deutlichen Sieges und dem damit fast sicheren Einzug ins Finale der Champions League ist es ein guter Abend für ihn. Denn er bekommt sowohl von den Verantwortlichen des FC Bayern als auch von den Zuschauern im Stadion breite Rückendeckung. Eine Rolle dabei spielt, dass die kritischsten Fans mit den Ultras das Spiel wegen verschärfter Einlasskontrollen boykottieren. Beim Stand von 2:0 schält sich ein Sprechgesang aus den Rängen heraus: »Ein Uli Hoeneß, es gibt nur einen Uli Hoeneß«, er wird immer lauter, als Ribéry Lionel Messi ausdribbelt und in einen Sprint über das ganze Feld startet. Der Gesang zu Ehren von Hoeneß wird vom Jubel des Tores zum 3:0 abgebunden. Es passt zu diesem Abend: Alles fügt sich, die Bayern-Familie, sie hält zusammen.

Das erste Interview

Was ebenfalls der Fall ist, als der ›Focus‹ kurz darauf die nächsten Ermittlungen gegen einen Verantwortlichen beim FC Bayern aufdeckt. Eine Woche nach der Meldung zur Selbstanzeige berichtet das Magazin nun von einem Ermittlungsverfahren, das gegen Karl-Heinz Rummenigge läuft: Weil er bei der Rückkehr aus Katar zwei Luxusuhren nicht verzollt hat. Monate später wird er zu einer Geldstrafe von rund 250 000 Euro verurteilt und gilt damit als vorbestraft.

Über Hoeneß wird aber weiter diskutiert, vor allem was seine Funktion bei Bayern angeht. Kann er Vorsitzender des Aufsichtsrats bleiben? Darf er für das Auswärtsspiel in Barcelona Deutschland verlassen? In diese Berichterstattung hinein entschließt sich Hoeneß, nicht länger zu schweigen.

Am Donnerstag, den 2. Mai, blickt er der Öffentlichkeit vom Titelbild der ›Zeit‹ in die Augen. Er habe eine Torheit begangen, einen Riesenfehler, sagt Hoeneß in einem langen Interview. Er berichtet von der Hausdurchsuchung und gibt erstmals öffentlich zu: Sein Konto ist das, zu dem Johannes Röhrig für den ›Stern‹ recherchiert hat. Er habe es schon in den 1970er-Jahren eröffnet, aber erst im Jahr 2001 angefangen, es für Spekulationen zu verwenden. Einen Zusammenhang zum FC Bayern könne er ausschließen, »dieses Konto war ganz allein Uli Hoeneß«. Er sagt: »In den Jahren 2002 bis 2006 habe ich richtig gezockt, ich habe teilweise Tag und Nacht gehandelt, das waren Summen, die für mich heute auch schwer zu begreifen sind, diese Beträge waren schon teilweise extrem. Das war der Kick, das pure Adrenalin.«

Sogar im Stadion habe er manchmal auf seinen Börsenpager geschielt, wenn das Spiel langweilig gewesen sei. Virtuelles Geld sei das für ihn gewesen, wie bei Monopoly. Als er in der Finanzkrise 2008 zum zweiten Mal nach dem Platzen der New-Economy-Blase hohe Verluste eingefahren hätte, habe er das Zocken zurückgeschraubt. Er halte sich nicht für süchtig, sagt Hoeneß. Sein Sohn Florian, der beim Interview dabei ist, widerspricht ihm an dieser Stelle. Wie aber passt dieses suchtartige Verhalten zum öffentlichen Hoeneß, zum konservativen Geschäftsmann? Es gebe drei Uli Hoeneß, antwortet er. Den konservativen Geschäftsmann, den konservativen Anleger und den Zocker, der dem Kick nachgejagt sei. So ausführlich wie in diesem Interview wird sich Hoeneß erst wieder vor Gericht äußern.

Bemerkenswert ist vor allem die Haltung, die er dabei einnimmt. Er bereue seine Tat, sagt er gleich zu Beginn, »unendlich« sogar. Es gibt jedoch mehrere »Abers«, die er unbewusst oder bewusst in seinen weiteren Antworten vermittelt. Hoeneß erklärt, so wenig zu lesen wie möglich. Von den vielen Briefen, die er bekommen habe, wären aber 90 Prozent Zuspruch. Seine Kritik an Spekulanten falle nicht auf ihn zurück, weil er mit Devisen und nicht mit Nahrungsmitteln spekuliert habe. Warum solle das unmoralisch sein, fragt Hoeneß. Während er gleichzeitig den Steuerbetrug mit seinem wohltätigen Engagement aufwiegt. Er habe weit mehr gespendet, als er an Steuern hinterzogen habe, sagt er.

Verständlicherweise versucht er mit allen verfügbaren Argumenten, sich in ein besseres Licht zu rücken, wahrscheinlich eine Reaktion auf die Berichterstattung über ihn in den Tagen zuvor. Trotz seiner Länge lässt das Interview aber eine große Leerstelle: die Frage nach dem Warum.

Wenn es um den Zocker Hoeneß geht, spricht er wie von einem Dritten, der ihm selbst unheimlich ist. Argumentiert mit einer Sucht, die er aber allein und ohne Hilfe inzwischen überwunden haben will. Nennt das nicht richtig versteuerte Geld »Spielgeld«, als würde es nicht zählen. An dieser Stelle hakt die ›Zeit‹ nach: Ob das als Erklärung dafür tauge, seit mehr als zehn Jahren Steuern hinterzogen zu haben? Hoeneß schweigt daraufhin lange, sagt dann: »Das ist eine gute Frage. Ich weiß es nicht.« Er sagt viel im Gespräch mit der ›Zeit‹, selbst für ihn unangenehme Dinge. An der entscheidenden Stelle aber fehlen ihm die Worte, was so gar nicht zu passen scheint zu dem Uli Hoeneß, den die Öffentlichkeit bisher kennt.

Nichtsdestotrotz gelingt ihm mit diesem Interview der Befreiungsschlag. Als ihn kurz danach der Aufsichtsrat einstimmig in seinem Amt als Vorsitzendem bestätigt, legen sich die größten Diskussionen.

Heynckes holt das Triple

Während die Diskussionen rund um den Steuerfall Hoeneß abnehmen, spitzt sich die Saison in dramatischer Art und Weise zu. Gemeinsam mit dem FC Bayern zieht auch Borussia Dortmund ins Finale der Champions League ein. Nach all den Jahren der internationalen Erfolglosigkeit deutscher Vereine ist damit klar: Diesmal kommt der Europapokalsieger aus Deutschland.

Vor allem die Anfangsphase der Partie zeigt, dass Bayern dabei mehr zu verlieren hat als der BVB. In den ersten 25 Minuten schießen die Dortmunder sechsmal auf das Tor von Manuel Neuer, die Bayern dafür kein einziges Mal auf das von Roman Weidenfeller. Erst langsam nehmen sie offensiv am Spiel teil. In der zweiten Hälfte kippt der Spielverlauf auf die Seite der Münchner, das 1:0 durch Mario Mandzukic scheint folgerichtig. Als wenig später Dante im Strafraum Marco Reus foult, gibt es zwar Strafstoß, aber nicht den Platzverweis, der angebracht gewesen wäre. Gündogan gleicht für Dortmund aus, und alles läuft auf eine Verlängerung zu. Bis Jérôme Boateng kurz vor Abpfiff noch einmal einen hohen Ball nach vorne schlägt, der über Ribéry zu Robben kommt, der in den Strafraum dribbelt und zum Siegtreffer einschiebt. Der Mann, der ein Jahr zuvor im »Finale dahoam« den Strafstoß gegen Chelsea verschossen hat, wird zum goldenen Torschützen von Wembley. Bayern holt den Titel und Hoeneß bekommt von Bastian Schweinsteiger den Pokal in die Hand gedrückt. Nur wenige Tage später krönt die Mannschaft von Trainer Jupp Heynckes eine perfekte Saison mit dem dritten Titel, dem DFB-Pokalsieg gegen Stuttgart.

Es ist geschafft, der FC Bayern hat den größtmöglichen Triumph erreicht. Auf dem Feld feiern die Spieler ihren scheidenden Trainer Heynckes, oben auf der Tribüne im Berliner Olympiastadion schaut Uli Hoeneß zu. Er nimmt lächelnd einen Glückwunsch entgegen, blickt anschließend unentschlossen zur Seite. So selig wie nach dem Champions-League-Gewinn im Jahr 2001 wirkt er diesmal nicht.

27 Sekunden für einen Platz beim Prozess

Während Pep Guardiola unter großem Mediengetöse und mit Uli Hoeneß auf dem Podium seine Arbeit beim FC Bayern beginnt, sitzt die Staatsanwaltschaft an ihrer Anklage. Noch Ende Juli sagt Hoeneß am Rand eines Testspiels, er sei »zuversichtlich, dass es eine gute Lösung gibt«. Wenige Tage später erhebt die Staatsanwaltschaft Anklage wegen Steuerhinterziehung in sieben tatmehrheitlichen Fällen. Welche Summe die Staatsanwaltschaft ermittelt hat, wird nicht bekannt.

Dafür veröffentlicht Anfang August 2013 ›Stern‹-Journalist Röhrig einen brisanten Artikel. Er berichtet von einem Whistleblower, der sich bei der Staatsanwaltschaft gemeldet habe. Der sagt unter anderem, es hätten bis zu 350 Millionen Euro auf dem Konto von Hoeneß gelegen. Hoeneß lehnt eine Stellungnahme ab, äußert sich aber einen Tag später am Rand eines Golfturniers: Absurde Unwahrheiten würden nicht wahrer, wenn man sie wiederhole.

Anfang November dann wird klar, dass es einen Prozess geben wird. Die 49 Plätze für Journalistinnen und Journalisten, die per Mail-Anmeldung vergeben werden, sind innerhalb von 27 Sekunden weg. Hoeneß sitzt währenddessen im Flieger nach Pilsen zum Auswärtsspiel in der Champions League. Dort stellt er sich den Medien und teilt mit, überrascht von der Nachricht zu sein. Er habe gedacht, die Selbstanzeige werde als wirksam erachtet.

Der Aufsichtsrat des FC Bayern hat extra ein Rechtsgutachten erstellen lassen zur Frage, ob Hoeneß sein Amt ruhen lassen müsse im Fall eines Prozesses. Man sei zu keiner Null-Toleranz-Politik verpflichtet, teilt die AG mit. Die Entscheider stehen also weiter hinter Hoeneß. Aber wie ist es mit den Fans? Hat bei ihnen die Nachricht vom Prozess etwas in ihrem Verhältnis zu Hoeneß verändert? Das ist eine der spannendsten Fragen im November 2013, weil sie für alle sichtbar beantwortet wird. Etwas mehr als eine Woche nach der Meldung vom Prozess findet mal wieder eine Jahreshauptversammlung statt.

Wie groß die Anspannung bei Hoeneß ist, zeigt sich, als Karl-Heinz Rummenigge diese Worte über ihn sagt: »Uli Hoeneß ist ohne Zweifel der Spiritus Rector des FC Bayern. Ohne sein unglaubliches Engagement, ohne sein Zutun wäre der FC Bayern nicht das, was er heute glücklicherweise ist und darstellt.« Die Mitglieder erheben sich, auch von Präsidium und Vorstand gibt es stehende Ovationen, Hoeneß kann seine Tränen nicht zurückhalten. Als der Applaus schließlich endet, schreitet er mit nassen Augen zum Mikrofon.

Er habe einen großen Fehler gemacht, sagt er. Mit den Dimensionen, in die sich das entwickelt habe, sei nicht zu rechnen gewesen. Er wolle sich nicht reinwaschen und so tun, als ob nichts geschehen sei. »Ich stehe zu meinem Fehler und werde mich der Sache stellen.« Er hoffe auf einen Prozess, in dem die mediale Vorverurteilung keine Rolle spielen würde. Hoeneß bedankt sich bei den Mitgliedern für die Unterstützung und kündigt an, nach dem Prozess die Vertrauensfrage zu stellen.

Die Jahreshauptversammlung wird für ihn zum Triumph, er weiß aber, was noch vor ihm liegt. Als gegen Ende des Jahres der FC Bayern den Weltpokal gewinnt, sagt er am Rand des Turniers, 2013 sei für ihn und seine Familie das schwierigste Jahr in ihren Leben gewesen. »Das geht jetzt schon ein Dreivierteljahr und wird sicher noch ein Vierteljahr so gehen.« Und dieses Vierteljahr später beginnt er dann: der Steuerprozess von Uli Hoeneß.

Versuchte Demut

»Das war einer der größten, der wichtigsten, der medienwirksamsten Prozesse, die ich je erlebt habe«, sagt ›SZ‹-Gerichtsreporterin Ramelsberger rückblickend, die unter anderem den NSU-Prozess ausführlich begleitet hat. Im Vergleich zu diesem seien deutlich mehr Berichterstattende vor Ort gewesen. Am 10. März 2014 stehen schon in den frühen Morgenstunden Journalistinnen und Journalisten sowie Publikum vor dem Gerichtsgebäude. »Ich habe dort eigentlich erst richtig gespürt, was Uli Hoeneß bedeutet. Ich hatte schon mit sehr schwerwiegenden Fällen zu tun und dachte: ›Na ja, Uli Hoeneß, das kriegen wir schon hin.‹ Aber als ich dann am Justizpalast war, am abgesperrten Münchner Stachus, mit Scharen von Menschen, Kohorten von Reportern, die die Gerichtssprecherin umlagert haben wie auf dem Fußballplatz, wenn die ganze Mannschaft rund um den Schiedsrichter steht. Plötzlich war es so, als wenn das Fußballspiel eingezogen wäre in den Gerichtssaal.«

Und dieses Fußballspiel, es beginnt direkt mit dem Anpfiff spektakulär. Die Anklage der Staatsanwaltschaft war bis zum Prozessbeginn ungewöhnlich strikt unter Verschluss gehalten worden. Weshalb die Medien laut Ramelsberger keine einzige Zahl als Anhaltspunkt für die Schwere von Hoeneß' Steuerhinterziehung gehabt hätten. Bis sie beim Verlesen der Anklageschrift mit Zahlen bombardiert worden seien. Insgesamt habe Hoeneß über drei Millionen Euro Steuern verschwiegen, trägt Staatsanwalt Achim von Engel vor. Zusätzlich habe Hoeneß Verlustvorträge von über fünf Millionen Euro auf seine Gewinne zu Unrecht anrechnen dürfen. »Sie sind am Schluss vollkommen schwindelig vor lauter Zahlen. Und wenn Sie denken, Ihr Kopf wird wieder klar, kommt Hanns Feigen und sagt: ›Da ist noch mehr!‹«

Hanns Feigen ist der Verteidiger von Uli Hoeneß, er hat schon Größen wie den ehemaligen Postchef Zumwinkel beraten. Nachdem die Anklage verlesen ist, in der Hoeneß ein Betrag von 3,5 Millionen Euro hinterzogener Steuern zur Last gelegt wird, korrigiert er diese Summe nach oben, und zwar deutlich: Man gehe von 18,5 Millionen Euro aus. Binnen weniger Momente sind die Zahlen, um die es geht, explodiert. »Eine Strategie von Shock and Awe« nennt Ramelsberger dieses Vorgehen. Sowohl das Gericht als auch die Öffentlichkeit mit einer großen Summe aus dem Nichts überraschen und damit verhindern, dass die Dimension der Tat ins Bewusstsein sickert »wie Gift«.

Bei Prozessen zu Steuerhinterziehung gibt es zu dieser Zeit noch eine Schwelle bei ungefähr einer Million Euro, ab der die Angeklagten regelmäßig mit einer Haftstrafe zu rechnen haben. Dass Hoeneß diese Schwelle deutlich überschritten hat, ist die größere Nachricht als die von der irren Steigerung von 3,5 auf

18,5 Millionen Euro. Im Saal vor Ort ist auch Johannes Röhrig anwesend. »Die Anwälte von Hoeneß mussten davon ausgehen, dass es eine richtig hohe Haftstrafe für ihn gibt, wenn er blockt. Um das abzuwenden, hatte man ihm offensichtlich geraten, ein Statement zu verlesen, in dem er sich demütig gibt und die Schuld einräumt«, erinnert er sich.

Hoeneß verliest eine Erklärung, in der er sagt, dass er mit der Selbstanzeige »reinen Tisch« habe machen wollen. Ihm sei klar, dass ihm nur »absolute Steuerehrlichkeit« helfe, und er sei froh, dass nun alles »transparent auf dem Tisch« läge. Sein Fehlverhalten bedauere er zutiefst. Annette Ramelsberger: »Demut kommt vor Gericht immer gut. Nur ist es so ganz wider seine Natur, und das hat man gemerkt. Man hat im Gericht gemerkt, wie dieser Mann versucht hat, demütig zu sein, und dann hat es überhaupt nicht geklappt.«

Das wird zum Beispiel deutlich, als ihn Richter Rupert Heindl dazu befragt, wie eine einzelne Transaktion auf dem Konto abgelaufen sei. Am Ende eines Zwiegesprächs sagt Hoeneß, er habe da »ehrlich gesagt keine Ahnung« und dass die Bank vieles automatisch gemacht habe. Eine Darstellung, die zumindest angezweifelt werden kann.

Zehn Tage nach dem Prozess veröffentlicht das Schweizer Wirtschaftsmagazin ›Bilanz‹ eine eigene Recherche zum Fall Hoeneß, in der es unter anderem herausgefunden haben will, dass Hoeneß jede einzelne Transaktion am Telefon durchgeben musste. Das ist an diesem ersten Prozesstag noch nicht bekannt, aber selbst ohne diese Information wackelt das Bild von Hoeneß als reuigem Steuersünder, weil Richter Heindl ihn nicht so einfach davonkommen lassen will. »Er hat sehr deutlich gesagt: Hier sind die Regeln anders als bei Ihnen in der Fußballarena«, schildert Annette Ramelsberger. »Und Uli Hoeneß wirkte ganz erstaunt, dass ihm einer die Regeln vorgibt. Für mich fühlte es sich so an, als wenn da ein Fußballspieler plötzlich Wasserball spielen musste.«

Auch sein Verteidiger Hanns Feigen merkt wohl, dass die Glaubwürdigkeit seines Mandanten infrage steht. Mehrfach springt er Richter Heindl zur Seite, am deutlichsten, als der Richter Hoeneß fragt, ob die Recherchen des ›Stern‹ eine Rolle bei der Selbstanzeige gespielt hätten. Ramelsberger erinnert sich: »›Nee‹, sagt Uli Hoeneß. ›Nee, nee, gar nicht.‹ Der Richter verdreht die Augen, und sein eigener Anwalt grätscht dazwischen und ruft: ›Jetzt erzählen Sie uns hier mal nix vom Pferd! Sie sind doch in Panik geraten, Ihnen sind die Gäule durchgegangen!‹ Hoeneß war total konsterniert und hat auch sofort den Mund gehalten.«

Es ist dieser kurze Austausch, der die Berichterstattung zum ersten Prozesstag dominiert, fast mehr noch als die heftige Steigerung der hinterzogenen Summe. Im Gespräch mit Richter Heindl erlebt die Öffentlichkeit einen anderen Hoeneß als sonst. Was kann man diesem Hoeneß noch glauben?

Ein Schuhkarton voller Akten

Diese Frage dominiert den zweiten Prozesstag, an dem die Steuerfahnderin ihren Auftritt hat, die seine Steuerschuld ermitteln soll. Sie schildert, wie das Lager von Hoeneß gleich mehrmals Fristen hat verstreichen lassen, um die dafür nötigen Unterlagen zu liefern. »Die erste: Februar 2013. Es passierte nichts. Dann Mitte April, wieder nichts. 10. Juni: nichts. Dann, am 9. Dezember, schrieb sie letztmalig mit einer Mahnung, jetzt endlich die Unterlagen beizubringen. Und wieder kam nichts«, rekonstruiert Ramelsberger die Aussage der Steuerfahnderin. »Und erst am 28. Februar, zwei Wochen vor Prozessbeginn, kam ein USB-Stick aus Zürich, der 52 000 Seiten Belege enthielt. Die waren aber nicht kompatibel mit der Steuersoftware. Wie sagte der Richter so schön: ›Ein Schuhkarton voller Akten, alles durcheinander.‹ Und erst am 5. März, also fünf Tage vor Prozessbeginn, kamen dann zwei Sticks, die endlich überprüfbar waren.«

Unterstützt von mehreren Kollegen versucht die Steuerfahnderin aus Rosenheim innerhalb kürzester Zeit diesen »Schuhkarton« zu durchforsten. »Das war unmöglich«, bewertet ihr ehemaliger Kollege Frank Wehrheim. »Und das hat eine Rolle im Prozess gespielt. Deshalb ist man dann von geschätzten Zahlen ausgegangen.«

Dazu ist wichtig zu wissen: Nicht nur Menge und Form der Daten sind ein Problem, sondern zudem das, wonach die Fahnderin mit ihrem Team darin suchen muss. Den größten Teil seiner unversteuerten Gewinne hat Hoeneß mit Devisentermingeschäften erwirtschaftet. Im Grunde sind solche Geschäfte wie eine Wette auf die Wertentwicklung von Währungskursen. Wenn ich zum Beispiel erwarte, dass der Wert des Dollar gegenüber dem Euro steigt, dann kann ich darauf wetten und ein Geschäft abschließen, in dem ich mich verpflichte, an einem bestimmten Tag in der Zukunft eine Million Dollar zu einem Umrechnungskurs von einem Euro je Dollar zu kaufen. Gegenpart bei solchen Geschäften ist meist eine Bank. Angenommen der Kurs beträgt zum festgesetzten Termin nur 90 Cent je Dollar, ist meine Wette aufgegangen: Statt einer Million Euro für eine Million Dollar müsste ich jetzt nur noch 900 000 Euro bezahlen.

Der Clou dieser Geschäfte besteht darin, dass sie zu großen Teilen nur auf dem Papier stattfinden, die Million aus dem Beispiel muss ich nicht vollständig investieren. Es genügt eine Sicherheit, die bei der Bank für den Fall hinterlegt wird, dass die Wette schiefgeht. Meist beläuft sich ihre Höhe auf einen Bruchteil der Wettsumme, was einen enormen Hebeleffekt erzeugt. Das Gericht nennt im Fall Hoeneß als Beispiel, dass mit einer Sicherheit von 25 Millionen Euro ein Geschäft in Höhe von bis zu 500 Millionen Euro getätigt werden kann. In diesen Dimensionen wirken sich selbst Kursveränderungen weit hinter dem Komma aus.

Besonders komplex werden Devisentermingeschäfte aber vor allem dann, wenn sie beim Erreichen des vereinbarten Termins verlängert, also prolongiert werden. Dabei werden nicht nur neue Ausgangs- und Zielkurse sowie die zu hinterlegende Sicherheit festgelegt, sondern das Ganze hat auch steuerrechtliche Auswirkungen: Gewinne aus Devisentermingeschäften aus einem Zeitraum von mehr als einem Jahr sind steuerfrei.

Damit steht die Steuerfahnderin mit ihrem Team nicht nur vor der Herausforderung, die 52 000 Belege einzelnen Devisenstrategien zuzurechnen, sondern sie muss zudem aufarbeiten, was davon wie besteuert werden muss. 14 solcher Devisentermingeschäfte mit einer Laufzeit von mehr als einem Jahr hat Hoeneß mit Währungen wie dem japanischen Yen, dem Dollar, Schweizer Franken und dem kanadischen Dollar laufen lassen. Elf davon verliefen ihren Recherchen nach erfolgreich.

»Ich hatte das Gefühl, in diesem Prozess ist sie die Einzige, die gradlinig verfährt«, ordnet Johannes Röhrig ihre Rolle ein. Weil die Daten so kurzfristig und unsortiert bei ihr angekommen waren, musste sie ihren Skiurlaub absagen und über die Faschingsferien den Hoeneß'schen »Schuhkarton« durchforsten. »Der Richter ließ Uli Hoeneß und seine Anwälte schon sehr deutlich spüren, was er von dieser Salamitaktik hält: nämlich nichts«, erinnert sich Ramelsberger. Noch dazu weil eine Analyse der Metadaten der übergebenen Daten ergibt, dass sie schon vor über einem Jahr am Tag nach der Selbstanzeige erstellt wurden. War die späte Übergabe also Taktik? Vor Gericht wehrt sich die Verteidigung deutlich gegen diesen Vorwurf: Die Aufbereitung der Unterlagen habe eben sehr lange gedauert.

Eile des Gerichts

Warum wurde der Prozess, als die Daten so kurzfristig kamen, nicht verschoben? »Das haben sich viele Prozessbeobachter gefragt«, antwortet Johannes Röhrig, »irgendwie wollte man das durchziehen, den Prozess aus der Welt haben. Das ist das merkwürdige Gefühl, das bleibt.« Ähnlich bewerten manche, dass der Whistleblower, der mit dem ›Stern‹ und später anderen Medien gesprochen hat, im Prozess nicht vernommen wird. Jörg Schmitt stand rund um den Prozess in Kontakt mit einem Banker, der eine Zeit lang im Team der Vontobel die Transaktionen für Hoeneß ausgeführt hat. »Der hatte berichtet, dass die Summen deutlich höher gewesen seien als die, die im Prozess aufgetaucht sind. Die Kontounterlagen, die den deutschen Behörden vorlagen, haben alle diese Eingänge nicht aufgewiesen. Entweder hat also dieser Mensch etwas fantasiert oder Vontobel etwas bereinigt. Was es so interessant macht, ist, dass diese Person bereit gewesen wäre, vor Gericht auszusagen, wenn man ihr Anonymität zugesichert hätte.«

Offenbar wollte man ihr die aber nicht zugestehen, und das, obwohl der Zeuge nicht nur Details zum Konto konkret benennen konnte, sondern auch die Namen von anderen Kunden aus dem Umfeld des FC Bayern bei der Vontobel genannt haben soll. »Ob die Behörden die Aussagen für bare Münze genommen haben oder für weniger glaubwürdig hielten, das weiß man nicht«, erklärt Röhrig, der ebenfalls in Kontakt mit einem Whistleblower stand, möglicherweise mit derselben Person.

Von der Staatsanwaltschaft München II wollte sich für dieses Buch niemand äußern, unter anderem weil die Beteiligten von damals nicht mehr dort arbeiten. Das Bayerische Justizministerium wiederum schreibt auf Nachfrage, man habe die Anonymität deshalb nicht zugestanden, weil nach den vorliegenden Informationen keine »Gefahr für Leben, Gesundheit oder Freiheit der Person« bestand. Allerdings habe es eine Vertraulichkeitszusage der Staatsanwaltschaft gegeben, die dem Whistleblower als Sicherheit aber nicht ausgereicht habe. Uli Hoeneß hat sowohl gegenüber den Medien, die mit dem Whistleblower gesprochen haben, als auch vor Gericht dessen Aussagen bestritten.

Banker auf der Flucht

Und noch jemand mit Insiderwissen konnte das bisher für sich behalten. Jürg Hügli war der Ansprechpartner von Uli Hoeneß bei der Vontobel mit einer offenbar sehr engen persönlichen Beziehung zu ihm. Bei einem Besuch in Warschau wird er im Oktober 2014, also Monate nach dem Prozess, auf Grundlage eines internationalen Haftbefehls festgenommen und die Münchner Behörden darüber informiert. »Angeblich ist dann etwas in der Kommunikation zwischen der Staatsanwaltschaft München und den polnischen Behörden schiefgelaufen, das dazu führte, dass der Banker in kürzester Zeit wieder auf freiem Fuß war«, erklärt Röhrig. Gegen eine Kaution von 238 000 Euro, die ihm seine Bank zur Verfügung stellt, kann sich Hügli aus der Untersuchungshaft kaufen, setzt sich gegen alle Auflagen in sein Auto und fährt bis in die Schweiz.

Im Jahr 2016 wird er in einem Vergleich von einem Münchner Gericht zwar zu einer Bewährungsstrafe und 90 000 Euro Geldstrafe verurteilt, im Fall Hoeneß aussagen muss Hügli aber nicht. Wegen Beihilfe zur Steuerhinterziehung muss auch die Vontobel Bank zahlen, insgesamt 4,5 Millionen Euro. Dieses Urteil hat für die traditionell in Sachen juristischer Kooperation eher zugeknöpfte Schweiz zwar Signalwirkung, kommt aber zu spät für den Prozess gegen Hoeneß.

Im Urteil steht, dass die Schweiz schon im Mai 2013 ein Rechtshilfeersuchen der Generalstaatsanwaltschaft München ablehnt. Ohne die Kooperation von Uli Hoeneß kann die Staatsanwaltschaft also keine weiteren Ermittlungen anstellen, was wichtig bei der Bewertung des Prozessverlaufs ist. Alle Beteiligten müssen mit dem arbeiten, was sie haben. Und das haben sie, weil Uli Hoeneß kooperiert hat, wenn auch spät. Immerhin aber gibt es die 52 000 Dokumente, sie bilden die Grundlage für alles Weitere.

Aus ihnen lässt sich nicht alles erklären. Gewinne in Höhe

von 70 Millionen Euro zum Beispiel werden ausgeklammert, weil in der Kürze der Zeit nicht überprüfbar ist, ob sie zu versteuern gewesen wären, was Röhrig als »völlig absurd« bezeichnet. Weil die Unterlagen so spät vorgelegt wurden, kann die Steuerfahnderin nur Schätzungen abgeben, bei denen sie juristisch korrekt vom Best Case für Hoeneß ausgeht. Dennoch steigt mit ihrer Aussage die hinterzogene Summe ein weiteres Mal auf inzwischen über 27 Millionen Euro. Das ist die Erkenntnis des zweiten Prozesstages mit der größten Strahlkraft, allerdings nicht die einzige.

Zusätzlich arbeitet die Steuerfahnderin heraus: Es gab zwischen 2001 und 2009 insgesamt 24 Ein- und Auszahlungen in bar. Mal hat jemand 20 000 Schweizer Franken eingezahlt, mal etwas mehr als 42 000 Dollar in bar abgehoben, zum Beispiel. Insgesamt summieren sich diese Geldströme auf über 1,5 Millionen Euro. Hoeneß bestätigt das vor Gericht, wofür er das Geld verwendet hat, ist nicht Teil des Prozesses.

Viel wird an diesem Tag am Richterpult besprochen. Dort steht die Steuerfahnderin und erklärt den anderen ihre Berechnungen. »Stoisch, aber unerbittlich genau«, wie Annette Ramelsberger in einem ihrer Artikel schreibt. Uli Hoeneß bleibt derweil sitzen und wirkt laut Beobachtern seltsam unbeteiligt. »Das Irrwitzige, das an diesem Tag passiert ist: Uli Hoeneß ging abends ins Stadion und schaute mal wieder einem Champions-League-Spiel zu. Und die Richter haben sich noch einmal hingesetzt und die ganzen Zahlen nach dem Prozess noch einmal durchgerechnet«, erinnert sich Ramelsberger.

Ob Hoeneß verstanden hat, was an diesem Tag passiert ist? Vor dem Spiel gegen den FC Arsenal soll nach Recherchen der ›SZ‹ die Führungsetage des FC Bayern zusammengesessen sein. »Der Präsident war guter Dinge, dass die Selbstanzeige beim Fiskus als gültig und somit strafbefreiend anerkannt werde. Oder dass er allenfalls eine Bewährungsstrafe zu befürchten habe, aber nie und nimmer Gefängnis. Hoeneß hatte einen seiner Anwälte mitgebracht, der den Bayern-Verantwortlichen diese Sichtweise bestätigte. In der Krisenrunde herrschte große Erleichterung. Hoeneß könne Präsident bleiben, lautete die allgemeine Einschätzung, man brauche keinen Plan B«, heißt es im zugehörigen Artikel. Das alles an dem Tag, an dem sich die hinterzogene Summe bereits zum zweiten Mal erhöht hat.

Am dritten Verhandlungstag steigt sie sogar noch ein drittes Mal, der Solidaritätszuschlag müsse noch draufgerechnet werden, sagt Richter Heindl. 28,5 Millionen Euro sind der finale Stand der von Hoeneß hinterzogenen Steuern. Nur gut eine Stunde dauert dieser dritte Verhandlungstag, offenbar ist das Wichtigste geschafft, um ein Urteil finden zu können.

»Das Gericht war offensichtlich schon im Vorfeld zu dem Schluss gekommen, dass es unerheblich sei, ob jemand jetzt, wie es im Urteil steht, 28,5 Millionen Euro Steuern hinterzogen hat oder ob es zum Beispiel doppelt so viele sind, was noch hätte passieren können durch die Devisengewinne, die im Raum standen. Ob diese Summen später noch Eingang gefunden haben in die Berechnung der Steuerschuld, das ist nicht ganz klar, das findet im Verborgenen statt«, bewertet Johannes Röhrig dieses Vorgehen. Dass eine möglicherweise noch höhere Zahl aber zugunsten eines schnellen Prozesses ausgeklammert wurde für das Strafmaß, findet er bis heute irritierend.

Ein mildes Urteil

Wie hat sich Hoeneß im Prozess verhalten? »Angespannt« sei er gewesen, sagt Johannes Röhrig, »versteinert fast«. Seine finale Möglichkeit, sich zu äußern, lässt Hoeneß verstreichen, als sein Verteidiger sein Plädoyer beendet hat. »Herr Feigen hat alles gesagt, was ich nicht besser hätte formulieren können.« Ob das sein letztes Wort sei, fragt ihn der Richter. Hoeneß antwortet: »Ja.« Daraufhin unterbricht Heindl die Sitzung bis zum Nachmittag, dann will er sein Urteil verkünden.

Wenige Minuten nach 14 Uhr ist es so weit. Während im Gerichtssaal Rupert Heindl das Urteil verliest, tritt eine Gerichtssprecherin vor das Meer der Mikrofone der wartenden Sender und verkündet: Hoeneß muss ins Gefängnis. Er wird zu einer Freiheitsstrafe von drei Jahren und sechs Monaten verurteilt.

Einige Wände weiter steht Uli Hoeneß regungslos im Gerichtssaal und blickt meist auf den Boden. Von draußen sind die Protestrufe von Hoeneß-Fans zu hören, die vor dem Gericht warten und von der Entscheidung gehört haben. Rund 500 von ihnen haben sich dort versammelt, einige verschaffen sich mit Trillerpfeifen und Applaus Gehör, ein Fan hat eine Kuhglocke mitgebracht. »Free Uli« steht auf einem Transparent, auf dem Hoeneß wie »Free Willi« im gleichnamigen Film in die Freiheit des offenen Meeres springt. Nur dass dieses Meer anstelle von Wasser mit Geldscheinen gefüllt ist. Ein gutes Symbol für den Umgang vieler Fans mit der Verurteilung von Hoeneß: Sie wünschen ihm einen Freispruch, obwohl sie seine Steuerhinterziehung erkennen. Gleichzeitig protestieren sie gegen ein Urteil, dessen Begründung sie noch gar nicht kennen können.

Im Saal dagegen sind sich die meisten einig. »Das war ein mildes Urteil«, sagt etwa Annette Ramelsberger. »Die Staatsanwaltschaft hat fünf Jahre und sechs Monate gefordert, normalerweise bleibt ein Gericht darunter, aber nicht so eklatant.« Johannes Röhrig stimmt zu, wobei er betont, dass ihm das Strafmaß nicht so wichtig gewesen sei. »Mich bekümmern eher die Fragen, die offenbleiben.«

Wie gut Hoeneß davongekommen ist, wird erst einige Monate später klar, als das Gericht die Urteilsbegründung veröffentlicht. Über 90 Millionen Euro an Erträgen hat Richter Heindl als nicht steuerpflichtig ausgeklammert und ist dennoch für die Steuerhinterziehung in den einzelnen Jahren zu Einzelhaftstrafen gekommen, die simpel addiert zu einer Gefängnisstrafe von über neun Jahren geführt hätten. Strafbemessung funktioniert nicht so einfach, aber der Unterschied zur von der Anklage geforderten Haftzeit wirft die Frage auf, warum die Staatsanwaltschaft nicht in Revision gegangen ist. Gerüchte von einem Deal aller Parteien halten sich hartnäckig, obwohl ein solcher im Urteil kategorisch ausgeschlossen wird.

»Es gab sicher keinen offiziellen Deal, den man festhalten muss in einem Protokoll«, vermutet Annette Ramelsberger. »Aber es gibt die Möglichkeit, zu sagen: ›Wir möchten den Prozess in vier Tagen möglichst schnell abgeräumt haben, und dafür bündeln wir alle Kräfte und zweifeln keine Zahlen an.‹ Dafür muss man nichts aufschreiben.«

Oder hat sich gar die bayerische Politik eingemischt? Klaus Ott, Kenner der landespolitischen Staatsaffären, ist da eher skeptisch: »Vor 40, 50 Jahren, als Franz Josef Strauß noch gelebt hat und CSU-Chef sowie später Ministerpräsident war, da wäre sicher einiges anders gelaufen. Das hat sich später allerdings deutlich geändert. Strauß' Nachfolger, Max Streibl, ist über seine ›Amigo-Affären‹ gestolpert, und dessen Nachfolger, Edmund Stoiber, hat gemerkt, dass es so nicht weitergehen kann, und einen anderen Politikstil etabliert, der von seinen Nachfolgern bis heute gepflegt wird.« Ott sagt, es gäbe keinerlei Anzeichen dafür, dass zugunsten von Hoeneß Einfluss genommen worden sei.

Aber warum keine Revision? Annette Ramelsberger hat nach dem Prozess die Möglichkeit, sich mit der Staatsanwaltschaft zu Fragen wie dieser zusammenzusetzen. »Die sagten: Na ja, aus rein kosmetischen Gründen machen wir das nicht. Uns war wichtig, dass es keine Bewährungsstrafe ist, dass er in Haft muss, auch damit ein Zeichen gesetzt wird.«

Bleibt noch die Seite der Verteidigung. Hanns Feigen kündigt nach dem Prozess zwar an, in Revision gehen zu wollen, aber dazu kommt es nicht. Wie der ›Spiegel‹ recherchiert haben will, verkündet Hoeneß noch im Auto auf der Fahrt weg vom Gericht, darauf verzichten zu wollen. Womit er bewusst oder unbewusst Druck vom FC Bayern nimmt, der vom Urteil geschockt ist. »Wir stecken in der Scheiße, das ist alles ganz große Scheiße!

Was machen wir denn jetzt?«, soll Karl-Heinz Rummenigge einem Bericht des ›Spiegel‹ zufolge so laut ins Telefon gebrüllt haben, dass es selbst Umherstehende hören konnten.

Hoeneß verzichtet auf Revision

Was sie machen: einen Tag später eine Pressemitteilung von Uli Hoeneß zu veröffentlichen. Darin gibt er bekannt, mit sofortiger Wirkung seine Ämter als Präsident des Vereins und als Aufsichtsratsvorsitzender der AG niederzulegen, um »Schaden von einem Verein« abzuwenden. Womit er die Titelseiten zu seiner Verurteilung gemeint haben könnte. »Der Runde muss ins Eckige«, hatte die ›Berliner Zeitung‹ als Schlagzeile gewählt, »Richter macht ihn rein« der ›Berliner Kurier‹, garniert mit einer Fotomontage von Hoeneß im gestreiften Gefängnisoutfit hinter Gittern. Sogar die internationale Ausgabe der ›New York Times‹ berichtet auf ihrer Titelseite über ihn. Eine Formulierung in der Mitteilung ist ein typischer Uli Hoeneß. Das Urteil anzunehmen, entspräche seinem »Verständnis von Anstand, Haltung und persönlicher Verantwortung«, heißt es da.

In seiner Titelgeschichte zum Hoeneß-Prozess schreibt der ›Spiegel‹: »Dies gehört zum menschlich verstörenden Kern des Falls Hoeneß (…): Dass der selbstgefällige Ex-Präsident des FC Bayern München (…) sich noch im Moment seines Sturzes als eigentlicher Herr des Verfahrens geriert; dass sich der Metzgerssohn aus Ulm in Größenwahn über seine Richter stellt, indem er ihnen das Urteil gewissermaßen verzeiht.«

So kritisch sehen das durchaus nicht alle. Nach seinem Verzicht auf Revision ist es so wie einen Tag vorher bei der Verurteilung von Hoeneß: Viele von denjenigen, die sich mit dem Prozess näher auseinandergesetzt haben, empfinden seine Entscheidung als logisch. Während gleichzeitig eine große Masse Hoeneß für diesen Schritt fast schon feiert. Der Aufsichtsrat des FC Bayern spricht ihm seine »große Hochachtung« aus, Bayerns

Ministerpräsident Seehofer lobt ihn als »Mensch von Format«, und sogar Angela Merkel lässt ausrichten, dass sie Respekt vor dieser Entscheidung habe. Sie alle bejubeln jemanden, der ein Urteil akzeptiert, das ein Gericht über ihn gesprochen hat. Dabei geht völlig unter, dass eine Revision auch sehr zum Nachteil von Hoeneß hätte ausgehen können.

»Das Risiko, dass aus der Blackbox des Falles Hoeneß noch ganz andere als die schon bekannten Dubiositäten bekannt werden«, entfalle durch den Verzicht auf Revision, kommentiert Heribert Prantl in der ›SZ‹. Und damit auch »die Gefahr, dass die Strafe letztendlich nicht milder, sondern noch härter ausfällt«.

In diesem Zusammenhang ist ein Aspekt interessant, der vor allem Juristinnen und Juristen bekannt ist: Strafklageverbrauch. Grob gesagt bedeutet er, dass niemand für dieselbe Tat zweimal verurteilt werden kann. Was in der Theorie nach herrschender Meinung zu skurrilen Extremfällen führen könnte. Das dafür in Rechtskreisen gängige Beispiel ist das eines Mannes, der im Wald Schüsse abgibt, dabei erwischt wird und behauptet, auf ein Reh geschossen, es aber verfehlt zu haben. Wird er wegen Jagdwilderei verurteilt, ändert sich an dieser Rechtssprechung auch dann nichts, wenn nach dem Urteil eine Leiche im Wald mit einer Kugel aus seiner Waffe im Leib gefunden wird. Im Fall von Uli Hoeneß bewirkt der Strafklageverbrauch, dass er im Zusammenhang mit seinem Schweizer Konto so gut wie sicher für kein anderes Vergehen mehr verurteilt werden könnte.

Offene Fragen

Die vom Gericht im Prozess unbeantworteten Fragen werden also offenbleiben. »Als Journalist ist man natürlich enttäuscht, nicht zu wissen: Woher kamen eigentlich die vielen Millionen auf dem Konto, bevor sie noch mehr wurden? Wo ist das Geld geblieben?«, sagt zum Beispiel Johannes Röhrig. Sein Kollege

Jörg Schmitt urteilt ähnlich. Es bleibe ein »Geschmäckle«, so Schmitt. »Ich glaube nicht, dass wir jemals die volle Wahrheit dahinter bekommen. Ich habe immer mal wieder versucht, mit den handelnden Figuren zu reden, und die Art und Weise, wie dort abgeblockt wird, deutet der Erfahrung nach darauf hin, dass da noch irgendetwas ist.« »Ich hätte auch gerne mehr gewusst«, blickt Annette Ramelsberger auf den Prozess zurück. »Wie war das mit Robert Louis-Dreyfus und seinen Millionen? Hat er die wirklich nur gegeben, weil er ein so guter alter Freund war?« Aber, so sagt sie, das sei oft so vor Gericht. »Was da noch außenrum ist, kann ein Prozess meist nur leicht anleuchten. Ausleuchten kann er es nicht.«

Zu diesen angeleuchteten Aspekten zählt beispielsweise ein Verlustvortrag von über 100 Millionen Euro, den Hoeneß wegen schiefgegangener Spekulationsgeschäfte in Deutschland den Behörden gemeldet hat. »Wie kann sich jemand hundert oder mehr Millionen Euro Verlust überhaupt leisten?«, fragt Röhrig und rührt damit an ein bemerkenswertes Detail: Im Prozess wird deutlich, dass Hoeneß nicht nur in der Schweiz spekuliert hat, sondern auch in Deutschland. Seine Gewinne hier hat er aber ordentlich versteuert.

Diese Erkenntnis bildet den Nährboden für Gerüchte zu seinem Steuerfall, die sich bis heute halten. Warum spekuliert jemand auf zwei Konten, versteuert aber nur das eine? War das Konto wirklich das vom Privatmann Uli Hoeneß oder gar eine schwarze Kasse des FC Bayern? Es ist wichtig, festzuhalten: Alle Beteiligten bestreiten einen Zusammenhang zwischen Verein und Konto vehement, auch die Staatsanwaltschaft sagt, es gebe dafür keine Anhaltspunkte. Viele hätten sich daran die Zähne ausgebissen, sagen sowohl Jörg Schmitt als auch Uli Hoeneß. Einen Beweis gefunden hat niemand. Hoeneß und der FC Bayern sagen: weil da nichts zu finden ist.

»Das war's noch nicht!«

Der FC Bayern wird wenige Wochen nach dem Urteil Deutscher Meister, so früh wie noch keine Mannschaft vor ihnen. Bastian Schweinsteiger trägt beim Feiern mit den Fans Handschuhe, ein gutes Symbol für die absurde Dominanz der Bayern in der ersten Saison von Guardiola. Weshalb die Voraussetzungen gut sind für die außerordentliche Hauptversammlung, die bald danach stattfindet. Hoeneß will auf ihr die Vertrauensfrage stellen und hält eine seiner bekanntesten Reden. Er beklagt die Häme, die über seine Familie und ihn ausgeschüttet worden sei, und erklärt, dass er mit ruhigem Gewissen den Verein seinem Schicksal überlassen könne. Er bekommt schon während seines Vortrags viel Applaus von den Mitgliedern, lässt sie in sein Inneres blicken. »Ich habe in den letzten Monaten etwas an mir entdeckt, was ich nie hatte: Hass. Und Hass ist nicht gut. Hass ist kein guter Ratgeber. Hass ist kein Wegbegleiter. Und ich hoffe, dass ich in den nächsten Monaten dazu komme, dieses Wort wieder aus meinem Kopf rauszubringen. Ich werde mich sehr darum bemühen.« Nicht Demut. Nicht Scham. Nicht Verzweiflung. Sondern Hass.

Die Mitglieder klatschen bei diesen Worten, und Hoeneß lässt sich davon zum zentralen Satz seiner Rede hinreißen: »Ich werde für alles geradestehen. Und dann, wenn ich zurück bin«, die Menge klatscht, Hoeneß spricht in den Applaus hinein, »und dann, wenn ich zurück bin, werde ich mich nicht zur Ruhe setzen. Das war's noch nicht!« Tosender Beifall.

Die wenigen kritischen Stimmen ersticken im Lärm der Menge. Auch nach dem Urteil stehen die Bayern-Mitglieder dem Eindruck dieser Hauptversammlung nach hinter Uli Hoeneß, sie jubeln ihm zu. Auch von anderen Seiten wird Hoeneß gepriesen. Bei der Meisterfeier des FC Bayern wendet sich Ministerpräsident Seehofer direkt an ihn. Man habe Hoeneß die einzigartige Erfolgsgeschichte des FC Bayern zu verdanken, und zwar, »in allen Bereichen: in der Menschlichkeit, im sportlichen Leistungsvermögen, in der finanziellen Solidität«. Das, so der CSU-Politiker, werde für immer bleiben. »Danke, Uli Hoeneß, für diese großartige Leistung.«

Hoeneß wird erpresst

Das ist die eine Seite der Reaktionen auf seine Verurteilung, es gibt aber noch eine andere, bei der Hoeneß Opfer seiner eigenen Bekanntheit wird. So lädt die JVA Landsberg, in der Hoeneß seine Strafe absitzen soll, wenige Tage nach dem Prozess über 150 Journalistinnen und Journalisten zu einer Art »Tag der offenen Zelle« ein. Fragen zu Einzelpersonen werde man zwar nicht beantworten, aber alle wissen, wer gemeint ist, wenn zum Beispiel ein Reporter fragt, ob auch ein Weltmeister sich auf die Warteliste schreiben lassen müsse, wenn er beim Fußballspielen mitmachen wolle. Die geladene Presse darf Einzelzellen betreten und filmen, eine davon gehört offenbar einem glühenden BVB-Fan. Von den über 500 Insassen ist nichts zu sehen, sie müssen offenbar in einem anderen Trakt auf das Ende der Veranstaltung warten.

Während dieser Medientermin aber vor allem ein Ärgernis ist, hat ein anderes Ereignis eine besondere Qualität. Am Tag der Meisterfeier erhält Uli Hoeneß einen anonymen Brief, der mit Tipps für seine Haft beginnt, seinen Ton aber schnell ändert. Wenn Hoeneß dem Absender nicht 215 000 Euro geben würde, werde seine »Haftzeit kein Zuckerschlecken«. Der Absender behauptet, er könne in jeder Haftanstalt dafür sorgen, dass es Hoeneß nicht gut gehe. Auch seine Familie könne in Probleme geraten, wenn er nicht zahle.

Hoeneß wendet sich an die Polizei, noch am selben Abend wird der Erpresser bei der Geldübergabe festgenommen. Die Drohung habe einen Realitätsbezug gehabt, geben die Ermittler bekannt. Später dringt zudem an die Öffentlichkeit, dass der

Brief nicht der einzige Erpressungsversuch war. Auch Florian Hoeneß erhält in diesem Mai 2014 einen Drohanruf, der festgenommene Mann bestreitet, damit zu tun zu haben. Später wird er zu drei Jahren und neun Monaten Haft verurteilt, von Rupert Heindl, dem Richter aus dem Hoeneß-Prozess.

Haftantritt durch den Seiteneingang

Anfang Juni 2014 ist es dann so weit, Uli Hoeneß tritt seine Haft in der Justizvollzugsanstalt Landsberg an. Eine Boulevardzeitung begleitet seine letzten Tage in Freiheit mit einem Liveticker, einer ihrer Mitarbeiter schreibt darüber, dass er Hoeneß noch auf der Fahrt zum Gefängnis auf dem Handy erreicht habe. Hoeneß wechselt unterwegs das Fahrzeug und geht den Schaulustigen vor dem Haupteingang aus dem Weg, indem er das Gefängnis über einen Seiteneingang betritt.

Am 2. Juni 2014 schließt sich hinter ihm eine Tür, die er selbst nicht mehr öffnen kann. Zum ersten Mal seit seiner Zeit als 18-jähriger Fußballprofi bei den Bayern steht er damit nicht in der Öffentlichkeit. Dass seine Familie nach ›SZ‹-Recherchen auf sanften Druck der Staatskanzlei hin in diesen Wochen den Bayerischen Verdienstorden zurückgibt, den Hoeneß 2002 erhalten hat, wird zum Beispiel erst Monate später bekannt. Davon abgesehen ist für die breite Öffentlichkeit fast nichts von ihm zu hören, vor allem keine Aussagen von ihm selbst. Wie seltsam, für alle Beteiligten.

Der Steuerfall Hoeneß als Symbol

Größer könnte der Kontrast zu den vorherigen Monaten kaum sein. Uli Hoeneß stand so sehr im Fokus, dass es leicht ist, das größere Ganze aus den Augen zu verlieren. Durch seine Bekanntheit ist er zu einem Symbol für Steuerhinterziehung geworden und damit für eine Art von Verbrechen, die vor allem in einem gewissen Milieu stattfindet und oft als Kavaliersdelikt behandelt wird. Im Englischen gibt es den Begriff der »White Collar Crimes« dafür, also Verbrechen, die von Menschen begangen werden, die Hemd statt Blaumann tragen, im Deutschen existiert seit den 1970er-Jahren der Versuch, Taten wie seine in der »Kriminalität der Mächtigen« zusammenzufassen. Bis heute sind Straftaten dieser Art nicht nur Anlass für kriminologische, sondern zudem soziologische Überlegungen. Weil auffällt, dass in vielen Gesellschaften solche Straftaten weniger konsequent verfolgt werden als jene aus Schichten mit weniger Macht. Steht die Verurteilung von Uli Hoeneß als Gegenbeispiel oder ist sie Ausnahme dieser Regel? Eine Frage, über die sich hervorragend streiten lässt.

Auch weil der Fall Hoeneß und seine öffentliche Besprechung unmittelbare Auswirkung auf die deutsche Gesellschaft hatte. Die Zahl der eingereichten Selbstanzeigen schnellte nach dem Fall Hoeneß in die Höhe. In den ersten Monaten des Jahres 2014 landeten bundesweit 13 000 Selbstanzeigen bei den Finanzämtern, dreimal so viele wie im gleichen Zeitraum ein Jahr zuvor. Man muss diesen Anstieg nicht komplett auf Hoeneß beziehen, kann ihn aber auch nicht von ihm trennen.

In Deutschland ist er der prominenteste Fall von Steuerhinterziehung und hat für eine Diskussion gesorgt, die einen gesellschaftlichen Nutzen erfüllt, wie Petja Posor erklärt. Als »Märchen für Erwachsene« würden Skandale wie der rund um Hoeneß oft bezeichnet. »Wo man noch mal gemeinsam darüber entscheidet: Was ist gut, was ist böse?« Skandale und ihre öffentliche Besprechung hätten damit eine »stabilisierende Funktion für die Gesellschaft«.

Wenn die Selbstanzeige von Hoeneß und sein Prozess tagelang die Nachrichten und Diskussionsrunden dominieren, ist das nicht nur Voyeurismus und Lust an der Sensation, sondern dient zudem der gegenseitigen Versicherung, welches Rechts- und Unrechtsbewusstsein wir in unserer Gesellschaft haben.

Dennoch ist der Fall Hoeneß ein untypischer Skandal. Wesentliche Elemente wie die Schuldfrage, Details aus den Ermittlungen oder gar Bildmaterial zum Verbrechen fehlen ihm. Warum trotzdem so viel über ihn gesprochen wurde? Weil es um Uli Hoeneß ging. Den Menschen, zu dem fast jeder eine Meinung hat. Der sich selbst oft genug zum Verfechter von Moral und Werten aufgespielt hat. Hoeneß hat Wind gesät und Sturm geerntet. Was zu etwas geführt hat, das seinen Skandal von anderen deutlich unterscheidet, wie Posor betont: »Eine so radikale Personifizierung habe ich bei anderen Skandalen noch nicht erlebt. Dass eine Person, ihre Geschichte, ihre Weggefährten und vor allen Dingen ihr Gesicht so in den Vordergrund rückt.«

Auch deshalb ist die Person Uli Hoeneß so eng mit dem Straftatbestand der Steuerhinterziehung verknüpft. Er ist nicht irgendein Beispiel für sie, sondern das Beispiel.

Die kleine Ungerechtigkeit in der großen

Damit existiert eine Trennlinie, die zwischen der Aufregung über seine Tat und der Aufregung über ihn als Person verläuft. Ein Gedankenbeispiel: Stellen wir uns vor, Uli Hoeneß hätte nicht 28,5 Millionen Euro Steuern hinterzogen, sondern wäre für einen Steuerschaden von bis zu 461 Millionen verantwortlich. Oder gar für einen, der bis zu zehn Milliarden Euro schwer gewesen sein könnte. In den Talkshowrunden dieses Landes hätte der Boden gebrannt.

Etwas in diesem Ausmaß ist passiert, im Cum-Ex-Skandal, in dem ein Netzwerk aus Bankern, Aktienhändlern und Beratern den deutschen Staat um Summen betrogen hat, gegen die 28,5 Millionen Euro lächerlich klein wirken. Obwohl in diesen Skandal prominente Namen wie der jetzige Bundeskanzler Olaf Scholz involviert sind, muss man die Empörung dazu mit der Lupe suchen. Allein der Steueranwalt Hanno Berger soll übrigens für die 461 Millionen hinterzogenen Steuern verantwortlich sein. Im Juli 2021 wurde er nach einer langen Flucht in der Schweiz festgenommen, mitbekommen haben das nur wenige.

Dieser Quervergleich soll die Tat von Uli Hoeneß und ihre Dimension nicht kleinreden. Er hat eine hohe Summe an Steuern hinterzogen und dafür zu Recht eine Strafe bekommen. Setzt man sie aber in einen größeren Kontext, kalibriert das den Blick auf den Steuerfall Hoeneß in Teilen neu und macht verständlicher, wie Hoeneß selbst auf dieses Kapitel in seinem Leben zurückblickt. Was wir herleiten müssen, spürt er am eigenen Leib: In der großen Ungerechtigkeit seiner Steuerhinterziehung steckt eine kleine Ungerechtigkeit – die Art und Weise, wie er in der Öffentlichkeit für sie behandelt wurde. Einfach nur, weil er Uli Hoeneß ist.

Kapitel 16

Abschied

2014–2019

Im Sommer 2014 erreicht der deutsche Fußball bei der WM in Brasilien einen Höhepunkt. Mit seinem 1:0 in der 113. Minute schießt Mario Götze Deutschland im Finale gegen Argentinien zum Sieg. Der vierte Weltmeistertitel in der Geschichte des deutschen Männerfußballs ist in Teilen ein Ergebnis des Reformprozesses, der rund um die Jahrtausendwende im DFB angestoßen wurde und an dem Uli Hoeneß beteiligt war. Als aber mit Philipp Lahm der Kapitän des FC Bayern auch als Kapitän der Nationalmannschaft den Pokal in die Höhe recken darf, sitzt Hoeneß in der Justizvollzugsanstalt Landsberg. Das WM-Finale sieht er allein in seiner Zelle.

Wie er seine Haftzeit erlebt hat, ist privat, weshalb nur das davon erzählt werden soll, was er selbst berichtet hat. Neben Sport macht Hoeneß im Gefängnis vor allem zwei Dinge: nachdenken und lesen. Unter anderem die über 5000 Briefe, die ihm nach eigenen Angaben geschickt worden sind, »keine fünf« davon negativ, sagt er. Hoeneß versteht sich so gut mit den anderen Gefangenen, dass er eine Art Lebensberater wird. Am Ende seiner Haftzeit stehen angeblich Stühle vor seiner Zelle für die, die darauf warten, mit ihm sprechen zu können. Auch beim Personal soll Hoeneß beliebt gewesen sein. Gerne zitiert er einen Satz, den ihm die Gefängnisleitung zum Abschied gesagt haben soll:

Er sei der erste Häftling, der beim Verlassen der JVA zwei Fanklubs gehabt habe. Einen bei den Häftlingen und einen bei den Beamten.

Auf seine Menschenkenntnis kann sich Hoeneß im Gefängnis allerdings nicht verlassen. Ein Mitgefangener versucht, ihn unter der Dusche mit einer Kamera zu filmen, die in einem Kugelschreiber versteckt ist, um die Bilder an Zeitungen zu verkaufen. Hoeneß erfährt über die Gefängnisleitung davon und ist schockiert. Denn er kennt den Betroffenen, er ist Teil seiner Schafkopfrunde, die sich alle zwei Tage trifft. Hoeneß erzählt später, er habe noch versucht, für den Sohn des Mitgefangenen ein Trikot von Thomas Müller zu besorgen. Als er den anderen in der Runde davon berichtet, soll die Reaktion ernüchternd gewesen sein. Die Schafkopffreunde zucken nur mit den Schultern. Und wegen des Trikots solle er sich nicht grämen: Der Häftling, um den es ging, habe gar keinen Sohn.

In Momenten wie diesem habe ihm seine Familie Halt gegeben, betont Hoeneß in Interviews. Sie ist für ihn eine Stütze und Vorteil im Vergleich mit vielen der anderen Häftlinge: zu wissen, dass jemand auf ihn wartet nach der Haftzeit. Und dass er nicht vergessen wird. Wie recht er damit hat, zeigt auch jener 13. Juli 2014, an dem die deutsche Nationalmannschaft in Rio de Janeiro Weltmeister wird. Mitten in einem freudetrunkenen Interview mit der ARD greift sich Bastian Schweinsteiger das Mikro: »Ein ganz spezieller Gruß an einen Mann, ohne den wären wir alle nicht hier, an Uli Hoeneß. Vielen Dank für Ihre Unterstützung. Wir glauben daran, dass alles gut wird, und wir unterstützen Sie sehr!«

Ein paar Tausend Kilometer entfernt sitzt Uli Hoeneß und bricht in Tränen aus. Der Bildschirm, auf dem er diesen Gruß empfangen hat, ist nicht größer als 20 Zentimeter.

Vorzeitige Entlassung

Hoeneß verpasst nicht nur einen Höhepunkt der deutschen Männer-Nationalmannschaft, sondern auch den Beginn einer Bayern-Dominanz, die alles bisher Erlebte in den Schatten stellt. Im zweiten Jahr unter Trainer Guardiola verlieren sie in der Liga bis zum 30. Spieltag nur zwei Mal und werden damit souverän vor dem Überraschungszweiten Wolfsburg Deutscher Meister. In der gesamten Hinrunde kassieren die Bayern nur vier Gegentreffer. Währenddessen strauchelt der größte Rivale Dortmund. Der BVB liegt zur Winterpause auf dem vorletzten Tabellenplatz, kämpft sich zwar noch auf Rang sieben vor, verliert aber seinen Trainer. Es ist das letzte Jahr von Jürgen Klopp beim BVB.

Hoeneß erlebt die Rückrunde dieser Saison schon nicht mehr komplett hinter verschlossenen Türen. Im Januar 2015 beginnt er, als Freigänger beim FC Bayern zu arbeiten. Er übernimmt Aufgaben in der Nachwuchsabteilung, muss die Nächte und zunächst die Wochenenden weiter im Gefängnis verbringen. Der erste öffentliche Anlass, bei dem er sich zeigt, ist die Grundsteinlegung des FC Bayern Campus, dem neuen Ort für das Frauenteam des FC Bayern sowie die Jugendmannschaften.

Bei allem, was er tut, hat Hoeneß in dieser Zeit ein Ziel vor Augen: Er will nach der Hälfte seiner Haftzeit aus dem Gefängnis kommen, man bezeichnet das als »Halbstrafe«. »Kaum zwei Prozent« der Haftstrafen sollen es laut dem ›SZ‹-Journalisten Heribert Prantl sein, die halbiert werden. Aber Hoeneß gelingt es. Eine Entscheidung, die auf ein gemischtes Echo stößt, ohne genaue Kenntnis seiner Zeit im Gefängnis aber kaum beurteilt werden kann.

Fakt ist: Ab Ende Februar 2016, 21 Monate nach Antritt seiner Haft, ist Hoeneß wieder ein freier Mann. Seine Frau hat die Idee, ihn nicht erst morgens, sondern kurz nach null Uhr am Gefängnis abzuholen, um den Kameras zu entgehen. Die Gefängnisleitung stimmt zu, Hoeneß verlässt die JVA und spielt zu Hause mit Freunden bis sechs Uhr morgens Schafkopf.

Erneute Krönung

Hat ihn die Zeit im Gefängnis verändert? Nachdenklicher und demütiger sei er geworden, sagt Hoeneß. Zudem hat er offenbar genau beobachtet, wie sich seine Umgebung verhalten hat. Er ruft bei Christoph Daum und Willi Lemke an, um sich für ihre Zurückhaltung gegenüber der Presse zu bedanken. Ein »wunderbares Telefonat« sei das gewesen, erzählt mir Christoph Daum. Es gehöre für ihn zu den »denkwürdig positiven Momenten« seiner Beziehung zu Uli Hoeneß. Lemke besucht Hoeneß sogar in München. Bei Erdbeertorte sitzen Hoeneß und er beisammen und sprechen sich aus. »Es war ein rundum richtig gutes Gespräch und ich habe das Gefühl gehabt, er hat eine unheimliche Wandlung vorgenommen im Knast«, berichtet Lemke.

Während Hoeneß sich mit alten Rivalen versöhnt, tastet er sich an den Fußball heran. Als er noch Freigänger war, hat ihm die Gefängnisleitung den Besuch von Fußballspielen untersagt – zu viel Aufmerksamkeit. Aber bei den Basketballern lässt er sich häufiger blicken. Auch weil er dort so positiv vom Publikum empfangen wird, gibt er im August 2016 bekannt, wieder Präsident werden zu wollen.

»Unglaublich nervös« sei er vor der Wahl gewesen, erzählt Hoeneß später der ›Welt‹. »Ich dachte: Vielleicht stimmt es ja gar nicht, was ich empfinde, vielleicht denken die Leute in der Mehrheit ganz anders über mich und wollen mich vielleicht doch nicht mehr.« Aber diese Nervosität sollte schnell verflogen gewesen sein. Weil der Andrang zur Mitgliederversammlung so groß ist, muss der Verein neben der 6000 Plätze fassenden Halle ein Zelt mit Liveübertragung aufstellen. Die Veranstaltung beginnt erst mit einiger Verspätung und nach hitzigen Diskussionen mit den Fans, die nur noch Platz im Zelt finden. »Wir sind doch alle nur wegen dir da«, ruft einer von ihnen Hoeneß zu, als er vor die Halle kommt, um die wütenden Mitglieder zu beruhigen.

Mit fast 98 Prozent der Stimmen wird Hoeneß wieder zum Präsidenten gewählt. Nur 108 Mitglieder haben dagegengestimmt und werden dafür zum Teil wüst beschimpft. Der Abend hat etwas von einer Krönungszeremonie.

Team Rummenigge vs. Team Hoeneß

Also alles wieder beim Alten? Ganz so einfach ist es nicht, denn der FC Bayern hat sich verändert. Die drei Jahre mit Trainer Guardiola haben offenbart, dass der Verein in einer Zwickmühle steckt. In allen drei Jahren ist man Meister geworden, zum Teil mit einer absurden Dominanz. Zusätzlich gewinnt Guardiolas Mannschaft zudem zweimal den DFB-Pokal. Hohe Einnahmen durch TV-Geld und die Qualifikation für die Champions League sind damit sicher, gemeinsam mit den Erlösen aus Merchandising kann der FC Bayern auf einem finanziellen Niveau agieren, an das in Deutschland niemand heranreicht. Wer als Spieler in der Bundesliga Titel gewinnen will, muss irgendwann nach München kommen, anders klappt es nicht.

Wenn die nationalen Titel aber scheinbar nur Formsache sind, konzentriert sich alles auf den einen, bei dem selbst für den FC Bayern viel zusammenkommen muss, um ihn zu gewinnen: die Champions League. Dreimal erreicht Guardiola mit seiner Mannschaft das Halbfinale, dreimal verliert er es. Mal liegt es an einer falschen Taktik (Real 2014), mal an zu vielen Verletzten (Barcelona 2015), mal einfach an Pech (Atletico 2016). In der Außensicht auf den FC Bayern überlagern diese Niederlagen jedoch die nationalen Erfolge.

Schon früh ist erkennbar, wie sehr Pep Guardiola die Fragen nach einem Triple auf die Nerven gehen. Was sogar innerhalb des Vereins zu Uneinigkeit führt. Als auch Hoeneß in einer Laudatio auf Jupp Heynckes das Ziel des Triples anspricht, wird er dafür von Sportdirektor Matthias Sammer scharf kritisiert. »Dummes Zeug« sei das. »Wie oft haben wir in der Geschichte von Bayern München – auch mit Uli Hoeneß – dieses sogenannte lächerliche Triple gewonnen? Ein Mal! (...) Und jetzt sollen wir es gleich wieder gewinnen?« Sammer und Hoeneß sprechen sich aus, aber hätte man sich das vor der Haft von Hoeneß vorstellen können, dass jemand aus den eigenen Reihen ihm so deutlich öffentlich widerspricht?

Pep Guardiola verlässt auf eigenen Wunsch den FC Bayern am Ende seiner Vertragslaufzeit, sein Nachfolger Ancelotti startet mit großen Problemen in die Saison. Dazu kommt noch eine andere Baustelle, denn auch Sportdirektor Matthias Sammer hat aus gesundheitlichen Gründen den Verein verlassen. Bis zur Saison 2016/17 ist aber kein Nachfolger gefunden, es gibt ein Vakuum auf der Position, die ein Bindeglied zwischen Mannschaft und Vorstand sein soll. Die Personalien Trainer und Sportdirektor beschäftigen den FC Bayern über Monate hinweg und legen offen, dass im Hintergrund noch ein anderer Konflikt schwelt.

Denn vor allem einer hat von Hoeneß' Abwesenheit profitiert. »Karl-Heinz Rummenigge hat in einer Phase, in der Uli Hoeneß nicht präsent war, noch einmal enorm an Profil gewonnen. Dass er die Geschicke allein leitete, hat dem FC Bayern in keiner Weise geschadet«, urteilt einer der größten Bayern-Konkurrenten, Hans-Joachim Watzke von Borussia Dortmund. Es gibt jedoch Anzeichen, dass Uli Hoeneß das komplett anders sieht. Patrick Strasser und Günter Klein schreiben, Hoeneß habe zu einem ehemaligen Spieler im Frühjahr 2016 gesagt: »Ich dachte nicht, dass die den Verein so schnell kaputt machen würden.« Und nach seiner Wahl zum Präsidenten antwortet er auf die Frage eines Journalisten, ob sich der Verein ohne ihn geändert habe, dass er darauf nicht antworten wolle, denn seine Antwort könne »Sprengstoff« enthalten.

Wichtige Entscheidungen im Verein werden fortan von der Frage begleitet, wer von beiden sich durchgesetzt hat: Rummenigge oder Hoeneß? Und das ist vor allem deshalb relevant, weil genau diese wichtigen Entscheidungen alles andere als reibungslos ablaufen.

Salihamidzic und Kovac kommen

Im Winter 2016 gilt zum Beispiel Philipp Lahm als Topanwärter auf den Job als Sportdirektor. Aber der sagt dem Verein im Februar 2017 ab, angeblich weil ihm kein Posten im Vorstand angeboten worden sein soll. Ab jetzt beginnt eine umtriebige Suche, bei der ständig neue Namen an die Öffentlichkeit dringen. Erst im Sommer 2017 gibt der FC Bayern dann bekannt: Sportdirektor wird Hasan Salihamidzic.

Als Hoeneß auf ihn zugekommen sei, wäre ihm sofort klar gewesen, dass er das machen wolle, sagt der. Ist Salihamidzic also ein Hoeneß-Mann? Warum lief die Sportdirektorensuche über Monate hinweg und nach außen hin so konfus ab? Das sind Fragen, über die in den Tagen der Bekanntgabe heiß diskutiert wird. Wichtiger als die Antworten darauf ist aber das Ergebnis der langwierigen Suche: Salihamidzic wird allein wegen der Art und Weise seiner Nominierung nicht unvoreingenommen beurteilt.

Ein Muster, das sich wiederholen wird, als binnen weniger Wochen im September 2017 ein Konflikt zwischen Trainer Ancelotti und der Mannschaft so sehr eskaliert, dass der Italiener entlassen wird. Kurz sieht es so aus, als löse sich die Situation in Harmonie auf: Rummenigge und Hoeneß können Jupp Heynckes zur Rückkehr ins Traineramt bewegen und verständigen sich dabei auch auf eine bessere Zusammenarbeit miteinander, wie sie offen ankündigen.

Erste Bewährungsprobe dafür ist die Suche nach einem neuen Trainer. Denn Heynckes macht schon vor seinem ersten Spiel klar: Am Ende der Saison sei Schluss für ihn. Vor allem einer will das allerdings nicht akzeptieren: Uli Hoeneß. Mehrmals äußert er öffentlich die Hoffnung, Heynckes würde über die Saison hinaus Trainer bleiben, mehrmals lehnt Heynckes das ab, bezeichnet solche Gedankenspiele gar als »Wunschdenken«. Erst Anfang März 2018 scheinen die Bayern-Bosse seine Absage zu akzeptieren. Als sie sich bei Thomas Tuchel melden, sagt der ihnen aber ab: Er habe sich inzwischen für einen anderen Job entschieden. Tuchel wird mit seinen Mannschaften in den nächsten Jahren zweimal das Finale der Champions League erreichen und einmal gewinnen. Als sich die Bayern also endlich entschließen, einen Nachfolger zu suchen, ist ihnen eine der vielversprechendsten Optionen durch die Lappen gegangen. Es ist vor allem Hoeneß, der dafür öffentlich in der Verantwortung steht.

Bis Mitte April zieht sich die Suche nach einem Nachfolger, dann sickert durch, dass Niko Kovač zur nächsten Saison kommen soll. Das passiert in einer entscheidenden Phase für dessen aktuellen Verein Eintracht Frankfurt. Weshalb die Münchner hart von den Frankfurtern für ihr Vorgehen in der Trainerfrage attackiert werden. Doch selbst losgelöst von Stilfragen kann man die Verpflichtung des Ex-Bayern Kovač hinterfragen. Denn auch er geht angeschlagen in das Abenteuer FC Bayern. Weil er genauso wie Salihamidzic für alle gut sichtbar nicht die A-Lösung für den Trainerposten ist.

Hoeneß vs. Özil

Auch wenn Hoeneß nicht der Einzige war, der im Jahr 2018 auf einen Meinungsumschwung bei Heynckes gehofft hat, gibt es vor allem zu seinem Verhalten in der Trainerfrage viele kritische Stimmen. Sein Bild in der Öffentlichkeit hat sich gewandelt, unter anderem, weil er immer wieder mit Prognosen zu kleineren Themen danebenliegt. Bald nach seiner Rückkehr als Präsident verteidigt er zum Beispiel den kleinen Kader unter anderem damit, dass sich Robert Lewandowski als einzige Spitze schon nicht verletzen werde. Wenige Wochen später verliert Bayern im Viertelfinale der Champions League das Hinspiel gegen Real Madrid ohne Lewandowski, denn der hat sich verletzt.

Zu diesen kleinen Irrtümern gesellen sich außerdem Situationen, in denen sich Hoeneß im Ton vergreift. Nach seiner Wahl zum Präsidenten bezeichnet er das vom Milliardär Dietrich Mateschitz in die Bundesliga gehievte Rasenballsport Leipzig als »neuen Feind«. Eine Formulierung, für die sich Hoeneß später entschuldigt, die aber kein Einzelfall bleibt. Was sich vor allem nach der WM 2018 zeigt.

Die deutsche Nationalmannschaft ist als amtierender Weltmeister schon in der Vorrunde bei der Weltmeisterschaft in Russland ausgeschieden. Es ist das Ende eines völlig verkorksten Turniers. Nicht wenige ziehen als Erklärung für die Blamage ein Ereignis heran, das in den Wochen vor der WM passiert ist. Im Mai 2018 haben sich die Nationalspieler Ilkay Gündogan und Mesut Özil mit dem türkischen Staatspräsidenten Recep Tayyip Erdogan fotografieren lassen. Erdogan befand sich im Wahlkampf, auch deshalb waren die Fotos Auslöser für eine aufgeregte Debatte, die sogar zu einem Besuch der beiden bei Bundespräsident Steinmeier geführt hat. In den Reaktionen auf die Fotos trat der Rassismus offen zutage, den Betroffene sonst in ihrem Alltag von der Öffentlichkeit unbemerkt erleben. Erwartungsgemäß stürzten sich vor allem Politikerinnen und Politiker rechtsradikaler Parteien wie der AfD auf den Vorfall, von Kommentaren in sozialen Netzwerken ganz zu schweigen.

Nach der WM weist Mesut Özil auf den Rassismus hin, womöglich auch um die Diskussion weg vom Foto zu lenken. Er postet eine ausführliche Erklärung, die sich deutlich gegen DFB-Präsident Grindel richtet. In dessen Augen sei er ein »Deutscher, wenn wir gewinnen, aber ein Migrant, wenn wir verlieren«, schreibt Özil. Anders als Mitspieler wie Lukas Podolski oder Miroslav Klose werde er als Deutsch-Türke bezeichnet, sie aber nie als Deutsch-Polen. »Ist es, weil ich ein Moslem bin? (…) Ich wurde in Deutschland geboren und erzogen, also warum akzeptieren die Menschen nicht, dass ich Deutscher bin?« Am Ende seines Textes erklärt Mesut Özil seinen Rücktritt aus der Nationalmannschaft. Früher habe er das deutsche Trikot mit viel Stolz und Begeisterung getragen, heute nicht mehr. Weil er Rassismus und fehlenden Respekt spüre.

Egal was man von dem Foto und von Mesut Özil als Sportler halten mag: Seine Worte sind kraftvoll und eindringlich. Sie benennen eine Realität, die sich mit der von vielen Menschen mit Migrationshintergrund deckt. Uli Hoeneß reagiert derweil so: »Er macht es vordergründig wegen dieser angeblichen schlechten Behandlung durch den DFB, aber ich finde, da sollte er sich mal selber hinterfragen, wann er den letzten Zweikampf gewonnen hat, also das ist doch Jahre her. (…) Der hat sich doch schön hinter der ganzen Erdogan-Geschichte verstecken können, das ist doch die ganze Sauerei. Der hat doch einen Dreck gespielt, seit vielen Jahren, und jetzt sind der Grindel und der Löw und der Bierhoff schuld?«

Hoeneß will rein sportlich über den Rücktritt sprechen. Er merkt dabei nicht, dass er damit den Menschen in die Karten spielt, die Özil aus rassistischen Motiven heraus ablehnen. Oder es ist ihm egal. Zumindest steht Hoeneß auch in den Tagen nach dieser Äußerung zu seinen Worten, sogar auf einer Pressekonferenz, die in die Geschichte des FC Bayern eingeht.

Die »Grundgesetz-PK«

Als die Mannschaft auf Rang sechs in der Tabelle abrutscht und auch die Nationalmannschaft deutlich mit 0:3 gegen die Niederlande verliert, stehen dafür vor allem die Bayern-Spieler in der Kritik. Weshalb die Bayern-Bosse im Oktober 2018 zu einer Pressekonferenz einladen. Auf dem Podium sitzen Rummenigge, Hoeneß und Salihamidzic. Grund für diese außergewöhnliche

Konstellation sei der Stil der Berichterstattung, erklärt Rummenigge in seinem Eingangsstatement. »Ich möchte vielleicht in diesem Zusammenhang mal an Artikel eins des Grundgesetzes erinnern. ›Die Würde des Menschen ist unantastbar.‹ Ich weiß nicht, ob der Fußball eine Sonderrolle einnimmt oder ob sich für den Fußball gewisse Medien eine eigene Gesetzgebung erlauben. Aber wir werden das bei Bayern München zumindest in dieser Art und Weise nicht mehr akzeptieren.« Man habe Unterlassungserklärungen und Abmahnungen an einige Medien zustellen lassen. Damit ist der Ton gesetzt, für sein Eingangsstatement braucht Rummenigge fast zehn Minuten.

Und dann kommt Uli Hoeneß. Er spricht freier als Rummenigge, emotionaler, so wie man ihn kennt. Merkt dabei aber nicht, wie er die hoch gelegte moralische Latte mindestens zum Wackeln bringt. Den ehemaligen technischen Direktor des FC Bayern nennt er den »schlauen Herrn Reschke« und echauffiert sich über einen Reporter, der den Verkauf von Außenverteidiger Juan Bernat kritisiert hat. »Ich sage dir mal eins: Als wir in Sevilla gespielt haben, war er allein dafür verantwortlich, dass wir fast ausgeschieden waren. An dem Tag ist entschieden worden, dass wir ihn abgeben, weil er uns fast die ganze Champions League gekostet hat. Da hätte ich gerne danach mal deinen Kommentar gehört, was der für einen Scheißdreck gespielt hat, auf Deutsch gesagt, ja?«

Kurz darauf betont Hoeneß, dass der FC Bayern immer familiär und dankbar gegenüber seinen Spielern sei. Ob Hoeneß und Rummenigge nicht auch manchmal respektlos agieren würden, fragt ein anwesender Journalist und nennt die Kommentare von Hoeneß zu Özil als Beispiel. Dessen Reaktion? »Ich hätte nicht Dreck sagen sollen, sondern Mist.«

Nach etwas mehr als einer halben Stunde bricht Pressesprecher Dieter Nickles die Medienrunde ab, obwohl es noch viele Fragen aus dem Auditorium gibt. Hoeneß, Rummenigge und Salihamidzic verlassen den Raum, und die Frage wäre spannend, ab welchem Punkt die drei gemerkt haben, dass ihnen diese Veranstaltung entglitten ist. Denn die Tür hat sich noch nicht hinter ihnen geschlossen, da überschlagen sich die hämischen Reaktionen im Netz. Die ›taz‹ druckt in ihrer nächsten Ausgabe eine Bundesligatabelle mit Bayern an der Spitze noch vor den um vier Punkte besseren Dortmundern. »Die Würde des FC Bayern ist unantastbar«, witzelt der ›Tagesspiegel‹, und die ›SZ‹ spricht von »einer Art Trumpisierung des großen FC Bayern«.

Wie schon die Özil-Debatte findet auch die sogenannte »Grundgesetz-PK« in einem gesellschaftlichen Kontext statt, von dem sie kaum zu trennen ist. Später wird Hoeneß sagen, die Pressekonferenz würde er nicht noch mal so machen. Auf den Gegenwind nach ihr reagiert er aber zunächst noch dünnhäutig. Nachdem Willi Lemke seinen Auftritt öffentlich kritisiert, bricht Hoeneß den gerade erst etablierten Kontakt wieder ab. »Er war ein paar Mal danach im Stadion, wollte aber offensichtlich nichts mit mir zu tun haben«, berichtet Lemke. »Von mir kriegt er jetzt auch keine öffentliche Kritik mehr, auch wenn er noch so großen Mist macht. Uli kann das nicht vertragen.« Auch Paul Breitner bekommt das zu spüren. Im Bayerischen Rundfunk attackiert er Hoeneß scharf. »Karl-Heinz kommt vorbereitet da rein«, sagt Breitner, »bringt das Grundgesetz vor, und zehn Minuten später tritt der neben ihm dieses Grundgesetz, und das schon seit einem halben Jahr, mit Füßen.« Bei Hoeneß ginge es immer um die Bayern-Familie, aber heute müssten die Kinder dieser Familie sagen: »Für den Papa, für den müssen wir uns jetzt einmal gewaltig schämen.«

Über Vorstand Jan-Christian Dreesen bekommt Breitner nach seinem Fernsehauftritt telefonisch die Nachricht, dass er fortan im Ehrengastbereich der Arena nicht mehr willkommen sei. Breitner schickt daraufhin seine zwei Ehrenkarten, die er als Ehrenspielführer auf Lebenszeit besitzt, an den Verein zurück. Zwar betont der FC Bayern, das sei keine Entscheidung alleine von Hoeneß gewesen, aber selbst wenn: Hoeneß hat auch nicht verhindert, dass sein ehemaliger Mitbewohner und Freund aus dem innersten Kreis des Vereins verbannt wird.

»Es ist nicht Ihr FC Bayern!«

Wie explosiv die Stimmung rund um den Verein ist, zeigt sich wenige Wochen später auf der Jahreshauptversammlung. Als dort Karl-Heinz Rummenigge den Spielern dankt, die den Verein verlassen haben, wird beim Namen Juan Bernat lange applaudiert. Ein kleines Anzeichen für die Stimmung im Saal. Dieses Jahr sind über 5000 Mitglieder weniger gekommen als bei der Wiederwahl von Hoeneß, vielleicht gibt das den Kritikern mehr Raum. Sie äußern sich zudem nonverbal: Mitten in der Halle hängt eine Nordkorea-Fahne mit der Aufschrift »not my president«.

Noch größeres Aufsehen erregt aber eine Wortmeldung gegen Ende der Veranstaltung. Das Bayern-Mitglied Johannes Bachmayr hält eine rund zehnminütige Rede, die sich gegen Uli Hoeneß richtet. »Es ist nicht Ihr Stadion, und der Verein ist nicht Ihr Eigentum. Paul Breitner hat ausgesprochen, was viele dachten, und das muss man dann auch mal aushalten. Ich sag mal so: Meinungsfreiheit, Artikel 5, Grundgesetz.« Seine Rede ist ein Rundumschlag, teilweise ein polemischer. Bachmayr richtet sich am Ende noch einmal direkt an Hoeneß und wünscht sich für das nächste Jahr einen Rechenschaftsbericht von ihm. »Wenn sich einiges ändern musste, dann will ich Veränderungen zum Besseren. Bislang erkenne ich nur Verschlechterungen.« Auf das Ende seiner Rede folgt langer und lauter Applaus der Mitglieder.

Hoeneß verweigert eine Antwort. »Da waren so viele Unwahrheiten drin, dass wir drei Stunden bräuchten, um das zu diskutieren. Ich lehne eine Diskussion auf diesem Niveau total ab.« Der Saal reagiert mit einem Pfeifkonzert. In den Tagen danach äußert Hoeneß die Vermutung, Bachmayrs Wortmelung sei von der Springer-Presse inszeniert und von außen gesteuert worden, er macht das unter anderem daran fest, dass Bachmayr von einem Laptop abgelesen hat.

Diese Rede ist deshalb so wichtig, weil sie den Anfang vom Ende von Uli Hoeneß beim FC Bayern darstellt. Ende August 2019 gibt er bekannt, nicht mehr als Präsident tätig sein zu wollen und auch den Vorsitz im Aufsichtsrat abzugeben. Angesprochen auf die Wortmeldung von Bachmayr wiederholt er seine Unterstellung, dahinter habe eine Verschwörung gegen ihn gesteckt. Bachmayr wird daraufhin nach eigener Aussage von anderen Bayern-Fans Gewalt angedroht, er bestreitet die von Hoeneß angedeuteten Hintergründe.

Seine Wortmeldung hat vor allem zwei Dinge offenbart. Zum einen, wie angreifbar Uli Hoeneß nach seiner Rückkehr geworden ist. »Zuerst haben viele Fans gedacht: ›Ja, der Uli, der packt den Säbel schon immer im richtigen Moment aus‹«, urteilt Journalist Christoph Leischwitz, »und dann hat es, als er zurückkam, in etwa ein Jahr gedauert, bis viele realisiert haben: Na ja, das ist nicht mehr der richtige Moment, in dem er den Säbel rausholt. Das ist tatsächlich gerade Quatsch, was der da redet.« Zum anderen kommt die Kritik nicht mehr nur von Fans anderer Vereine. »Deswegen hat ihn diese Rede von Johannes Bachmayr so getroffen, weil jetzt plötzlich aus dem Kreis, aus dem immer nur Zustimmung kam, von den Leuten, von denen er glaubt, die stehen alle auf seiner Seite, von denen jemand sagt: Der FC Bayern gehört nicht Ihnen, Herr Hoeneß. Das war für ihn schon etwas Brutales«, vermutet Günter Klein.

Während sich die sportliche Krise des FC Bayern unter Kovač in ein Double verwandelt und anschließend durch die Verpflichtung von Hansi Flick unterstützt von einer Corona-Unterbrechung alle Titel gewonnen werden, die ein Verein gewinnen kann, endet die Zeit von Uli Hoeneß als Präsident beim FC Bayern. Herbert Hainer wird sein Nachfolger, Oliver Kahn soll

Karl-Heinz Rummenigge ersetzen. Am 15. November 2019 hält Uli Hoeneß auf der Jahreshauptversammlung seine letzte Rede als Präsident des FC Bayern.

Hoeneß hat fertig

Er lobt die Mannschaft, die ihre beiden ersten Spiele unter Flick gewonnen hat, darunter ein beeindruckendes 4:0 gegen den BVB. Und dann legt er los, wie immer ohne Manuskript. In wenigen Minuten führt er die Mitglieder durch seine ersten Jahre bei den Bayern, es ist ein bisschen wie bei einem Stand-up-Comedian, der sein Best-of vorträgt. Der Saal lacht, als er den Verkauf von Rummenigge nacherzählt und wie man mit Merchandising und anderem das Stadion finanziert habe, das es Bayern ermöglichen würde, »wie die Made im Speck zu leben«. Er bezeichnet die Lösung mit Hainer und Kahn als Nachfolger für ihn und Rummenigge als wunderbar und kommt dann zum Nukleus seiner Rede.

»Eines muss ich euch sagen«, setzt Hoeneß an. »Die Gegner sitzen draußen, die dürfen nicht zu Hause sein. Ihr müsst ein starkes Team bilden, ihr müsst stark sein, ihr müsst euch untereinander unterstützen. Dann können den FC Bayern, in Deutschland sowieso nicht, aber auch international, wenige Vereine schlagen. Wenn ich vom FC Bayern träume. Dann denke ich: Das ist so ein Tanker, der auf dem Weltmeer entlanggleitet, möglichst nicht mit Schweröl fährt. Er hat keine Container als Passagiere und auch kein Öl. Nein, es sind Menschen. 293 000 Mitglieder und in den Beibooten Millionen von Fans. Dieser Tanker muss geradeaus fahren, nicht nach links schauen und schon gar nicht nach rechts. Dann können wir alle stolz auf diesen Verein sein. Dieser Verein soll immer den Menschen in den Mittelpunkt stellen.«

Es sei eine wunderschöne Zeit gewesen, endet Hoeneß. »Das war's. Ich habe fertig. Danke.« Mehrere Minuten lang feiern die

Mitglieder ihren zu Tränen gerührten Ex-Präsidenten mit stehenden Ovationen. Nicht nur im, sondern auch außerhalb des Saales verneigt sich die Fußballwelt vor seinem Lebenswerk. Nach über 50 Jahren von Uli Hoeneß beim FC Bayern erklingt sein Schlussakkord. Er wird in Dur gespielt.

Kapitel 17

Mount Everest

2019–2021

Uli Hoeneß für ein Interview zu bekommen, ist nicht leicht. Ihn für ein Buch über sein Leben zu interviewen, schier unmöglich. Hoeneß steht seinen Biografen kritisch gegenüber. »Es werden fünf Bücher über mich geschrieben«, hat er im Frühjahr 2014 bei seiner »Das-war's-noch-nicht«-Rede den Bayern-Mitgliedern zugerufen, »alle diese Leute haben mit mir kein Wort gewechselt. Es wird nicht darum gehen, dass man informieren will. Nein, man will Kohle verdienen! Und das ist frevelhaft.«

Mehrere Anfragen laufen ins Leere. Mal ist Hoeneß gelassen und vertröstet auf später, mal droht er mit seinem Anwalt. Immerhin lernen wir uns bei einer Fernsehsendung persönlich kennen, und er ist genau so, wie ich ihn mir vorgestellt habe: freundlich, bestimmt, wenn es sein muss, bissig, aber immer interessiert an seiner Umgebung. Seine Anwälte erwähnt er diesmal nicht, als wir über meine Arbeit zu seiner Person sprechen.

Weil ich im Podcast ›11 Leben‹ die Hintergründe seiner Entstehung miterzähle, findet mein Versuch, ihn für ein Interview zu bekommen, öffentlich statt. Mehrere Journalisten fragen ihn am Rand ihrer eigenen Gespräche mit ihm, wann er mir Rede und Antwort stehen würde. Ich weiß das, weil sie mir danach von seiner Reaktion berichtet haben.

Wer mit Uli Hoeneß Kontakt aufnehmen will, braucht Zugang zu einem Faxgerät. Telefonnummer und Anliegen ins Fax, Hoeneß ruft dann mit unterdrückter Nummer zurück. Das ist der zuverlässigste Weg. Weit weniger zuverlässig erreicht ihn, wer sich in einem Aldi vor die Kühltheke stellt. In München ist bekannt, dass Hoeneß hin und wieder kontrolliert, ob die Würstchen seiner Firma zufriedenstellend präsentiert werden. Kaum zu glauben, aber ich habe ihn mit beiden Methoden erreicht. Plötzlich kniete er neben mir, ich einen Frischkäse in der Hand, er den Karton mit HoWe-Produkten. Während ich einigermaßen fassungslos angesichts dieses Zufalls war, fand er es dem Anschein nach lustig.

Doch egal ob am Telefon oder an der Kühltheke: Eine Zusage wollte Hoeneß mir nicht geben. Irgendwann habe ich auch nicht mehr damit gerechnet, denn seine Haltung scheint eine prinzipielle zu sein. Er will nicht den Eindruck erwecken, eine Biografie sei mit seinem Segen erschienen, oder gar das Tor dafür öffnen, dass man sie mit seinem Interview bewirbt. Beides ist sein gutes Recht.

Als im Sommer 2021 die Folge zu seinem Steuerprozess online geht, kann ich zum ersten Mal den Gipfel meines journalistischen Mount Everests sehen. Eher aus Höflichkeit schicke ich ein letztes Fax an Uli Hoeneß, um ihn darüber zu informieren, dass meine Arbeit zu ihm nun endet. Im Kopf schreibe ich längst den Schluss der letzten Folge, seine Interviewabsage ist fester Teil davon. Am nächsten Tag ruft die mir inzwischen bekannte unbekannte Nummer an. »Hallo, Herr Ost, Uli Hoeneß hier.« Nicht einmal eine Minute dauert unser Gespräch, aber lange genug, um mich nach dem Auflegen etwas ratlos und überrumpelt im Park stehen zu lassen. Er hat zugesagt. Ich habe einen Termin mit Uli Hoeneß. Am Tegernsee, in einem Gasthof in der Nähe seines Hauses. An einem Dienstagvormittag packe ich nach dem vierten oder fünften Check, ob ich alles dabeihabe, mein Equipment ein, steige ins Auto und fahre los in Richtung Tegernsee.

Streit über den Kirch-Vertrag

Hoeneß kommt mir nach wenigen Minuten von seinem Haus aus entgegen. Wir beziehen einen Platz an der Ecke der Terrasse, Hoeneß sitzt mit Blick auf den See. Er mustert mich und meine Technik, ich checke noch mal alle drei Aufnahmegeräte, dann legen wir los.

Meine erste Frage ist einfach: Warum treffen wir uns jetzt doch? Nach all dem Hin und Her? »Ich war nicht in der richtigen Stimmung«, setzt Hoeneß an. »Ich kannte Sie nicht und wollte erst einmal abwarten, wie diese Podcasts so laufen, die Sie loslassen. Ich habe selbst, glaube ich, nur einen gehört, aber meine Freunde, mein Sohn und andere Leute hören das ja, und die haben gesagt, es war im Großen und Ganzen okay. Da habe ich gesagt: Wenn jemand fair mit dir umgeht, dann bin ich auch bereit zu reden.«

Hoeneß wirkt konzentriert, aber nicht angespannt. Ich schlage ihm vor, über den Fußball als Branche zu sprechen, von den 1970ern bis heute. Er ist damit einverstanden und nimmt sich viel Zeit. Eine Stunde hatten wir vor dem Gespräch vereinbart, am Ende dauert es über zwei. Es ist eine intensive Unterhaltung, Hoeneß blickt mir aufmerksam in die Augen, bei kritischen Fragen lässt er mich selten aussprechen. Er antwortet schnell und, so wie ich es einschätze, meist aufrichtig.

Nur an einzelnen Stellen gibt es Leerstellen in unserem Gespräch, wenn Hoeneß sich nicht mehr an Dinge erinnert, möglicherweise erinnern möchte, oder er Tatsachenbehauptungen aufstellt, die ich vorsichtig anzweifeln würde. So sei die Weltmeisterschaft 2006 »100-prozentig« nicht gekauft worden, insistiert er. »Da bin ich ganz sicher!«

Anderes Beispiel: Die Vermarktung der TV-Rechte nennt Hoeneß »total solidarisch«, selbst auf Nachfrage sagt er, keine große Spreizung bei der Verteilung des TV-Geldes zwischen den Vereinen zu sehen. Vor allem über den Kirch-Vertrag und seine

Rolle damals sprechen wir ausführlich. Das sei lange nicht richtig dargestellt worden, sagt Hoeneß. Ursprünglich hätte es Pay per View geben sollen, also die Möglichkeit für Fans, sich einzelne Spiele gegen eine Gebühr im Fernsehen ansehen zu können. Die Vereine hätten je nach Einschaltquoten ihrer Spiele dabei unterschiedliche Summen kassiert, Bayern am meisten. Das habe sich der Verein im Vertrag von Kirch garantieren lassen, sagt Hoeneß. »Hätte es Pay per View bis zum Ende gegeben, hätte sich kein Mensch beschwert, weil wir uns ja nur etwas haben garantieren lassen, was wir durch die Lizenzeinnahmen eh eingespielt hätten.«

Und seine Rolle in der TV-Kommission? »Ich habe den Kirch geschröpft bis zum Gehtnichtmehr. Einer der Profiteure war natürlich der FC Bayern, aber das hat den Rest der Liga nicht tangiert.« Den anderen Vereinen sei dadurch kein Geld verloren gegangen, sagt Hoeneß. »Aber warum haben Sie sich durch Ihr Verhalten in der Kommission so angreifbar gemacht?«, frage ich. »Weil das die Entwicklung damals war. Ich habe überhaupt kein schlechtes Gewissen gehabt, weil ich der Meinung war und bin, dass das Geld, was wir zusätzlich bekommen haben, der Liga nicht abgegangen ist und weil wir es auch anders eingespielt hätten.« – »Und warum haben Sie dann eine Strafe bezahlt?« – »Weil es nach außen schon so aussah, als wenn der FC Bayern Gelder bekommen hätte, die ihm nicht zugestanden hätten.«

Bis heute stellt mich diese Antwort nur vor neue Fragen. Über kein Thema habe ich mit Hoeneß länger gesprochen, zum Teil wurde es hitzig. Irgendwann musste ich aber einsehen, dass wir an diesem Punkt nicht weiterkommen.

Blick in die Zukunft

Gegen Ende des Gesprächs landen wir im Hier und Heute. »Würden Sie mir zustimmen, dass der Erfolg des FC Bayern auf Kosten des Rests des deutschen Fußballs zustande gekommen ist, weil es kein Gegenstück zu ihm gab? Wenn ich Titel gewinnen will, muss ich als Spieler zu den Bayern wechseln«, frage ich Hoeneß. Wenig überraschend sieht er das anders. Wenn ein deutscher Topspieler nicht zum FC Bayern ginge, würde er eben ins Ausland wechseln und die Münchner jemand anderen auf ähnlichem Niveau verpflichten.

»Lagen Sie mit Ihrer These, dass der Einstieg von Investoren bei Chelsea, Manchester City und PSG zu Problemen im europäischen Fußball führen würde, daneben?« Hoeneß blickt mich streng an: »Aber sie war doch total richtig: Vereine, die auf derselben Struktur aufgebaut sind wie der FC Bayern, haben alle Schiffbruch erlitten.« Er nennt Barca, Real und Inter Mailand als Beispiele, und leider ist zu diesem Zeitpunkt noch nicht bekannt, wie ausufernd das immens verschuldete Barcelona schon wenige Monate später wieder auf dem Transfermarkt agieren kann und dass Real Meister wird und die Champions League gewinnt. Weshalb ich anders gegenhalte: »Aber an die Stelle von ihnen sind ja nicht der FC Bayern oder sogar Borussia Dortmund getreten, sondern eben Vereine wie Manchester City oder Paris Saint-Germain …« Hoeneß fällt mir ins Wort. »Aber was haben die denn bis jetzt gewonnen? Gar nichts. Gar nichts! Keinen einzigen Champions-League-Titel.«

Eine so hohe Verschuldung wie beim FC Barcelona mit über 1,3 Milliarden Euro werde es beim FC Bayern nie geben, sagt Hoeneß. Aber ist das Problem nicht, dass es inzwischen Akteure im Fußball gibt, denen Geld egal ist, wie zum Beispiel Katar mit seinem Staatsfonds, der angeblich eine Billion Dollar umfasst und mit dem das Emirat auch in den Sport investiert? An dieser

Stelle wird Hoeneß lebhaft. »Das ist jetzt der Reiz für mich. Denen zu zeigen: Euer Scheißgeld, das reicht nicht!«

»Und geht das auch so, dass die Bundesliga noch ein Wettbewerb ist?« Das sei im Moment ein kleines Problem, räumt Hoeneß ein. Denn um mit diesen Großen mitzuhalten, sei die Spanne zwischen dem FC Bayern und Vereinen wie Fürth und Bochum natürlich riesig geworden. »Auch die zu Dortmund und Leverkusen«, ergänze ich. »Der Personalaufwand des FC Bayern ist so groß wie der von Leverkusen und Dortmund zusammengenommen.«

»Wenn Dortmund, wie wir auch die letzten Jahre, öfters in der Champions League weit nach vorne gekommen wäre, dann hätten die eine bessere Situation. Wir können nichts dafür, dass für die Deutsche Telekom der FC Bayern wichtiger ist als Borussia Dortmund. Das haben wir uns nämlich hart erarbeitet.«

»Das will ich Ihnen auch überhaupt nicht madig machen, Herr Hoeneß.«

»Sollen wir jetzt aufhören? Den Betrieb einstellen, damit die Bundesliga wieder spannend wird? Oder in Zukunft mit zehn Mann spielen? Das ist doch eine leidige Diskussion. Ich bin auch nicht glücklich, wenn ich sehe, dass nicht mehr viel passieren kann, wenn wir eins zu null führen. Das gefällt mir auch nicht. So Spiele wie gegen Kaiserslautern, mit vier zu eins geführt, mit vier zu sieben verloren, das fehlt mir auch. Aber ich kann es nicht ändern, verstehen Sie. Wir werden einen Teufel tun und sagen, wenn wir drei zu null führen, spielen wir nur noch zu sechst weiter.«

»Aber wie ist denn dann die Perspektive der Bundesliga?«

»Ich weiß es nicht.«

»Wenn wir Fußball als Unterhaltungsprodukt sehen, dann ist das national gesehen doch schlechter geworden. Da stelle ich mir die Frage: Woher sollen Mehrerlöse denn kommen? Und alles im Fußball ist auf Wachstum ausgerichtet aktuell.«

»Im Moment ist das Problem, dass viele kleine Städte in der Bundesliga spielen. Schauen Sie: Hamburg, Hannover, Nürnberg, Düsseldorf, Bremen. Wenn die alle in der Bundesliga spielen würden, wäre die Liga morgen anders.«

Hoeneß spricht über die größeren Einnahmen, die solche Vereine hätten. »Und wie sollen sie in die Liga kommen?«, frage ich.

»Vielleicht wäre ein Ansatz, dass man sich für Investoren öffnet.«

»Aber Herr Hoeneß, das kann man doch nicht refinanzieren. Wenn ich jetzt 300 Millionen Euro in Werder Bremen, in Eintracht Frankfurt oder wen auch immer stecke, das dauert Ewigkeiten, bis ich dieses Geld wieder reinholen würde.«

»Vielleicht will man das ja gar nicht mehr reinholen. Meinen Sie, der Herr Abramowitsch will das wieder reinholen? Der hat Spaß daran! Und die Abu Dhabis auch. Die lassen heute Pferde laufen und jetzt gerade Fußballer. Die Hedgefonds wollen natürlich Geld sehen, aber diese Araber, die wollen Ruhe und Spaß haben.«

»Und die wollen Sie im deutschen Fußball haben?«

»Nein, ich nicht.«

»Dann müssten Sie ja für 50+1 sein.«

»Nein, ich will ja Wettbewerb. Es muss ja kein Araber sein, aber so wie in Hannover mit Kind, Rossmann, ein paar Milliardäre.«

Ist Umverteilung eine Lösung? Das löse gar nichts, sagt Hoeneß. »Ich bin für gar keine Regulierung. Der Markt muss alles regulieren.«

Wir diskutieren über die sinkende Popularität von Fußball als Sport, eine europäische Superliga, die Hoeneß klar ablehnt, tauschen uns zu E-Sport als Konkurrenz zum Fußball aus, und ich stelle eine Frage, die mir schon eine ganze Weile lang auf der Zunge liegt.

»Kann es sein, dass sich der Fußball und vielleicht unsere Welt von Ihnen weg entwickelt hat, Herr Hoeneß? Das ist zum ersten Mal, dass ich von Ihnen höre: ›Ich habe keine Lösung für das Problem.‹« Hoeneß unterbricht mich: »Ich habe keine Lösung, aber einen kleinen Ansatz. Ich würde probieren, 50+1 aufzulösen, und schauen, ob das in Deutschland dazu führen würde, dass wir vernünftige Sponsoren kriegen.«

Am Ende der Weisheit?

Über diesen Teil unseres Gesprächs denke ich noch lange nach. Da bin ich mir mit derjenigen Person, die den deutschen Fußball über Jahrzehnte hinweg geprägt hat, im Grunde darüber einig, dass der nationale Wettbewerb keiner mehr ist. Und was ist sein einziger Lösungsvorschlag? 50+1 aufheben und darauf hoffen, dass solche Investoren das fixen, denen Geld im Grunde egal ist. Den Markt das regeln lassen.

An dieser Stelle hätte ich fragen müssen, ob er wirklich Investoren wie Katar, Abu Dhabi oder Saudi-Arabien im deutschen Fußball haben möchte. Denn ich glaube nicht daran, dass die deutschen Superreichen die Ersten sind, die in Vereine investieren. Zumindest wäre es mir neu, dass sich die Klattens dieser Welt als Investoren für Fußball interessieren. Und nur jemand ihrer Größenordnung könnte wirklich ein paar Hundert Millionen in den Fußball werfen, ohne unbedingt eine Rendite zu erwarten.

Als Gegenbeispiel kann gerade ein anderer herhalten, Lars Windhorst, der bei Hertha BSC eingestiegen ist. Nicht einmal drei Jahre hat es gedauert, bis er sich von der Finanzzeitschrift ›Capital‹ so zitieren lässt: »Ich lasse mir von niemandem dort 375 Millionen Euro verbrennen.« Ob der Einstieg bei Hertha ein Fehler gewesen sei? »Ehrlich gesagt, aus heutiger Sicht ja, leider.« Investoren sind selten entspannt, wenn der sportliche Erfolg auf sich warten lässt.

Aber selbst wenn es wirklich genug Investoren mit Bezug zu deutschen Vereinen gäbe, ist es nicht total irre, dass wir in eine

Situation hineingeraten sind, in der eine Zukunft mit Fußballvereinen als Spielzeug der Reichen die Lösung ist und nicht das Problem?

Was sagt es denn eigentlich aus, dass in der reichsten Liga der Welt, der Premier League, gerade über die Einführung von 50+1 gesprochen wird, während hierzulande die Diskussion meist Richtung Abschaffung geht? Wie können die deutschen Vereine darauf reagieren, dass vor allem junge Menschen oft Fans einzelner Spieler oder internationaler Vereine sind, aber nicht mehr von dem aus ihrer Stadt? Wie soll die Bundesliga in der nächsten TV-Rechtevergabe noch Mehrerlöse erzielen, ohne den Spieltag oder die Rechteinhaber noch mehr aufzudröseln? Was sagt es über den Unterhaltungswert der Bundesliga, wenn das Spiel zwischen Hoffenheim und Wolfsburg noch nie über 30 000 Fernsehzuschauer hatte, wenn es am Samstagnachmittag in Konkurrenz zu anderen Partien gelaufen ist? Und das, obwohl die einen im 15. und die anderen im 26. Bundesligajahr sind?

Kann es sein, dass sich Uli Hoeneß gemeinsam mit dem FC Bayern vom Rest des deutschen Fußballs so weit entfernt hat, dass er den Weg zurück gedanklich nicht mehr schafft? Uli Hoeneß war über Jahrzehnte der wichtigste Mann für den deutschen Fußball. Aber für die aktuellen Probleme hat er keine Lösungen parat, oder es sind für ihn gar keine Probleme. Dabei befindet sich der Fußball in einer Situation, in der möglicherweise zum letzten Mal die Frage beantwortet werden muss, was er sein möchte: Gelddruckmaschine oder gesellschaftliches Gut.

Genau jemanden wie den jungen Hoeneß bräuchte es gerade. Jemanden, der die Lage erkennt und seinen eigenen Weg geht. Der die Menschen für diesen anderen Weg begeistern kann und die Macht hat, den deutschen Fußball umzugestalten. Der vielleicht eine Lösung am Horizont sieht, von der wir anderen noch gar keine Ahnung haben.

Der Fußball wächst auch ohne Romantiker

Die Ambivalenz rund um die Münchner ist in den letzten Jahren größer geworden. Während man schon wirklich ein sehr überzeugter Bayern-Fan sein muss, um selbst die zehnte Meisterschaft in Folge noch als unproblematisch zu sehen, muss man gleichzeitig ein wirklich sehr überzeugter Bayern-Hasser sein, um den Weg der Münchner in Abgrenzung zu den PSGs, Manchester Citys und bald wahrscheinlich Newcastle Uniteds dieser Welt nicht wenigstens ein bisschen sympathisch zu finden. Eigentlich müsste jeder Fußballromantiker dieser Welt mit den Bayern mitjubeln, wenn Kingsley Coman gegen das von Katar künstlich aufgepumpt Paris Saint-Germain den Siegtreffer im Champions-League-Finale köpft. Wobei Coman das »Aber« zu diesem Satz in der Bundesliga auf seinem Ärmel trägt: In Form eines Sponsorenlogos, denn Bayern nimmt ebenfalls Geld aus Katar an, nur eben viel weniger als PSG.

Der FC Bayern kann dann eben doch nicht mit den anderen Topklubs mitschwimmen, ohne nass zu werden. Auch das ist typisch für den modernen Fußball: Es gibt kaum noch einen Bereich ohne eine solche Ambivalenz. Vielleicht haben auch deshalb viele der Fußballromantiker diesem Sport schon verbittert den Rücken gekehrt. Während der jedoch immer weiter wächst.

Denn trotz der Wolfsburgs und Hoffenheims dieser Welt, die sportlich bundesligatauglich sind, aber überregional kaum für Interesse sorgen, und trotz der Kantersiege der Bayern, an die man sich inzwischen in der Liga schon gewöhnt hat: Noch strömt immer neues Geld in den Fußball. Weil das Spiel als solches gut und spannend ist. Weil wir den Eskapismus durch Fußball vermutlich brauchen. Weil Liveübertragungen von Sport einer der wenigen Werbemärkte mit Zukunft auch im linearen Fernsehen sind. Weil, und das ist womöglich am überraschendsten, der Kern des Fußballs eben doch nicht die Ungewissheit darüber ist, wer ein Spiel gewinnt.

Langeweile verkauft Eintrittskarten

»Die Menschen gehen zum Fußball, weil sie nicht wissen, wie es ausgeht«, hat Sepp Herberger einst gesagt. Walter C. Neale hat diesen Grundsatz in den 1960ern im sogenannten »Louis-Schmeling-Paradoxon« sportökonomisch beschrieben. In den Jahren 1936 und 1938 gab es zwei Schwergewichts-Boxkämpfe zwischen dem Afro-Amerikaner Joe Louis und dem von den Nazis als Vorzeigeathlet vereinnahmten Max Schmeling. Den ersten gewann Schmeling nach zwölf Runden per K. o., den zweiten Louis schon in der ersten Runde, ebenfalls nach K. o. Neben all den politischen und ideologischen Dimensionen dieser zwei Kämpfe kann man sie zum Anlass für ökonomische Überlegungen nehmen.

Neale hat an ihrem Beispiel festgestellt: Anders als in der Wirtschaft kann im Sport das Ziel nicht sein, ein Monopol herzustellen. Hätte Louis keinen Wettbewerber gehabt, hätte er nichts mit seinen Kämpfen verdient. Im Vergleich zu anderen ökonomischen Bereichen ist das ein Paradoxon, das den Sport besonders macht. Es gilt laut Neale sogar für ganze Ligen: Spiele mit Gegnern auf Augenhöhe würden mehr Interesse und Einnahmen generieren. Er nennt das den »League Standing Effect«.

Daraus haben viele die Schlussfolgerung gezogen, dass Sportligen einen engen Wettbewerb bräuchten, um höhere Einnahmen erzielen zu können. Über Jahrzehnte hinweg war das die gängige Meinung, und auch ich habe im Gespräch mit Hoeneß so argumentiert: Wenn wir wissen, dass der FC Bayern jedes Jahr Meister wird, langweilt uns das nicht nur, es schadet zusätzlich dem Unterhaltungsprodukt Bundesliga. Aber es könnte sein, dass das falsch ist.

In den 2000ern haben Sportökonomen das Louis-Schmeling-Paradoxon zunehmend hinterfragt, und es gibt Studien, die seiner Theorie mit empirischen Daten widersprechen. Es könnte sogar genau andersherum sein: Stadionbesucherinnen und -besucher haben eine Neigung, Niederlagen zu vermeiden und für solche Spiele zu bezahlen, in denen die Wahrscheinlichkeit auf einen Heimsieg höher ist. Gleichzeitig spielt die Qualität des sportlichen Wettkampfs eine Rolle: Erwartet das Publikum von mindestens einem der Kontrahenten eine ansehnliche Leistung, steigt das Interesse, sich das anzuschauen.

Was wir im Grunde auch im Fußball sehen: Die Spiele mit Beteiligung der Bayern sind fast immer ausverkauft, während eine Mannschaft wie der 1. FSV Mainz 05 schon vor Corona Probleme mit sinkenden Zuschauerzahlen hatte, und das, obwohl man sich dort Jahr für Jahr in der Liga hält und es viel mehr enge Spiele anzuschauen gibt. Auch die in den letzten Jahren zunehmend lauter gewordene Kritik am Fußballgeschäft hat letztlich kaum einen Einfluss auf das Interesse an ihm. Sowohl die WM 2018 in Russland als auch die wegen Corona verschobene Europameisterschaft 2021 sind zwar vielen Menschen aus unterschiedlichen Gründen sauer aufgestoßen, die TV-Quoten und Besucherzahlen haben trotzdem gestimmt. Und ob wirklich jeder Kritiker der WM 2022 in Katar dieses Turnier tatsächlich nicht verfolgt hat?

Viele Menschen verabschieden sich gerade vom professionellen Fußball, die Corona-Pandemie hat diesen Trend vermutlich noch verschärft. Zumindest für den Moment sieht es aber so aus, als könne das dem Fußball egal sein. Das Höher, Schneller, Weiter in seinem Wesen lockt mehr Menschen an, als es abstößt. Es sind dann eben andere Menschen.

Bei aller Doppelbödigkeit in seinem Handeln: Hoeneß hätte einer derjenigen sein können, die sich dieser Entwicklung entgegenstellen. So wie es sein FC Bayern getan hat, als für wenige Tage eine Super League drohte, die nationalen Wettbewerbe irrelevant zu machen. Die Bayern haben sich dagegen ausgesprochen, aber parallel eine Reform der Champions League mitentwickelt, die ihren Vorsprung vor kleineren Vereinen noch größer macht.

Heißt der neue Hoeneß Al-Khelaifi?

Der FC Bayern war sich hierbei einig mit Paris Saint-Germain, das in Person seines Präsidenten Nasser Al-Khelaifi die Super League ebenfalls blockiert hat. Sehr wahrscheinlich vor allem deshalb, weil der katarische Sender BeIn Sports die Rechte an der Champions League für den Mittleren Osten, Nordafrika und teilweise Asien hält, die durch die Gründung einer Super League entwertet worden wären. Al-Khelaifi ist Chef des Senders und einer der mächtigsten Menschen im Weltfußball.

Der ehemalige Tennisprofi ist befreundet mit dem Emir von Katar, für ihn verwaltet er den Qatar Sports Investment-Fonds, der 2011 auch PSG aufgekauft hat. Katar hat im Grunde unbegrenzte finanzielle Ressourcen, die es dafür einsetzt, unabhängig von den Gas- und Ölvorkommen des Landes zu werden.

Al-Khelaifi ist Teil des Organisationskomitees der WM 2022 und seit seinem Abblocken der Super League ebenfalls Vorsitzender der European Club Association, der Vereinigung der europäischen Fußballvereine. Was unter anderem bedeutet: Bei der Neuregelung des Financial Fairplay, also dem Versuch, wirtschaftliche Gerechtigkeit im Fußball zu garantieren, spielt er eine wichtige Rolle.

»Ist Nasser Al-Khelaifi der neue Uli Hoeneß?«, war eine meiner letzten Fragen im Interview, und der mimischen Reaktion nach fand Uli Hoeneß sie frech. »Nein, das glaube ich nicht«, antwortete er mir nach einer Sekunde überraschter Stille. »Ich weiß nicht, ob der Fußball liebt.«

Vielleicht bin ich da selbst zu sehr Romantiker, aber das ist eine Angst, die ich habe. Dass mit Menschen wie Hoeneß Akteure aus dem Fußball verschwinden, die bei allem, was man an ihnen kritisieren kann, eines mit jemandem wie mir verbindet: die Liebe zum Spiel. Die als Kinder der Bundesliga wissen, was der Wert dieses Wettbewerbs ist. Und die den Fußball zwar vielleicht manchmal überhöhen, um seine Bedeutung für unsere Gesellschaft aber wissen. Wir brauchen den Sport als Ort des Zusammenkommens. Denn wo anders treffen sich noch Menschen aus unterschiedlichsten Gesellschaftsschichten?

Der Sport im Generellen und in Deutschland der Fußball im Besonderen muss offen sein, preiswert, inklusiv, sozial und frei von Diskriminierung. Und er muss gerecht sein, von seiner Spitze im Rampenlicht bis zur Basis in der Hobbyliga.

»Stiefbruder« Uli Hoeneß

Oder überhöhe ich damit den Fußball? Könnte eine Folge der Arbeit an diesem Buch sein. So viel habe ich über die Geschichte des deutschen Fußballs und unserer Gesellschaft gelernt, aber auch etwas über mich: Die emotionalsten Momente waren die, in denen ich mir wichtige Spiele angesehen habe. Wenn ich die sich überschlagenden Stimmen von Kommentatoren gehört habe, ich die Sätze, die sie gerufen haben, zum Teil mitsprechen konnte. Selbst bei der x-ten Wiederholung des Champions-League-Finales 2013 war ich angespannt, sogar bei Spielen, die ich gar nicht erlebt habe, irgendwelchen Schinken der Nationalmannschaft aus den 1970ern.

Wenn der Ball übers Spielfeld zischt, dann kann ich immer noch alles vergessen, was mich am Fußball stört. Mehr noch: Spiele, die ich als Kind und Jugendlicher gesehen habe, sind wie eine Zeitkapsel für mich, ich kann zum Teil ganz genau sagen, wo ich eine Szene gesehen, was ich dabei gedacht, gerufen und sogar gerochen habe.

Es gibt einen Satz aus dem Buch ›Fever Pitch‹ von Nick Hornby, der schon so oft zitiert wurde, dass Fußballfans jetzt vielleicht die Augen rollen. Aber ich kenne einfach keine bessere Beschreibung davon, was der Fußball mit einem machen kann. »Ich verliebte mich in den Fußball, wie ich mich später in Frauen verlieben sollte: plötzlich, unerklärlich, unkritisch und ohne einen

Gedanken an den Schmerz und die Zerrissenheit zu verschwenden, die damit verbunden sein würden.«

Genauso war es bei mir, auch wenn ich umringt von Nürnberg-Fans zum Anhänger des FC Bayern wurde, und ich weiß, dass die Schmerzen eines Bayern-Fans andere sind als die von Fans erfolgloserer Vereine. Aber das habe ich mir ja nicht ausgesucht. Der FC Bayern ist zu mir gekommen, und so ist mir dann eben auch Uli Hoeneß über den Weg gelaufen und zu so einer Art Stiefbruder für mich geworden. Du hast eigentlich nichts mit ihm zu tun, aber wenn er wieder was angestellt hat, musst du ihn vor den anderen verteidigen. Denn Uli Hoeneß, das ist der FC Bayern, und der FC Bayern, das bist in der Grundschulklasse 1b halt dann eben du. Ich fand ihn faszinierend, war manchmal genervt von ihm, teilweise aber auch stolz und froh, ihn zu haben. Ein Stiefbruder, zu dem die Distanz als Journalist gewachsen ist, genauso wie zum FC Bayern. Bezeichnet mich heute jemand als Bayern-Fan, zucke ich zusammen.

Fast jedem Einzelnen meiner Gesprächspartnerinnen und -partner habe ich am Ende meiner Interviews zu diesem Buch dieselbe Frage gestellt: »Bitte beschreiben Sie mir Uli Hoeneß in drei Worten.« Obwohl Uli Hoeneß so viele unterschiedliche Facetten vereint, waren sich die Antworten überraschend ähnlich. Ehrgeiz kommt in fast jeder von ihnen vor. Dazu sein soziales Engagement und die Herzlichkeit im persönlichen Kontakt. Zuletzt vor allem seine Bedeutung für den deutschen Fußball. Sandkastenfreunde, Gegenspieler, Mitspieler, Journalisten, Weggefährten, sie alle sind sich einig: Das ist sie, die Welt von Uli Hoeneß.

Zu welchen Begriffen komme ich am Ende meiner Recherche?

Wettkampf

Eine Säule seiner Welt ist der Wettkampf. Als Ventil für seinen Ehrgeiz sieht sich Hoeneß im permanenten Wettbewerb, und das nicht nur im Sport, sondern überall. Beim Sanieren der finanziell angeschlagenen Schulzeitung genauso wie bei der Vermarktung seiner Person.

Kein Wunder, dass Hoeneß als Spieler und Manager das Leistungsprinzip in seinen Verträgen geltend gemacht hat: Es ist die Ordnung, nach der seine Welt funktioniert. Wer seine Leistung nicht bringt, gehört nicht dazu. Damit erklärt sich nicht nur die Härte gegen sich selbst, vor allem in seiner Zeit als Spieler, sondern auch die gegenüber anderen. Von außen betrachtet sieht es so aus, als sei er immer dann gnadenlos gegenüber Spielern, Trainern und anderen Angestellten des FC Bayern, wenn sie in seinen Augen ihre Leistung nicht erbracht haben. Wobei er durchaus in der Lage ist, zu differenzieren zwischen dem blanken Ergebnis und dem Aufwand, der betrieben wurde, um es zu erreichen.

Hoeneß empfindet Freude am Wettkampf. Besonders an dem um Aufmerksamkeit neben dem Platz. »Er ist nicht im diplomatischen Dienst groß geworden«, antwortet Heribert Bruchhagen, angesprochen auf seine vielen öffentlichen Auseinandersetzungen mit Hoeneß. »Das drückt sich immer dann aus, wenn man Dinge unterschiedlich betrachtet. Er neigt mehr zum Säbel als zum Florett. Aber wenn man ihm dann persönlich begegnet, dann kommt er mit lachendem Gesicht auf einen zu.«

Was Bruchhagen hier beschreibt, haben ebenfalls viele andere Gesprächspartner berichtet. Für Hoeneß sind öffentliche Auseinandersetzungen ein Wettbewerb, ein Spiel, vielleicht sogar eine Art Aufführung. »Er ist einer der Zirkusdirektoren der Neuzeit«, sagt Peter Bizer dazu. Ähnlich beschreibt es Andreas Bernard: »Er ist ein unglaublicher Virtuose darin, einfach zu performen. Ich habe ihn bei so vielen Vorträgen gesehen in den unterschiedlichen Settings, also vor Wirtschaftsleuten, vor Studenten, etc., er hat nie ein Manuskript oder gar Karteikarten dabei. Hoeneß redet dann 60 Minuten oder länger, und alles kommt aus dem Gedächtnis. Das ist schon nah an der Genialität, weil er nicht stottert, nicht stockt, sich nicht wiederholt.

Hoeneß erweckt auch nicht den Eindruck, als ob er irgendwas zum zehnten Mal runterrattert. Das wirkt immer wieder wie gerade erdacht, wie gerade erfühlt.«

Hoeneß kann in kürzester Zeit einen Raum lesen und dem Publikum das geben, was es hören möchte. Auch deshalb hat er immer Interesse geweckt, egal ob in der großen Ära der Printzeitungen oder in Zeiten von Social Media. In seiner öffentlichen Person sind zwei Entwicklungen unserer Zeit geradezu vorweggenommen: Er hat schon polarisiert, als es noch keine Like-Buttons und Shitstorms gab. Und Hoeneß lebt, wie viele heute leben, wenigstens ein bisschen: Alles ist Performance, zumindest in der Darstellung nach außen. Wenn wir vor dem Instagram-Posting den Teller noch mal drehen, damit auf dem Foto die Nachspeise wirklich perfekt aussieht, ist das in seinem Zielen auf Performanz nicht anders, als wenn Hoeneß zum 100. Mal eine Anekdote so erzählt, als habe er sie gerade erlebt.

Das verleiht Hoeneß ein Charisma, womit er sich abhebt, wie Bernard beobachtet hat. »Wir haben Hoeneß, der immer bei sich zu sein scheint, der alles aus sich selbst herausströmen lässt, der – wenn dieses Wort nicht so schlimm wäre mittlerweile – authentisch ist. Und dann haben wir Karl-Heinz Rummenigge. Rummenigge ist auf eine so absurde Weise unecht, alles an ihm schlottert. Seine Sprache besteht aus den grausamsten Floskeln, oft falsch verwendet, die Sätze sind grammatikalisch, die lateinischen Zitate inhaltlich falsch. Das sind die maßgeblichen Figuren der letzten 40 Jahre beim FC Bayern, und die sind so verschieden, dass man nur zwei Minuten Rummenigge zuhören muss und man sich wieder so dermaßen darauf freut, diesen herrlichen, echten Hoeneß zu sehen.«

Auch weil Hoeneß nicht glatt ist, man sich an ihm reiben kann. In seinem Handeln gibt es Ambivalenzen, die wie Haltegriffe für jede Diskussion über ihn sind. Zum Beispiel gibt es einen Widerspruch in seinem Streben nach Erfolg, weil sich hier zwei Felder in die Quere kommen können, auf denen Hoeneß jeweils der Beste sein möchte. »Wenn er klar wirtschaftlich denkt«, erklärt Günter Klein, »würde er sofort sagen: Es ist fatal für unseren Sport, wenn der FC Bayern in zehn Jahren zehnmal Deutscher Meister wird. Auf der anderen Seite wird er aber alles daransetzen, dass es so kommt. Denn wenn es nur neunmal passiert, dann fuchst ihn dieses eine Mal fürchterlich.«

Ein weiteres Spannungsfeld zeigt sich in seinem Ringen um Aufmerksamkeit. Wenn Hoeneß über Rivalen aus fremden und ehemals eigenen Reihen mit gut zitierbaren, aber harten Formulierungen herzieht, kann man das wie Heribert Bruchhagen als ein kommunikatives Spiel abtun. Man kann aber zudem die Frage stellen, ob das wirklich für alle Beteiligten immer nur ein Spiel ist.

Es gibt dafür ein Beispiel aus der jüngeren Vergangenheit. Im Juli 2021 analysiert Uli Hoeneß das Ausscheiden der deutschen Männer-Nationalmannschaft bei der EM gegen England und sieht vor allem bei einem Spieler die Schuld: Toni Kroos, früher mal Spieler bei Bayern, jetzt seit langer Zeit Spieler von Real Madrid, wo er viermal die Champions League gewonnen hat. Er möge Toni Kroos extrem, sagt Hoeneß in einer TV-Sendung, aber seine Zeit im Fußball sei vorbei. »Toni Kroos hat in diesem Fußball nichts mehr verloren.«

Hoeneß behauptet, in der letzten Viertelstunde des Achtelfinalspiels sei Kroos nicht einmal in der gegnerischen Hälfte gewesen. Diese Aussage ist falsch und leicht widerlegbar. Kroos meldet sich daraufhin mit einem sarkastischen Tweet, in dem er den Sachverstand von Hoeneß anzweifelt. Und wie reagiert der vor laufenden Kameras, als der Tweet eingeblendet wird? Mit einem fröhlichen Lachen. »Wir leben in einer Demokratie«, feixt Hoeneß. »Jeder kann sagen, was er will.«

Das stimmt. Aber muss man denn alles sagen, was man will? Muss man nach einem verkorksten Turnier mit Problemen in allen Mannschaftsteilen einen Spieler herausgreifen und ihm seine sportliche Daseinsberechtigung pauschal entziehen? Hoeneß würde vielleicht antworten, das alles sei doch nur seine persönliche Meinung. Sachlicher geworden ist die Debatte dadurch aber nicht. Ironischerweise befeuert Hoeneß damit sogar einen Trend, den er an anderer Stelle verurteilt: wie unsachlich und niveaulos über Fußball gesprochen wird.

Hoeneß sucht sich den Wettkampf sogar dort, wo andere keinen sehen. Bei seinem sozialen Engagement etwa. Er hat einen Blick für Schwächere, die Beispiele für seine Unterstützung von Fremden und Freunden sind zahllos. Auch dieses soziale Wirken leitet er interessanterweise aus einem Leistungsprinzip ab und will, dass es gesehen wird. Zumindest erklären sich so Aussagen wie diese aus einem Gespräch mit der ›Bunte‹: »Triebfeder für mich ist, der Gesellschaft, die mir das ermöglicht hat, etwas zurückzuschenken. Mache ich Werbung, geht jeder Cent an wohltätige Zwecke. Wenn Herr Wontorra angibt, für die Kinder der Erdbebenopfer in Persien 1000 Euro zu spenden, lach ich mich tot. Lieber halte ich den Mund, als mich mit so einem Betrag zum Wohltäter der Menschheit aufzuspielen.«

Einerseits den Schwachen helfen, andererseits den Beitrag anderer kleinreden. Nur wenn man soziales Engagement als Wettbewerb versteht, ergibt das Sinn. Damit soll nicht die Spenden- und Hilfsbereitschaft von Hoeneß in ein schlechtes Licht gerückt werden. Es ist großartig, wie vielen Menschen er hilft und dass er zum Beispiel seine Honorare für Auftritte seit vielen Jahren spendet. Wer sich mit ihm beschäftigt, kommt aber nicht darum herum, zu bemerken, wie oft er sich selbst als sozial bezeichnet und über genau diese Facette seines Lebens spricht. Es ist ihm wichtig, dass wir sein soziales Engagement sehen. Das macht es zwar nicht weniger wirkungsvoll für die Betroffenen, meinem Eindruck nach berichtet Hoeneß davon aber nicht nur, weil er hofft, damit Vorbild für andere zu sein. Es soll sein Bild nach außen prägen. Mein Haus, mein Auto, mein soziales Engagement.

Diese Einschätzung mag hart klingen, sie entspringt aber neben dem Genannten noch einer weiteren Beobachtung. Weil er noch ein anderes Feld nach den Regeln des Wettkampfs bespielt, das ohne ihn auskommen würde: die Moral.

»Ich bin ein Mensch, mit dem man per Handschlag Geschäfte machen kann«, sagt Hoeneß der ›SZ‹ im Sommer 1980. Ehrlichkeit und Verlässlichkeit sind Grundlagen für sein Handeln, womit er sich vor allem in seiner Anfangsphase als Manager von manchen Konkurrenten abhebt. Auch hier ist es ihm wichtig, dass wir das wissen. Der ›Zeit‹ sagt er im selben Jahr: »Man sagt mir große Geschäftstüchtigkeit nach. Gut, ich habe immer herausgeholt, was rauszuholen war, mit legalen Mitteln. Vielleicht auch mal ein bisschen schlitzohrig. Aber nur bis zur Entscheidung. Danach wäre ein Vertrag gar nicht mehr nötig gewesen. Linke Geschäfte mache ich nicht und habe ich nie gemacht.«

Den wütendsten Hoeneß kann man erleben, wenn man diese Behauptung anzweifelt oder gar mit Beispielen zu widerlegen versucht. Weil moralisches Handeln nicht nur eine der Stützen seiner öffentlichen Person ist, sondern aus ökonomischer Sicht sogar des ganzen Vereins. Die Verantwortlichen des FC Bayern haben so oft auf ihr Festgeldkonto verwiesen, dass es fast zum Ritual geworden ist. Wenn Bayern Geld ausgibt, dann nicht auf Kredit, sondern weil man es vorher erarbeitet hat.

Nur ein Weg ist der moralisch gesehen richtige zum Erfolg, und nur der FC Bayern unter Hoeneß geht ihn. Diese Abgrenzung zu nationalen und später vor allem internationalen Gegnern erfüllt zwei wichtige Funktionen: Sollte der FC Bayern seine sportlichen und ökonomischen Ziele mal verpassen, lindert der Verweis auf seinen moralischen Anspruch den Schmerz darüber. Das war manchmal ein Argument im nationalen Wettbewerb – wenigstens machen wir es nicht wie der BVB und verkaufen uns an die Börse –, viel öfter aber eines im europäischen, wenn mit dem Finger auf die Schulden oder Scheichs der Konkurrenz gezeigt wurde.

Hoeneß will im Moralischen überlegen sein, sowohl als Einzelperson als auch mit seinem Verein. Gerade weil beide so erfolgreich sind, entsteht hier das größte Spannungsfeld im Umgang mit Hoeneß und dem FC Bayern. »Wenn es eine Figur wie Uli Hoeneß nicht gegeben hätte, wäre der FC Bayern nie das geworden, was er heute ist, im Positiven wie im Negativen«, sagt Investigativjournalist Jörg Schmitt dazu. »Aber ich weiß auch nicht, ob alles, was dahin geführt hat, tatsächlich so sauber, edel und strahlend ist, wie das der FC Bayern gerne hätte.«

Wenn die Konkurrenz das Handeln von Hoeneß oder des FC Bayern als unmoralisch markieren wollte, war der schnell darin, aufzuzeigen, dass anderswo noch mit ganz anderen Bandagen gekämpft werde oder das, was man getan hat, doch völlig normal und legitim sei. Argumentativ zieht er sich in solchen Situationen oft zurück auf die Position: Was legal ist, ist legitim und damit moralisch.

Sinnbildlich dafür steht die Empörung nach der Geldstrafe für den Kirch-Vertrag. Was Rummenigge, Beckenbauer und Hoeneß damals vor allem verärgert hat, war nicht die Höhe der Strafe, sondern eine Formulierung in der Pressemitteilung, die das Abschließen des Geheimvertrags als »moralisch verwerflich« bewertete.

Wer aus dieser Perspektive auf Uli Hoeneß blickt, versteht, warum manche Diskussion über ihn so verbittert geführt wird. Grund dafür ist, mal sichtbar, mal versteckt, eine Bewertung seiner Moral. Weil Hoeneß sich auf sie beruft, zieht er uns zu ihm aufs Spielfeld. Wenn jemand wie Hoeneß vor allem in Zeiten der Kritik seine Vorstellungen von Moral proklamiert, gleichen wir das bewusst oder unbewusst mit unserem Verständnis davon ab. Selbst wenn uns Uli Hoeneß fremd ist, greift er in diesen Momenten in unser Inneres. Auch deshalb wird manche Diskussion über den FC Bayern so intensiv geführt, weil sich zum sportlichen und wirtschaftlichen Erfolg für seine Fans zusätzlich ein moralischer Erfolg gesellt. Bezieht man aber auf dieser moralischen Ebene eine Gegenposition, verlässt man das definierte

Feld der Zahlen und Fakten. Im Extremfall kann man sogar merken, dass sich die Fans in diesem Punkt von den Bayern-Bossen unterscheiden: Einigen von ihnen ist es völlig egal, auf welche Art und Weise Titel gewonnen werden. Der FC Bayern ist trotz aller Überhöhung eben einfach nur ein normaler Fußballverein mit Uli Hoeneß in seinem Mittelpunkt.

Fußball funktioniert im Modus des Wettkampfes, Hoeneß hat ihn auf andere Bereiche übertragen. Man kann sogar sein Wissen zu Politik und Wirtschaft so erklären. Wer unsere Welt verstehen will, muss sich vor allem in diesen zwei Themenfeldern auskennen. Womöglich geht es ihm auch in diesem Bereich zunächst vor allem darum, es besser wissen zu wollen als andere, den Wettkampf in Sachen Kompetenz zu gewinnen.

Kontrolle

Als die ›SZ‹ bei einem Bratwurst-Contest die Würstchen der HoWe nur als Durchschnitt bewertet, ruft Hoeneß noch am Tag der Veröffentlichung aus seinem Urlaub heraus beim zuständigen Redakteur an. Nach einem halbstündigen Fachgespräch über Kugelgrills, Wassergehalt von Bratwürsten und wirtschaftliche Folgen von Produkttests schlug Hoeneß dem ihm unbekannten Reporter vor: »Ich lade Sie zum Grillen ein, und ich werde Ihnen zeigen, dass die Würstchen super schmecken, und zwar wenn man sie richtig zubereitet!« Susi Hoeneß soll Salate gemacht, Florian Hoeneß allerhand eigene Würste auf den Grill geworfen haben, wie die ›SZ‹ schreibt. »Nachdem der Wurstfrieden geschlossen war, entwickelte sich ein harmonischer Abend mit ernsthaften Gesprächen.«

Diese Anekdote, die 2016 zur Rückkehr von Hoeneß ins Präsidentenamt öffentlich wurde, bringt uns zur nächsten Säule, auf der die öffentliche Person Uli Hoeneß steht: Kontrolle. Wie weit Hoeneß dabei geht, Dinge zu kontrollieren, habe ich mit eigenen Augen gesehen, am Kühlregal mit einem Frischkäse in der Hand.

Aber auch ohne diesen Zufall hätte es an diesem Aspekt kein Vorbeikommen gegeben.

Wann hat Uli Hoeneß in seiner Karriere mal wirklich die Kontrolle abgegeben und das freiwillig?

Die Zeitungsartikel zu seinen Fußballspielen als Schüler in Ulm hat er selbst geschrieben, seine Werbeverträge immer eigenständig verhandelt, schon als Spieler die Aufgaben eines Managers übernommen und noch als Manager ein engeres Verhältnis zu Mannschaft und Trainer gehabt als viele andere in dieser Zeit. Sicher nicht nur aus einer Sehnsucht nach seiner Zeit als Spieler, sondern vor allem deshalb, weil Hoeneß immer genau wissen wollte, was zwischen Mannschaft und Trainer passiert. Wodurch er selbst über Kleinigkeiten mitdiskutieren konnte, wie Klaus Augenthaler nach seinem Wechsel vom Spieler zum Co-Trainer erlebt hat: »Uli hat telefoniert und nebenher das Training angeschaut, hat jedes Detail beobachtet. Da sind wir schon öfter im Zwiegespräch gewesen, darüber ob die Mannschaft fit ist, wie trainiert wird usw.«

Diese Nähe zur Mannschaft hat auch den Wechsel von der Trainerbank auf die Tribüne und vom Manager zum Präsidenten überlebt. Niemand wundert sich wirklich darüber, dass Hoeneß Spieler zu sich an den Tegernsee einlädt, im Gegenteil: Steht eine wichtige Vertragsverlängerung an, wird Hoeneß danach gefragt, ob das schon passiert sei.

Hoeneß will die Fäden des Geschehens in der Hand halten und das prägt auch sein Verhältnis zu den Medien. Im Wettkampf um Aufmerksamkeit braucht er sie, will aber bestimmen, wie sie berichten. Geht das schief, wehrt sich Hoeneß. Meist nicht juristisch, sondern persönlich, sehr bestimmt, aber nach dem, was mir Kollegen erzählt haben, so, dass man mit ihm diskutieren kann. Das ist eine der interessanten Erkenntnisse im Nachgang der »Grundgesetz-PK« gewesen: dass vor allem erfahrene Journalistinnen und Journalisten sie eher schulterzuckend hingenommen haben. Das, was dort öffentlich passiert ist, habe es schon häufiger gegeben, nur eben bisher hinter verschlossenen Türen und mit der Möglichkeit, Hoeneß zu antworten.

Hoeneß hat dabei den Vorteil, viele aus dem Geschäft persönlich zu kennen. Mit den Jahren verändert sich das allerdings, wie Günter Klein vermutet: »Ich glaube, dass Hoeneß mittlerweile aus dem Spiel geraten ist und er sich dann auch schwertut, wenn jemand vor ihm steht, der vielleicht 25 Jahre alt ist.« Oder 37 und dich per Fax um ein Interview für ein Podcastprojekt bittet. Womit wir bei einem großen Spannungsfeld angelangt sind. Denn einen Bereich gibt es ja doch, in dem Hoeneß freiwillig und wirklich die Kontrolle abgegeben hat: alles, was mit Internet und Handys zu tun hat.

Vor allem der ehemalige Mediendirektor Markus Hörwick hat das zu spüren bekommen: »Uli Hoeneß hat in seinem Leben noch nie eine Mailbox abgehört. Wenn wir unterwegs gewesen sind, hat er mir das Handy gegeben und gesagt: ›Lösch mal meine Mailbox wieder.‹ Damals musste man das Nachricht für Nachricht machen, das hat immer 15 bis 20 Minuten gedauert.« Bis heute habe er keine eigene Mailadresse, sagt Hörwick, nur das Fax sei ihm vertraut.

Wird Hoeneß nach seiner Aversion gegen Computer und Smartphones gefragt, ist seine Antwort eine, die mit Kontrolle zu tun hat. Wenn er ständig seine 200 oder wie viele Mails auch immer abrufen würde, habe er ein Problem, erzählt er zum Beispiel im Jahr 2008 der ›AZ‹. Dann habe er nämlich keine Zeit mehr zum Arbeiten, und wer wollte ihm da in Zeiten von Pushnachrichtenflut widersprechen.

Aber ist es nicht komisch, dass jemand, der oft so fortschrittlich gedacht hat, sich diesem Bereich so kategorisch verwehrt? Zwar hat er für den FC Bayern die Möglichkeiten im digitalen Raum anfangs zugelassen, sowohl im Bereich E-Commerce als auch in Bezug auf die Klub-PR in den neuen Medien. Beim Thema E-Sports allerdings, also dem professionellen Videospielen, hat Hoeneß 2018 ein Machtwort gesprochen. Die Pläne waren schon fertig, ähnlich zur Basketballabteilung auch eine Sparte für E-Sports beim FC Bayern zu gründen. Da stoppte Hoeneß alles, das werde es unter seiner Ägide beim FC Bayern nicht geben. Am Beispiel der modernen Technologien bricht sich das sonst recht konsistente Bild von Hoeneß als Mann mit dem sachkundigen Blick aufs Morgen.

»Damit zu kokettieren, mag ja vielleicht ganz sympathisch sein«, meint Peter Bizer dazu. »Aber eigentlich kann man sich das nicht mehr leisten heutzutage.« Weil Hoeneß sich, eventuell aus einem Gefühl der Kontrolle heraus, den Möglichkeiten unserer Welt im digitalen Bereich entzieht, wurde er von ihr überholt. Und hat paradoxerweise die Kontrolle verloren. »Vielleicht hat er das unterschätzt«, sagt Markus Hörwick, »dass er vor 20 Leuten in Schleswig-Holstein einen Vortrag hält und es für ihn unvorstellbar ist, dass aus diesem Vortrag die ersten fünf Fotos auf Twitter erscheinen und die Sätze, die er vielleicht herausgehauen hat, sofort im Umlauf sind, und bevor er den Saal verlässt, es schon die ersten Eilmeldungen gibt.« Womit in einem der wichtigsten Bereiche unserer Welt Hoeneß ein Mann des Gestern geworden ist.

Familie

Noch einen dritten Aspekt gibt es, der dabei hilft, die öffentliche Person Uli Hoeneß zu verstehen. Ich fasse ihn unter dem Begriff »Familie« zusammen. Seine Familie ist für ihn wichtig, er nennt sie immer wieder als Rückzugsort und Stütze. Wenn wir im Bild der drei Säulen bleiben, fällt auf: Immer wenn ihm ein Wettkampf oder die Kontrolle entgleitet, fällt er auf seine Familie zurück.

Spricht Hoeneß von seiner Familie, meint er nicht nur seine Verwandten. Er verwendet den Begriff größer, und so möchte ich es hier ebenfalls tun. Denn egal wie kitschig das klingt, zu seiner

Familie gehört der FC Bayern. Wenn er in seiner Abschiedsrede zum Beispiel zwischen dem »Wir« der Bayern-Mitglieder und den anderen »da draußen« unterscheidet, wirkt er auf mich wie ein Familienoberhaupt, das seine Nachkommen beschwört, die Familie hochzuhalten. Vor allem in seiner Rolle als Manager hat Hoeneß das vorgelebt, wie mir Christoph Leischwitz berichtet. »Das bekannteste Beispiel ist Manni, der Trompeter, der sich autodidaktisch das Trompetespielen beigebracht hat, um für Stimmung im Stadion zu sorgen. Wenn ihm seine Trompete kaputtgegangen ist, hat Uli Hoeneß ihm gesagt: ›Kauf dir eine neue und gib die Quittung in der Geschäftsstelle ab.‹ Für Fans, die sich bei ihm gemeldet haben, hat er immer ein offenes Ohr gehabt.«

Zwar waren vor allem in seiner Anfangszeit als Manager die Fans auch aus wirtschaftlichen Gründen für Hoeneß wichtig, man täte ihm aber unrecht, wenn man ihm ökonomisches Kalkül bei Aktionen wie dieser unterstellen würde. Zu zahlreich sind die Beispiele, in denen er geholfen hat, und das auch in Zeiten, in denen die wirtschaftliche Bedeutung der Fans viel geringer geworden war. Sogar mit den kritischsten unter ihnen hat er sich auseinandergesetzt. Gregor Weinreich berichtet von Treffen mit dem harten Kern der Fanszene, bei denen richtig die Fetzen geflogen seien, bevor man sich wieder vertragen habe.

Vor allem gegen Ende seiner Amtszeit hatte sich die Beziehung zwischen Teilen der Fanszene und Uli Hoeneß zwar verschlechtert, wie gut sie aber dennoch war, zeigt sich vor allem, seitdem er nicht mehr alle Entscheidungen im Verein mitbestimmt. Mit dem Weggang von Uli Hoeneß hat sich laut Gregor Weinreich etwas im Verhältnis zu den Anhängern verändert, wie er am Beispiel eines Fans verdeutlicht, der vom Verein ausgeschlossen wurde und dagegen ankämpft. »Dass so etwas über den Zeitraum von Jahren von einem Gericht geklärt werden soll, das wäre unter Uli Hoeneß aus meiner Sicht undenkbar gewesen. Da hätte es einen Anruf gegeben, dann wäre der Fan auf irgendwelchen Rattanmöbeln gesessen, man hätte sich wahrscheinlich sehr laut gegenseitig die Meinung gesagt und dann aber wahrscheinlich nach einer Stunde wieder zusammengefunden.«

Hoeneß ist jemand, mit dem man sehr gut streiten kann. Vor allem, wenn es eine gemeinsame Basis gibt, die ihn mit seinem Kontrahenten verbindet. Selbst im Fall der kritischsten Fans ist das die Liebe zum FC Bayern. Denn der soll und muss für Hoeneß über allen Konflikten schweben. Hoeneß hat das zum Erfolgskonzept für diesen Verein gemacht, wie Andreas Bernard bei seinen eigenen Recherchen bemerkt hat: »Wenn ich mit Breitner, Lattek, mit Beckenbauer gesprochen habe, dann hatte ich immer das Gefühl, dass die es wirklich schaffen, von sich selbst zu abstrahieren in Bezug auf ›den FC Bayern‹. Dieses Mantrahafte, das man immer hört: Der FC Bayern ist größer als jeder Einzelne.«

Der FC Bayern wird damit zur sinnstiftenden Grundlage für eine heterogene Familie, in der sich Einzelinteressen unter einem übergeordneten Ziel verbinden. Wer Erfolg haben will, braucht diese Familie, zumindest in der Welt von Uli Hoeneß. Wie sehr er davon überzeugt ist, zeigt sich besonders dann, wenn sich jemand gegen die Interessen des FC Bayern stellt. »Der Begriff ›mia san mia‹ ist ein PR-Gag, aber er passt halt doch einfach sehr gut zu Uli Hoeneß. Und Uli Hoeneß war – und vielleicht ist sogar immer noch – derjenige, der die Ansage macht, wer dazugehört und wer nicht«, sagt Christoph Leischwitz. Vermutlich rühren Brüche mit ehemaligen Freunden wie Paul Breitner auch daher. Für Hoeneß bedeutet Familie nämlich auch Loyalität, die über allem anderen steht.

Dieser Grundsatz zieht sich nicht nur wie ein rot-weißer Faden durch die Entscheidungen von Hoeneß, er bildet sogar die Struktur des FC Bayern. Andreas Bernard hat dazu einen Vergleich gewählt, der sich im ersten Moment womöglich heikel anhört, jedoch sehr treffend ist, wenn man das, was er sagt, nur als eine Beschreibung der Organisation des Vereins versteht: »Es wäre wirklich interessant, wenn ein ausgewiesener Mafia-Forscher eine Strukturanalyse des FC Bayern machen würde. Ich glaube, da wäre viel zu holen, denn so wie ein Don Corleone sagen würde, ›Die Familie ist größer als wir. Jeder Einzelne muss diesem großen, generationenübergreifenden Unternehmen dienen, muss den Reichtum vermehren, muss die Ethik schärfen, muss die Feinde ausmerzen‹, so funktioniert der FC Bayern.«

Vor allem bei der Besetzung von offenen Posten sehe man das, sagt Bernard. Dabei bekämen oft jene den Vorrang, die schon einmal Teil der Familie waren. Während er Hoeneß begleitete, musste ein Nachfolger für die Position des Sportdirektors gefunden werden. »Ursprünglich war die Idee gewesen, dass Jens Jeremies diesen Posten kriegt. Als ich bei Hoeneß zu Hause war, hat er mir alles gezeigt und gesagt: ›Schauen Sie, hier neben dem Badeteich ist ein kleines Holzhaus, da spielen wir immer Poker. Der Jens Jeremies und ich.‹« So sei der Name Jeremies wohl in der Kandidatenliste gelandet.

Hoeneß hat beim FC Bayern eine Kultur geschaffen, in der niemand länger bestehen kann, der sich nicht unterordnet. Und zwar nicht primär unter Hoeneß, sondern unter die Ziele des FC Bayern. Weil Hoeneß und der FC Bayern so deckungsgleich sind, sieht es nur manchmal anders aus. Aus diesem Blickwinkel betrachtet, gibt es eine Brücke vom Begriff der Familie zu dem der Kontrolle. Bei der Besetzung von Posten ist im Zweifel Vertrauen in eine Person wichtiger als Vorerfahrung.

Und dann gibt es noch ein letztes, großes Thema aus dem Leben von Uli Hoeneß, das sich dem Aspekt der Familie zuordnen lässt. »Ich habe es selbst erlebt, als wir mal in der Zeitung gelesen haben, dass ein Amateurspieler beim Putzen seiner Schuhe an einem Stromschlag gestorben ist. Der war 28 Jahre alt, hatte eine Frau und zwei Kinder«, berichtet Markus Hörwick. »Das war am Dienstag. Am Sonntag hat der FC Bayern bei diesem Klub ein Freundschaftsspiel ausgetragen, organisiert von Uli Hoeneß. Mit dem Spiel wurden 200 000 Mark eingenommen, und es war gesichert, dass die Kinder bei der Mutter bleiben konnten, weil sie damit abgesichert war. Diese Geschichte wurde niemals bekannt. Auch das ist Uli Hoeneß.«

Hörwick hat Tränen in den Augen bei der Erinnerung daran. Vermutlich würde niemand bestreiten, welch großes Herz Hoeneß hat, und zwar nicht nur für Angehörige aus der eigenen Bayern-Familie wie Lars Lunde und Gerd Müller. Ich will das auch nicht kleinreden, weder vorhin mit dem Hinweis darauf, wie Hoeneß auch diesen Bereich zum Feld des Wettkampfes macht, noch mit dem, was jetzt kommt. Aber es gibt meiner Meinung nach eine Brücke zur Kontrolle, die erklärt, warum sogar der Bereich des Sozialen bei Hoeneß Ambivalenzen aufwirft. Andreas Bernard hat an der Seite von Hoeneß eine Beobachtung gemacht:

»Das war etwas, das ich gelernt habe in diesem knappen Jahr: Wie ein sogenannter ›Machtmensch‹ funktioniert. Ich glaube, der Machtmensch stellt Situationen her, in denen ihm Leute dankbar sind.« Immer wieder habe Hoeneß von Personen gesprochen, die ihm dankbar sein müssten, weil er ihnen bei etwas geholfen hat, berichtet Bernard. »Ich würde ihm nie die Lust daran, etwas Gutes zu tun, absprechen. Und die Lust daran, diese Aura, die ihn durch seine Prominenz umgibt, zu durchbrechen und Leute unverhofft glücklich zu machen. Das habe ich oft erlebt. Aber letztlich bedeutet das machttheoretisch immer, dass ihm jemand dankbar ist, und das ist etwas, was er dann mitnimmt.«

Vielleicht vergrößert Hoeneß mit diesen Aktionen seine Familie. Auch weil er eben in Zeiten der Krise dann noch mehr Menschen hat, die geschlossen hinter ihm stehen. Seine schwersten Momente hatte er immer dann, wenn durch eine Sache alle drei Bereiche erschüttert wurden. Das war in der Auseinandersetzung mit Christoph Daum und rund um seinen Steuerprozess der Fall.

Wettkampf. Kontrolle. Familie. Das ist für mich Uli Hoeneß in drei Begriffen.

Doch wie würde er sich selbst beschreiben? Nach über zwei Stunden sind wir auf der Terrasse über dem Tegernsee am Ende unseres Interviews angelangt. Die Wolkendecke ist aufgerissen, das Ufer des Sees hat Farbe bekommen. Alles, was ich noch zu fragen hätte, gieße ich in eine letzte an Uli Hoeneß. »Wie würden Sie sich in drei Begriffen beschreiben, Herr Hoeneß?« Wieder zögert er nicht lange. Uli Hoeneß blickt mir in die Augen:

»Zuverlässig. Unglaublich sozial ...«

Er lächelt.

»... und zufrieden.«

Dank

All jenen namentlich zu danken, die mir dabei geholfen haben, dieses Buch zu schreiben, ist unmöglich. Auch weil die Unterstützung von allen Seiten gekommen ist: aus der Familie, dem Freundeskreis, von Kolleginnen und Kollegen sowie nicht zuletzt unzähligen Hörerinnen und Hörern. Ich würde mindestens einen Namen vergessen und mich ewig darüber grämen.

Deshalb ein allgemeiner Dank an alle, die in diesen vier Jahren Arbeit auch den übermüdeten und überforderten Max gestützt haben, jeder im Rahmen seiner Möglichkeiten. Niemals hätte ich gedacht, wie viele Menschen meiner Arbeit und mir wohlgesonnen sind. Ihr wart geduldig, mitfühlend, verständnisvoll und großzügig mit Lob. Es gab wirklich viele Momente, in denen ich nur deshalb noch einmal an den Schreibtisch zurückgekehrt bin.

›11 Leben‹ hat Freundschaften begründet, für die ich sehr dankbar bin, »Aus Liebe zum Spiel« mich erst zur Literaturagentur Rauchzeichen und anschließend zum tollen dtv-Verlag gebracht. Euch allen, die bei Podcast und Buch mitgearbeitet haben: herzlichen Dank.

Der »Rasenfunk« war dabei immer die Basis. Es ist ein großes Privileg, von Crowdfunding getragen sein eigenes Ding machen zu dürfen. Dieses Buch wäre ohne den Rückenwind der Unterstützerinnen und Unterstützer des Rasenfunks nicht entstanden. Danke dafür, dass auch eine Pandemie nichts daran ändern konnte, wie ihr Frank und mich unterstützt habt. Und danke, lieber Frank, dass du mich hast machen lassen.

Wenn ich Fragen oder Probleme hatte, musste ich selten weiter als eine Telefonnummer gehen, um Hilfe von Kolleginnen und Kollegen zu bekommen. Wenn sich mal wieder ein Zeitplan geändert und es viel zu lange gedauert hat, waren alle verständnisvoll. Sowohl der Podcast als auch dieses Buch sind anders geworden, als es die Norm geboten hätte – es war möglich. Auf einen kritischen Tweet kamen Hunderte positive und bestärkende. Während eine große Menge an Menschen meine Miete gezahlt hat.

Es gibt viele Vorurteile über Sportjournalismus, die nachrangige Bedeutung inhaltlicher Tiefe und Geld verdienen im Internet. Entweder ist dieses Buch und seine Entstehungsgeschichte die Ausnahme, und ich habe extrem viel Glück gehabt. Oder ihr habt bewiesen, dass es eben doch nur Vorurteile sind.

Quellen- und Literaturverzeichnis

Interviews

Neben einigen Hintergrundgesprächen wurden für dieses Buch interviewt: Andreas Bernard, Andreas Herzog, Andreas Müller-Cyran, Annette Ramelsberger, Bernd Dürnberger, Christoph Daum, Christoph Leischwitz, Eduard Geyer, Frank Wehrheim, Franz »Bulle« Roth, Fritz Glauninger, Gerhard Wojczek, Gregor Weinreich, Günter Klein, Heribert Bruchhagen, Johannes Röhrig, Jörg Schmitt, Karl-Heinz Thielen, Karl-Heinz Wild, Klaus Augenthaler, Klaus Ott, Kraft-Otto Steinle, Kurt Stark, Lars Lunde, Lothar Matthäus, Lydia Dietrich, Markus Hörwick, Peter Bizer, Petja Posor, Reiner Calmund, Roland Schmidle, Thomas Helmer, Uli Hoeneß, Willi Lemke und Wolfgang Dieterich.

Ausgewertete Zeitungen, Magazine und Internetportale

11 Freunde
11 Freunde Spezial
Abendzeitung München
Augsburger Allgemeine
Berliner Zeitung
Bilanz
Br.de
Bundestag.de
Bundeszentrale für politische Bildung
Bunte
Capital
Der Spiegel
Der Tagesspiegel
Derwesten.de
Deutschlandfunk und Deutschlandfunk Nova
Dfb.de
Dfl.de
Dfv.de
Die Welt und Die Welt am Sonntag
Donaukurier
DWDL.de
Effzeh.com
Fcbayern.com
Fifa.com
Focus und Focus Money
Fourfourtwo.com
Fr.de
Frankenpost
Frankfurter Allgemeine Zeitung und Frankfurter Allgemeine Sonntagszeitung
Fussballdaten.de
Goal.com

Hamburger Abendblatt
Handelsblatt
Hannoversche Allgemeine
Horizont.net
Kicker Sportmagazin
Kölner Stadtanzeiger
Legal Tribune Online
Lichtenhagen-1992.de
Mainpost
Manager Magazin
Mdr.de
Münchner Merkur
Ndr.de
Netzpolitik.org
Neue Zürcher Zeitung
Noz.de
Ntv.de
Passauer Neue Presse
Rheinische Post
Ruhr Nachrichten
Sponsoo.de
Sport.de
Sport1.de
Sportinformationsdienst SID
Sports
Sportschau.de
Spox.com
Srf.de
Stern
Stuttgarter Zeitung
Süddeutsche Zeitung und Süddeutsche Zeitung Magazin
Südwest Presse
Swr.de
Tagesschau
Taz
The Guardian
The New York Times
T-online.de
Transfermarkt.de
Tz München
Uefa.com
W&V Magazin
Wdr.de
Weltfussball.de
Weser Kurier
Wikipedia
Wiwo.de
Zdf.de
Zeit

Hoeneß-Biografien

Bausenwein, Christoph: Das Prinzip Uli Hoeneß. Ein Leben in Widersprüchen. Die Werkstatt, 2009.
Bizer, Peter: Uli Hoeneß. Der programmierte Weltmeister. Copress, 1975.
Bizer, Peter: Uli Hoeneß. Nachspiel. Mensch, Macher, Mythos. Ellert & Richter, 2014.
Komma-Pöllath, Thilo: Die Akte Hoeneß. Portrait eines Potentaten. CBX Verlag, 2015.
Moreno, Juan: Uli Hoeneß. Alles auf Rot. Piper, 2014.
Strasser, Patrick/Klein, Günter: Hoeneß. Die Biografie. Riva, 2020.

Weitere Bücher und Artikel

Ancelotti, Carlo: Quiet Leadership. Wie man Menschen und Spiele gewinnt. Albrecht Knaus, 2017.
Baingo, Andreas/Horn, Michael: Die Geschichte der DDR Oberliga. Werkstatt, 2019.

Beck, Ulrich: Risikogesellschaft. Auf dem Weg in eine andere Moderne. Suhrkamp, 2020.

Beckenbauer, Franz: Einer wie ich. Bertelsmann, 1981.

Behringer, Wolfgang: Kulturgeschichte des Sports. Vom antiken Olympia bis ins 21. Jahrhundert. C.H.Beck, 2012.

Bensinger, Ken: Red Card. How the US blew the whistle on the world's biggest sports scandal. Simon & Schuster, 2018.

Breitner, Paul: Ich will kein Vorbild sein. Unser Fußball – so wie ich ihn verstehe. Copress, 1980.

Breitner, Paul/Schroeder, Bernd: Kopf-Ball. Ullstein, 1982.

Breuckmann, Manni: Fußballgipfel. Manni Breuckmann, Harald Schmidt, Uli Hoeneß und Claudia Roth reden über eine Nebensache. Westend, 2012.

Buck, Andreas/Ehrmann, Johannes: Turbo. Mein Wettlauf mit dem Fußballgeschäft. Tropen, 2020.

Buschmann, Rafael/Wulzinger, Michael: Football Leaks. Die schmutzigen Geschäfte im Profifußball. Deutsche Verlags-Anstalt, 2017.

Buschmann, Rafael/Wulzinger, Michael: Football Leaks 2. Neue Enthüllungen aus der Welt des Profifußballs. Deutsche Verlags-Anstalt, 2019.

Butler, Rober/Butler, David/Maxcy, Joel: New insights on the Louis-Schmeling paradox: determinants of demand for subscription and pay-per-view boxing. In: European Sport Management, 06.10.2020.

Daum, Christoph: Immer am Limit. Mein Aufstieg, mein Fall – die ganze Geschichte meines Lebens. Ullstein, 2020.

Deininger, Roman/Ritzer, Uwe: Die Spiele des Jahrhunderts. Olympia 1972, der Terror und das neue Deutschland. dtv, 2021.

Feldner, Claus: Das kleine Uli Hoeneß Buch. Respektloser Scharfmacher, Besserwisser – ein Macho? Geschichten, Anekdoten, seine Sprüche. Herkules, 2013.

Havemann, Nils: Samstags um halb 4. Die Geschichte der Fußballbundesliga. Siedler, 2013.

Hildebrandt, Dieter: Ausgebucht: Mit dem Bühnenbild im Koffer. Blessing, 2004.

Hintermeier, Dieter: Wirtschafts-Macht Fußball. Hintergründe, Fakten und Visionen eines globalen Milliardengeschäfts. Hanser, 2020.

Hoeltzenbein, Klaus (Hrsg.): 2014. Die Weltmeisterschaft. Das Buch. Süddeutsche Zeitung, 2014.

Hoeneß, Uli/Breitner, Paul/Lattek, Udo: Fußball-Weltmeisterschaft 1974 Detschland. Sigloch, 1974.

Honigstein, Raphael: Reboot. How German Soccer Reinvented Itself and Conquered the World. Nation Books, 2015.

Hornby, Nick: Fever Pitch. Die Geschichte eines Fans. Kiepenheuer & Witsch, 2006.

Hüetlin, Thomas: Gute Freunde. Die wahre Geschichte des FC Bayern München. Heyne, 2007.

Humphreys, Brad R./Zhou, Li: The Louis–Schmelling Paradox and the League Standing Effect Reconsidered. In: Journal of Sports Economics, 07.07.2015.
Kelnberger, Josef/Schulze, Ludger: Die Fußball-Weltmeisterschaften. 2006. Süddeutscher Verlag, 2006.
Kistner, Thomas: FIFA Mafia. Die schmutzigen Geschäfte mit dem Weltfußball. Knaur, 2014.
Klein, Günter: Hansi Flick. Die Biografie. Riva, 2021.
Körner, Torsten: Franz Beckenbauer. Der freie Mann. Scherz, 2005.
Krausser, Helmut: Gebrauchsanweisung für den FC Bayern. Piper, 2015.
Kühne-Hellmessen, Ulrich: Servus Uli. Ein Leben für den FC Bayern. Werkstatt, 2019.
Lahm, Philipp: Das Spiel. Die Welt des Fußballs. C.H.Beck, 2021.
Lampert, Andreas: Die Canellas-Tapes. Die Tonbänder, die den Bundesligaskandal auslösten. Werkstatt, 2021.
Leischwitz, Christoph: Mia san die Bayern. Die Geschichte der rot-weißen Fankultur, Werkstatt, 2020.
Maier, Sepp: Wer mit dem Ball tanzt. Europa Verlag, 2000.
Maier, Sepp: Ich bin doch kein Tor. Hoffmann und Campe, 1980.
Mählert, Ulrich: Kleine Geschichte der DDR. C.H.Beck, 2010.
Martin, Hans Günter: Deutschlands Fußball macht Karriere: Vereine, Spieler, Trainer, Tore seit 1945. Droste, 1985.
Matthäus, Lothar: Mein Tagebuch. Hrsg. von Ulrich Kühne-Hellmessen und Tom Bender. Sportverlag Berlin, 1997.
Michel, Rudi/Niersbach (Hrsg.), Wolfgang: 100 Jahre DFB. Die Geschichte des Deutschen Fußball-Bunde. Sportverlag Berlin, 1999.
Neale, Walter C.: The Peculiar Economics of Professional Sports, in: The Quarterly Journal of Economics, Ausgabe 78, Februar 1964, S. 1–14.
Perarnau, Marti: Herr Guardiola. Das erste Jahr mit Bayern München. Antje Kunstmann, 2014.
Posor, Petja: Der Fall Hoeneß als Skandal in den Medien. Anschlusskommunikation, Authentisierung und Systemstabilisierung. UVK, 2015
Reng Ronald: Miro. Die Biografie. Piper, 2020.
Reng, Ronald: Robert Enke. Ein allzu kurzes Leben. Piper, 2010.
Reng, Ronald: Spieltage. Die andere Geschichte der Bundesliga. Piper, 2014.
Radkau, Joachim: Technik in Deutschland. Vom 18. Jahrhundert bis heute. Campus, 2008.
Röwekamp, Georg: Der Mythos lebt. Die Geschichte des FC Schalke 04. Werkstatt, 2008.
Rosentritt, Michael: Sebastian Deisler. Zurück ins Leben. Die Geschichte eines Fußballspielers. Knaur, 2010.

Schaffrath, Michael (Hrsg.): Die Zukunft der Bundesliga. Management und Marketing im Profifußball. Werkstatt, 1999.
Schilhaneck, Michael: Vom Fußballverein zum Fußballunternehmen. Medialisierung, Kommerzialisierung, Professionalisierung. LIT Verlag, 2009.
Schulze, Gerhard: Die Erlebnisgesellschaft: Kultursoziologie der Gegenwart. Campus Bibliothek, 2005.
Schulze-Marmeling, Dietrich: Die Bayern-Chronik. Werkstatt, 2017.
Schulze-Marmeling, Dietrich: Der Ruhm, der Traum und das Geld. Die Geschichte von Borussia Dortmund. Werkstatt, 2005.
Schulze-Marmeling, Dietrich (Hrsg.): Die Geschichte der deutschen Fußball-Nationalmannschaft. Werkstatt, 2008.
Schulze-Marmeling, Dietrich/Dahlkamp, Hubert: Die Geschichte der Fußball-Europameisterschaft. Werkstatt, 2007.
Schumacher, Toni: Anpfiff. Enthüllungen über den deutschen Fußball. Knaur, 1988.
Spöcker, Christoph: Jupp Heynckes. Die Biografie. Riva, 2018.
Ude, Christian: Ich baue ein Stadion und andere Heldensagen. Piper, 2004.
Unschuld, Dirk/Latz, Frederic/Hardt, Thomas: Im Zeichen des Geißblocks. Die Geschichte des 1. FC Köln. Werkstatt, 2014.
Van Gaal, Louis: Louis van Gaal. Biographie & Vision. Visiesport, 2010.
Winkler, Heinrich August: Wie wir wurden, was wir sind. Eine kurze Geschichte der Deutschen. C.H.Beck, 2021.
Woller, Hans: Gerd Müller oder Wie das große Geld in den Fußball kam. Eine Biografie. C.H.Beck, 2019.

Filme und Dokumentationen

20 Jahre Konferenz. SKY, 2020.
40 Jahre Uli Hoeneß beim FC Bayern, FC Bayern München.
Abgewickelt. Das letzte Länderspiel der DDR. NDR, 2014.
Als die Bundesliga laufen lernte. Der erste Bundesligaspieltag. NDR, 2013.
Audi Star Talk. Ausgaben mit Hitzfeld, Hoeneß, Matthäus, Schweinsteiger und Kahn. KG Media Factory.
Das »Mia san mia«-Phänomen. Deutsche Welle, 2017.
Der Bomber. Zum 70. Geburtstag von Gerd Müller. BR, 2015.
Der große Zampano. Wer war Leo Kirch? ZDF, 2017.
Der Patriarch. ZDF, 2015.
Der Bayern-Boss. Schlusspfiff für Uli Hoeneß. Das Erste, 2019.
Die Bayern-Story. Meister, Mythen, Millionäre. ZDF, 2012.
Erhitzte Diskussion vor Topduell: Daum vs. Hoeneß 1989. Das aktuelle Sportstudio. ZDF.
Forum Manager vom 16. September 2012. Phoenix.
Franz Beckenbauer. Der Fall des Kairsers. NDR, 2017.

Hoeneß, der Macher. Episoden einer Manager Karriere. Sport 1, 2009.
Kleines dickes Müller. ZDF, 1979.
Leben für den FC Bayern. BR, 1998.
Leo Kirch. Das Ende eines Mythos. NDR, 2002.
Michael Rummenigge. Der Bruder des Stars. Peter Kropf und Stefan Reiß, 1984.
Paul Breitner: Der ewige Rebell wird 70. NDR, 2021.
Profis. Ein Jahr Fußball mit Paul Breitner und Uli Hoeneß. Christian Weisenborn und Michael Wulfes, 1979.
Robert Enke. Die Tragödie eines Torwarts. NDR, 2009.
Sepp Maier – Den Schalk im Nacken. Aus der Reihe »Lebenslinien« vom Bayerischen Rundfunk
Servus Uli – ein Leben für den FC Bayern, FC Bayern.
Spiel ohne Grenze. Wie der Herbst ’89 den Ostfußball veränderte. Das Erste, 2019.
Uli Hoeneß – ein Leben für den FC Bayern. Bayerischer Rundfunk, 2019.
Uli Hoeneß im Portrait. Ran Spezial, 1999.
Zum Abschied von Uli Hoeneß: So verkaufte er Michael Rummenigge zum BVB. Ruhr Nachrichten, 2019.
Zum Siegen verdammt. FC Bayern 1975.

Podcasts und Hörbücher

5 Jahrzehnte Fußball im Originalton, Martin M. Schwarz, Hörbuch Hamburg, 2008
Antenne Bayern Sonntagsfrühstück mit Katrin Müller-Hohenstein
Blaue Couch
Deutschlandfunk und Deutschlandfunk Nova
DFB-Akademie Life- und Leadershiptalk
Erfolgsfans – Der FC Bayern Podcast
FC Bayern Podcast
Fehlpass Fußball Podcast
Gut Sport Podcast
Hörfehler
Kicker meets DAZN
Koschwitz zum Wochenende
Miasanrot – FC Bayern Podcast
OMR Podcast
Phrasendrescher
Phrasenmäher
Und nun zum Sport
WDR Stichtag
Westfälische Rundschau Podcasts